W0279214

HAIE

und ROCHEN

HAIE
und ROCHEN

TIMOTHY C. TRICAS, KEVIN DEACON,
PETER LAST, JOHN E. MCCOSKER,
TERENCE I. WALKER, LEIGHTON TAYLOR

HERAUSGEBER
LEIGHTON TAYLOR

Delius Klasing
EDITION NAGLSCHMID

Copyright 1998 © Weldon Owen Pty Limited
Titel der englischen Originalausgabe:
Sharks & Rays

Die Deutsche Bibliothek - CIP-Einheitsaufnahme

Haie und Rochen: erlebte Unterwasserwelt/Timothy C. Tricas...
Hrsg. Leighton Taylor.
[Aus dem Engl. von Marcus Würmli.
Wiss. Bearb.: Friedrich Naglschmid. Ill.: Martin Camm...].
– 1. Aufl. –
Bielefeld: Delius Klasing; [Stuttgart]: Ed. Naglschmid, 1998
Einheitssacht.: Sharks & Rays <dt.>
ISBN 3-7688-1204-9

1. Auflage
ISBN 3-7688-1204-9

Die Rechte für die deutsche Ausgabe liegen beim
Verlag Delius, Klasing & Co., Siekerwall 21, 33602 Bielefeld
Aus dem Englischen von Dr. Marcus Würmli
Wissenschaftliche Bearbeitung: Dr. Friedrich Naglschmid
Umschlaggestaltung: Buchholz/Hinsch/Hensinger, Hamburg
Printed in Singapore 1999

Alle Rechte vorbehalten! Ohne ausdrückliche Erlaubnis des
Verlages darf das Werk, auch nicht Teile daraus, weder
reproduziert, übertragen noch kopiert werden, wie z. B. manuell
oder mit Hilfe elektronischer und mechanischer Systeme inklusive
Fotokopieren, Bandaufzeichnung und Datenspeicherung.

Wenn es eine Magie gibt auf diesem Planeten, so finden wir sie im Wasser... Seine Substanz reicht überallhin. Das Wasser berührt die Vergangenheit und bereitet die Gegenwart vor: Es bewegt sich unter den Polen und wandert in dünner Schicht in der Höhe der Luft. Es kann in einer Schneeflocke Formen exquisiter Vollkommenheit annehmen oder das Leben auf eine einzelne glänzende Gräte reduzieren, die auf das Meer geworfen wird.

The Immense Journey,
LOREN EISELEY (1907 - 1977), Amerikanischer Anthropologe und Schriftsteller

Inhalt

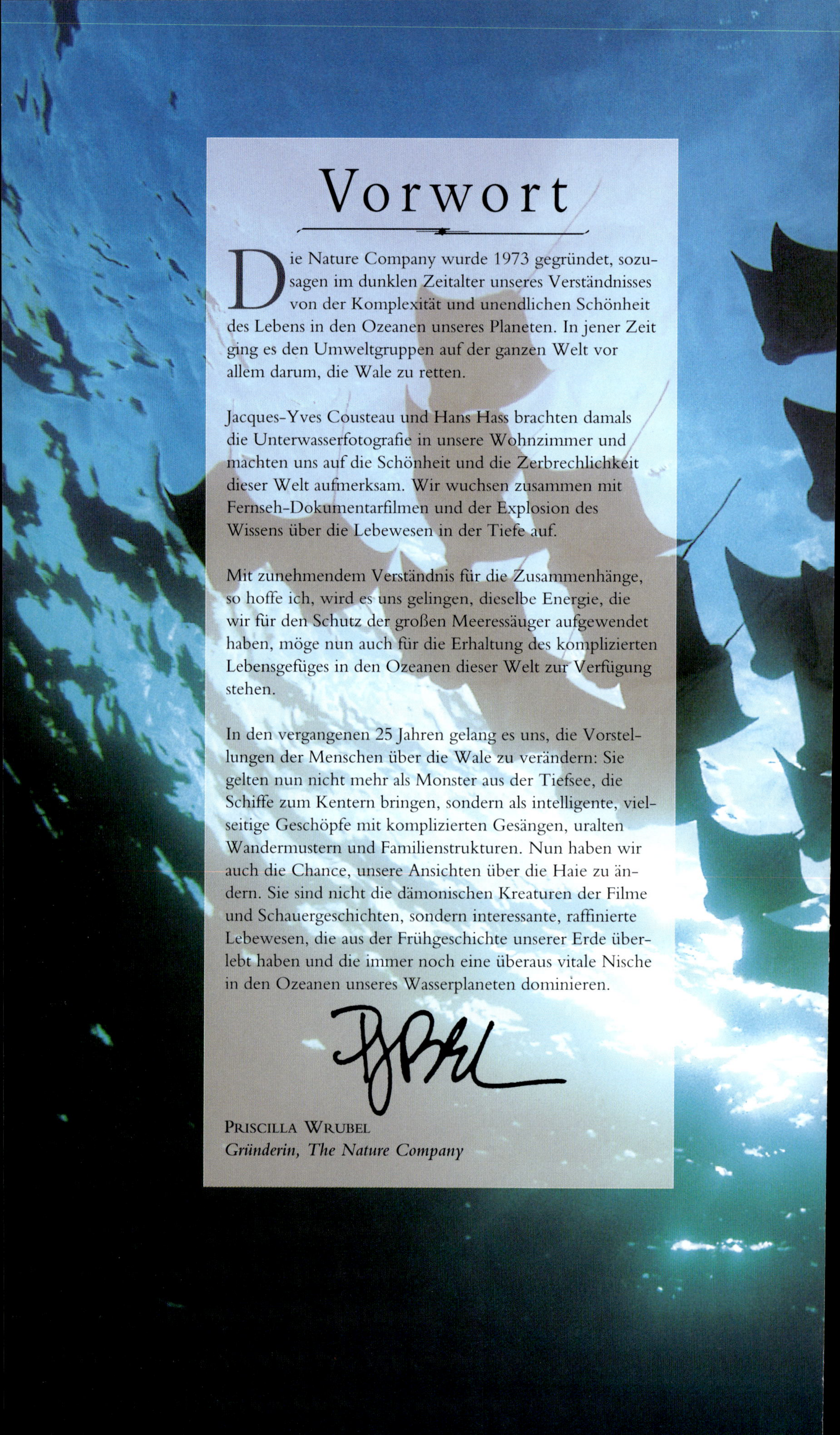

Vorwort

Die Nature Company wurde 1973 gegründet, sozusagen im dunklen Zeitalter unseres Verständnisses von der Komplexität und unendlichen Schönheit des Lebens in den Ozeanen unseres Planeten. In jener Zeit ging es den Umweltgruppen auf der ganzen Welt vor allem darum, die Wale zu retten.

Jacques-Yves Cousteau und Hans Hass brachten damals die Unterwasserfotografie in unsere Wohnzimmer und machten uns auf die Schönheit und die Zerbrechlichkeit dieser Welt aufmerksam. Wir wuchsen zusammen mit Fernseh-Dokumentarfilmen und der Explosion des Wissens über die Lebewesen in der Tiefe auf.

Mit zunehmendem Verständnis für die Zusammenhänge, so hoffe ich, wird es uns gelingen, dieselbe Energie, die wir für den Schutz der großen Meeressäuger aufgewendet haben, möge nun auch für die Erhaltung des komplizierten Lebensgefüges in den Ozeanen dieser Welt zur Verfügung stehen.

In den vergangenen 25 Jahren gelang es uns, die Vorstellungen der Menschen über die Wale zu verändern: Sie gelten nun nicht mehr als Monster aus der Tiefsee, die Schiffe zum Kentern bringen, sondern als intelligente, vielseitige Geschöpfe mit komplizierten Gesängen, uralten Wandermustern und Familienstrukturen. Nun haben wir auch die Chance, unsere Ansichten über die Haie zu ändern. Sie sind nicht die dämonischen Kreaturen der Filme und Schauergeschichten, sondern interessante, raffinierte Lebewesen, die aus der Frühgeschichte unserer Erde überlebt haben und die immer noch eine überaus vitale Nische in den Ozeanen unseres Wasserplaneten dominieren.

PRISCILLA WRUBEL
Gründerin, The Nature Company

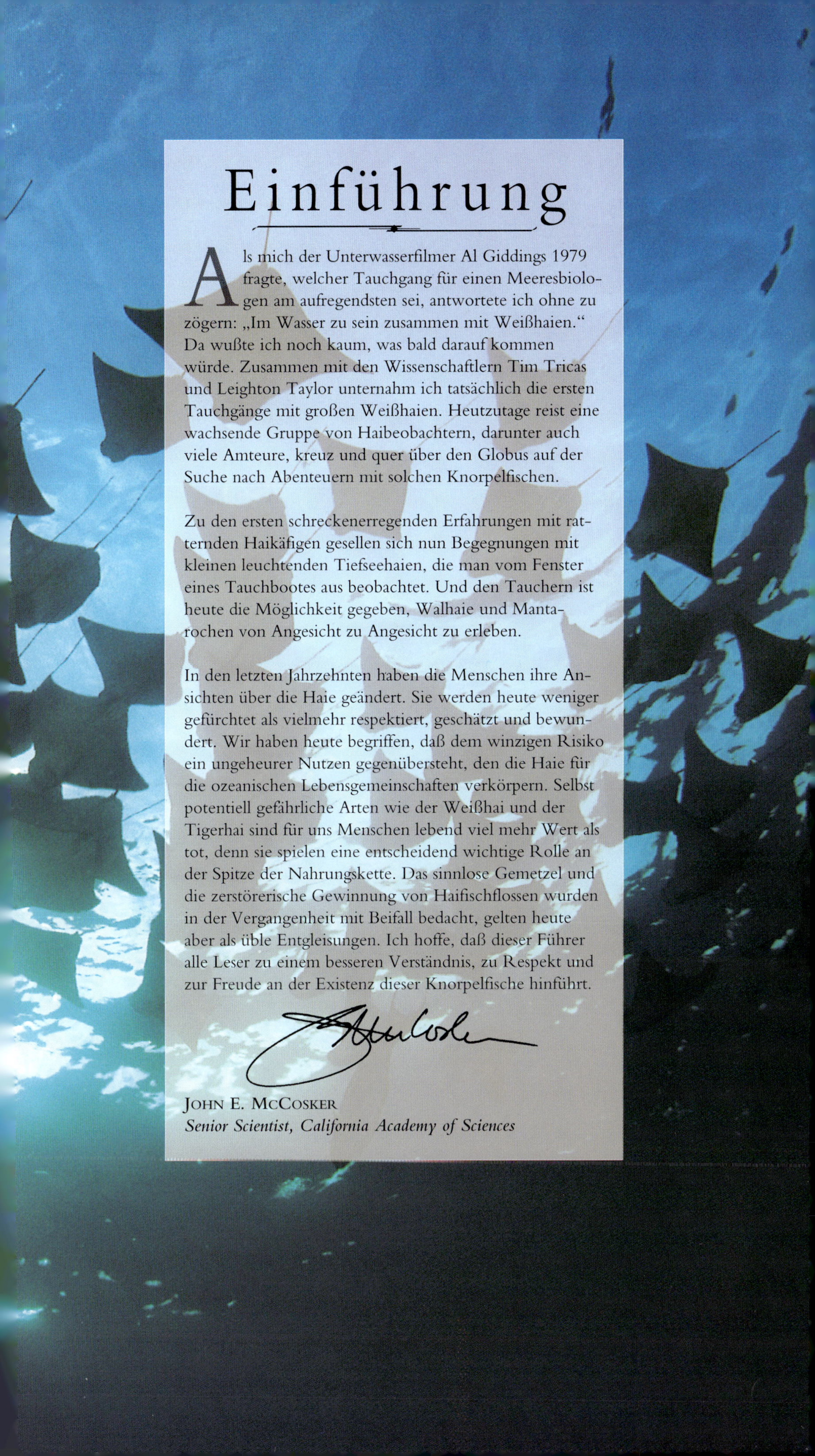

Einführung

Als mich der Unterwasserfilmer Al Giddings 1979 fragte, welcher Tauchgang für einen Meeresbiologen am aufregendsten sei, antwortete ich ohne zu zögern: „Im Wasser zu sein zusammen mit Weißhaien.“ Da wußte ich noch kaum, was bald darauf kommen würde. Zusammen mit den Wissenschaftlern Tim Tricas und Leighton Taylor unternahm ich tatsächlich die ersten Tauchgänge mit großen Weißhaien. Heutzutage reist eine wachsende Gruppe von Haibeobachtern, darunter auch viele Amteure, kreuz und quer über den Globus auf der Suche nach Abenteuern mit solchen Knorpelfischen.

Zu den ersten schreckenerregenden Erfahrungen mit ratternden Haikäfigen gesellen sich nun Begegnungen mit kleinen leuchtenden Tiefseehaien, die man vom Fenster eines Tauchbootes aus beobachtet. Und den Tauchern ist heute die Möglichkeit gegeben, Walhaie und Mantarochen von Angesicht zu Angesicht zu erleben.

In den letzten Jahrzehnten haben die Menschen ihre Ansichten über die Haie geändert. Sie werden heute weniger gefürchtet als vielmehr respektiert, geschätzt und bewundert. Wir haben heute begriffen, daß dem winzigen Risiko ein ungeheurer Nutzen gegenübersteht, den die Haie für die ozeanischen Lebensgemeinschaften verkörpern. Selbst potentiell gefährliche Arten wie der Weißhai und der Tigerhai sind für uns Menschen lebend viel mehr Wert als tot, denn sie spielen eine entscheidend wichtige Rolle an der Spitze der Nahrungskette. Das sinnlose Gemetzel und die zerstörerische Gewinnung von Haifischflossen wurden in der Vergangenheit mit Beifall bedacht, gelten heute aber als üble Entgleisungen. Ich hoffe, daß dieser Führer alle Leser zu einem besseren Verständnis, zu Respekt und zur Freude an der Existenz dieser Knorpelfische hinführt.

John E. McCosker
Senior Scientist, California Academy of Sciences

... Ein dunkler, ewiger Ozean ohne Grenzen, ohne Dimension, in dem Länge, Breite und Höhe und Zeit und Ort verloren sind.

Paradise Lost
MILTON (1608 - 1674), Englischer Dichter

KAPITEL 1

Haie und Rochen kennenlernen

Die faszinierende Welt der Haie und Rochen

Haie und Rochen beeinflussen das Leben fast aller Organismen, die sich zusammen mit ihnen in der scheinbar feindlichen Umwelt des Meeres aufhalten.

Für uns landbewohnende Menschen stellen die Ozeane der Welt eine furchteinflößende, feindliche und rätselhafte Umwelt dar. Das Land erscheint winzig im Vergleich zu den Ozeanen, die über dreimal soviel Oberfläche des Planeten einnehmen.

Die Meere bilden vielfältige dreidimensionale Lebensräume, zum Beispiel warme und sonnenbeschienene flache tropische Riffe und eiskalte Gewässer in den Tiefseegräben. Das Meerwasser enthält so viel Salze, daß es in unseren Augen brennt und ungenießbar ist. Die Ozeane sind ganz anders als die klare Gashülle, in der wir leben. Die Gewässer werden oft von Schlamm oder mikroskopischem Plankton getrübt, so daß man gelegentlich nur ein paar Meter weit sieht. So überrascht es nicht, daß die Menschen die Ozeane als unwirtlich empfinden.

Eine Welt aus Wasser

In dieser fremden Welt leben die Fische, die erfolgreichste

Gruppe der Wirbeltiere. Schätzungen zufolge gibt es über 25 000 heute noch lebende Fischarten, und reiche Fossilfunde geben uns Aufschluß über die Evolution dieser Tiere.

Den größten Teil der Fische macht die Gruppe der Knochenfische aus, die erst vor verhältnismäßig kurzer Zeit entstanden ist. Knochenfische kommen in praktisch jedem aquatischen Lebensraum der Erde vor. So weiden Papagei- und Doktorfische mikroskopische Algen von Korallenriffen ab, während große Thunfische die Hochsee durchstreifen auf der Suche nach kleinen Fischen und Tintenfischen.

Doch das Leben eines fast jeden Knochenfisches wird von der einzigartigen Gruppe der Knorpelfische beeinflußt, zu denen die Haie und die Rochen zählen. Diese treten als direkte Nahrungskonkurrenten auf oder machen in vielen Fällen räuberisch Jagd auf Knochenfische.

Knorpelfische umfassen rund 800 Arten von Haien, Rochen und Chimären. Wie der Name sagt, besteht das Skelett zur Hauptsache aus Knorpel, einem leichten, biegsamen Stützmaterial. Deswegen sind in der Regel fossil

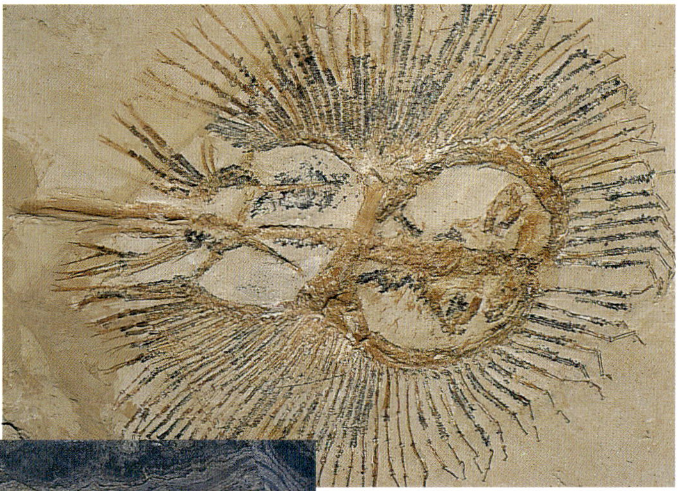

WENIGE VERÄNDERUNGEN Fossile Rochen (oben, *Cyclobatis longicaudatus*) und Haie (links, *Orthacanthus senckenbergianus*) zeigen schon Merkmale heutiger Arten, z. B. der Walhai (unten links).

nur einige verkalkte Körperteile übrig geblieben, etwa Zähne, Dornen oder auch Wirbel. Nur unter besonders günstigen geologischen Bedingungen blieben ganze Knorpelskelette konserviert. Die Paläontologen glauben, die direkten Vorfahren der modernen Haie seien über 400 Millionen Jahre alt.

Elegantes Design

Durch die lange Evolutionsgeschichte und das Fehlen von Knochen könnte der falsche Eindruck entstehen, Haie und Rochen seien primitive Tiere. Ganz im Gegensatz dazu zeigen diese Tiere bemerkenswerte Anpassungen. Die meisten heutigen Arten haben einen Oberkiefer, den sie weit öffnen können, und ein spezialisiertes Gebiß, so daß man sie zu den effizientesten Räubern zählen muß. Die Sinnesorgane sind sehr leistungsfähig, das Gehirn ist verhältnismäßig groß.

Einen hohen Grad der Spezialisierung zeigt auch die Fortpflanzung und das übrige Verhalten. In mancherlei Hinsicht scheinen die Knorpelfische mehr Ähnlichkeiten mit Vögeln und den Säugern zu haben als mit den übrigen Fischen. Diese Merkmale machen die Haie und Rochen zu erfolgreichen Bewohnern vieler Lebensräume des Meeres.

Die Rochen

Die Rochen sind mit den Haien eng verwandt und besetzen viele ökologische Nischen. Sie gelten als Schwestergruppe der Sägehaie. Wir kennen über 450 Arten. Einige Rochen, wie Sägerochen, Zitterrochen und Geigenrochen haben wohlentwickelte Rücken- und Schwanzflossen und kräftige Schwänze. Andere Arten wie Stechrochen, Adlerrochen und Teufelsrochen haben nur noch stark reduzierte Schwänze mit einer rudimentären Schwanzflosse, sofern diese nicht völlig fehlt. Die Größe dieser Fische schwankt erheblich. Auf der einen Seite gibt es handtellergroße bodenbewohnende Stechrochen; auf der anderen Seite sind die Mantas zu nennen, die in der Hochsee schwimmen und die eine Spannweite von 6 m übertreffen.

Rochen kommen in praktisch allen Lebensräumen des Meeres vor und sind auch in vielen Ästuarien, Süßwasserflüssen und Seen anzutreffen. Die meisten Rochen fressen wirbellose Tiere, die sich in weichen Sedimenten aufhalten. Einige Rochen der Gattung Gymnura fressen nur kleine Fische, während sich die Mantas hauptsächlich von Plankton ernähren. Doch über das Verhalten und die Biologie dieser bemerkenswerten Fische gibt es noch viel zu erforschen.

HAIE UND MENSCHEN

Selbst heute noch besteht bei den meisten Menschen der Eindruck, Haie würden in einer abgeschiedenen Umwelt leben, die von der unsrigen weit entfernt sei. In Wirklichkeit gibt es zwischen Menschen und Haien mehrere Berührungspunkte mit eher trüben Konsequenzen für diese Fische. Zu Beginn dieses Jahrhunderts spielten die Haie und Rochen beim Fischfang in vielen Gebieten der Erde eine größere Rolle. Die Bevölkerungsexplosion und die verbesserte Fischereitechnik hat heute zur Folge, daß Haie und Rochen überall auf der Welt massiv weggefangen werden. Abgesehen von ihrem Nährwert existiert heute ein großer internationaler Markt für Haifischflossen, besonders des Makohais (Bild oben). Aus diesen Flossen stellt man die Haifischflossensuppe her. Ein kleinerer Markt existiert auch für Haiskelette, die in der Naturheilkunde Verwendung finden. Zur Zeit nehmen viele Haipopulationen stark an Zahl ab. Deswegen haben schon einige Länder Fangbeschränkungen ausgesprochen in der Hoffnung auf eine nachhaltige Bewirtschaftung der Haie. Eine internationale Zusammenarbeit ist notwendig, um das Überleben der Haie zu sichern.

Die Ozeane – ihr Lebensraum

Haie und Rochen sind hervorragend an ihre Lebensräume angepaßt.

In vielerlei Hinsicht ist die ozeanische Umwelt der Haie und Rochen stabil und vorhersehbar. Die täglichen Temperaturschwankungen sind in den meisten Lebensräumen wegen der großen Wassermenge gering. Aber selbst Massenbewegungen, etwa durch aufsteigendes Tiefenwasser oder durch Meeresströmungen, führen zu verhältnismäßig geringen Schwankungen.

Stürme in der Atmosphäre wirken zerstörerisch, doch beschränken sich die Schädigungen auf die obersten Meter der Wassersäule, denen die Tiere durch abtauchen leicht entgehen können. Der Lebensrhythmus der Arten im Flachwasser wird von der Sonnenscheindauer und von den Mondphasen bestimmt. Viele Tiefseearten leben in konstanter Dunkelheit, andere kehren periodisch in Tiefenbereiche mit geringer Lichtstärke zurück.

Auf der einen Seite bietet das Wasser angenehme Lebensbedingungen, auf der anderen stellt es die Tiere vor große Herausforderungen. Im Gegensatz zur Gashülle der Erde stellt das Wasser eine sehr dichte Umgebung dar. Wer sich schnell in Wasser fortbewegen will, braucht einen kräftigen Antrieb und ein stromlinienförmiges Design. Der hohe Salzgehalt der Ozeane hat zur Folge, daß Lebewesen mit geringerem Salzgehalt dauernd Wasser verlieren. Dieser Wasserverlust muß vermieden oder durch physiologische Mechanismen ersetzt werden.

Im Vergleich zur Luft haben die Ozeane einen verhältnismäßig niedrigen Sauerstoffgehalt. Deswegen mußten die Fische mit den Kiemen wirksame Anlagen zur Sauerstoffextraktion entwickeln. Die verhältnismäßig geringe Sichtweite im Meer führte zur Spezialisierung bei den Augen sowie zur Entwicklung neuer Sinnesorgane.

HEIMATGEWÄSSER Der Riesenmaulhai (oben) lebt vom Mesopelagial bis in große Tiefen und ist nur selten zu sehen. Der Weißspitzen-Riffhai (rechts) hingegen tritt bei Korallenriffen häufig auf.

Verschiedene Lebensräume

In den Ozeanen der Erde gibt es zahlreiche verschiedene Lebensräume, und jeder hat seine eigenen Hai- und Rochenpopulationen. In der Horizontalen unterscheidet man z. B. zwischen Küstengewässern und der Hochsee. In den höheren Breiten bestehen die Küstenbereiche zur Hauptsache aus festem Gestein oder Schutt, und dazwischen liegen große Algenbestände, die Beutefischen und Wirbellosen Unterschlupf bieten.

An manchen gemäßigten Küsten begegnen wir umfangreichen Kelpwäldern, die viele Beutetiere beherbergen. In tropischen Regionen bilden Korallen und Korallenalgen Kalkriffe auf, in denen sehr viele Wirbellose und Fische leben. Zwischen diesen Riffen erstrecken sich größere

DECKUNG Junge Zitronenhaie (oben) treten häufig in flachen Mangrovensümpfen auf, besonders in der Nähe tropischer Riffe. Der Pazifische Zitterrochen (unten) nutzt bei der Nahrungssuche den Schutz der Kelpwälder.

Sedimentbereiche mit sandbewohnenden Lebewesen wie Würmern, Weichtieren, Krebsen und Kleinfischen.

Bei Felsküsten und Korallenriffen gemäßigter wie tropischer Breiten befinden sich oft auch Seegraswiesen auf sandigem Untergrund mit einer großen Artenvielfalt. Lagunen und Ästuare stellen reiche Nahrungsquellen für Haie und Rochen dar. Dort paaren sich auch viele Arten, legen Eier ab oder bringen ihre Jungen auf die Welt.

Kontinentalschelf

Die Küstengebiete der Kontinente sowie größerer Inseln sind von einem flachen Bereich umgeben, der entweder aus Sedimenten oder festem Gestein besteht. Dieser Schelf kann sich stellenweise über hundert Kilometer weit ins Meer erstrecken. Der Kontinentalschelf reicht im Durchschnitt bis zu 100 m Tiefe. Hier halten sich in der Regel große Populationen von Haien und Rochen auf. Hinter dem Kontinentalschelf beginnt der Kontinentalabhang. Dieser zieht im oberen Bereich noch umfangreiche Hai- und Rochenpopulationen an, doch mit zunehmender Tiefe gehen die Zahlen deutlich zurück.

Die Hochsee oder der pelagische Bereich unterscheidet sich von anderen Lebensräumen des Meeres dadurch, daß keine Beziehung mehr zum Boden vorhanden ist. So ergibt sich eine geringe Lebensraumvielfalt. Die epipelagische Zone umfaßt dabei die durchleuchteten ersten hundert Meter der Hochsee.

Hier ist genügend Sonnenlicht vorhanden. Wo in küstennahen Gebieten nährstoffreiches Tiefenwasser nach oben gelangt, entwickelt sich ein reiches Phyto- und Zooplankton, das Kleinfischen als Nahrung dient. Viele Hai- und Rochenarten nutzen diese hochproduktiven Gewässer als Nahrungsquelle. In den nährstoffarmen epipelagischen Bereichen weit draußen auf der Hochsee halten sich hingegen nur wenige Haiarten und vielleicht nur noch eine Rochenart auf.

Tiefer...

Unterhalb des produktiven Epipelagials liegt das Mesopelagial. Hier befindet sich die Dämmerzone: Das nur noch spärlich vorhandene Tageslicht läßt kein Wachstum des Phytoplanktons mehr zu. Das Mesopelagial erstreckt sich bis in 1000 m Tiefe. Mit zunehmender Tiefe nehmen das Nährstoff- und Sauerstoffreichtum sowie die Wassertemperatur ab. Viele Wirbellose und Fische, die im Mesopelagial anzutreffen sind, unternehmen tageszeitliche Wanderungen (überwiegend nachts) in die epipelagische Zone, um dort Nahrung zu suchen. Zu diesen Wanderern gehören auch viele kleine Haiarten und einige wenige pelagische Rochen, die sich von Kleinfischen, Krebsen und Tintenfischen nahe der Wasseroberfläche ernähren.

... und tiefer

Unterhalb des Mesopelagials liegt das Bathypelagial, das an den Meeresboden angrenzt. Hier leben relativ wenig Organismen, die an das langsame Leben in der Kälte und der Dunkelheit angepaßt sind. Obwohl viele Haiarten in Tiefen von unter 1000 m gefangen werden, halten sich doch nur wenige in diesem Bereich auf, weil sie dort nicht genügend Nahrung finden. Weitere Tiefseehaie und -rochen leben in der Nähe des Meeresbodens. Sie fressen hier Bodentiere oder mesopelagische Fische, die bis zum Meeresboden vordringen. Hier gedeiht auch eine Lebensgemeinschaft aus mehreren Wirbellosen, die selbst wieder eine Nahrungsquelle für einige Rochenarten darstellen.

Mythen und Legenden

Viele Jahrhunderte lang betrachteten die Menschen die Haie und Rochen als geheimnisvolle Bösewichte; erst heute gelingt es, diesen Mythen entgegenzutreten.

Jahrtausendelang war das Verhalten und die Natur der Haie und Rochen von einem Mysterium umgeben, weil der Mensch keinen Zugang besaß zu deren Lebensräumen. Bis vor kurzem stammten die meisten Informationen von Beobachtern ohne Ausbildung, die oft zu völlig verkehrten Schlüssen gelangten. Durch die Erfindung des Tauchgeräts und anderer Technologien können die Menschen nun diese Tiere längere Zeit in ihrer natürlichen Umgebung beobachten.

Die Haie leiden heute noch in vielen Kulturen des Menschen unter einem unverdient schlechten Ruf. Berichte über Begegnungen mit Haien, die für den Menschen unglücklich ausgingen, finden wir schon bei den alten Griechen. Merkwürdigerweise fehlen solche Geschichten im ägyptischen Kulturkreis. Viele Schriftsteller berichten vom Schrecken, den Haie verbreiteten. Herodot berichtet über Haiangriffe auf schiffbrüchige persische Seeleute um 500 v. Chr. Ungefähr 50 n. Chr. schrieb Plinius der Ältere über die Gefahren, die Schwammtauchern von seiten der Haie drohen. Übrigens haben einige Sprachforscher die Hypothese aufgestellt, zwischen unserem deutschen Wort Schurke und der englischen Bezeichnung für den Hai, „*shark*", bestehe eine Beziehung.

Haie und Rochen spielen eine besondere Rolle in Kulturen, die enge Verbindungen zum Meer haben. Einige Berichte beruhen aber mehr auf Aberglauben als auf Fakten. In Ostafrika bestreichen Bootsbauer einen neuen Rumpf mit Öl vom Hammerhai. Sie glauben, daß dies den Seefahrern Glück bringt. Viele Fischer im Mittelmeer befürchten ein Unglück, wenn ein Fuchshai vor dem Bug kreuzt. Ähnliche Vorstellungen finden wir auch bei vielen japanischen Fischern. Chinesische Mythen erzählen von einem Gott, der die Form eines Haies annimmt, um seine Anhänger zu erschrecken. Chinesische Perltaucher betrachten Haie als bösartige Hüter der Perlen und gehen ihnen aus dem Weg.

SEEMONSTER Der „wunderbare Fisch" (oben), der 1836 vor Maine, USA, gefangen wurde, war in Wirklichkeit ein Riesenhai, dessen Begattungsorgane als Füße interpretiert wurden. Ein Holzschnitt aus dem sechzehnten Jahrhundert zeigt ein Seemonster (rechts).

Die wohl bestdokumentierten Hailegenden stammen von den pazifischen Kulturen Polynesiens. Die Hawaiianer bezeichneten alle Haie kollektiv als *Mano*, unterschieden aber noch einzelne Arten durch besondere Bezeichnungen, etwa *Kihikihi* für den Hammerhai und *Niuhi* für alle Haie, die Menschen töten können, etwa den Tigerhai. Die Hawaiianer empfanden früher eine große Hochachtung für die Haie. Ein verstorbenes Familienmitglied beispielsweise konnte in der Form eines Haies zurückkehren.

Diese wiedergeborene Person wurde zu einem Wächter oder *Aumakua* seiner Verwandten und schützte sie und deren Ressourcen auf dem Riff. Man glaubte auch, Haie könnten in Form von „Haimenschen" oder *Mano Kanaka* dem Meer entsteigen. Sie würden Schwimmer und Fischer nach ihrem Ziel fragen, um sie dann später aufzufressen.

Rochengeschichten

Der Stachel der Rochen spielt in der griechischen und römischen Mythologie eine große Rolle. Telegonos tötete seinen Vater Odysseus mit einem Speer, der vorne als Spitze den Stachel eines Rochens trug. Plinius berichtet, mit diesem Stachel könne man Bäume zum Absterben bringen und stahlharten Panzer durchbohren.

Im Gegensatz zu einigen Legenden kann der Stechrochen seinen Stachel nicht abschießen. Zum Zustechen ist ein direkter Kontakt notwendig. Dies geschieht meistens, wenn man unachtsam auf einen Rochen tritt oder ihn sonstwie bedroht. Stechrochenstachel wurden von vielen Völkern auf den Pazifikinseln, in Australien und Zentralamerika in ihre Waffen eingebaut.

ANDERE AUFFASSUNGEN Die Hawaiianer respektierten in ihren Legenden, in der Religion und im täglichen Leben alle Haie, darunter auch den menschenfressenden Tigerhai (links). Mit dem Stachel des Amerikanischen Stechrochens (unten) kann man angeblich sogar Bäume zum Absterben bringen.

Sie wurden oft in Waffen eingebaut.

Eine Kontroverse

Selbst in unserer Zeit sind Fehlinterpretationen noch durchaus möglich. Im Herbst 1808 strandete an der Küste der Isle of Stronsa ganz im Norden der Britischen Inseln ein großes Seemonster. Es wurde von mehreren durchaus angesehenen Personen als Seeschlange beschrieben. Die Vermessung ergab eine Länge von 17 m und eine Dicke von rund 1,2 m. Es hatte eine Mähne wie ein Pferd sowie sechs getrennte Füße.

Die Möglichkeit, daß es sich um einen Wal handelte, mußte schnell beiseite gelegt werden, weil das Monster einen langen dünnen Hals und einen Schwanz besaß. Man untersuchte den Schädel, den Hals, die Schultern, die Pfoten und Zehen. Nach langen Untersuchungen kamen die Behörden zum Schluß, das Monster von Stronsa sei keine Fälschung, und 1811 erschien ein Artikel darüber, in dem die neue Gattung *Halsydrus* beschrieben wurde.

Im darauffolgenden Jahr gelangte dieser Artikel in die Hände des Londoner Arztes und Naturforschers Everard Home. Er hatte die einheimischen Haie untersucht und schloß aus der Beschreibung, daß es sich beim Monster von Stronsa um das Skelett eines Riesenhais (*Cetorhinus maximus*, damals als *Squalus maximus* bekannt) handeln mußte. Die „Mähne" hielt er für Fasern der Flossen, und das dritte „Beinpaar" waren wohl die Begattungsorgane.

Über ein Jahrhundert lang waren sich die Forscher uneins über dieses Tier. Die Kontroverse wurde 1933 beendet. Damals veröffentlichte Professor James Ritchie vom Royal Scottish Museum eine Arbeit, die Homes Schlußfolgerungen unterstützte.

Was ist ein Hai?

Haie haben sehr viele allgemeine Merkmale mit den übrigen Fischen gemeinsam, doch einige Besonderheiten findet man nur bei ihnen.

Die Haie umfassen rund 1 % aller heute lebenden Fische. Sie teilen mit ihnen die wichtigsten grundlegenden Merkmale. Wie alle Fische gewinnen auch die Haie den Sauerstoff aus dem Wasser mit Hilfe von Kiemen. Der Körper der meisten Arten ist stromlinienförmig und weist zwei paarige Flossen (Bauchflossen, Brustflossen) und drei unpaare Flossen auf (Rückenflosse, Afterflosse, Schwanzflosse).

Beim Schwimmen bewegt sich der Körper und vor allem der Schwanz seitwärts und erzeugt den Vortrieb. Die Wirbelsäule setzt sich aus einzelnen knorpeligen Wirbeln zusammen, die durch Bindegewebe aneinander befestigt sind. In der Anatomie gibt es praktisch keine Unterschiede zu den übrigen Fischen. Das gilt vor allem für das Kreislaufsystem, das Verdauungssystem, das Nervensystem und das Fortpflanzungssystem.

Einige Merkmale sind aber kennzeichnend für die Elasmobranchier, wie der Wissenschaftler die Haie und Rochen zusammenfassend nennt. Die fünf bis sieben Kiemenschlitze der Haie sind von außen zu sehen, während die Kiemen der meisten anderen Fische unter einem knöchernen Kiemendeckel verschwinden. Die Flossen der Haie sind dick und verhältnismäßig steif. Es fehlen ihnen die harten Strahlen oder Stacheln der Knochenfische. In der Haut des Haies stecken kleine harte Hautzähne - dies im Gegensatz zu den flachen Schuppen der meisten übrigen Fischarten.

VERWANDTE Der Küsten-Weißspitzenhai (oben) aus Papua-Neuguinea sieht ganz anders aus als der Pazifische Meerengel (links) aus Kalifornien und der Hammerhai (Seite 21 oben). Alle diese Fische sind aber eng miteinander verwandt.

Das Skelett

Das stützende Innenskelett besteht ausschließlich aus Knorpeln, während die meisten anderen Fische als Skelettmaterial den härteren Knochen haben. Die Haie haben keine Schwimmblase, um den eigenen Auftrieb im Wasser und damit die Schwimmfähigkeit zu regulieren. Um nicht abzusinken, haben sie Knorpel mit geringer Dichte, ferner leichte Öle in der Leber und eine ausgeprägt hydrodynamische Form.

Einen der größten anatomischen Unterschiede zwischen den Haien und den meisten Knochenfischen finden wir im

UNVERKENNBAR Einen großen Hammerhai erkennt jeder, ohne zu zögern.

Bau des Kiefers, dessen Befestigung am Schädel und in der Struktur der Zähne.

Der Oberkiefer ist beim Hai voll bezahnt und geht direkt aus dem sogenannten Palatoquadratum hervor, das im Lauf der Stammesgeschichte aus dem oberen Teil des Kieferbogens entstand. Der Unterkiefer geht bei den Haien aus dem unteren Teil des Kieferbogens hervor, dem sogenannten Mandibulare oder Meckelschen Knorpel. Bei den Knochenfischen ist dieser Knorpel stark reduziert und bildet das Kiefergelenk. Die Zähne der Haie sind übrigens aus Hautknochen entstanden, die später verschwanden.

Bei den meisten Haien und Rochen liegt der Oberkiefer auf der Unterseite des Schädels und ist mit ihm lose über Bänder und Bindegewebe verbunden. Für eine Verbindung sorgt das sogenannte Hyoid. Jedenfalls kann der Hai den Oberkiefer unabhängig vom Schädel bewegen. Der Hai kann den Kiefer weit aufklappen und dabei aus verhältnismäßig großen Beutetieren mächtige Bissen abreissen.

Klassifikation

Wie alle Lebewesen teilt man die Haie nach der Anzahl der gemeinsamen Merkmale in verschiedene Gruppen ein. Je mehr Merkmale zwei Haiarten gemeinsam haben, umso näher sind sie verwandt. Die Unterschiede zwischen den Großgruppen unter den Haien fallen in der Regel auch nicht ausgebildeten Zoologen auf. Die Hammerhaie beispielsweise erkennt man an den seitlichen Verbreiterungen des Kopfes. Wenn es jedoch um die Bestimmung der Arten geht, spielen unauffällige Merkmale wie die genaue Kopfform oder das Vorhandensein oder Fehlen einer zentralen Furche auf dem Kopf eine Rolle. Manchmal ziehen die Forscher zur Artunterscheidung auch anatomische Merkmale hinzu.

WAS ARISTOTELES AN HAIEN UND ROCHEN BEOBACHTETE

Die ersten kritischen Beobachtungen zur Biologie der Haie in der westlichen Welt machte der griechische Philosoph Aristoteles (rechts). Er schrieb sie in einem Werk mit dem lateinischen Titel Historia Animalium nieder, das um 350 v. Chr. erschien. Aristoteles gelangen viele wichtige Beobachtungen zu Anatomie, Fortpflanzung und Verhalten dieser Tiere. Er erkannte zum Beispiel, daß sich die Haie von allen anderen Fischen durch die Stellung ihrer Kiemenspalten unterschieden. Er schrieb dazu: „Und unter jenen Fischen, die mit Kiemen ausgestattet sind, haben einige einen Deckel für dieses Organ, während es bei allen Selachiern (Haie und Rochen) ungeschützt daliegt."

Aristoteles erkannte auch, daß Haie und Rochen anders schwimmen: „Unter den Haiverwandten haben einige keine Flossen, etwa der flache Rochen oder Stechrochen mit dem langen Schwanz. Doch diese Fische schwimmen durch eine wellenförmige Bewegung ihrer flachen Körper."

Aristoteles erkannte auch den geschlechtlichen Unterschied zwischen männlichen und weiblichen Haien: „Die Männchen einiger Knochenfischarten unterscheiden sich von den Weibchen durch zwei Fortsätze, die vom Ausgang des Enddarms herabhängen. Das Weibchen hat keine solchen Fortsätze, und diese Unterscheidung zwischen den Geschlechtern läßt sich bei allen Haien beobachten."

Was ist ein Rochen?

Rochen leben in einem beinahe zweidimensionalen Körper, nutzen aber die dreidimensionale Welt.

Auf der ganzen Welt gibt es fast 500 Rochenarten. Sie machen damit über die Hälfte aller Elasmobranchier aus. Rochen kommen in fast allen bodenbewohnenden Gemeinschaften der Ozeane vor. Sie leben aber auch in der Hochsee und haben manche süßen Binnengewässer erobert.

Die Rochen sind ein relativ junger Zweig in der Stammesgeschichte der Knorpelfische: Sie traten ungefähr 200 Millionen Jahre nach den ersten Haien auf. Die ersten Rochen waren Verwandte der heutigen Geigenrochen; offensichtlich haben sie sich aus dorsoventral abgeflachten Haien ungefähr zur Zeit der Dinosaurier entwickelt.

Die heutigen Rochen unterscheiden sich durch einige wichtige Merkmale von den Haien. Der Körper ist stark abgeflacht. Während bei den meisten Haien die Brustflossen kurz und gedrungen ausfallen und hinter dem Kopf schräg nach unten abstehen, sind sie bei den Rochen hinter dem Schädel befestigt und so stark vergrößert, daß sie zusammen mit dem Körper eine Scheibe bilden. Der Schwanz ist bei den meisten Rochen verkleinert und wird nicht zum Schwimmen eingesetzt. Für die Fortbewegung sind vielmehr die Spitzen der Brustflossen zuständig.

Den meisten Rochenarten fehlen Rücken- und Schwanzflosse, oder sie sind sehr klein ausgebildet. Die Augen stehen oben am Kopf und nicht an den Seiten und gestatten einen guten Überblick über die Umgebung am Boden und den Wasserbereich darüber. Beutetiere, die sich unter dem eigenen Körper befinden, nimmt der Rochen mit dem Geruchssinn vorne am Mund, mit der Seitenlinie und mit Sinnesorganen wahr, die auf Schwankungen des elektrischen Feldes reagieren.

Atemorgane

Ein weiterer Unterschied zu den Haien besteht in der Lage der Kiemenspalten. Bei den Rochen liegen sie auf der Unterseite des Körpers, bei den Haien an den Seiten. Wie mehrere bodenbewohnende Haie haben die Rochen wohlentwickelte Spritzlöcher hinter den Augen. Über sie nehmen die Tiere Atemwasser auf, wenn sie auf dem Boden ruhen oder wenn sie gerade fressen.

Viele Rochenarten, vor allem die Stech- und Adlerrochen, haben scharfe Stacheln

UMGÄNGLICHE TIERE Der Gefleckte Adlerrochen (rechts) und der Thornback (oben) gehören beide zu Gruppen mit komplexem Sozialverhalten. Alle Rochen verfügen über scharfe Sinnesorgane.

DEM LEBENSRAUM ANGEPASST Der große pelagische Manta (links) schwebt durch das offene Hochmeer, während der Südliche Geigenrochen (unten) auf dem Boden lebt.

auf dem Schwanz. Sie setzen diese giftigen Waffen ein, wenn sie gestört oder von großen Haien angegriffen werden. Auch im sozialen Leben der einzelnen Arten spielen sie eine große Rolle.

Bei den Rochen begegnen wir einer großen Vielzahl von Größen und Körperformen. Die Rochen der Familie Rajidae, die auf englisch Skates heißen, haben einen runden oder rautenförmigen Körper mit einem kleinen muskulösen Schwanz, zwei kleinen Rückenflossen und einer winzigen Schwanzflosse. Sie sind häufig in tieferen Bereichen aller Weltmeere, kommen aber auch nahe der Küste vor. Diese Rochen haben schwache elektrogene Organe zu beiden Seiten des Schwanzes, die möglicherweise beim Sozialleben eine große Rolle spielen.

Die Zitterrochen hingegen sind in der Regel kreisrund und haben wohlentwickelte Rücken- und Schwanzflossen. Umgebaute Muskeln in der Brustflosse einiger Arten können elektrische Schläge mit einer Spannung von mehreren hundert Volt austeilen. Die Tiere verteidigen sich damit und fangen Beute.

Stechrochen sind häufige Bewohner von Küstengebieten. Sie spüren in den weichen Bodensedimenten kleine Wirbeltiere und Fische auf. Adlerrochen und Rochen der Familie Rhinopteridae schwimmen aktiv in Bodennähe oder in der Wassersäule um Riffe und in offenen Küstengewässern. Mit ihren breiten Zahnplatten zertrümmern sie hartschalige Weichtiere, etwa Schnecken und Muscheln.

Die großen pelagischen Mantas und andere Teufelsrochen bewohnen die Gewässer des offenen Meeres und sind an den Futterlappen zu beiden Seiten des Kopfes zu erkennen. Mit ihnen lenken die Tiere die Wasserstromung zur Mundöffnung. Diese Rochenarten ernähren sich von Plankton oder von Kleinfischen.

Einige Rochen haben eine Gestalt, die zwischen der eines Haies und der eines klassischen Rochens liegt. Ein gutes Beispiel dafür sind die Geigenrochen mit ihrem abgeflachten rochenartigen Kopf und dem muskulösen haiähnlichen Schwanz mit den wohlentwickelten Rücken- und Schwanzflossen. Eine bemerkenswerte Konvergenz besteht zwischen den Sägerochen (Pristidae) und den Sägehaien (Pristiophoridae). Beide sehen ähnlich wie Geigenrochen aus, haben aber einen verlängerten Oberkiefer in Form eines Sägeschwerts, mit dem sie Beutetiere fangen.

Größere Gehirne

Die Rochen haben die größten Gehirne unter den Elasmobranchiern, und sie selbst sind hochkomplexe Tiere, die ihre feine Sinnesausstattung bei ihrem komplizierten Sozialverhalten einsetzen. Forscher haben zum Beispiel vor kurzem bewiesen, daß männliche Stechrochen mit ihrem elektrischen Sinn eingegrabene Geschlechtspartner aufspüren.

Andere Arten bilden große Schwärme, die entlang der Küstenlinie Wanderungen durchführen. Taucher beobachten oft große Rochengruppen beim Paarungsspiel oder bei anderen sozialen Verhaltensweisen. Man kann diesen Tieren über längere Zeit hinweg folgen. Aus der einfachen Beobachtung erfährt man viel über das Verhalten dieser bemerkenswerten Geschöpfe.

Verwandte der Haie und Rochen

Die nächsten Verwandten der Haie und Rochen sind die Seekatzen oder Chimären; alle drei haben eine gemeinsame Abstammung.

Die Haie und Rochen gehören zur Gruppe der Knorpelfische. Ihr namengebendes kennzeichnendes Merkmal ist das Knorpelskelett. Die Knorpelfische haben eine lange Evolutionsgeschichte, die über 400 Millionen Jahre zurückreicht. In dieser langen Zeitspanne lebten die Knorpelfische mit vielen anderen Fischformen, vor allem den Knochenfischen, zusammen, die es auch heute noch gibt.

Zu diesen Knorpelfischen zählen auch die Seekatzen oder Chimären. Sie gelten als die nächsten lebenden Verwandten der Haie und Rochen. Man unterscheidet weltweit ungefähr 35 Chimären. Die Paläontologen fanden vor kurzem heraus, daß sie vor 340 Millionen Jahren, während des Devons, erstmals auftauchten und sich von den frühen Haien abspalteten. Einige jener ausgestorbenen Formen sehen heutigen Chimären sehr ähnlich und bezeugen damit die lange Geschichte dieser Fische.

Im Bauplan unterscheiden sich die Chimären einigermaßen von den Haien und Rochen. Der Kopf ist groß, die Augen treten hervor, und der Mund liegt auf der Bauchseite. Die Haut ist glatt und schuppenlos und trägt Sinnesporen und Seitenlinienkanäle. Der Körper der meisten Arten ist verjüngt und läuft in einen bisweilen peitschenartigen Schwanz aus.

NAHE VERWANDTE Chimären oder Seekatzen (oben) kommen vor allem in tiefen Gewässern vor den Küsten vor. Sie haben ein Knorpelskelett und feste Pflasterzähne.

Die erste Rückenflosse ist beweglich und liegt über der Brustflosse. Die zweite Rückenflosse ist kleiner und enthält keine Muskeln. Vorne an der ersten Rückenflosse steht ein langer scharfer Stachel, der zur Verteidigung oft mit einer Giftdrüse in Verbindung steht. Chimären leben im kalten Wasser der Kontinentalabhänge und der Tiefsee, einige Arten kommen in höheren Breiten auch in flacheren Gewässern vor.

Grundlegende Unterschiede

Wie bei den Haien und Rochen besteht auch das Skelett der Chimären aus Knorpel, der nur stellenweise leicht verkalkt ist. Die Tiere haben eine Spiralfalte im Magen, und es fehlt ihnen die Schwimmblase. Das Palatoquadratum, das den Oberkiefer bildet, ist mit dem unteren Teil des Schädels verwachsen und kann somit beim Fressen - anders als bei den Haien und Rochen - nicht mehr bewegt werden. Diese Art der Kieferaufhängung bezeichnet man als Holozephalie, und sie ist der Hauptgrund für die Abtrennung der Chimären von den Haien und Rochen. Der wissenschaftliche Name der Gruppe lautet denn auch Holocephali.

Zusätzlich befinden sich die vier Kiemenbögen auf beiden Seiten des Kopfes unter einem knorpeligen Kiemendeckel. Ein Spritzloch ist nicht vorhanden. Das Atemwasser wird über die großen Nasenlöcher und nicht so sehr durch den Mund aufgenommen. Das Gebiß besteht aus Zahnplatten - im Gegensatz zu den zahlreichen, spitzen, schneidenden Zähnen der meisten Haie. Die Chimären fressen vor allem kleine Fische und Wirbellose mit harten Schalen oder Tintenfische.

Wie die Elasmobranchier haben auch alle männlichen Chimären zu Begattungsorganen umgebaute Bauchflossen, die den Samentransfer besorgen. Bei den Chimären wird aber noch ein zweites Organ bei der Paarung eingesetzt, nämlich ein Fortsatz am Kopf. Das Männchen packt damit den hinteren Teil der Brustflosse des Weibchens und führt gleichzeitig sein Begattungsorgan in die Kloake ein. Durch dieses Verhalten erklärt

CHIMÄREN Die verlängerte Schnauze dieser Art aus der Familie Rhinochimaeridae trägt viele Sinnesorgane. Die beiden Fische unten gehören zur Familie Callorhynchidae. Man beachte die Seitenlinien, Schleimkanäle und Sinnesporen und den ausgeprägten pflugartigen Kopffortsatz.

sich, warum die meisten Chimärenmännchen kleiner sind als die Weibchen. Die Männchen weisen vor den Bauchflossen zwei weitere Begattungsstrukturen auf, doch ist deren Funktion noch rätselhaft. Die Weibchen legen große, zähe, flaschen- oder kaulquappenförmige Eier auf den Meeresboden, aus denen später die Jungtiere schlüpfen.

Die heutigen Chimären

Die Fischforscher unterscheiden heute drei Familien in den tropischen und gemäßigten Meeren der Welt. Die Familie Chimaeridae umfaßt die beiden Gattungen *Hydrolagus* und *Chimaera* mit insgesamt rund 21 Arten im Pazifik und Atlantik, darunter auch die häufigste europäische Form *Chimaera monstrosa*. Die Arten dieser Familie haben einen großen Kopf, eine kurze, meist runde Schnauze und einen fadenförmig dünn auslaufenden Schwanz (daher gelegentlich die Bezeichnung „Seeratte“). Diese Chimären kommen in tiefen Gewässern vor und wagen sich gelegentlich auch in flachere Bereiche in Küstennähe.

Die Familie Callorhynchidae kommt auf der Südhalbkugel vor, vor allem vor den Küsten Afrikas, Südamerikas, Neuseelands und Australiens. Die einzige Gattung *Callorhynchus* mit ihren vier Arten lebt in flachen bis tiefen Gewässern. Man erkennt sie an der verlängerten Schnauze, die direkt vor dem Mund nach unten umgebogen ist. Ihr Schwanz ist klein mit verlängertem oberen Teil der Schwanzflosse, ähnlich wie bei vielen Haien.

Die Familie Rhinochimaeridae hat ihren Namen nach der langen geraden und zugespitzten Schnauze. Die Zoologen unterscheiden drei Gattungen (*Rhinochimaera, Harriotta, Neoharriotta*) und ungefähr sechs Arten. Sie kommen in tiefen Bereichen der meisten Ozeane der Welt vor.

Verbreitung in den Meeren

Haie und Rochen kommen in fast allen geographischen Gebieten der Erde vor, und nur wenige Grenzen schränken ihre Bewegungen ein.

Der Mensch nimmt die Erde ganz anders wahr als ein Hai oder ein Rochen. Meeresbewohnende Lebewesen können frei umherziehen, und Grenzen setzen hier nur gewisse Ressourcen wie Nahrung, geeignete Lebensräume und Laichgründe.

Die Polargebiete der Erde sind durch kalte Gewässer, durch lange Dunkelperioden und stark schwankende jahreszeitliche Produktivität gekennzeichnet. In den arktischen Gebieten, die mehrheitlich unter Eis liegen, sind auch nur schwache Oberflächenströmungen vorhanden, so daß keine hohe biologische Produktivität entstehen kann. Aus diesem Grund gibt es nur wenige Nahrungsketten, die das ganze Jahr über bestehen und an deren Spitze Haie stehen könnten.

In polaren Gewässern leben nur wenige Haiarten, und es handelt sich in der Regel auch um die Verbreitungsgrenze dieser Arten. Die bekanntesten polaren Formen sind die Eishaie der Gattung *Somniosus*. Der Grönlandhai (*S. microcephalus*) kommt im Winter ungefähr bis zum 80. Breitengrad in flachen arktischen Gewässern vor, zieht sich im Sommer aber in größere Tiefen zurück. In ähnlicher Weise weitet der Pazifische Eishai (*S. pacificus*) seine nördliche Verbreitungsgrenze bis zur Beringsee aus. Die Rochen mit der nördlichsten Verbreitung finden wir unter den Arten der Familie Rajidae. Sie leben im allgemeinen von den Außenbereichen der Kontinentalschelfe bis in sehr große Tiefen.

Nahrungsreichtum

Wenn man sich von den Polargebieten entfernt, steigt die Primärproduktion und die Komplexität des Nahrungsnetzes steil an. Subpolare und gemäßigte Küstengebiete sind reich an anorganischen Nährstoffen, so daß es im Frühjahr und Sommer zu einer Phytoplanktonblüte kommt. Dadurch vermehren sich auch das Zooplankton und die Kleinfische sehr stark, die von Plankton leben.

Die Riesenhaie nutzen diese jahreszeitlich bedingte Produktivität und wandern während der Sommermonate in der Nähe aller großen Inseln und Kontinente in höhere Breiten. Ein solcher Hai filtert in einer Stunde 2 Millionen Liter Wasser und entnimmt ihm dabei das reichlich vorhandene Zooplankton, etwa Krebslarven, kleine Ruderfußkrebse, Kleinfische und Fischeier.

Blauhaie und Makohaie führen jahreszeitliche Wanderungen in höhere Breiten durch, um sich dort von kleinen Zooplanktonfressern und größeren Arten zu ernähren, etwa Makrelen und kleinen Thunfischen. Herings- und Fuchshaie geben dann ihr normales epipelagisches Leben auf und wandern im Sommer in Küstengewässer ein, um sich dort an Kleinfischen sattzufressen.

Ähnliche Nahrungsbeziehungen herrschen in Küstengebieten gemäßigter Zonen. Im Sommer machen das Phytoplankton und Bestände großer bodenbewohnender Algen Gebrauch von dem reichlich vorhandenen Licht.

Eine Schule Pazifischer Kuhnasenrochen (oben) in einer ruhigen Lagune der Galapagos-Inseln. Der Amerikanische Stechrochen (rechts) zieht seichte tropische Gewässer vor, vor allem in der Umgebung der Cayman-Inseln.

FELSKÜSTE UND RIFF Stierkopfhaie (links) kommen an gemäßigten Felsküsten vor, etwa bei den kalifornischen Inseln oder bei den Galapagos-Inseln. Ein Wobbegong der Art *Orectolobus ornatus* (unten) im Großen Barriereriff in Australien.

Viele Arten der Stierkopfhaie, der Katzenhaie, der Marderhaie und der Menschenhaie leben an Felsküsten gemäßigter Gebiete, wo sie sich vor allem von pflanzenfressenden Wirbellosen und kleineren Fischen ernähren. Wegen ihrer verhältnismäßig geringen Größe führen die meisten dieser Arten keine langen jahreszeitlichen Wanderungen durch und können somit das ganze Jahr über beobachtet werden.

Wärmere Breiten

In flachen Meeresgebieten wärmerer Regionen kommen viele Stech- und Adlerrochenarten vor. Sie fressen zur Hauptsache bodenbewohnende Weichtiere und Krebse. Größere Haiarten, wie Menschenhaie, treten regelmäßig auf und fressen räuberische Fische, darunter auch kleinere Haie und Rochen.

Die Verbreitung der Haie und Rochen in tropischen Gewässern zeigt oft zoographische Besonderheiten. Viele große Haie wie der Weißspitzen-Riffhai, der Graue Riffhai und der Schwarzspitzen-Riffhai leben fast ausschließlich in Korallenriffen des Indopazifiks. Zwischen diesen Haien schwimmen Adlerrochen oder Stechrochen, die sich von Wirbellosen des sandigen Meeresbodens ernähren.

Auf dem sandigen Boden der Korallenriffe begegnet man Wobbegongs, Katzenhaien oder Ammenhaien, zusammen mit Stechrochen, Zitterrochen und Geigenrochen.

Weit über dem Boden schwimmen die Walhaie und die Mantas, die sich von Plankton und Kleinfischen in küstennahen Gewässern oder Lagunen ernähren. Viele Marderhaie und einige Stechrochen sammeln sich an Flußmündungen und auf dem Kontinentalschelf in tropischen Gebieten.

Im Gegensatz zu den vielen Arten, die irgendwie an den Meeresboden gebunden sind und eine beschränkte geographische Verbreitung aufweisen, zeigen die meisten pelagischen Haie und Rochen eine zirkumglobale Verbreitung. Zu ihnen gehören der Blauhai, der Weißspitzen-Hochseehai, der Fuchshai und der Makohai des Epipelagials, der Krokodilhai des Mesopelagials und der Cookiecutter sowie ein winziger Steuerschwanz-Katzenhai des Bathypelagials. In ähnlicher Weise sind auch pelagisch lebende Rochen wie die Mantas weltweit verbreitet.

Gefahren der Beobachtung

Haie und Rochen können ihre Absichten nur auf wenige Weisen ausdrücken - Geduld und gesunder Menschenverstand bilden den besten Schutz für den Taucher.

Allgemeine Aussagen über das Verhalten aller Haie und Rochen kann man nicht machen. Jede Art hält sich in einem bestimmten Lebensraum auf, frißt andere Beute und reagiert auf ihre eigene Weise auf bestimmte Faktoren oder Umweltbedingungen.

Körpersprache

Die Stimmung eines Hundes kann man zuverlässig erkennen. Mit der Körpersprache und den Bewegungen der meisten Haie und Rochen sind wir weniger vertraut. Der Haikörper ist vor allem auf hydrodynamische Effizienz hin angelegt. Er fällt möglichst wenig auf und gibt keine auffälligen Signale zu seinem aktuellen seelischen Zustand. Um das Verhalten einer besonderen Hai- oder Rochenart zu verstehen, muß man viele Stunden bei einer stillen Beobachtung verbringen und auch zusehen, wie sich die Tiere anderen Organismen gegenüber verhalten.

Kleine bodenbewohnende Haie und Rochen in den Küstengebieten gemäßigter und tropischer Gebiete sind am leichtesten zu beobachten. Katzen- oder Stierkopfhaie verbringen die meiste Zeit in Ruhe oder durchsuchen Höhlungen und Spalten nach Nahrung. Andere kleine Küstenformen, wie die Marderhaie, schwimmen über sandige Böden, wo sogar der Schnorchler ihr Freß- oder Sozialverhalten studieren kann. Bei der Beobachtung kleiner Wale seichter Gebiete sollte man auf jeden Fall Abstand halten. Kommt man dem Hai zu nahe, schwimmt er schnell weg. Der Beobachter muß verhindern, daß er selbst das Verhalten das Haies beeinflußt.

Bodenbewohner

Die meisten bodenbewohnenden Rochen sind sehr gut zu beobachten. Im Gegensatz zu den meisten Haien, die sich dauernd in Bewegung befinden, halten sich viele Stechrochenarten stundenlang in einem kleinen Gebiet auf und durchsuchen den sandigen Boden nach Nahrung. Oft begegnet der Taucher kleinen Gruppen von Rochen, die sich gegenseitig inspizieren oder auf eine andere Weise miteinander Kontakt aufnehmen. Dieses Rochenverhalten kann man stundenlang beim Schnorcheln von der Oberfläche beobachten. Mit einer Taucherausrüstung gelingt es auch, nahe heranzukommen. Rochen lassen eine Annäherung oft zu, sofern der Taucher auf dem Bauch liegt.

Viele größere Haie und Rochen verhalten sich gegenüber Tauchern ziemlich scheu, und nur sehr vorsichtig

ABSTAND HALTEN Ein großer Weißhai (links) schnappt nach einem Thunfischköder. Beobachtung eines Amerikanischen Stechrochens (oben) bei Grand Cayman Island.

kann man in Beobachtungsnähe kommen. Die meisten unter ihnen schwimmen schnell und gestatten dem Taucher bei ihren täglichen Runden nur einen kurzen Blick oder einen Schnappschuß.

Schwimmt der Taucher mitten im Wasser, so wird er oft von Haien, etwa von Tigerhaien, an der Grenze zur Sichtweite umkreist. Gelegentlich nähert sich ein Tier für einen genaueren Augenschein. Eine gute Technik zur Beobachtung großer Haie in einem bestimmten Gebiet besteht darin, daß man sich möglichst versteckt auf den Boden setzt und langsam und kontrolliert atmet. Das Atemgeräusch wirkt auf den Hai störend.

Größere Menschenhaie wie der Galapagos-Hai und der Graue Riffhai können den Anfänger auf eine harte Mutprobe stellen, wenn sie ihn aus der Nähe inspizieren. Erfahrene Taucher betonen, daß man in solchen Fällen absolute Ruhe bewahren muß.

In unserer allgemeinen Unwissenheit über das Verhalten der großen Haie bildet das Konfliktverhalten des Großen Riffhais des Indopazifiks eine Ausnahme. Diese Tiere zeigen es (siehe Seite 108), wenn sie sich von herannahenden Tauchern bedroht fühlen. Wenn sich der Druck für sie erhöht, greifen sie oft an. Das Risiko kann aber stark verringert werden, wenn man die Natur und die Bedeutung dieses aggressiven Verhaltens versteht und wenn man einen Rückweg offenläßt.

Sinnvolle Vorsichtsmaßnahmen

Haie sind keinesfalls die gierigen Killer der Ozeane, wenn wir sie respektieren und nicht provozieren. Viele Taucher ärgern ruhende Ammenhaie direkt, indem sie sie am Schwanz ziehen und wundern sich dann, wenn sie ernsthaft gebissen werden.

In anderen Fällen kann die Provokation einfach darin bestehen, daß man in die persönliche Sphäre eines Grauen Riffhaies eingedrungen ist. Einige Taucher werden gebissen, wenn man Haie anfüttert. Unter diesen Umständen löst der Taucher das Freßverhalten des Haies aus, so daß dessen Erregung steigt. Damit erhöht sich die Chance eines Bisses, sei es durch Zufall oder durch Intention. Gesunder Menschenverstand ist die beste Vorsichtsmaßnahme des Tauchers.

ANFÜTTERN UND BEOBACHTEN

Das Interesse am Tauchen und an den Haien hat in der letzten Zeit stark zugenommen. Aus diesem Grund werden auch Touren zur Beobachtung von Haien unter Wasser immer beliebter. In vielen Fällen werden dabei Köder ausgelegt (Bild oben), um die Haie an eine bestimmte Stelle anzulocken, wo sie sich dann einige Zeit aufhalten. In einigen Gebieten ist dieses Verhalten sehr umstritten. Einige behaupten, diese Art Freundschaft zu schließen sei unnatürlich und wirke sich auf die Haie negativ aus, indem sie in ihrer Ernährung abhängig werden vom Menschen. Durch das Anfüttern kann auch die Anzahl der Haie steigen, was für andere Wassersportler ein Risiko bedeuten kann. Andere Forscher behaupten, die Haie würden sich nicht mehr von natürlichen Beutetieren ernähren und dies habe schließlich Auswirkungen auf die Gesundheit des Lebensraumes, etwa des Riffs.

FAMILIENBILD Neal Watson mit seinen beiden Söhnen (links) bei der Beobachtung eines Karibischen Riffhais in den Bahamas. Direkte Beobachtungen ermöglichen die Kenntnisse über Haiarten und ihre Beziehungen zu anderen Lebewesen.

… und am Ende kehrt alles ins Meer zurück - zum Okeanos, dem ozeanischen Fluß, ähnlich dem dauernd fließenden Strom des Lebens, dem Anfang und dem Ende.

The Sea Around Us,
RACHEL CARSON (1907–64), Amerikanische Schriftstellerin und Biologin

KAPITEL 2

Unsere Beziehungen zu Haien und Rochen

Haie und Rochen in der Geschichte

Je nach Zeit und Ort haben die Menschen eine ganz andere Wahrnehmung der Haie und Rochen.

Je besser wir einen Lebensraum und die darin vorhandenen Tiere kennen, umso reicher und komplexer ist unsere Beziehung zu diesen Geschöpfen. Diese widerspiegelt sich oft in den Legenden und historischen Berichten, die zu einem Teil unserer Kultur geworden sind.

Unterschiedliche Ansichten über Haie und Rochen

Die Völker, die in ihrer Ernährung stark vom Meer abhängen, haben viele Kenntnisse und zahlreiche Überlieferungen über die Lebewesen des Meeres. Die Haida und die Tlingit der Pazifikküste Nordwestamerikas beispiels-

weise bildeten auf ihren Kunstwerken Dornhaie (neben Schwertwalen, Lachsen und anderen Tieren) ab. Auf Hüten, Schirmen und Totempfählen sind Dornhaie mit ihrem typischen Dorn vor der Rückenflosse klar erkennbar abgebildet.

Die polynesischen Kulturen hatten unterschiedliche Betrachtungsweisen je nach Haiart. Kontinentale Kulturen entwickelten kein so differenziertes Bild. Eine bekannte Geschichte der jüdisch-christlichen Tradition ist die des Propheten Jonas. Furchtsame Seeleute warfen ihn über Bord, worauf er von einem Meeresmonster verschlungen wurde. Theologen und Biologen spekulieren heute noch darüber, ob es ein großer Weißhai, ein Bartenwal oder ein anderes Tier gewesen ist.

Die Kulturgeschichte der westlichen Industriestaaten wurden zum größten Teil von Überlieferungen domi-

BILDER ZWEIER KULTUREN Der Schirm der Haida (oben) zeigt einen Dornhai. Die Darstellung aus dem frühen sechzehnten Jahrhundert (unten) berichtet die Geschichte von Jonas und dem Walfisch.

niert, die mit der Vielfalt der Lebewesen im Meer nicht vertraut waren. Die europäische Mythologie ist stärker auf Landtiere zentriert. Der gefährliche Räuber ist hier vor allem ein Bär oder ein Wolf, keinesfalls ein Hai. Bei ozeanischen Kulturen hingegen spielen Meereslebewesen in Legenden eine viel größere Rolle. Die Werwölfe europäischer Geschichten treten in polynesischen Legenden in der Form von Haien auf.

Frühe Überlieferungen

Der griechische Philosoph Aristoteles (384 - 322 v. Chr.) verbrachte mehrere Jahre auf der Insel Lesbos, wo er Meerestiere studierte und mit Schwammtauchern, Fischern und Seeleuten sprach. Er berichtete über die Biologie, die Anatomie und das Verhalten der Haie und Rochen. In seiner Historia Animalium erkannte er die Verwandtschaft innerhalb der Gruppe und die knorpelige Natur des Skeletts. Er wußte über die Anatomie der Kiemen und über die durchweg räuberische Lebensweise Bescheid.

Aristoteles berichtete auch über den Zitterrochen (*Torpedo torpedo*): „Der Zitterrochen betäubt die Tiere, die er fangen will, und überwältigt sie mit einem Elektroschlag, den er mit seinem Körper erzeugt. Dann frißt er sie. Er versteckt sich auch in Sand und Schlamm und fängt alle Tiere, die vorbeischwimmen und unter seinen betäubenden Einfluß geraten... Man weiß, daß der Zitterrochen sogar Menschen benommen machen kann."

Schock als Taktik Aristoteles wußte, daß der Zitterrochen (*Torpedo torpedo*, rechts) schwere elektrische Schläge austeilen kann.

Trotz seiner Feststellungen über Haie und Rochen sagt Aristoteles nur sehr wenig über die Gefahren aus, die dem Menschen von den Haien drohen. Vielleicht gab es früher im Mittelmeer kaum Gelegenheiten für eine solche Begegnung, oder vielleicht galten sie als Teil des Lebens, der einfach hinzunehmen war.

Hawaiianische Legenden

Im Gegensatz dazu enthält die mündliche Tradition der alten Hawaiianer viele Einzelheiten über Begegnungen mit Haien, auch mit Arten, die heute noch Menschen angreifen. Verschiedene Interpreten hawaiianischer Legenden bezeichnen die großen gefährlichen Haiarten als *Niuhi*. Es ist aber selten klar, welche dieser größeren Arten gemeint ist. Wahrscheinlich handelt es sich um den Tigerhai, doch kann sich der Name auch auf den Weißhai beziehen.

Aufgrund ethologischer und anatomischer Unterschiede zwischen den beiden Arten können wir jedoch vernünftige Vermutungen anstellen, von welcher Art in einer bestimmten Legende die Rede ist. Der Haigott Kapa'aheo scheint fast sicher ein Weißhai zu sein. In dieser Legende wird Kapa'aheo in eine lange Lavasäule (siehe oben) verwandelt. Heute befindet sie sich an einer stillen Stelle im Garten des Bishop Museum in Honolulu.

DIE LEGENDE VON KAPA'AHEO

Vor langer Zeit liebten es die jungen Mädchen, in einer lieblichen Bucht bei Kohala auf der Großen Insel (Hawaii) zu schwimmen. Oft verschwand eine Schwimmerin und wurde nie wieder gesehen. Daraufhin fürchteten sich die Menschen und wollten wissen, was mit den Mädchen geschah. Ein Fischer bemerkte, daß ein merkwürdiger Fremdling namens Kapa'aheo jedes Mal dann am Meeresufer saß, wenn ein Mädchen verschwand. Der Fischer rief alle anderen Fischer zusammen, so daß sie bereit standen, als die Mädchen erneut ins Wasser gingen.

Wie zuvor saß der Fremdling auf den Felsen über der Bucht. Als er verschwand, befahl der Anführer allen Fischern, ins Wasser zu gehen und einen Schutzring um die Mädchen zu bilden. Ein Hai schwamm auf die Gruppe zu, und ein wilder Kampf hob an. Viele Male wurde der Hai von den Speeren der Fischer verwundet. Schließlich schwamm er weg. Als die Männer zur Küste zurückkehrten, fanden sie den Fremdling im Sterben liegend vor. Er blutete aus vielen Wunden, die so aussahen, als seien sie von Fischspeeren zugefügt worden. Als der Mann starb, wurde er in den Stein verwandelt, der heute noch nahe beim Kliff zu sehen ist.

Fang von Haien

Obwohl einige Kulturen den Haien und Rochen ihren Respekt und sogar ihre Ehrerbietung erweisen, betrachteten doch die meisten Menschen sie seit jeher als Tiere, die genutzt oder gar ausgerottet werden müssen.

Selbst Kulturen mit großem Respekt vor den Haien fischen diese Tiere. Wahrscheinlich geht der Mensch seit vorgeschichtlicher Zeit auf Haifang. Alte Gräber der Chumash in kalifornischen Küstengebieten des heutigen Santa Barbara County enthielten Nasenknorpel von Makohaien. Ihre Verwendung ist unbekannt, doch spielen sie offensichtlich bei Begräbnisritualen eine Rolle.

Auch melanesische, mikronesische und polynesische Kulturen haben eine lange Tradition des Haifangs. Die Menschen verwendeten große, ausgeklügelte Haken dafür. Mit Haihaut bezogen sie Trommeln, die Zähne bauten sie in Werkzeuge und Waffen ein und das Fleisch aßen sie oder nutzten es für rituelle Zwecke.

Nutzung

Die moderne Fischerei nutzt zahlreiche Haiarten, angefangen von den kleinen Dorn-

WER IST DER GEFÄHRLICHSTE RÄUBER?

Von 1990 bis Ende 1996 griffen Haie weltweit 344 Menschen an und töteten 44. Das ergibt eine Todesfallrate von 7 Menschen pro Jahr. Obwohl noch Berichte aus einigen weit entfernten Gegenden fehlen mögen, ist doch der Tod durch einen Haiangriff so sensationell, daß er weltweit Aufsehen erregt. Deswegen dürfte diese Schätzung zuverlässig sein.

Der Ernährungs- und Landwirtschaftsorganisation der Vereinten Nationen FAO zufolge betrug der Fang an Haien im Jahr 1991 mindestens 633 600 Tonnen. Dabei vertreten die meisten Fischereibiologen die Ansicht, es handle sich nur um einen Bruchteil des wirklichen Fangs. Viele Länder übergeben der FAO keine Zahlen, und der nicht gelandete Beifang ist hier nicht inbegriffen. Selbst wenn diese Zahl zu niedrig gegriffen ist, zeigt sie uns doch, daß der Mensch jedes Jahr viele Haie fängt. Wenn der durchschnittliche gefangene Hai 50 Kilogramm wiegt, so töteten die Menschen allein 1991 mindestens 12 Millionen Haie. Und wir haben allen Grund zu glauben, daß der Haifang in den vergangenen fünf Jahren zugenommen hat. Auf jeden Menschen, der von Haien getötet wurde, entfallen 2 Millionen Haie, die der Mensch erlegt hat. Wenn wir diese Statistik als Ergebnis eines sportlichen Wettbewerbs darstellen, so zeigt es sich, daß die Haie katastrophale Verlierer sind. In ökologischer Hinsicht gehören aber auch wir zu den Verlierern, denn wenn wir mit dieser Geschwindigkeit weiterfischen, vernichten wir die Räuber an der Spitze der Nahrungskette, die für die Gesundheit der Populationen zuständig sind.

HAIFANG Den hölzernen Haken mit dem starken Seil (oben links) verwendeten Inselbewohner des Südpazifiks zum Haifang. Haizähne wurden in diese Schwerter (rechts) von der Insel Wuvulu im Bismarck-Archipel eingearbeitet. Die Haikadaver (unten) sind das traurige Ergebnis eines sportlichen Fangwettbewerbs.

KÖSTLICHE DELIKATESSE Haie werden oft nur dazu gefangen, um ihre Flossen für die Haifischflossensuppe zu gewinnen. Die verstümmelten Tiere wirft man ins Meer zurück. Wie kann die Gesellschaft einen solchen Raubbau und eine solche Quälerei zulassen?

haien bis zu den riesengroßen Walhaien. Betroffen sind küstenbewohnende wie pelagische Arten, Formen tropischer wie gemäßigter Meere. Es steht praktisch fest, daß die Ressourcen heute überall zu stark genutzt werden. Wegen der geringen Zahl der Nachkommen und der niedrigen Fortpflanzungsrate reagieren Haie besonders empfindlich auf Überfischung.

Aus Haien werden heute viele verschiedene Produkte (siehe Seite 36 - 37) hergestellt. Dazu gehören Flossen und Fleisch als Nahrung, Lebertran als Vitaminträger und zu pharmazeutischen Zwecken, die Haut für Leder, Schmirgelpapier und medizinische Implantate, Zähne und Teile des Skeletts als Schmuck, Bestandteile des Blutes und Knorpel für Gesundheitsnahrung (die angeblich das Krebsrisiko senken soll). Die Nachfrage für diese Produkte schwankte aufgrund kultureller wie technologischer Veränderungen im Laufe der Zeit.

Fischerei

Seit der Mitte der achtziger Jahre ist die Nachfrage nach Haiprodukten stark gestiegen. Nachdem die Fänge von Schwert- und Thunfischen zurückgingen, haben sich die Fischer zunehmend den Haien zugewandt. Aufgrund der großen Nachfrage nach Haifleisch und vor allem den Flossen, die in der Haifischflossensuppe verwendet werden, sind viele Haiarten in nordamerikanischen Gewässern unter starken Druck geraten. Mit einigen wenigen regionalen Ausnahmen hat es früher kaum eine historische kommerzielle Haifischerei gegeben.

Im Westpazifik werden heute Walhaie in bedeutendem Umfang mit der Harpune gejagt. Wissenschaftler untersuchen gerade, ob die Walhaie des Ningaloo Reefs von Westaustralien auch in dieses Gebiet eindringen, wo sie extensiv gejagt werden.

Es gibt nur wenige Informationen über den internationalen Haihandel, doch Schätzungen des Welthandels mit Haiprodukten belaufen sich auf über 240 Millionen Dollar. Die wirkliche Zahl ist unbekannt, weil viele Länder keine Zahlen über den Fang und den Handel mit Haien veröffentlichen.

Artenschutz

Vor kurzem veröffentlichten die USA Pläne zum Schutz von 39 Haiarten. Dieser Fishery Management Plan zielt darauf ab, die kommerzielle Fischerei und Sportfischerei auf Haie durch Fangquoten und Lizenzen zu verringern. Darin ist auch ein Verbot vorgesehen, den Haien die Flossen abzuschneiden und die verstümmelten Tiere wieder ins Meer zu werfen.

Größere Umweltschutzgruppen beschäftigen sich zunehmend mit der Überfischung der Haie und anderer Arten. Die US-amerikanische Ocean Wildlife Campaign beispielsweise wurde von der National Aubudon Society, der National Coalition for Marine Conservation, dem World Wildlife Fund vor Nature und anderen Gruppen organisiert. Es ging vor allem darum, das Verständnis der Öffentlichkeit für große Meeresfische wie Haie, Thunfische und Schwertfischartige zu wecken und geeignete Schutzmaßnahmen zu ergreifen.

Der Schutz der Haie gewinnt in vielen Gebieten an Boden. Einige Arten, darunter auch der Weißhai (*Cacharodon carcharias*), sind heute in Kalifornien und Australien geschützt. Vielleicht wird man im einundzwanzigsten Jahrhundert zur Respektierung der Haie gelangen, wie sie seit jeher für alte Seevölkerkulturen typisch ist.

Die Verwendung von Haien und Rochen

Haie und Rochen sind eine wichtige Ressource; ihr Fang muß aber sorgfältig überwacht und geregelt werden, damit kein Raubbau stattfindet.

Schon seit prähistorischer Zeit nutzt der Mensch Haie und Rochen als Nahrung und für andere Produkte. Bis auf den heutigen Tag wird praktisch jeder Teil dieser Tiere genutzt. Deswegen gestaltet sich der Artenschutz (siehe Seite 44 - 45) schwierig. In Nordaustralien fangen die Aborigines seit jeher Haie und Rochen und bereiten daraus Buunhdhaarr. Dabei kochen sie Fleisch und Leder getrennt, zerkleinern dann alles und vermischen es. Aus den Stacheln der Stechrochen stellen sie Speerspitzen her.

Verschiedene Produkte

Viele Kulturen verwendeten Haizähne für technische und zeremonielle Zwecke. Die neuseeländischen Maori stellten aus den Zähnen eines Grauhais (*Notorynchus cepedianus*) Waffen her und schätzten die Zähne des Makohais (*Isurus oxyrinchus*) als Ohrschmuck. Die Inuit stellten aus den Zähnen des Grönlandhaies (*Somniosus microcephalus*) Messer her. Noch heute gelten die Zähne und Kiefer dieses Haies als begehrte Trophäen.

Als die Europäer von 1788 an Australien besiedelten, aßen sie dort Haifleisch und gewannen Öl aus Hailebern für die Beleuchtung und medizinische Zwecke. Damit fuhr man in der ersten Hälfte des neunzehnten Jahrhunderts weiter fort. In der Zeit von 1875 bis in die frühen zwanziger Jahre unseres Jahrhunderts hinein verwendete man Haie als Düngemittel für tasmanische Obstgärten. in anderen Gebieten werden heute noch Haie und Rochen zu Düngemitteln und Fischmehl und somit zu Tierfutter verarbeitet.

Während der dreißiger und vierziger Jahre bestand eine

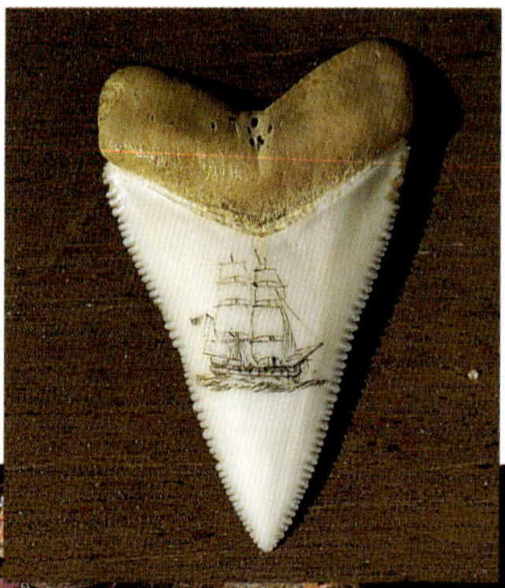

HANDWERK In der mit Haihaut (Chagrin) überzogenen Kiste aus der Zeit von 1932 (oben) bewahrte man wohl Zigaretten auf. Ritzzeichnung eines Segelschiffes auf dem Zahn eines Weißhaies (links). Verkauf von Haifischflossen (unten) in Hong Kong.

Nachfrage nach Hailebern als Quelle für das Vitamin A. Als dieses jedoch in den fünfziger Jahren synthetisch hergestellt wurde, brach dieser Markt zusammen. Vor kurzem entstand eine neue Nachfrage nach dem ölähnlichen Squalen, das aus den Lebern mehrerer Haiarten gewonnen wird, besonders tiefseebewohnender Dornhaie. Einen großen Aufschwung erlebte die Fischerei durch die Nachfrage nach dem Hundshai (*Galeorhinus galeus*) und vor allem nach dessen Flossen. Die Haifischflossensuppe gilt bei den Chinesen seit über 2000 Jahren als Delikatesse und als Aphrodisiakum. Während der Ming-Dynastie (1368 - 1644) wurde sie zu einem wesentlichen Bestandteil jedes offiziellen Banketts. Die Flossen vieler Hai- und Rochenarten gehören heute zu den teuersten Fischprodukten der Welt, wobei Hong Kong die unbestrittene Hauptstadt der Haifischflossenküche darstellt.

Unterschiedliche Verwendung

Da die Haut der Haie und Rochen verknöcherte Zähne enthält, fühlt sie sich recht rauh an. Wenn man sie trocknet, aber nicht gerbt, erhält man Chagrinleder, das man früher oft zum Polieren von Holz hernahm. In Sumatra verwendete man das Chagrin des Stechrochens *Pastinachus sephen* als Trommelfell, und in Japan umwickelte man damit Schwertgriffe, von denen ein Abgleiten unmöglich war. Im siebzehnten Jahrhundert begannen europäische Kunsthandwerker die asiatische Praxis zu imitieren, Bücher und persönliche Gegenstände wie Schmuckdosen, Brillenetuis oder Behälter für Silberwaren mit Chagrinleder zu überziehen. Das sogenannte Boroso-Leder, das durch Polieren von Chagrinleder kleiner Haie entsteht, bis es schön glänzt, ist sehr gesucht und entsprechend teuer. Haileder, bei dem die Hautzähne durch chemische Verfahren entfernt werden, ist reißfester als Rindsleder.

Küstenvölker auf der ganzen Welt konsumieren Haifleisch im allgemeinen getrocknet, gesalzen und geräuchert. Heute jedoch machen die Haie jedoch einen erheblichen Anteil im Handel mit frischen Fischen aus. Mit Werbekampagnen wollte man gegen die Vorbehalte gegenüber Haifleisch ankämpfen, und oft wurde Haifleisch unter irreführenden Bezeichnungen verkauft. Für den Dornhai (*Squalus acanthias*) verwendet man in den USA zum Beispiel die unverfängliche Bezeichnung „Grayfish". In einigen Gebieten werden auch Innereien der Haie gegessen. Auf den Salomonen konsumiert man mit Ausnahme des Darmes alle Gewebe. Anderswo gelten auch Magen, Darm, Herz und sogar die Haut als Delikatesse. Dazu entfernt man erst die Hautzähnchen und bleicht die Haut anschließend.

Auch das medizinische Interesse an Haien und Rochen nimmt stark zu. In den USA wurde Hornhaut des Auges vom Hai auf den Menschen übertragen. Einige Forscher behaupten, Extrakte aus Haiknorpel würden die Entwicklung von Krebs verhindern. Das Chondroiten, das aus Knorpel hergestellt wird, wird als künstliche Haut bei Verbrennungen eingesetzt. Extrakte aus Haigalle erwiesen sich als wirksam bei der Bekämpfung von Akne. Aus dem Blut von Haien gewinnt man auch gerinnungshemmende Mittel, die später vielleicht bei Herzerkrankungen zum Einsatz kommen.

LEBERTRAN

Die Leber von Haien kann bis 90 % Öle (Lipide) enthalten. Die Menge hängt von der Art und der Reife des Individuums ab. In diesem Öl sind Vitamin A und Squalen enthalten. Vitamin A ist wichtig für die Bildung der Sehpigmente in den Zellen der Netzhaut. Wer unter einem Vitamin-A-Mangel leidet, ist nachtblind. Für das Squalen, das die Haie synthetisieren, gibt es viele Anwendungen. Es dient als feines Maschinenöl in High-Tech-Bereichen, als Hautverjüngungsmittel in der Kosmetikindustrie und als Grundlage für pharmazeutische Produkte auf Nicht-Öl-Basis. Squalenreiche Öle enthalten wenig Cholesterin und dafür viele mehrfach ungesättigte Fettsäuren, die gerinnungshemmend wirken und das Blut flüssig halten.

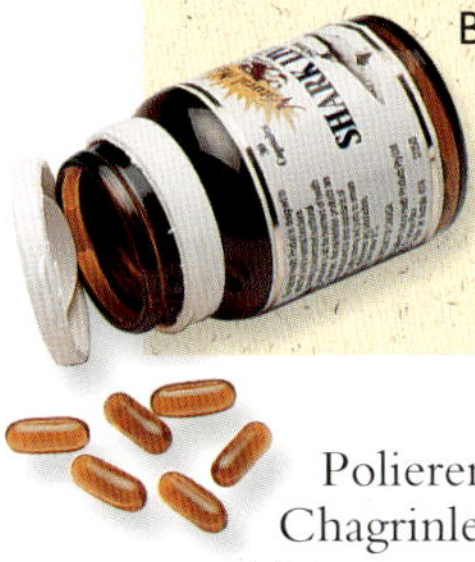

DAS AUGE DES HAIES In den USA werden zunehmend Hornhäute von Haien auf Menschen verpflanzt.

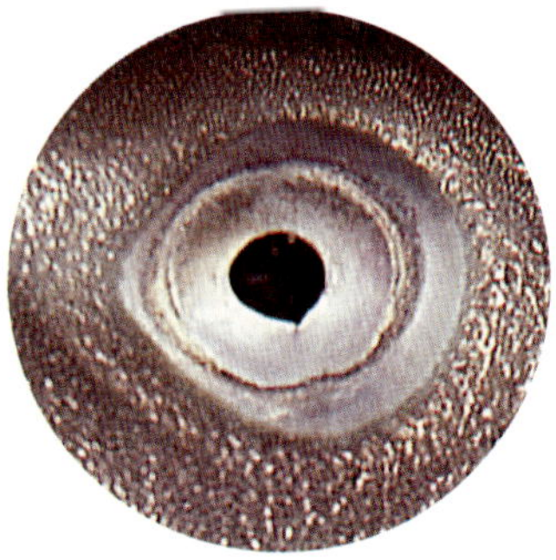

Rückgang der Hai- und Rochenpopulation

Neue Fangverfahren, Veränderungen der Umwelt und Programme zur Verhinderung von Haiangriffen auf Badegäste führten zum Rückgang der Populationen von Haien und Rochen.

Auf der ganzen Welt gehen die Haie- und Rochenpopulationen zurück, während weiterhin nach ihnen mit traditionellen, handwerklichen (Subsistenzfischerei, kommerzielle Fischerei in geringem Umfang) und industriellen Verfahren nach ihnen gefischt wird. Auch Sportfischer und Taucher spielen bei den Fangzahlen eine bedeutende Rolle. Damit erheben sich ernsthafte ethische Fragen über den Artenschutz der Haie und Rochen (siehe Seite 44 - 45).

Industrielle Fischerei

Zur Zeit werden jedes Jahr über 700 000 Tonnen Knorpelfische gefangen. Ein kleiner Teil davon besteht aus Chimären oder Seekatzen. Der Rest wird ziemlich gleichmäßig auf Haie und Rochen aufgeteilt. Obwohl die Knorpelfische weniger als 1 % des jährlichen Fischfangs ausmachen, beeinträchtigt diese Fangrate jedoch die Populationen der Haie und Rochen.

ROCHEN Gefleckte Adlerrochen (oben) mit ihrer typischen Zeichnung und ihren peitschenartigen Schwänzen. Dieser große Manta (unten) wurde vor der Küste Mexikos erlegt.

Seit den zwanziger Jahren steigt dieser Fang stetig an, doch in einigen Gebieten begann man noch deutlich früher. Von 1770 an fischte man ungefähr 60 Jahre lang an der Westküste Irlands Riesenhaie (*Cetorhinus maximus*), bis die Tiere selten wurden. Als die Population wieder herangewachsen war, nahm man die Fischerei wieder auf, besonders in den vierziger Jahren unseres Jahrhunderts. Doch bis zum Ende der fünfziger Jahre gingen die Erträge wieder stark zurück.

Ein ähnliches Muster zeigt sich beim norwegischen Fang Atlantischer Heringshaie (*Lamna nasus*). Der Fang erreichte in den vierziger und sechziger Jahren seinen Höhepunkt, ging dann aber in der Mitte der achtziger Jahre stark zurück.

Die Nachfrage nach Hailebertran in den dreißiger und vierziger Jahren führte zu einer starken Ausweitung der Fischerei des Hundshaies (*Galeorhinus galeus*) auf den Kontinentalschelfen vor Kalifornien, Neuseeland, Südaustralien, Südafrika, der Ostküste Südamerikas, vor allem Südbrasiliens, Uruguays und Nordargentiniens. Da die Nachfrage in den fünfziger Jahren zurückging, fielen auch die Preise. Die Haifischerei war in Kalifornien allerdings schon in den vierziger Jahren zusammengebrochen, weil es in der Population kaum mehr Weibchen gab.

In Südaustralien und Neuseeland fing man diese Art seit jeher wegen ihres Fleisches, doch die Ausbeute geht ständig zurück. Ähnliche Tendenzen mußte man vor kurzem auch beim Dornhai (*Squalus acanthias*) feststellen, der von Trawlfischern vor Nordamerika und im Ostatlantik gefangen wird. Ähnliches gilt auch für einige größere Haiarten, die man vor der Ostküste der Vereinigten Staaten fängt.

Abgesehen von diesen speziellen Verfahren fangen Trawl- und Thunfischer, die in weiten Bereichen operieren, viele Knorpelfische als

JÄGER UND GEJAGTE Ein Taucher untersucht den Kadaver eines Hammerhais (links), der sich in einem illegal gesetzten Netz verfangen hat. Die Sportfischer A. Dean und B. Rogers mit einem Weißhai (unten), den sie in australischen Gewässern gefangen haben. Rod Fox und Henri Bource, die früher Opfer von Haiangriffen waren, schauen zu.

Beifang. Ein großer Teil dieser zufälligen Fänge stammt von Bodenschleppnetzen auf dem Kontinentalschelf und am Kontinentalabhang. Eine Statistik über solche Beifänge wird nicht geführt, und oft wirft man die Tiere tot zurück ins Meer. Weit verbreitet ist auch die Praxis, den Tieren die Flossen abzuschneiden und die noch lebenden Tiere über Bord zu befördern - eine besonders rohe Form der Tierquälerei.

Küstenfischerei

Die Küsten- und Sportfischerei nach bodenbewohnenden und pelagischen Haien ist nicht reguliert und erfolgt von vielen kleinen Booten aus. Das hat zur Folge, daß viele Hai- und Rochenarten in küstennahen Gewässern überfischt sind. Die Auswirkungen schwanken von Art zu Art beträchtlich. Nicht wenige der gejagten Arten kommen in Küstennähe wie auch in weiter davon entfernten Gebieten vor. Die Boote haben aber einen viel geringeren Aktionsradius, der im allgemeinen nur ein paar Meilen beträgt. Die fallenden Fangraten in diesen Gebieten widerspiegeln wahrscheinlich sinkende Bestände im befischten Gebiet, lassen aber kaum Rückschlüsse zu, ob die Gesamtpopulation auch wirklich abnimmt.

Die traditionelle Küstenfischerei bleibt wie die Sportfischerei auf die Gewässer in der Nähe des Festlandes beschränkt. Ihre Fänge sind gering im Vergleich der industriellen Fischerei. Der Einfluß auf die meisten Hai- und Rochenpopulationen dürfte vernachlässigbar klein sein.

Umweltveränderungen

Der Bestand an jungen Hundshaien in der Port Phillip Bay, Australien, wurde im Lauf der Jahre wahrscheinlich dauerhaft ausgelöscht. Als man Junghaie dieser Art intensiv zu fischen begann, verdreifachte sich der Fang in der Zeit von 1942 bis 1944. Dann ging er bis in die frühen fünfziger Jahre steil zurück, weil man damals gesetzliche Mindestmaße festlegte. Zu jener Zeit erkannte man, daß das westliche Gebiet der Port Phillip Bay mit der Bezeichnung Geelong Arm ein wichtiges Fortpflanzungsgebiet für den Hundshai darstellte. Angesichts der Wanderzüge erwachsener Haie mag es überraschen, daß dieses Küstengebiet nicht schon früher ausgefischt wurde. Das früher wichtige Brutgebiet wird heute von den Hundshaien kaum mehr genutzt, wahrscheinlich weil im heute hoch industrialisierten Bereich des Geelong Arms Umweltveränderungen stattgefunden haben.

Strategie gegen Haiangriffe

Haifangprogramme zur Verringerung eines Risikos von Haiangriffen führen häufig dazu, daß die Fangraten zuerst zurückgegehen und dann stabil bleiben. Solche Programme werden in KwaZulu-Natal, Südafrika, in Queensland und New South Wales, Australien, durchgeführt. Man macht auch oft die Beobachtung, daß die Fangraten in neuen Gebieten zunächst höher sind als in benachbarten Regionen, in denen schon seit langem Haie gefangen werden.

Umweltveränderungen

Die engen Bindungen zwischen Haien und Rochen und ihren Lebensräumen bedeuten, daß jede Störung ihre Verbreitung und Häufigkeit verändern kann.

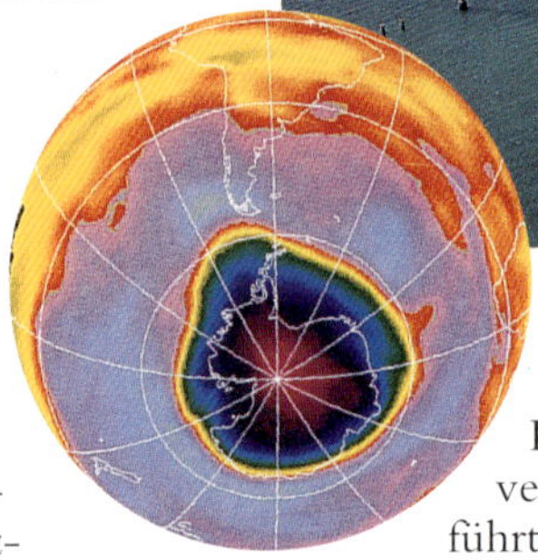

Veränderungen an den Lebensräumen können von der Natur oder vom Menschen ausgehen. Wirbelstürme und Taifune sind natürliche Ereignisse, die Riffe und Lebensräume an der Küste beschädigen können. Ein zeitweiliger hoher Wasserspiegel kann die Küste verändern, und Sturmtiden gelangen ins Binnenland und stören das Gleichgewicht in Gebieten, in denen sonst kein hoher Wellengang herrscht. Plötzliche, unerwartete Zuflüsse von ungewöhnlich warmem, kaltem, süßem oder salzigem Wasser haben schon zu einem Fischsterben geführt, auch unter Haien und Rochen, besonders wenn Fortpflanzungsgebiete betroffen waren. Im allgemeinen leben aber die Haie und Rochen seit Jahrmillionen mit solchen natürlichen Umweltveränderungen und sind an sie angepaßt.

Mit längerfristigen Veränderungen ihrer Lebensräume durch menschliche Eingriffe kommen sie hingegen nicht so gut zurecht. Am auffälligsten sind solche Modifikationen im Süßwasser, wo zum Beispiel Staudämme gebaut oder viel Wasser für die Schwerindustrie und die Bewässerung in der Landwirtschaft entnommen wird. Kahlschlag und ungeeignete Bodennutzung im Einzugsgebiet eines Flusses kann die Lebensräume der Haie im Fluß, im Ästuar und vor der Küste nachhaltig verändern. Mitgeführte Sedimente trüben das Wasser und verschmutzen Riffe und Seegraswiesen. Dadurch können sich schädliche Pflanzen und Tiere ausbreiten, so daß der ursprüngliche Lebensraum schließlich verschwindet.

Auch die Fischerei hat Einwirkungen auf die Lebensräume. Durch Trawlen und Dredgen in der Tiefsee verändert sich der Meeresboden, und das hat Auswirkungen auf die Tier- und Pflanzenwelt. Veränderungen der Lebensräume erweisen sich in den allermeisten Fällen als schädlich für die Arten, die dort vorkommen.

Fischerei

Die Lebensräume und das Verhalten von Haien und Rochen können durch Fischereitechniken verändert werden. Industrielle Haifischer vor Südaustralien, die es vor allem auf den

EINFLÜSSE DES MENSCHEN Die Satellitenkarte (links) zeigt das Ozonloch über der Antarktis). Ein Highway in den Florida Keys (oben). Das Schild an einem kalifornischen Strand (unten) warnt vor Verschmutzung.

Hundshai (*Galeorhinus galeus*) und den Antarktischen Glatthai (*Mustelus antarcticus*) abgesehen haben, behaupten, mit Bodennetzen gefangene Haie würden pelagische Haie zeitweilig aus dem Gebiet vertreiben. Auch der Lärm und die Störung, die durch die Trawlfischerei entsteht, scheint Haie zu vertreiben.

Fische und andere Lebewesen können in verlorengegangenen oder weggeworfenen Netzen und anderem Plastikmaterial hängenbleiben. Neue Gesetze und Verordnungen in verschiedenen Teilen der Erde verbieten es heute zwar, Plastikmaterial und vor allem unbrauchbar gewordene Fischereigeräte über Bord zu werfen.

Verlorengegangene Netze fischen weiter („ghostfishing"), bis sie sich schließlich zu einem Ball auf-

rollen. In Gebieten mit starken Gezeiten ist dies kein so großes Problem, weil dies dort sehr schnell geschieht. Erfahrene Fischer mit modernen Navigationsinstrumenten und guter Ausrüstung verlieren jedoch nur selten Netze.

Ökotourismus

Das wachsende Interesse am Beobachten und Filmen von Haien, besonders von Weißhaien (*Carcharodon carcharias*), von Booten an der Wasseroberfläche oder von Unterwasserkäfigen aus führte zu einer neuen Form des Ökotourismus. Dabei werden die Haie beim sogenannten „Chumming" von einer Art Fischsuppe aus zermanschten Fischen angelockt. Bei der Entwicklung dieser Form des Tourismus stellen sich aber einige Fragen: Welche Auswirkungen hat das Chumming auf die Haie eines bestimmten Gebietes? Beeinflußt es die Rochen und die anderen Lebewesen des Meeres, entweder indem es sie direkt vertreibt oder indirekt durch Konzentrierung der Haie in dem Gebiet? Wie verhalten sich die Haie, wenn das Chumming aufgegeben wird? Erhöht es das Risiko von Haiangriffen auf Menschen in benachbarten Gebieten?

Ozonloch

Der Rückgang der Ozonschicht hat Auswirkungen auf alle Ökosysteme und somit auch auf die Lebensräume der Haie. Wenn mehr ultraviolette Strahlung in die oberflächennahen Wasserschichten eindringt, hat das Auswirkungen auf das Phytoplankton, das aufgrund seiner Photosynthese die Produzenten jedes Lebensraums bildet. Jede Veränderung bei diesen Primärproduzenten hat Auswirkungen weiter oben in der Nahrungspyramide.

Globale Erwärmung

Globale Klimaveränderungen werden in Zukunft auch die Lebensräume der Haie verändern. Zu den Langzeitauswirkungen können Veränderungen des Meeresspiegels, der Wassertemperatur, der Gezeiten und Meeresströmungen, der Küstenerosion und der Stürme gehören.

Die Ökologen wissen noch nicht genau, welche Faktoren über die Verbreitung von Arten bestimmen. Eine Rolle spielen sicher das Klima, die Nahrung, die Fähigkeit zur Konkurrenz mit anderen Arten. Diese und viele andere Faktoren beeinflussen sich in einem komplizierten Netz von Wechselwirkungen gegenseitig. Änderungen des Klimas können zum Beispiel die Wechselwirkungen zwischen Arten im Inneren eines Ökosystems beeinflussen. Eine Art, die sich im heutigen Klima erfolgreich behauptet, kann unter verändertem Klima von besser angepaßten Invasoren abgedrängt werden.

Von besonderer Bedeutung ist, daß die weltweite Erwärmung sich je nach Ort unterschiedlich auswirken wird. An den Polen werden die Veränderungen viel größer sein als am Äquator. Klimaänderungen haben wohl erste Auswirkungen auf wandernde Haiarten, da diese auf ihren Wanderungen an Massenvermehrungen von Beutetieren oder an günstige Umweltbedingungen für die Nachkommen angepaßt sind. Wenn diese zeitliche Abstimmung nicht mehr gegeben ist, könnte dies für die wandernden Arten katastrophale Folgen haben.

HEIMTÜCKISCHE FOLGEN Die Sandküste auf den Malediven (oben) wird von den Wellen erbarmungslos abgetragen. Die Küstensiedlung in Cairns, Nordaustralien, (unten) führt unvermeidlich zu Verschmutzungen.

Bedrohte Ozeane

Weltweit werden die Ozeane verschmutzt, bewußt oder fahrlässig. Das hat weitreichende, katastrophale Auswirkungen auf die Lebensräume des Tieres.

Die Einleitung von Abfallstoffen chemischer, tierischer oder pflanzlicher Herkunft in die Meere sollte genauestens überwacht werden. Die Schiffahrt und die Ölindustrie müssen unter scharfer Kontrolle stehen, um ihre Auswirkungen auf die marinen Ökosysteme so gering wie möglich zu halten. Und auch die rasch sich entwickelnde Aquakultur - der Anbau von Meerespflanzen und Meerestieren für den Konsum - muß reguliert werden.

Verschmutzung

Physikalische und chemische Störungen können ganze Ökosysteme aus dem Gleichgewicht bringen. Einige der auffälligsten Verschmutzungen geschehen durch Abwässer, Kunststoffe, chemische Stoffe und Pestizide. Wenn Nährstoffe wie Stickstoff und Phosphor ins Meer gelangen, führen sie zu einem erhöhten Wachstum des Phytoplanktons und anderer Pflanzen. Im

schlimmsten Fall kann es dabei zu Algenblüten kommen, wobei auch einige giftige Arten zu Massenvermehrungen neigen. Dadurch werden Flüsse, Kanäle und Buchten verstopft, und die Algen überwuchern Korallen und ganze Riffe.

Einige Schadstoffe wie die polychlorierten Biphenyle (PCB) brauchen sehr lange, bis sie in der Natur abgebaut werden. Solche Stoffe - und das gilt besonders auch für die nicht abbaubaren Schwermetalle - werden von Lebewesen aufgenommen. Die Schadstoffe sammeln sich in deren Körper an, so daß die Konzentration viel höher liegt als in der Umgebung (Bioakkumulation). Werden diese Lebewesen von anderen gefressen, so steigt die Konzentration der Schadstoffe erneut. Am höchsten ist sie schließlich am Ende der Nahrungskette (Biomagnifikation).

Haie und Rochen erreichen durch diesen Mechanismus hohe Konzentrationen des Schwermetalls Quecksilber, besonders wenn die Hintergrundkonzentration durch menschliche Aktivität bereits erhöht wurde. Heute weiß man aber auch, daß geringe Mengen bestimmter Stoffe wie Hormone wirken und die Fortpflanzung von Tieren stören, in dem zum Beispiel weniger Fischmännchen entstehen.

Erdöl und Schiffahrt

Jedes Jahr gelangen über zwei Millionen Tonnen Erdöl in die Meere, und nur für 15 % davon gibt es natürliche Ursachen. Der Rest stammt von Tankern, die zum Beispiel auf hoher See ihre Behälter reinigen, von großen Öltanks auf dem Binnenland, von Raffinerien und von Unfällen, etwa von Tankerunfällen oder Pipelinebrüchen. Der Golfkrieg führte zu einer ungeheuren Ölverschmutzung im Mittleren Osten.

Kohlenwasserstoffe und andere Giftstoffe im

VERSCHMUTZUNG Abwassereinleitung (oben) und Papiermühlen (links) wie hier in New Brunswick, Kanada, verschmutzen das Meer erbarmungslos.

SAUBERMACHEN Eine Ölpest wie hier im Prince William Sound, Alaska, ist kaum wiedergutzumachen.

Erdöl können vor allem in Küstenregionen Fischfleisch direkt oder über die Nahrungskette kontaminieren. Ölpestunfälle zerstören direkt verwundbare Lebensräume der Küste, zum Beispiel Seegraswiesen, Mangrovenbestände, Salzmarschen, Korallenriffe, Felsküsten und polare Lebensräume. Besonders gefährdet sind flache Meeresgebiete, die oft Haien und Rochen zur Fortpflanzung dienen.

Das Dredgen in Häfen und Schiffahrtsstraßen führt oft dazu, daß Schlamm aufgewirbelt wird, der sich dann in empfindlichen Ökosystemen der Küste wieder ablagert. Ähnliche lokale Auswirkungen hat das Heranschaffen von Sand an Strände, die der Erholung dienen.

Eindringlinge

Eine große Bedrohung für natürliche Lebensgemeinschaften von Pflanzen und Tieren geht von anderen Lebewesen aus, die in neue Gebiete einwandern. Organismen heften sich zum Beispiel an Schiffsrümpfen fest und werden über weite Strecken transportiert. Schiffe nehmen auch Meerwasser aus Stabilitätsgründen aus Ballast auf und geben es unterwegs oder in anderen Häfen wieder ab. Dieses Wasser enthält planktische Lebewesen, die auf diese Weise weiterverbreitet werden. Heute weiß man, daß Vertreter aller größeren taxonomischen Gruppen auf diesem Weg in neue Gebiete eindringen.

Diese weitertransportierten Lebewesen finden wir auf den unterschiedlichsten Ebenen der Nahrungspyramide. Feinde der Eindringlinge fehlen aber meistens. So kann es zu Massenvermehrungen kommen, bei denen alteingesessene einheimische Arten verschwinden.

Viele Küstengewässer, die Ballastwasser von Schiffen erhalten, sind bereits erheblich durch die Urbanisierung im Umkreis der Häfen gestört. Deswegen reagieren sie besonders verwundbar auf Invasionen, die die Struktur der Lebensgemeinschaft zusätzlich nachhaltig stören. Die Verschleppung fremder Arten kann zu einer großen Gefahr werden. Die ökologischen Auswirkungen lassen sich nicht genau vorhersagen, selbst wenn man die Biologie des Eindringlings in seiner Heimat gut kennt. Besonders empfindlich reagieren Fortpflanzungsgebiete von Haien und Rochen und küstennahen Regionen.

AQUAKULTUR IN KÜSTENGEWÄSSERN

Da die Fischereierträge zurückgehen, kann nur die Aquakultur trotz vieler Nachteile mit der steigenden Nachfrage nach Fisch Schritt halten. Die Aquakultur braucht sauberes Wasser, verschmutzt es aber selbst ebenso wie die benachbarten Küstenregionen. Einige Arten, etwa Garnelen, werden in derart großen Zahlen gehalten, daß Krankheiten eine dauernde Gefahr darstellen. Wenn irgendwo Krankheiten aufgetreten sind, verlegt die Industrie die Zuchtstätten an einen neuen Ort und zerstört in den Tropen dabei große Abschnitte von Mangrovenwäldern. Es beunruhigt auch, daß nicht einheimische Arten und genetisch veränderte Stämme aus der Zucht entkommen.

Die lohnendsten Objekte für die Aquakultur sind jene Seetiere, die am teuersten bezahlt werden, etwa verschiedene Garnelen, Jakobsmuscheln, Abalone, Austern, Perlmuscheln, Lachs und Thunfisch. Bisher besteht wegen geringer Marktpreise und niedriger Nachkommenzahl kein Interesse an der Aquakultur von Haien und Rochen.

Einschränkung der Fischerei?

Haie gelten bei vielen Völkern als Ressource für Nahrung und andere Produkte; Anzeichen sprechen dafür, daß die derzeitige Fischerei nicht nachhaltig ist.

Sinkende Fangraten in vielen Gebieten der Erde deuten darauf hin, daß die Populationen vieler Arten weiter zurückgehen werden, wenn die Nutzung in diesem Tempo weitergeht. Haie und Rochen sind insgesamt langlebiger als andere Fische und haben deutlich weniger Nachkommen.

Einmal abgesehen von den frühen Lebensstadien, in denen alle Tiere verwundbar sind, liegt die natürliche Sterblichkeit bei Haien und Rochen insgesamt niedrig. Die Nutzung von Populationen derart langlebiger Tiere mit geringer Fortpflanzungsrate erfordert besondere Sorgfalt. Die Nutzung kurzlebiger Tiere mit vielen Nachkommen ist in der Regel viel sicherer.

Nachhaltigkeit

Bei einer nachhaltigen Nutzung kann pro Jahr nur ein geringer Anteil der Hai- und Rochenpopulationen entnommen werden. In Südaustralien schätzt man, daß man vom Antarktischen Glatthai (*Mustelus antarcticus*) jedes Jahr ungefähr 5 bis 6 % der Population entnehmen kann, ohne daß eine Gefahr für sie besteht. Das bedeutet nicht mehr als 5 bis 6 % des Gesamtgewichts aller Antarktischen Glatthaie in der betreffenden Population vor dem Beginn der Fischerei. Die Art hat eine maximale Lebensdauer von rund 16 Jahren.

Vom Hundshai (*Galeorhinus galeus*), der über 50 Jahre alt werden kann, dürfen bei einer nachhaltigen Nutzung nicht über 2 oder 3 % der Population entnommen werden. Höhere Nutzungsraten führen unvermeidlich zu einem Kollaps der Bestände. Häufige Arten wie der Antarktische Glatthai können weiterhin mit der derzeitigen Rate nachhaltig befischt werden. Bei einigen anderen Arten muß die Fischerei jedoch eingestellt oder deutlich reduziert werden. Die Populationen des Weißhais (*Carcharodon carcharias*) sind zum Beispiel in den meisten

BEDROHTE ARTEN Der Sandtiger (oben) und der Weißhai (unten) stehen heute in einigen Teilen der Erde unter Schutz.

WAS IST NACHHALTIGE FISCHEREI?

Die niedrige natürliche Sterblichkeitsrate und die Tatsache, daß die Hai- und Rochenjungen schon wohlentwickelt auf die Welt kommen, sorgt für bemerkenswert stabile Populationen im Vergleich mit vielen kurzlebigen Knochenfischen, deren Häufigkeit von Jahr zu Jahr stark schwanken kann. Wenn eine befischte Population im Lauf der Zeit ihre Größe beibehält und auch die Fangraten konstant bleiben, so kann man von einer nachhaltigen Nutzung sprechen. In diesem Fall herrscht ein ungefähres Gleichgewicht zwischen der Fortpflanzung einerseits und der Sterblichkeit aus natürlichen Gründen und durch die Fischerei andererseits.

Die Fischerei kann auf verschiedenen Ebenen nachhaltig sein. Geringe Befischung führt zu kleinen nachhaltigen Fängen, während die Population groß bleibt. Starke Befischung kann zu ähnlich kleinen nachhaltigen Fangergebnissen führen, doch die Population wird kleiner, und die Fischer müssen mehr unternehmen, um die Fangergebnisse konstant zu halten. Die höchsten nachhaltigen Fänge erhält man irgendwo zwischen geringer und starker Befischung. Bei hoher Befischung ist die gesamte Sterblichkeit zu groß, als daß die Population noch aufrecht erhalten werden könnte. Sie schwindet immer mehr, bis sich die Fischerei nicht mehr lohnt oder bis sie vollkommen zusammenbricht.

Meeräschen (links) im Netz von Berufsfischern.

Verbreitungsgebieten stark zurückgegangen. Als verhältnismäßig langlebiger Räuber an der Spitze der Nahrungskette und wenigen Nachkommen kann er Verluste nicht schnell ersetzen. In den meisten Gebieten muß die Jagd nach dieser Art sofort eingestellt werden, wenn die Populationen wieder anwachsen sollen.

Bedrohte Arten

Mehrere Haiarten, die sich in Küstengewässern sammeln, um dort auf Jagd zu gehen oder sich fortzupflanzen, gelten als verwundbar. Besonders heranreifende oder reife Weißhaie werden leicht gefangen, wenn sie in der Nähe von Robbenkolonien auf Jagd gehen. Der Rückgang des Weißhais führte dazu, daß er heute in Südafrika und in mehreren Staaten der USA und in Australien geschützt ist. Der Sandtiger (*Carcharias taurus*), den man leicht mit Speeren fangen kann, genießt Schutz in New South Wales, Australien.

Dornhaie und Chimären der Kontinentalabhänge werden als Beifang von Bodentrawlern gefangen. Der größte Teil davon wird tot weggeworfen, und Aufzeichnungen über die Fangmengen gibt es keine. Wie viele Knochenfische aus diesen tieferen, kälteren Gewässern sind wahrscheinlich auch die Dornhaie besonders langlebig und pflanzen sich nur langsam fort. Angesichts der begrenzten Verbreitungsgebiete und der Intensität der Fischerei besteht für mehrere Dornhai- und Chimärenarten ein erhebliches Überlebensrisiko.

Einige der am meisten gefährdeten Hai- und Rochenarten leben im Süßwasser. Sie sind leichter verwundbar als Meeresformen, zunächst weil die Menge des Süßwassers in Flüssen und Seen viel geringer ist als die der Meere. Dann liegen die tropischen Flüsse und Seen, in denen Süßwasserarten leben, meist in Entwicklungsländern mit stark wachsender Bevölkerung. Hier ist die Nutzung besonders intensiv.

Mindestens drei Arten flußbewohnender Haie sind heute extrem selten. Der Gangeshai (*Glyphis gangeticus*) ist nur vom Flußsystem des Ganges und Hoogly auf dem indischen Subkontinent bekannt. Es ist allerdings möglich, daß weitere Glyphis-Arten in Neuguinea, Nordaustralien und Borneo vorkommen. Die große Rochenart *Himantura chaophraya* gilt im gesamten Verbreitungsgebiet als gefährdet. Durch die Fischerei und die Veränderung der Lebensräume ist sie in Thailand vom Aussterben bedroht. Die Sägerochen (*Pristidae*), die im Süß- und Brackwasser von Ästuaren vorkommen, scheinen heutzutage viel weniger häufig zu sein als noch vor 50 oder 60 Jahren.

RÜCKGANG Der Sägerochen (rechts) wird heute immer seltener.

Mythen und Fakten

Kenntnisse der Biologie, der Lebensweise und der Ökologie bilden den Schlüssel für das Verständnis und die Entmystifizierung des Verhaltens von Haien und Rochen.

PEITSCHENSCHWANZ Der Amerikanische Stechrochen (*Dasyatis americana*) kommt bei den Cayman-Inseln in flachen Gebieten vor der Küste vor.

Je mehr wir wissen, umso besser können wir rational und verantwortlich mit Haien und Rochen umgehen. Heute gibt es zuverlässige Informationen in Büchern, Filmen, Magazinen und Aquarien. Trotzdem sind Mythen noch weitverbreitet.

In der zeitgenössischen Überlieferung gibt es zwei Arten von Mythen über Haie und Rochen. Zunächst unterscheiden wir groß angelegte Darstellungen von Konflikten zwischen Gut und Böse, wobei die Haie oder Rochen stets das Böse repräsentieren. Einige solcher Mythen sind aus anderen Kulturen wie Hawaii (siehe Seite 33) zu uns gelangt.

Andere Mythen sind modernen Ursprungs. Peter Benchley schuf mit seiner Novelle „Jaws" und den darüber gedrehten Filmen eine umfangreiche Mythologie um den Weißhai (*Carcharodon carcharias*). Ian Fleming erzählt in seinem Roman „The Hildebrand Rarity", wie sein Meisterspion James Bond beim Tauchen in den Seychellen einen großen Stechrochen erlegt. Der Fisch hatte dem Agenten 007 nichts getan, und Bond tötet ihn und hält dies für eine gute Tat, weil der Rochen ein Verwandter jener nutzlosen Teufel, der Haie, ist.

Falsche Auffassungen

Sensationelle Berichte sind aufregend zu lesen, aber leicht als Übertreibung zu erkennen. Viel schlimmere Auswirkungen auf unser Denken haben die heute entstehenden falschen mythischen Auffassungen. Noch heute können wir falsche Behauptungen lesen wie: „Haie sind schwimmende Nasen"; „Haie sind farbenblind", „Haie sind lebende Fossilien", „Haie haben einen unbeweglichen Oberkiefer und drehen sich auf den Rücken, um zuzubeißen."

Manche dieser falschen Auffassungen beruhen auf einer richtigen Tatsache, die mißverständlich interpretiert wird, oder sie sind vollkommen falsch. Die Behauptung „der Hai ist eine schwimmende Nase" bedeutet, daß alle Haiarten hauptsächlich von ihrem Geruchssinn abhängen. Es trifft zu, daß alle bisher untersuchten Haie über gute Geruchsorgane in ihren paarigen Nasenöffnungen verfügen, deren Größe und Lage übrigens von Art zu Art schwankt. Doch die Haie spüren mit vielen Sinnesorganen Beutetiere auf und überleben in ihrer Umwelt.

Die meisten Haie sehen sehr gut. Arten, die sich in Lebensräumen mit wenig Licht aufhalten, etwa der Tiefsee oder nachts im Riff, haben in den Augen ein sogenanntes Tapetum. Diese reflektierende Schicht unter der Netzhaut wirft das Licht zurück zu den Lichtsinnesorganen. Das Tapetum dient somit als Verstärker. Vom Weißhai weiß man, daß er Farben wahrnehmen kann. Die Hawaiianer wußten seit jeher, daß Haie gut sehen können. Eine Legende erzählt, daß die Mutter von Kamehameha, des großen Königs der hawaiianischen Inseln, während ihrer

Schwangerschaft unbedingt das Auge des Niuhi (Tigerhai oder Weißhai) essen wollte. Man besorgte ihr das seltene Gericht. Später hieß es, der Geist des Haies habe die kühne Vision des Häuptlings Kamehameha beeinflußt.

Irreführende Aussagen

Die Behauptung, Haie seien lebende Fossilien, bedeutet, daß der Ursprung aller Arten weit in der Vergangenheit liegt. Es trifft zwar zu, daß die ältesten fossilen Nachweise von Haien 400 Millionen Jahre zurückliegen. Doch nur wenige heutige Haitypen reichen weit in die geologische Urzeit zurück. Ein Beispiel dafür sind die Horn- und Stierkopfhaie (*Heterodontidae*). Sie kommen heute häufig an den gemäßigten Küsten Japans, Südkaliforniens, der Galapagos-Inseln, Südafrikas und Australiens vor. Der früheste fossile Fund dieser Familie ist 160 Millionen Jahre alt und stammt aus dem Lithographenschiefer des Juras. Aus derselben Schicht stammt auch der früheste Vorfahr der Vögel, der Archaeopteryx. Die Familie der Stierkopfhaie ist in dieser langen Zeitspanne verhältnismäßig unverändert geblieben (mindestens was das Skelett anbelangt), während die Vögel erhebliche Veränderungen durchgemacht haben. Höher entwickelte Haie wie der Weißhai, der Sandtiger und die Makohaie gehen wohl ins Eozän zurück und haben somit ein Alter von ungefähr 50 Millionen Jahren - dasselbe wie die meisten Fische der Korallenriffe.

Lange Zeit hielt sich eine weitere falsche Behauptung, daß der Oberkiefer nämlich fest mit dem Schädel (oder dem Neurocranium, wie die Biologen sagen) verbunden sei. Aus dieser falschen Behauptung leitete man ab, daß die Haie auf dem Rücken schwimmen müßten, um richtig zubeißen zu können. Doch als man Haie in ihrer Umgebung zu beobachten begann, wurde dieser Mythos schnell entlarvt.

Den endgültigen Beweis für die ausgeprägte Flexibilität der Oberkiefer bei der größten Art, dem Weißhai, lieferten die Haibiologen Dr. Timothy Tricas und Dr. John McCosker. Sie analysierten Zeitlupenaufnahmen, die der bekannte Kinofilmer Al Giddings von fressenden Weißhaien angefertigt hatte. Dabei bewiesen sie, daß die Tiere ihr Oberkiefer sehr weit öffnen können.

Skeptizismus ist die beste Einstellung gegenüber unbewiesenen Mythen. Sehr viel interessanter und aufschlußreicher ist jedoch die direkte Beobachtung dieser prächtigen Tiere in der freien Natur.

SCHRECKENERREGEND Die spitzen Zähne des Sandtigers (rechts) passen zum Bild des Räubers, doch die abgerundeten Pflasterzähne des Stierkopfhaies (unten) widersprechen ihm.

FALSCHE ZÄHNE Obwohl es sich bei dem Monster von „Jaws" um den Weißhai handelt, hat der Künstler für dieses Plakat die viel spitzeren Zähne des Makohaies dargestellt.

Veränderte Auffassungen

Unsere Haltung gegenüber den Haien wird seit jeher von der Tatsache beeinflußt, daß einige Haiarten Menschen töten. Daran wird sich wohl nichts ändern.

Die archetypische Angst, von einem Räuber gefressen zu werden, ist tief in unserer Seele verwurzelt. Doch zu oft wurde diese Angst benutzt, um den sinnlosen Massenfang und die Überfischung der Haibestände zu rechtfertigen.

Da wir aber heute mehr wissen über die komplexen Lebens- und Verhaltensweisen der Haie, ändert sich auch unsere kollektive Haltung. Wir empfinden heute einen gesunden Respekt, gemischt mit Teilen jener früheren Angst. Jedenfalls sind unsere Gefühle gegenüber den Haien deutlich anders geworden im Vergleich zu jenen früherer Generationen.

Erstaunliche Bilder

Noch vor weniger als 40 Jahren hatte das Publikum und sogar die wissenschaftliche Welt kaum Gelegenheit, selbst mittelmäßige Fotografien lebender Haie und Rochen zu Gesicht zu bekommen. Heute sind scharfe Farbbilder zahlreicher Meereslebewesen überall in Büchern, Magazinen oder Fernsehfilmen zu sehen. Fast jeder hat schon atemberaubende Bilder selbst der größten Arten gesehen, etwa von Walhaien und Mantas. Viele Leser haben diese Tiere schon in der Natur gesehen und fotografiert oder planen eine entsprechende Reise.

Noch vor einer Generation galt das Schwimmen mit Haien als kühnes, ja irrwitziges Abenteuer, von dem dann sensationelle Geschichten erzählt wurden. Unser heutiges Wissen und Interesse beruht aber auf den Grundlagen, die diese Abenteurer gelegt haben. Es ist durchaus von Interesse, an einige dieser Geschichten zu erinnern und dabei jene Veränderungen zu konstatieren, die in den Köpfen der Menschen seither stattgefunden haben.

Einer der ersten Abenteurer, der lebenden Haien Auge in Auge gegenüberstand und seine Erfahrungen einem breiten Publikum bekannt machte, war der amerikanische Naturforscher William Beebe. Er drang in den dreißiger Jahren mit seinem Bathyskaph nicht nur in die Tiefsee vor, sondern tauchte auch mit Hilfe von komprimierter Luft, die ihm über einen Messinghelm zugeführt wurde, in flachen Korallenriffen der Karibik und des Pazifiks. Er betrachtete die Haie, die er als erster lebend beobachtete, aus der Perspektive eines Biologen. Seine Geschichte von der Harpunierung eines Walhais in der Nähe von Cabo San Lucas, Baja California, Mexiko, im Jahr 1938, erscheint uns aber heute besonders brutal. Doch müssen wir daran erinnern, daß er zu jener Zeit glaubte, eine seltene Art zu sammeln.

Viele heutige Meeresbiologen sind mit den Abenteuergeschichten des tauchenden Zoologen und Fotografen Hans Hass groß geworden. Er verwendete ein Sauerstofftauchgerät mit geschlossenem Kreislauf und erforschte in den späten dreißiger Jahren

LEGENDÄRE ABENTEURER
Mit seinem Bathyskaph drang der Naturforscher William Beebe (oben) erstmals in die Tiefsee vor. Hans Hass (links) war ein früher Pionier der Unterwasserfotografie und lüftete den Schleier über vielen Geheimnissen des Meeres.

die Karibik und in den späten vierziger Jahren das Rote Meer. Sein Klassiker „Manta, Teufel im Roten Meer" bot vielen Lesern eine erste Einführung in das Leben der phlegmatischen, eleganten Planktonfresser, die wir heute noch bewundern. Zu den Zeiten von Hans Hass galten diese Riesenfische jedoch noch als unheilbringende Kreaturen, wie dies schon im Titel des Buches zum Ausdruck kommt.

Verbesserter Zugang

Nachdem Jacques-Yves Cousteau in Zusammenarbeit mit einem Kollegen den heutigen Lungenautomaten entwickelt hatte, hatten nun mehr Menschen die Möglichkeit, mit Haien und Rochen zu schwimmen. Langsam erfuhren die Leser mehr über die Lebensgemeinschaften der Ozeane. Das Interesse wuchs mit Büchern, wie „Geheimnisse des Meeres" von Rachel Carson, „Die schweigende Welt" von Cousteau und Dumas sowie „Lady and the Sharks" (1969) von Eugenie Clark.

Durch diese lebhaften Beschreibungen und durch Abenteuerfilme konnten die Menschen die Meere und ihre Lebewesen besser verstehen, darunter auch die Räuber an der Spitze der Nahrungskette.

Trotz dieser veränderten Haltung herrscht immer noch ein Hunger nach Fisch und Profit. In vielen Ländern wird die Fischerei nicht gesetzlich geregelt, oder die Bestimmungen werden nicht durchgesetzt. Das Fischereimanagement reagierte bisher, anstatt zu agieren. Neue Fischereiverfahren lassen die Fischereimanager und ihre Verordnungen einfach hinter sich. In Zentralindonesien sind zum Beispiel Wale, Mantas, Fächerfische und Haie erneut gefährdet. Durch die Straße von Lembeh ziehen zum Beispiel wandernde Seesäuger und Großfische und suchen dort ihre Nahrung. Hier hat jedoch ein taiwanesisches Fischereiunternehmen eine riesenhafte, permanente Fischfalle mit einer Öffnung von rund 800 m errichtet. Sie liegt strategisch mitten in der Wanderstraße und fängt alles, was von der Küste von Nordcelebes südwärts wandert, darunter auch Dutzende riesenhafter Mantarochen.

Die veränderte Denkweise der Menschen führte schließlich zu einem Eintreten für diese Tiere. Als Gegenmaßnahme gegen die weltweite Überfischung rief der World Wide Fund for Nature (WWF) 1995 ein dreijähriges Programm mit der Bezeichnung Endangered Seas Campaign ins Leben. Es geht dabei um die Erhaltung und nachhaltige Nutzung der Fischbestände in den Meeren. Der WWF will Millionen von Dollar investieren, um die Auswirkungen der nicht nachhaltigen Fischerei bei den Haien und anderen Meereslebewesen rückgängig zu machen und um die Ökosysteme zu erhalten, von denen sie abhängen. Mit dieser weltweiten Kampagne will der WWF der Überfischung ein Ende setzen, zerstörte Bestände wieder aufbauen, das Fischereimanagement verbessern und den Einsatz destruktiver Fischereimethoden zurückdrängen. Der WWF weiß, daß dies nicht einfach sein wird: „Fische singen nicht wie Wale und sehen auch nicht wie Pandas aus." Doch wer auch immer schon einen frei schwimmenden Hai oder einen Rochen gesehen hat, kann bestätigen, daß sie mit ihrer Schönheit mehr Wert sind als nur ein Haufen Fleisch.

JÄGER UND BEUTE Vorbereitungen zur Leinenfischerei in indonesischen Gewässern (oben). Der mächtige Manta (ganz oben) erschien früher schrecklicher, als er in Wirklichkeit ist.

Die Natur des Haiangriffs

Haie sind wundervolle, elegante Tiere; sie haben eine komplexe Lebensweise und ein faszinierendes Verhalten. Doch die Tatsachen bleiben: Einige Haiarten greifen Menschen an und töten sie.

Statistisch gesehen ist ein Haiangriff ein sehr seltenes Ereignis. In der Zeitspanne von 1990 bis 1996 wurden im Durchschnitt 50 Haiangriffe pro Jahr registriert, und weniger als 15 % davon führten zum Tod. Das Opfer allerdings betrachtet diese geringe statistische Wahrscheinlichkeit mit ganz anderen Augen. Interessanterweise äußern einige Überlebende selbst schwerer Haiangriffe gelassene, philosophische Ansichten darüber. Der Australier Rodney Fox beispielsweise wurde später dadurch bekannt, daß er den Menschen den Wert lebender Haie nahebringen wollte. Andere Überlebende haben ihre Meeressportarten nicht aufgegeben und verstehen sich selbst als Gäste im Meer: Den Haien tragen sie nichts nach.

Wissen und gesunder Menschenverstand sind der beste Schutz gegen Angriffe durch Haie. Dazu gehört, daß man das Verhalten der großen Haiarten beim Angriff versteht. Der gesunde Menschenverstand verlangt es gelegentlich, daß man in Gebieten mit vielen Haien auf das Schwimmen oder Tauchen verzichtet.

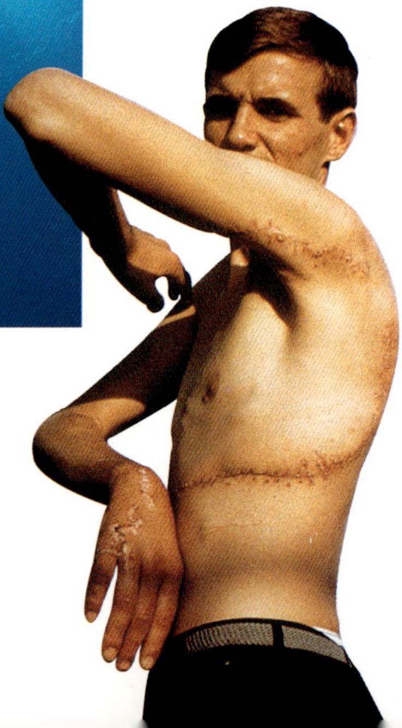

NATÜRLICHES VERHALTEN Tigerhaie in hawaiianischen Gewässern fangen oft Suppenschildkröten (oben) und greifen Menschen durch ein Versehen an. Der Australier Rodney Fox (rechts) wurde Opfer eines Haiangriffs und wirbt seither öffentlich um Verständnis für die Haie.

Warum greifen Haie Menschen an?

Die meisten Haiangriffe auf Menschen erfolgen in zwei grundlegenden Situationen. Zunächst erfolgen sie im Zusammenhang mit Bedrohung und Aggression. Diese Art des Angriffs kann man als Revierverteidigung betrachten. Die zweite Gruppe der Angriffe erfolgt im Zusammenhang mit der Ernährung: Der Hai betrachtet das Opfer dabei als Beute.

Die Angriffe der ersten Art lassen sich weiterhin unterteilen in provozierte und nicht provozierte Attacken. Provozierte Angriffe kommen vor, wenn unvernünftige Taucher beispielsweise einen Weißspitzen-Riffhai, der in einer Unterwasserhöhle ruht, am Schwanz packen oder ihn von Hand füttern. Entsprechend handelt es sich um einen provozierten Angriff, wenn ein Fischer von einem gefangenen Hai gebissen wird. Als nicht provoziert gelten Angriffe dann, wenn die Opfer in das Territorium eines Haies eindringen und ihn scheinbar bedrohen. Ein Surfer beispielsweise kann schnell in das Gebiet eindringen, in dem ein Riffhai schwimmt. Fällt der Surfer nahe dem Tier vom Brett, so greift der Hai an, um der vermeintlichen „Gefahr“ zu begegnen.

Angriffe im Zusammenhang mit dem Beutefang erfolgen am häufigsten von den großen Arten, etwa dem tropischen Tigerhai und dem Weißhai der gemäßigten

Gewässer. Diese Angriffe können tatsächlich zum Tod führen. Tropische Tigerhaie haben einen vielfältigen Speisezettel, fressen mit Sicherheit aber auch große Meeresschildkröten. Es zeugt ohne Zweifel von gesundem Menschenverstand, wenn man in Gebieten mit vielen solchen Schildkröten nicht schwimmt. Tigerhaie fressen auch von treibenden Walkadavern. Vor Maui auf Hawaii zog der Kadaver eines männlichen Buckelwals, der im Zusammenhang mit der Paarung getötet worden war, mindestens fünf große Tigerhaie an. Vorsichtige Leute hätten dieses Gebiet gemieden!

Solange Weißhaie kleiner sind, ernähren sie sich von Fischen. Mit zunehmender Körpergröße gehen sie auf Robben und Seelöwen über. In der Nähe von Robbenkolonien sollte man deswegen nicht schwimmen.

Selbst kleinere Haiarten werden von Reizen in die Irre geführt, die mit dem Verhalten ihrer Beutetiere im Zusammenhang stehen, zum Beispiel durch Lichtreflexe (Schmuck), Bluten, und erschöpfte Schwimmbewegungen.

SELTENE ANGRIFFE

Das Risiko, daß Menschen durch einen Haiangriff sterben, ist im Vergleich mit anderen Todesursachen verschwindend gering. In der Tabelle unten findet der Leser eine Statistik der Todesfälle von Hawaii, wo die Möglichkeit eines Haiangriffs höher ist als an vielen anderen Stellen, während die Krankheits- und Unfallraten in der Norm liegen. Auf Hawaii treiben Millionen von Menschen Wassersport, und es ist bereits zu tödlichen Angriffen durch Weißhaie und Tigerhaie (oben) gekommen.

Todesursachen auf Hawaii, 1996

Gesamtanzahl der Todesfälle	7206
Herzerkrankung	2178
Krebs	1713
HIV	145
Verkehrsunfälle	124
Stürze	58
Mord und legale Intervention	44
Vergiftung	40
Ertrinken	40
Haiangriffe	0

(1996 wurden zwei Haiangriffe bekannt, die nicht tödlich endeten.)

Bisse von Haien

Jede Verletzung durch einen Hai stellt ein ernsthaftes medizinisches Problem dar. Die Verletzungen können von leichten Abschürfungen bis tiefen Stichen, Gewebeverlust und heftigen Blutungen führen. In vielen Küstengebieten, in denen der Einfluß des Menschen spürbar ist, führen Hautverletzungen und -abschürfungen oft zu schwerden Infektionen. In einigen tropischen Gebieten sind ernsthafte bakterielle Infektionen fast die Regel.

Die Abschürfungen durch Kontakt mit der Haihaut bestehen aus zahlreichen kleinen Schnitten, die durch die Hautzähne des Haies entstanden sind. Verletzungen durch Bisse sind sehr viel ernsthafter, und man sollte immer einen Arzt aufsuchen. Erste Hilfe besteht im Stoppen der Blutung und im Zudecken der Wunde durch Textilien oder Gummi.

Nach einem Biß muß der Arzt viele Maßnahmen durchführen: Schockbehandlung, sorgfältige Reinigung, Verschließen der Wunde, Behandlung von Knochenbrüchen, Entfernen von Zahnfragmenten, Antibiotikabehandlung, Wiederherstellen der Blutzirkulation im betroffenen Gebiet.

Einige Opfer haben sehr ernsthafte Angriffe von Haien überlebt, weil es ihnen gelang, die Blutung sofort zu stoppen. Als Rodney Fox in Australien von einem Weißhai gebissen wurde, verhinderte sein Neoprenanzug ohne Zweifel einen höheren Blutverlust. Der Surfer Joe Thompson, den ein Tigerhai vor Hawaii angriff, verlor beim Angriff nur eine Hand.

Erste Hilfe

Der Natal Sharks Board of South Africa berichtet über eine Abnahme der Todesfälle aufgrund einer neuentwickelten medizinischen Behandlungsweise und einer neuen Erste-Hilfe-Ausrüstung unter der Bezeichnung Shark Attack Pack. Der Schlüssel zur Behandlung liegt in der Stabilisierung des Opfers vor dem Transfer ins Krankenhaus.

GLÜCK GEHABT Der Surfer Rick Grunzinski zeigt das Stück, das ein Hai vor der Küste Hawaiis von seinem Surfbrett biß.

Die Realität des Haiangriffs

Obwohl die Wahrscheinlichkeit eines Haiangriffes gering ist, stellt sie doch für jeden, der im Wasser Sport treibt, eine sehr reale Möglichkeit dar.

Um beruhigt tauchen zu können, ist es nützlich, das Verhalten der Haie mit dem Intellekt zu begreifen und sich die niedrige Angriffsrate vor Augen zu halten. Man sollte sich auch stets dessen bewußt sein, daß man in eine wilde, natürliche und nicht vollständig vorhersehbare Welt eindringt. Man weiß, daß Haie in denselben Gewässern vorkommen, und hofft gleichzeitig, daß sie ihren Abstand zum Menschen beibehalten. Das erhöht die Spannung einer jeden sportlichen Betätigung im Meer.

IN BEDRÄNGNIS Schnorchler (links) sollten in Gruppen schwimmen, weil dadurch die geringere Gefahr eines Haiangriffs besteht. Ein Hammerhai (unten rechts) hat sich in einem Strandnetz in Queensland, Australien, verfangen.

Die Chancen abwägen

Jeder Spieler - und der Schwimmer gehört auch dazu - möchte seine Chancen kennen. Um die Wahrscheinlichkeit eines Ereignisses zu berechnen, braucht der Statistiker zwei Zahlen: die Anzahl der tatsächlich eingetretenen Ereignisse und die Gesamtzahl der möglichen Ereignisse. Gemeint ist damit die Anzahl der Menschen in haigefährdeten Gewässern. Dank der International Shark Attack File und den damit befaßten Biologen verfügen wir über ziemlich zuverlässige Zahlen bei den tatsächlich eingetretenen Angriffen. Da nicht über alle Haiangriffe berichtet wird, ist diese Zahl allerdings vielleicht etwas zu niedrig. Die Gesamtzahl der Schwimmer zu schätzen ist sehr viel schwieriger. Sie liegt niedriger als die Weltbevölkerung, denn nicht jeder geht ins Meer. Eines steht jedoch fest: Da die Weltbevölkerung wächst, schwimmen auch immer mehr Menschen im Meer zur Erholung, oder zur Nahrungssuche. Damit steigt auch die Zahl der möglichen Opfer.

Noch eine dritte wichtige Zahl wäre abzuschätzen: Wie viele Haie von den Arten, die tatsächlich Menschen angreifen, leben im Meer. Zahlen können wir hier kaum angeben, doch ohne Zweifel sind es angesichts der erhöhten Fangquoten weniger Individuen als noch vor zehn Jahren.

Im Kastentext links sind die Zahlen für die Periode von 1990 bis 1996 für ausgewählte Küstenbereiche mit ausgeprägter menschlicher Aktivität im Wasser angegeben. Man muß dabei wissen, daß der Tod durch einen Weißhai und ein leichter Biß in die Hand von einem Riffhai gleichwertig als Haiangriffe betrachtet werden.

ANZAHL DER HAIANGRIFFE

Gebiet	durchschnittliche Zahl der Haiangriffe/Jahr	durchschnittliche Zahl der Todesfälle/Jahr
Welt	50	6
Australien	6	1
Neuseeland	1	0
Brasilien	5	<1
Südafrika	4	<0.5
Hong Kong	1	1
Japan	1	<0.5
Florida, USA	15	0
Kalifornien, USA	3	<0.2
Hawaii, USA	3	<0.5
Andere Gebiete	10	<3

Bessere Chancen

Natürlich hat der Mensch es als Individuum wie in der

VERWECHSLUNG Nicht ganz zu Unrecht können Haie paddelnde Surfer auf ihrem Brett mit einer Schildkröte oder einer Robbe verwechseln.

Gruppe in der Hand, die Gefahr eines Haiangriffs zu mindern. Ganz auf der sicheren Seite stehen jene, die nicht ins Wasser gehen - aber das macht ja keinen Spaß. Im Kastentext rechts finden Sie einige Verhaltensweisen, um Angriffe zu vermeiden.

Kollektive Maßnahmen

Auch Gemeinschaften können etwas unternehmen, um die Wahrscheinlichkeit von Haiangriffen zu senken. Am bekanntesten ist das Abgrenzen von Stränden mit Hilfe von Netzen und der Haifang im gesamten Gebiet. Diese Praxis verfolgt man vor allem in Australien und Südafrika.

Die Stadtverwaltung von Durban in Südafrika ordnete bereits 1904 die Anbringung eines halbkreisförmigen Netzes mit einem Durchmesser von 100 m zum Schutz der Schwimmer an. 1928 funktionierte diese Barriere nicht mehr und wurde entfernt. In den darauffolgenden 20 Jahren wurden nur wenige Angriffe registriert. Zwischen 1945 und 1951 kam es in Durban jedoch zu 21 Attacken, von denen 7 tödlich ausgingen. Die verzweifelten Stadtbehörden übernahmen nun ein australisches System, das 1937 zuerst angewandt wurde. Man verankerte große Netze jenseits der Brecherzone vor zahlreichen Stränden von Sidney. In den Netzen verfingen sich große Haie, so daß die Anzahl der Haiangriffe stark zurück ging. Im Jahr 1952 brachte man 7 Netze mit einer Länge von je 130 m vor dem Strand von Durban an. Im ersten Jahr wurden 552 Haie gefangen. Die Maßnahme galt als Erfolg, weil die Haiangriffe zurückgingen.

Angriffswellen

Eine Reihe von Haiangriffen in Badeorten ohne solche Netze südlich von Durban zwischen dem Dezember 1957 und Ostern 1958 forderte 5 Todesopfer. Nachdem die Behörden einige behelfsmäßige Maßnahmen ergriffen hatten, entschlossen sie sich, Netze wie in Durban zu setzen. kurz danach richtete die Regierung eine eigene Behörde mit der Bezeichnung Natal Anti-Shark Measures Board ein. Heute ist sie als Natal Sharks Board bekannt und hat die Aufgabe, „Maßnahmen zum Schutz der Badenden gegen Haiangriffe anzuwenden, zu kontrollieren und zu initiieren“. Im März 1966 verfügten 15 Badestrände über Schutznetze, die entweder von Fischern oder Gemeindeangestellten instandgehalten wurden. Im Jahr 1974 übernahm der Sharks Board die Instandhaltung der Netzinstallationen. Seit 1982 ist er für den gesamten Netzfang von Haien in der Provinz verantwortlich.

In den USA kamen solche Netzbarrieren nicht zum Einsatz, weil ihnen größere Zahlen von Haien zum Opfer fallen. Veränderte Auffassungen sprechen heute gegen diese unterschiedslose „Fischerei“.

WIE MAN ANGRIFFE VERMEIDET

- Bei lokalen Behörden über Haigefahr informieren
- Vorsicht, besonders beim Harpunieren
- Bei Dämmerung und nachts nicht schwimmen. In dieser Zeit sind die Haie am aktivsten
- Flußmündungen und trübes oder verschmutztes Wasser meiden
- Blut und andere Körperflüssigkeiten (offene Wunden, Menstruation) ziehen Haie an.
- Keinen glänzenden Schmuck tragen: Lichtreflexe täuschen Fische vor
- Nicht allein schwimmen
- Das Vorhandensein von Tümmlern in einem Gebiet bedeutet nicht automatisch, daß es keine Haie gibt.
- Nach einem Angriff informiert man die International Shark Attack-File.

Sicherer Umgang mit Haien und Rochen

Offenkundig ändert sich die Einstellung der Menschen gegenüber den Haien. Noch vor zwanzig Jahren fürchtete man diese Tiere und schrieb ihnen kaum einen Wert zu.

HILFSMITTEL Während des Zweiten Weltkrieges wurde der Shark Chaser der amerikanischen Navy (oben) viel verwendet. In einem Shark Bag (unten) ist der Taucher der Navy sicher vor dem Tigerhai in seiner Nähe.

Auch heute noch haben die Menschen Angst vor Haien, doch sie betrachten sie in zunehmendem Maße als interessante, ja wundervolle Tiere, die einen wohldefinierten Platz in den Meeren einnehmen. Mehr als ein Überlebender eines Haiangriffs sagte danach sinngemäß: „Natürlich war der Angriff schlimm, aber es war nicht die Schuld des Haies. Das Meer ist die Heimat dieser Tiere, ich bin dort nur ein Besucher."

Haie fernhalten

Auf der ganzen Welt versucht man die Chancen eines Haiangriffs durch zwei Vorgehensweisen zu verringern: Indem man sie vom Menschen fernhält und in dem man sie in den entsprechenden Gebieten tötet und verfolgt. Beide Verfahren haben ihre eigenen Probleme. Das Fernhalten kann nur durch lange Netze erfolgen, die Badebuchten abschließen. In Australien und Südafrika geht man so vor: das Setzen der Netze ist aber arbeitsintensiv, die Netze müssen repariert und nach Stürmen wieder verankert werden. Auch Haie, die sich darin verfangen, muß man entfernen.

In Südafrika sorgt der Natal Sharks Board an ungefähr 60 Stränden für Schutz gegenüber Haien. Er beaufsichtigt über 40 km Netze, die über eine Strecke von 325 km an der Küstenlinie von KwaZulu-Natal verstreut liegen. Strandnetze verwendet man auch in Australien. Gelegentlich verfangen sich darin auch andere Meereslebewesen, sogar Wale. Seit kurzem warnt man in Queensland versuchsweise Bartenwale akustisch vor den Hainetzen.

Fischereiprogramme zur Verringerung der Haiangriffe wurden vor allem auf Hawaii in den fünfziger, sechziger und frühen siebziger Jahre durchgeführt. Solche Programme sind ökologisch bedenklich, teuer und bringen wahrscheinlich nichts. Die Ausrottung einer Art ist bestenfalls nicht anzuraten und wahrscheinlich praktisch auch nicht möglich.

Schutz und Abschreckung

Die beste Abschreckung besteht darin, Haie nicht anzulocken und nicht zu verwirren. Stets meide man trübes Wasser, Gebiete mit vielen Beutetieren, die Nähe eines toten oder blutenden Tieres und Gebiete über Abstürzen.

Auch die Art der sportlichen Aktivität ist mitentscheidend. Eine Analyse ergab, daß Taucher seltener

TEURE SICHERHEIT
Die Schwimmer tummeln sich sicher in einem australischen Hafen, der mit Netzen abgesperrt ist. Ein Weißhai (unten) greift den motorisierten Scooter eines Abalone-Tauchers an.

angegriffen werden als Schwimmer und Schnorchler an der Oberfläche. Bei den wenigen Angriffen befanden sich die Taucher eher an der Oberfläche als in der Tiefe und taten etwas Ungewohntes, das die Haie möglicherweise in Erregung versetzte. Bei einem Angriff im Juli 1995 vor Monterey, Kalifornien, war der Taucher in einer mittleren Tiefe von 12 m mit einem batteriebetriebenen Unterwasserscooter unterwegs. Möglicherweise hat die elektrische Aktivität des Motors den Hai verwirrt oder ihn sogar angezogen.

Die US-amerikanische Navy suchte während und nach dem Zweiten Weltkrieg zusammen mit Biologen nach einem chemischen Abwehrmittel, das Opfer von Flugzeug- und Schiffsunfällen so lange schützen sollte, bis sie gerettet werden konnten. Man testete verschiedene Substanzen. Ein chemisches Präparat mit der Bezeichnung „Shark Chaser" wurde routinemäßig auf Schwimmwesten aufgetragen. Es bestand aus einer Kupferverbindung und einem hellen Farbstoff. Verhaltenstests mit Haien deuteten darauf hin, daß das Repellens unwirksam war, doch tröstete es vielleicht viele Überlebende, weil sie damit gut zu sehen waren.

Die amerikanische Navy entwickelte auch einen physischen Schutz, um Überlebende von Unfällen vor Haien zu schützen: Der Johnson Shark Bag war im wesentlichen eine Schwimmhilfe mit einer langen geschlossenen Röhre nach unten. Der Überlebende füllte die schlafsackgroße Röhre mit Wasser und kletterte hinein. Die Röhre hielt Blut und andere Körperflüssigkeiten zurück. Untersuchungen zeigten, daß dieser Bag wirksam schützte. Wenn sich allerdings Köder in der Nähe befanden, näherten sich doch Haie und untersuchten den Bag.

Safety First

Obwohl Taucher selten angegriffen werden, ziehen sich einige doch Schutzanzüge an oder nehmen Schutzvorrichtungen (siehe Seite 76) mit, wenn sie im Verlauf ihrer Arbeit mit Haien in Berührung kommen. Wer Haie bei der Fütterung filmt, streift sich Handschuhe und ganze Anzüge aus Stahlmaschen über. Dasselbe gilt auch für Tauchlehrer, die Haie füttern, um sie ihren Schülern vorzuführen.

Fotografen und Forscher verwenden als Schutz vor großen Arten auch Käfige aus rostfreiem Stahl oder Aluminium. Australische Abalone-Taucher haben solche Käfige in Scooter umgebaut. Sie sind darin vor Haien geschützt, während sie die Abalone auf dem Meeresboden suchen. Es wurden auch Lanzen mit Explosivköpfen eingesetzt, um Haie zu töten, die sich Tauchern näherten. Doch das Interesse an Abwehrmitteln und Verteidigungswaffen war im vergangenen Jahrzehnt offensichtlich größer als heutzutage.

Vor kurzem entwickelte der Natal Sharks Board von Südafrika ein batteriebetriebenes elektrisches Repellens mit der Bezeichnung POD (Protective Oceanic Device, siehe Seite 77). Es soll gegen Angriffe der drei gefährlichsten Arten in der Region Natal schützen, nämlich den Weißhai, den Tigerhai und den Gemeinen Grundhai.

Die meisten Wissenschaftler unter den Tauchern sind sehr skeptisch gegenüber diesen Repellentien eingestellt. Ein Forscher formulierte es folgendermaßen: „Das beste Abwehrmittel für einen Hai ist eine trockene Sandwüste. Legen Sie sich dort auf den Boden, und Sie werden sicher sein."

Offenbare Geheimnisse des Meeres

Aquarien erlauben es jedermann, einen Blick in diese geheimnisvolle Welt zu werfen und Haie und Rochen zu sehen, denen selbst die meisten Taucher nie begegnen.

VORSICHT! Der Fang eines Haies oder Rochens in der freien Natur ist eine delikate Angelegenheit. Eine Schlinge (links) fügt dem Tier kaum Verletzungen zu. Der gefangene Hai kommt in eine Tragehülle (unten).

Haie und Rochen beflügeln seit jeher die Vorstellungskraft des Menschen, doch erst heute beginnen wir, ihre Rolle in der Umwelt zu verstehen. Man fürchtet sie oft als gefährliche Räuber oder verehrt sie als mächtige Feinde des Menschen. Mit zunehmendem Fortschritt in Erziehung und Forschung verändern sich diese Einstellungen aber langsam.

Ein großer Teil der Veränderung dieser Einstellung geht darauf zurück, daß die Menschen nun über das Tauchen direkten Zugang zu Haien und Rochen haben. Forscher, Filmer, Naturschützer und viele andere können heute diese Tiere in ihrer natürlichen Umwelt beobachten und geben ihre Erfahrungen an andere Menschen weiter.

Natürlich steht das Gerätetauchen nicht jedem offen. Menschen, die einmal in engen Kontakt mit diesen Meereslebewesen kommen möchten, besuchen am besten ein öffentliches Aquarium. Nur hier können sie in absoluter Sicherheit Haie und Rochen sehr nahe kommen.

Aquarien

Es gibt auf der ganzen Welt viele öffentliche Aquarien, und ihre Zahl wächst schnell. Dies hat mit dem zunehmenden Interesse am Lebensraum Wasser zu tun. Das Kernstück vieler Aquarien ist das Becken mit den Haien und Rochen. Offensichtlich sind viele Menschen von diesen großen Räubern fasziniert. Das Aquarium of Americas und das Monterey Bay Aquarium, beide in den USA, und das Osaka Aquarium in Japan bieten eine außergewöhnliche Haischau an. Sie sind besonders bemerkenswert, weil sie bei der Gestaltung der natürlichen Umwelt für diese Tiere besondere Sorgfalt auf die kleinsten Einzelheiten aufwenden.

Weltweit betrachtet werden in den Aquarien ungefähr 100 Haiarten und über 50 Rochenarten gehalten. Einige Haiarten eignen sich dafür besonders gut. Der Sandtiger (*Carcharias taurus*), der Gemeine Grundhai (*Carcharhinus leucas*), der Atlantische Grauhai (*Carcharhinus plumbeus*), der Schwarzspitzen-Riffhai (*Carcharhinus melanopterus*) und der Weißspitzen-Riffhai (*Triaenodon obesus*) passen sich alle der Gefangenschaft gut an. Da die Becken und auch die biologischen Kenntnisse immer größer werden, wird es heute

möglich, auch exotische Arten zu halten. Am bemerkenswertesten unter diesen neuen Attraktionen sind Walhaie (*Rhincodon typus*). Bisher wurden sie erst in japanischen Aquarien gezeigt.

Solche Haiarten sind die Anziehungspunkte dieser Aquarien. Überraschenderweise bilden sie aber nur einen kleinen Teil der Haie, die in öffentlichen Aquarien zu sehen sind. Die meisten Haiarten sind klein und messen weniger als 1 m oder leben auf dem Boden. Sie zeigen ungewöhnliche Verhaltensweisen und gelten eher als Kuriositäten. Die Stierkopfhaie (*Heterodontidae*) beispielsweise werden wegen ihrer prähistorischen Körperform und der eigentümlich spiralförmigen Eigehäuse gerne in Aquarien gehalten.

Nachschub für Aquarien

Öffentliche Aquarien kommen auf verschiedene Arten zu ihren Haien und Rochen - durch Schenkung, durch Zucht und durch Fang in der Natur. Schenkung und Zuchterfolge sind die üblichen Verfahren bei den Kleinhaien. Das bedeutet, daß deren Populationen in den Aquarien stabil sind oder sogar zunehmen. Die größeren Arten hingegen sind schwer zur Fortpflanzung zu bringen und nicht so leicht im Austausch zu erhalten. Deswegen fängt man sie in der Regel in der freien Natur.

Wenn ein öffentliches Aquarium einen großen Hai braucht, gibt es eine eiserne Regel: Das Tier muß jeden Augenblick bestmöglich behandelt werden. Es wurden mehrere verschiedene Fangtechniken entwickelt.

Am häufigsten ist der Fang mit einem Haken ohne Widerhaken, entweder indem ein Taucher den Hai von Hand füttert oder durch Fischen vom Boot aus. Fast ebenso oft fängt ein Taucher einen Hai mit einem Lasso. Die Bootscrew hebt das Tier dann bis zum Boot hoch. Bei beiden Verfahren wird der Hai anschließend in eine Art Tragebahre hineinmanövriert. Diese hievt man an Bord und legt sie in einen Transportcontainer. Für die Reise zum Aquarium wird der Hai sediert.

Rochen behandelt man mit derselben Vorsicht. Ihr Fang erfolgt im allgemeinen durch Netze oder Haken ohne Widerhaken.

EIN FENSTER ZUR BUCHT

Mit Geld aus der Familienstiftung des Philanthropen David Packard baute eine Gruppe von Meeresbiologen, Tauchern und begeisterten Unterstützern ein Aquarium auf, das heute alljährlich zwei Millionen Besucher aus der ganzen Welt anzieht. In der früheren Fischverarbeitungsfabrik Hovden neben Monterey Bay in Kalifornien können nun Besucher eine Welt erfahren, die sonst nur Tauchern zugänglich ist. Sie kommen in absoluter Sicherheit auch mit Haien und Rochen in Berührung. Es gibt einen großen Kelpwald (oben), der mit einer künstlich erzeugten Gezeitenströmung hin und her schwingt. Alle möglichen Meerestiere werden in ihren Lebensräumen gezeigt.

Das Aquarium konzentriert sich auf die Tiere und die Ökosysteme der Monterey Bay, darin eingeschlossen die Strände, Ästuarien, Küstengewässer und der untermeerische natürliche Canyon, der bis in eine unglaubliche Tiefe von 3700 m abfällt. Auf die Eröffnung des Aquariums im Jahr 1984 folgte die Gründung des Monterey Bay Aquarium Research Institute (MBARI) 1987. Forscher aus beiden Institutionen arbeiten bei der Entwicklung neuer Techniken zum Fang und zur Zucht zusammen und haben es sich zum Ziel gesetzt, Tiere zu zeigen, die noch niemand gesehen hat. Sie lassen großzügigerweise auch andere Aquarien an ihren Zuchterfolgen teilhaben.

Haie und Rochen hinter Glas

Zoos und Aquarien galten früher oft als einfache Managerien, die ihren Insassen nicht viel mehr als Nahrung boten.

Wer die Neugierde des Publikums befriedigt, hat gleichzeitig die Möglichkeit, die Besucher zu erziehen und sie über die ausgestellten Tiere richtig zu informieren. Millionen von Schulkindern besuchen jedes Jahr zoologische Gärten und Aquarien. Die meisten Kinder sind zunächst einfach neugierig. Wenn sie lebenden Haien und Rochen begegnen, entwickeln sie nicht nur ein tieferes Verständnis dieser wilden Tiere, sondern kommen gleichzeitig auch mit einer stark naturschützerisch geprägten Ethik in Kontakt.

Tiere in Gefangenschaft

Die meisten Zoos und Aquarien haben heute Programme zur Pädagogik, zum Naturschutz und zur Forschung. In der Tat stammt das meiste Wissen über Haie und Rochen direkt aus öffentlichen Aquarien. Sie stehen auch anderen Forschungsorganisationen helfend bei, indem sie ihre Laboratorien zur Verfügung stellen und Tiere beherbergen, über die geforscht wird.

Gefangene Tiere sind oft nicht imstande, sich an die neue künstliche Umwelt anzupassen. Dies hat seinen Grund in nicht artgerechter Haltung oder in der Wahl der falschen Arten. Weißhaie (*Cacharadon cacharias*) beispielsweise wurden in mehreren Aquarien auf der ganzen Welt mit wenig Erfolg gezeigt. Die Forschung mußte zunächst viele Fragen beantworten, zum Beispiel über die Nahrungsqualität und die Art des Aquariums. Glücklicherweise spielt die ungenügende Haltung heute keine sehr große Rolle mehr, weil wir die Bedürfnisse der Tiere immer besser kennen lernen und weil es auch für Zoos und Aquarien staatliche Vorschriften gibt.

Wenn man Haie und Rochen in Aquarien hält, ergibt sich immer ein heikler Balanceakt dadurch, daß man die Tiere bei einem gesunden Körpergewicht erhalten muß. Wenn man die meisten Haie und Rochen in einer Umgebung mit wenig Streß hält, werden sie größer als in der freien Natur. Diesen Unterschied zwischen frei lebenden und gefangenen Tieren findet man bei den meisten Arten. In Gefangenschaft besteht das Programm oft darin, das Gewicht niedrig zu halten, während in der Natur die Zielsetzung gerade entgegengesetzt ist. In Gefangenschaft hat ein Tier mehr Futter zur Verfügung und es braucht weniger Energie für den Beutefang einzusetzen. Nach einigen Wochen in Gefangenschaft nimmt der Sandtiger (*Cacharias taurus*), der oft sehr dünn gefangen wird, drastisch an Gewicht zu. Die meisten Sandtiger beginnen am selben Tag zu fressen, an dem sie zum ersten Mal ins Becken eingesetzt werden – ein gutes Zeichen für ihre Anpassungsfähigkeit.

STELLVERTRETENDE GEFAHR Zu einem Besuch in vielen Aquarien gehört auch die Haifütterung durch Taucher.

Haie im Aquarium

Die meisten Haiarten kann man in Aquarien halten, und unter den richtigen Bedingungen gedeihen sie und pflanzen sich so regelmäßig fort wie im Meer. Mit einigen bemerkenswerten Ausnahmen leben die Haie und Rochen in Aquarien länger als in freier Wildbahn. Walhaie (*Rhincodon typus*) und Riesenhaie (*Cetorhinus maximus*) ernähren sich von großen Planktonmengen und sind sehr schwer zu halten, weil ihr Futter kaum zu beschaffen und teuer ist. Da sie sehr groß werden, brauchen sie überdies gigantische Aquarien für eine artgemäße Haltung. Auch der König der Räuber im Meer, der Weißhai, ist wegen seiner Größe nur schwer zu halten. Einige kleinere Arten wie die Meerengel (Familie Squatinidae) brauchen tiefe Sand- oder Schlammböden, um sich dort einzugraben.

Die meisten Haie werden in den Behältern zusammen mit anderen Arten gezeigt. Sie müssen also in einer gemischten Gesellschaft überleben. In einem solchen Becken tummeln sich bis 20 Haiarten, dazu zahlreiche Rochen und Knochenfische. Wenn man die richtigen Arten zusammen unterbringt, kann man eine spektakuläre künstliche Lebensgemeinschaft schaffen, deren Mitglieder sich untereinander kaum aggressiv begegnen. Die Fähigkeit der Haie zum Zusammenleben macht sie zudem für eine gemischte Haltung besonders geeignet. Ihr schrecklicher Ruf erhöht dabei das Geheimnis, das sie in den Augen der Zuschauer umgibt. Deswegen sind Haie auch die populärsten Aquarientiere.

Rochen im Aquarium

Die Rochen gehören zu den rätselhaftesten Tieren, die in Aquarien zu beobachten sind. Sie scheinen keine richtigen Flossen zu haben; ihr Mund liegt auf der Bauchseite, und sie gelten als gefährlich für den Menschen. Rochen zählen insgesamt zu den widerstandsfähigsten Tieren der Aquarien. Alle diese Eigenschaften lassen sie für die Haltung als besonders geeignet erscheinen.

Unter den Rochen gibt es nur wenige Arten, die in der Gefangenschaft Probleme machen. Teufelsrochen (Mobulidae) sind bei weitem am schwersten zu halten. Sie brauchen einen dauernden Planktonnachschub und wegen ihrer Größe auch sehr große Becken. Zitterrochen (Torpedinidae, Hypnidae) können Probleme machen, weil sie mit einem elektrischen Schlag sogar einen Menschen betäuben. Aus diesem Grund findet man sie nicht viel in Aquarien. Die meisten Rochen brauchen tiefe, weiche Böden, in denen sie sich selbst eingraben können.

Wenn Rochen die richtigen Bedingungen vorfinden, pflanzen sie sich wie die Haie freiwillig wie in freier Natur fort.

TUNNELBLICK Manche Aquarien sind so gebaut, daß Besucher durch einen Tunnel gehen und dabei in wenigen Metern Entfernung Haie zu Gesicht bekommen, etwa beim Aquarium in Sidney (oben). Taucher beim Haifüttern (unten).

Haie und Rochen als Objekte heutiger Forschung

In vielen Zentren auf der ganzen Welt wird heute über Haie und Rochen geforscht. Daran beteiligt sich fast jedes Land, das freien Zugang zum Meer hat.

Ein großer Teil unserer Kenntnisse über die Biologie von Haien und Rochen stammt von toten Tieren, die Fischer oder die Forscher selbst gefangen haben. Früher herrschte die Meinung vor, man könne über Tiere nur etwas erfahren, wenn man sie opfere und in eine Sammlung einreihe.

Veränderte Gesichtspunkte

Von toten Tieren und von Tieren in Versuchssituationen kann man heute immer noch viel lernen. Doch erfreulicherweise erforschen immer mehr Wissenschaftler die Tiere in der freien Natur. Die naturwissenschaftlichen Museen sind gut bestückt mit Sammlungsexemplaren von Haien und Rochen.

Wissenschaftler auf der ganzen Welt untersuchen wild lebende Haie und Rochen. Im Department of Biological Sciences des Florida Institute of Technology erforscht Dr. Timothy C. Tricas mit seinen Studenten die Neurobiologie und das Verhalten von Stechrochen. Tricas untersuchte auch den Beißmechanismus der Weißhaie und die Wanderungen der Tigerhaie um Hawaii.

EINE SHOW Ein Taucher mit Rochen (oben) bei Stingray City in den Cayman-Inseln. Eine Ausstellung über Haie (unten) im Seaworld von San Diego, Kalifornien.

Die heutige Forschung konzentriert sich auf die Informationsverarbeitung im Gehirn und vor allem die Verwendung des elektrosensorischen Systems bei den Rochen. Diese Arbeiten umfassen mehrere Bereiche: die Beobachtung von Stechrochen in ihrer natürlichen Umwelt, die Untersuchung natürlicher bioelektrischer Reize auf Rochen und Chimären in der freien Natur und die Erforschung der neuralen Reaktionen des elektrosensorischen Systems auf diese natürlichen Reize.

Das Centre for Shark Research des Mote Marine Laboratory in Florida (MML/CSR) wurde 1992 als Ableger des haibiologischen Programms dieses Labors gegründet. Heute ist es ein internationales Zentrum für wissenschaftliche Zusammenarbeit, für Forschung, Erziehung und Information über Haie sowie die verwandten Rochen und Chimären.

Das CSR forscht über reine und angewandte Aspekte der Haibiologie, von der Anatomie und Physiologie über die Ökologie bis zur Fischereiwissenschaft. Im Gegensatz zum Biomedical Research Program des MML, das sich auf Haie und Rochen als Labormodelle für Studien zur Krankheitsresistenz konzentriert, beschäftigt sich das CSR vor allem mit Feld- und Laborstudien über diese Tiere. Die Forscher des CSR unter-

NICHT UNGEFÄHRLICH Der Taucher Gary Adkison markiert einen Karibischen Riffhai (*Carcharinus perezi*) bei Walker's Cay auf den Bahamas.

suchen die unterschiedlichen biologischen Anpassungen der Haie an ihre Umwelt. Die Hauptbetonung liegt dabei auf der Rolle der Haie als marine Ressource.

Die Untersuchung wilder Haie

Es wäre sehr aufschlußreich, eine mobile Haiart oder einen Rochen 24 Stunden beobachten zu können. In der Praxis erweist sich dies als undurchführbar. Unerschrockene Feldbiologen verbringen jedoch viele Tages- und Nachtstunden damit, Haie zu beobachten und zu verfolgen. Einige Forscher markieren Haie mit batteriebetriebenen Sensoren und Sendern, die anschließend ausgewählte Informationen über den Träger liefern, zum Beispiel über Position, Tiefe, Orientierung, Wassertemperatur, Temperatur des Muskelgewebes und so weiter.

Am Hawaii Institute of Marine Biology der University of Hawaii in der Kaneohe Bay untersucht und markiert Dr. Kim Holland mit den Studenten Bogenschnäuzige Hammerhaie und Tigerhaie. Dr. Samuel Gruber von der University of Miami, Florida, widmet sich dem Studium und der Markierung von Zitronenhaien auf den weiten Sandflächen von Bimini auf den Bahamas. Er kann auf einen Schatz von Daten zurückgreifen, den er seit 20 Jahren über Zitronenhaie gesammelt hat. Gruber läßt bei seinen Programmen auch Freiwillige und Studenten anderer Universitäten mitarbeiten.

Wissenschaftler der Scripps Institution of Oceanography und des Hubbs-Sea World Institute in San Diego entwickeln Programme zur Markierung von Walhaien im Westpazifik mit Radiosendern. Diese übermitteln ihre Informationen via Satelliten. Aus den Daten erfährt man, ob dieser größte Fisch Wanderungen durchführt und wie dies geschieht.

EIN ZUFALLSFUND

Im Jahr 1976 machten einige Akustikforscher der amerikanischen Navy für Oahu auf Hawaii eine ungewöhnliche Entdeckung. In ihrer Versuchsanordnung hatte sich ein großer männlicher Hai verheddert. Das Tier konnte nicht mehr gerettet werden, aber die Techniker wußten, daß es sich um ein ungewöhnliches Tier handelte, und luden Naturforscher zur Inspektion ein. Eine vorläufige Untersuchung durch Leighton Taylor und andere Wissenschaftler bestätigte, daß es sich um eine sehr eigentümliche, noch bisher unbeschriebene Art handelte. Heute ist der Riesenmaulhai (*Megachasma pelagios*, Bild oben) von weniger als einem Dutzend Exemplaren bekannt. Wer weiß, wie viele dieser Haie früher schon gefangen und aus Unkenntnis wieder ins Meer geworfen wurden?

Auch Angler können helfen

Die Notwendigkeit eines Fischereimanagements und die Erschöpfung der Haipopulationen weltweit führen heute dazu, daß auch Sportfischer ihre Einstellung gegenüber den Haien verändern. Das Mote Marine Laboratory organisiert seit 1988 jährlich ein Wettfischen für Sportangler. Dabei wird ohne Not kein einziger Hai getötet. Statt dessen werden alle Haie identifiziert, vermaßt, markiert und wieder freigelassen. Die gesammelten Daten dienen der Kontrolle der lokalen Haipopulation. Man bestimmt damit die Sterberate und erhält Informationen über das Wanderverhalten sowie über Alter und Wachstum. Die besten Angler erhalten Preise, und das Sportereignis dient dazu, die Öffentlichkeit über die Gefährdung der Haie und die Notwendigkeit ihres Schutzes zu informieren.

Clubs, Gesellschaften und Websites

Im Kapitel über die Informationsquellen (Seite 272) finden Sie eine Liste bedeutender Gesellschaften und Websites von Institutionen, die sich in der Forschung und für den Schutz der Haie engagieren, sowie Adressen von hervorragenden Studiensammlungen.

Mitarbeit beim Artenschutz

Die Meere der Welt brauchen unsere Hilfe. Der Mensch schädigt die Lebensräume der Ozeane, und es ist unsere Aufgabe, diesen Raubbau zu stoppen.

Wissen und Bewußtsein sind die Schlüssel zu einem Leben in Harmonie mit der Vielfalt der Lebewesen auf unserer Erde. Wenn wir mehr über Haie wissen, können wir auch ihre ökologische Rolle besser einschätzen. Wir verstehen, was für Folgen es nach sich zieht, wenn wir diese Tiere stören, fangen und ihre Lebensräume vernichten.

Angesichts drastisch veränderter Lebensräume und katastrophal verringerter Populationsbestände werden einige Arten sich behaupten und anpassen können. Doch für die meisten verlaufen diese Veränderungen zu schnell, als daß eine Evolution möglich wäre. Sie werden somit immer seltener und schließlich aussterben.

Die Überfischung der Haie, besonders durch den sogenannten Beifang, gibt international immer mehr Anlaß zur Sorge. Es gibt nur wenige Kontrollen beim Management der Haifischerei. Zusammen mit der langen Lebensdauer und der niedrigen Fortpflanzungsrate der Haie führt die Überfischung zu einem schnellen Populationsrückgang. Biologen und Naturschutzorganisationen fordern Sofortmaßnahmen zur Verringerung der Fischerei bis auf ein nachhaltiges Niveau, ein Verbot bestimmter schädlicher Fischmethoden und den Schutz fragiler Lebensräume, besonders von Fortpflanzungsgebieten im Bereich der Küstengewässer.

Die Macht des Menschen

Wir Menschen haben die Fähigkeit, die Welt zu verändern. Das gilt natürlich auch für andere Lebewesen. Vögel beispielsweise transportieren Samen zu neuentstandenen Inseln, und neue Wälder wachsen heran. Korallen und Algen bauen Riffe und Inseln auf. Doch die Macht des Menschen ist in vielerlei Hinsicht einzigartig. Wir können gewollt oder ungewollt Veränderungen bewirken. Wir können versuchen, die Konsequenzen unseres Handelns zu begreifen, und wir können auch in Unwissenheit und die Sorglosigkeit weiter verharren.

Wie jede andere Art steht auch der *Homo sapiens* mit zahlreichen Arten, mit denen wir uns in Luft und Wasser teilen, in Wechselbeziehung

GUTES UND SCHLECHTES MANAGEMENT Der Great Barrier Reef Marine Park (oben) Australiens wird strikt kontrolliert und geschützt. Mangelhafte Umweltschutzmaßnahmen machen Strände zu Müllhalden (unten), die immer wieder entsorgt werden müssen.

und hängen von ihnen ab. Doch im Gegensatz zu anderen Arten wird unsere Fähigkeit zur Veränderung von der Technologie und der großen Individuenzahl verstärkt. Viele Veränderungen, die wir veranlaßt haben und weiterhin veranlassen, sind durch Rücksichtslosigkeit und Selbstsucht motiviert. Jede Umweltveränderung, jede Ölpest, jede Verschlammung eines Riffes, jeder Kahlschlag, jede Betätigung der Spültaste auf der Toilette hat seine Auswirkungen auf die Meere.

Jedem von uns steht eine Lebensweise offen, die den Meeren Schaden zufügt. Wir müssen aber insgesamt so handeln und leben, daß die uns umgebenden Arten möglichst wenig gestört werden. Dabei müssen wir uns im klaren darüber sein, daß jede Handlung auch Auswirkungen auf die Umwelt hat. Wir können allerdings dafür sorgen, daß das Wasser aus der Toilette schließlich in einer Kläranlage gereinigt wird.

Einer der besten Wege zur Verbesserung besteht darin, unseren Kindern und Nachkommen beizubringen, daß sie es in ihrer Hand haben, die Umwelt zu verändern. Wir riskieren aber unsere Glaubwürdigkeit, wenn wir zu sehr vereinfachen oder unser Anliegen sektiererisch vertreten. Haie und Rochen und andere Geschöpfe bleiben bedroht, so lange wir nicht verstehen wie die Natur funktioniert, und unser Handeln entsprechend verändern, um die Folgen daraus möglichst gering zu halten.

GREENPEACE: EINE NICHT ZU UNTERSCHÄTZENDE KRAFT

Seit 25 Jahren kämpft die internationale Umweltschutzorganisation Greenpeace für den Schutz von Lebewesen und der gesamten Umwelt. Sie wurde von einer Gruppe von Amerikanern und Kanadiern gegründet und zählt heute weltweit zahlreiche Aktivisten und Unterstützer. Greenpeace akzeptiert keine Gelder von Regierungen und Unternehmen und finanziert seine Kampagnen nur aus Schenkungen und Mitgliedsbeiträgen. Eines der wichtigsten Anliegen ist der Schutz der Meere. Greenpeace will verhindern, daß sie zu einem unbelebten Müllplatz werden. Oft macht die Organisation als erste auf illegale Vorgänge aufmerksam, die sich unbeobachtet irgendwo abspielen.

Greenpeace übt keine Gewalt aus, sondern studiert die Probleme und schlägt gangbare Lösungen vor. Die Organisation wird bei Regierungen, Behörden und Unternehmen vorstellig, um umweltschädliche Verfahren abzustellen, zum Beispiel das Fischen mit Treibnetzen. Greenpeace prangert die Überfischung und Verschmutzung der Meere mit Giftstoffen an. Bisweilen greift Greenpeace direkt ein. Im Bild oben protestieren Aktivisten gegen den Walfang in isländischen Gewässern.

Ein öffentliches Forum

Wir können einzeln oder gemeinsam handeln, vielleicht als Mitglied einer der Umwelt- und Naturschutzgruppen (S. 272), für die Einrichtung von Unterwasserparks eintreten, mit öffentlichen Aquarien im eigenen Land zusammenarbeiten, um besser informiert zu sein. Das Internet und das World Wide Web sind wichtige Foren zur Informationsbeschaffung und zum Austausch von Beobachtungen und Problemlösungen. Wer regelmäßig taucht, sollte Buch führen über seine Beobachtungen von Haien und Rochen und diese Informationen weiterleiten an Arbeitsgruppen (S. 275). Alles, was der Mensch tut, beeinflußt die Natur. Jeder sollte möglichst viel darüber wissen, wie unsere Auswirkungen auf die Natur aussehen. Jeder sollte so leben, daß die Artenvielfalt und die Pracht der lebendigen Welt erhalten bleibt und verstärkt wird.

Wer einmal (die Tiefsee) gesehen hat, behält sie für alle Zeit lebhaft im Gedächtnis, einfach wegen ihrer kosmischen Kälte und Isolation, der ewigen und absoluten Dunkelheit und der unbeschreiblichen Schönheit ihrer Bewohner.

Half Mile Down,

CHARLES WILLIAM BEEBE (1877–1962), amerikanischer Naturforscher

(Anmerkung des Übersetzers: Das genannte Buch ist 1935 unter dem Titel „923 m unter dem Meeresspiegel" erschienen.)

KAPITEL 3

Unterwegs

Planung einer Reise zu Haien und Rochen

Sorgfältige Planung ist wesentlich, um sicherzustellen, daß Begegnungen mit Haien und Rochen sicher, ökologisch sinnvoll und aufregend werden.

Haie und Rochen kommen in allen Ozeanen vor. Da sie aber in kleineren Zahlen auftreten als andere Fischarten, sind sie eher schwer zu beobachten. In einigen Gebieten hat man verhältnismäßig leicht Zugang zu Haien und Rochen, so daß wenig Planung notwendig wird. Karibische Riffhaie auf den Bahamas oder Stechrochen auf Grand Cayman beispielsweise treten dort das ganze Jahr über auf, und bei Tagesausflügen von Tauchzentren und Taucherhotels aus hat man praktisch die Garantie, daß man diesen Fischen begegnet. Wer das Glück hat, in der Nähe des Meeres zu wohnen, in dem Haie und Rochen vorkommen, braucht vielleicht nur Maske, Flossen und Schnorchel und einen Platz, um ins Wasser zu steigen.

Viele Arten kommen nicht nur in bestimmten Gebieten vor, sondern versammeln sich hier auch nur zeitweilig in größerer Zahl. Die Walhaie des Ningaloo Reef in Westaustralien sind ein vorzügliches Beispiel dafür: Sie finden sich hier nur in der zweiten Märzhälfte, im April und im Mai ein. Wer sie sehen will, muß große Entfernungen zurücklegen. Damit ist das richtige Timing absolut notwendig.

Einige Haie und Rochen kommen in fernen Gebieten vor. Um zum Beispiel die Küsten-Weißspitzenhaie Papua Neuguineas zu sehen oder die Haie und Rochen der Galapagos-Inseln, muß man wahrscheinlich einen 7- oder 10-Tagestrip auf einem Taucherschiff buchen.

Bei der Planung einer solchen Reise nimmt man am besten Kontakt mit einem spezialisierten Reiseveranstalter auf, der Erfahrung hat mit

ZAHN DER ZEIT Ein natürliches Felsentor bei Darwin Island auf den Galapagos-Inseln. Ein Weißhai schwimmt vorbei (oben).

Ich muß wieder in die Meere hinabsteigen, zum einsamen Meer und zum Himmel.

Sea Fever,
JOHN MASEFIELD
(1878–1976), englischer Dichter

Pauschalangeboten. Auf einigen Reisen begegnet man nur einer einzigen Art. Aber vielleicht kann man bei einem Trip mehrere Arten kombinieren, die sich gerade zur Fortpflanzung treffen. Wer zum Beispiel im März oder April nach Australien fährt, kann bei günstigem Wetter in New South Wales Sandtiger und in Südaustralien Weißhaie sehen, bevor er sich auf die Reise zum Ningaloo Reef aufmacht, um dort den Riesenhaien zu begegnen.

Feldführer und Bücher

Welche Hai- und Rochenarten in einem bestimmten Gebiet anzutreffen sind, findet man am leichtesten anhand eines allgemein anerkannten Bestimmungsbuches oder Feldführers heraus. Das vorliegende Buch präsentiert ab Seite 132 im Bestimmungsteil 68 Haiarten und 20 Rochenarten. Dabei werden Angaben über das Aussehen, über das Verhalten und den Lebensraum jeder Art gemacht. Das Kapitel „Begegnungen mit Haien und Rochen" auf Seite 227 behandelt 21 Plätze auf der ganzen Welt, wo man mit großer Wahrscheinlichkeit ganz bestimmten Hai- und Rochenarten begegnen kann.

ARTENVIELFALT Tropische Korallenriffe (oben) und gemäßigte Kelpwälder (links) sind berühmt für ihre Artenvielfalt. In beiden Lebensräumen sind Haie und Rochen die dominierenden Räuber.

Surfen im Internet

Eine weitere gute Informationsquelle ist das Internet. Viele Schiffsbesitzer, Taucherbasen, Taucherschulen und Einzelpersonen mit Erfahrungen bei der Beobachtung von Haien und Rochen sind im Internet vertreten. Man muß sich allerdings dessen bewußt sein, daß einige Informationen vielleicht nicht zutreffen. Weitere Erkundigungen werden notwendig werden, um die Chance einer Begegnung zu erhöhen. Auch das Verhalten der Tiere kann schwanken; das Wetter ist unzuverlässig, und selbst der beste Veranstalter von Tauchreisen kann unterwegs Probleme bekommen. Trotzdem ist das Internet eine gute Quelle für Ideen und Informationen, die man durch direkten Kontakt mit den Anbietern überprüfen und ausbauen kann.

Reisevorbereitung

Die beste Vorbereitung für eine Reise besteht darin, möglichst viele Hintergrundinformationen zu sammeln und sich auf die Gefahren vorzubereiten, die eine solche Reise mit sich bringt.

Es kostet viel Zeit, Informationen über ein Reiseziel zu sammeln, doch die Mühe lohnt sich, und man lernt viel dabei. Dem Reiselustigen stehen dabei mehrere Informationsquellen zur Verfügung.

Taucherzeitschriften

Die nationalen Taucherzeitschriften und -magazine der verschiedenen Länder sind eine hervorragende Informationsquelle für alle jene, die ein besonderes Interesse an Begegnungen mit Meerestieren haben. Die Informationen sind in der Regel sehr zuverlässig. Durch die Konkurrenz sind die Magazine zur Genauigkeit gezwungen. Die Zeitschriften halten den Leser stets auf dem neuesten Stand. Sie bringen auch die Adressen von Veranstaltern und Agenturen von Tauchreisen.

Reiseprospekte und Broschüren

Obwohl Reiseprospekte gute allgemeine Informationen über das Land und den Aufenthalt liefern, können sie nicht umfassend sein und sind auch nicht immer genau. In solchen Broschüren sieht man gelegentlich Bilder seltener Hai- und Rochenarten. Es kommt durchaus vor, daß die reproduzierten Bilder ganz woanders aufgenommen wurden. Informationen über Großfische, die man auf solchen Broschüren sieht, sollte man deswegen immer nachprüfen.

EXOTISCHE PLÄTZE Tauchen bei Ihuru in den Malediven (oben) und am Riff vor Belize in der Karibik (links).

Vorausplanen

Man bereitet sich auf die Reise vor, indem man Karten des Gebietes genau studiert. Man erhält sie unter Umständen vom veranstaltenden Reisebüro. Wenn der Reisetermin naht, sollte man die lang- und kurzfristige Wetterentwicklung im Zielgebiet verfolgen.

Gefahren einer Tauchreise

Wer eine Reise in exotische Regionen antritt, sollte sich über mögliche politische Unruhen, gerade herrschende Epidemien, Kriege und Terroraktionen informieren - gegebenenfalls beim Außenministerium. Auch im World Wide Web findet man Informationen unter http://www.stolaf.edu/network/travel-advisories.html.

Einige der aufregendsten Reiseziele für Beobachtungen von Haien und Rochen liegen in tropischen Gebieten, wo der Reisende einigen gesundheitlichen Risiken ausgesetzt sein kann. Eine der gefährlichsten Erkrankungen ist die Malaria, die von der Stechmücke Anopheles übertragen wird. Die einzelligen Parasiten gelangen beim Stich in die Blutbahn des Menschen. Man muß sich genau informieren, in welchen Gebieten man sich eine Malaria zuziehen kann. Absolut notwendig ist die richtige Prophylaxe: Es empfiehlt sich ein Besuch bei einem Tropenarzt.

Der Reisende muß sich auch auf eine Reihe leichterer Erkrankungen gefaßt machen, die mit dem Wechsel der Lebensgewohnheiten und den anderen hygienischen Bedingungen im Zusammenhang stehen. Am besten läßt man sich vom Arzt Heilmittel gegen Durchfall, Übelkeit, Schmerzen und Schlaflosigkeit verschreiben. Man kann nämlich nicht erwarten, daß man sie im Reisegebiet in jeder Apotheke bekommt.

Man sollte stets vorsichtig tauchen und die empfohlenen Tauchzeiten nicht überschreiten. Auch die Dekompressionsstopps sind sorgfältig einzuhalten. Wer nachlässig vorgeht, läuft Gefahr, den Stickstoff nicht richtig abzuatmen, so daß er am Ende im Blut ausperlt. Ein solcher Dekompressionsunfall führt zur Taucherkrankheit. Wenn man nicht schnell in eine Druckkammer gebracht werden kann, läuft man Gefahr, irreversible Hirnschäden und Lähmungen zu erleiden.

TAUCHERKRANKHEIT Ein Taucher, der die Dekompressionszeiten nicht eingehalten hat, erhält eine Sauerstoffbehandlung (rechts), bevor man ihn in eine Druckkammer bringt.

Viele Reisende unterschätzen die Kraft der Tropensonne. Sie führt ungeachtet der Tageszeit schnell zu Verbrennungen. Wer sich am ersten Tag einen ernsthaften Sonnenbrand zuzieht, ruiniert sich möglicherweise den Rest der Reise. Die Tropensonne braucht nur 15 Minuten, um einen Sonnenbrand auszulösen. Man bleibt deswegen bedeckt und im Schatten, verwendet Sonnenschutzcreme, behält im offenen Boot den Taucheranzug an und setzt sich noch einen Hut auf.

Schnitte und Kratzer, die man sich an Korallen geholt hat, darf man keineswegs auf die leichte Schulter nehmen. Sie können schwer infiziert werden. Die Tauchlehrer wissen, wie man solche Wunden behandelt, und Verletzte sollten ihnen die Wunden sofort zeigen.

Der Taucher muß all jene meeresbewohnenden Arten kennenlernen, die für ihn eine Bedrohung darstellen können: Feuerkorallen, Seeanemonen, nesselnde Hydroidpolypen, Quallen, giftige Fische, Schlangen und Schnecken. Diese Tiere greifen den Menschen aber nicht von sich aus an, doch Unwissenheit kann gefährliche Folgen haben.

Reiseversicherung

Wenn man seine Reise bucht, sollte man gleichzeitig ein Versicherungspaket abschließen. Es schützt den Reisenden vor Kosten bei der Stornierung der Reise aus Krankheitsgründen. Auch das oft teure Gepäck des Tauchers sollte man mitversichern. Folgen Sie den Empfehlungen ihres Tauchveranstalters. Er wird Ihnen eine Versicherung empfehlen, die auf Ihre besonderen Bedürfnisse zugeschnitten ist.

DER MALARIA VORBEUGEN

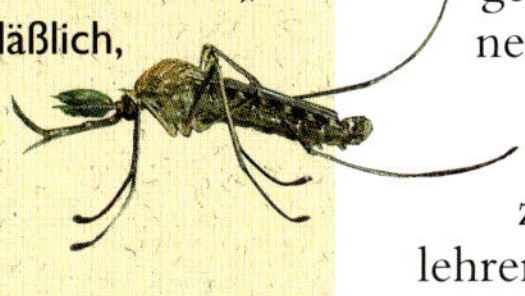

Vorbeugen ist viel besser als heilen, und es ist absolut unerläßlich, sich in malariagefährdeten Gebieten selbst zu schützen.

- Der Haus- oder besser Tropenarzt muß die Medikamente nach dem neuesten Stand der Erkenntnisse verschreiben.
- Diese Medikamente müssen sich mit dem Tauchsport vertragen: Überprüfen zusammen mit dem Arzt.
- Mit der Prophylaxe muß man vor der Einreise beginnen. Und ebenso wichtig ist es, daß man nach dem Verlassen des Gebietes die Prophylaxe auf vorgeschriebene Weise weiter fortführt. Der parasitische Einzeller, der die Malaria auslöst, kann sich bis zu vier Wochen lang im Blut halten.
- Man vermeide Stiche von Anopheles-Mücken. Sie sind in der Dämmerung am aktivsten. Man ziehe leichte Kleidung an und verwende reichlich Schutzmittel. Man bleibe dem Wald fern und halte sich möglichst lange auf dem Wasser auf.
- Das Leben auf dem Schiff bringt ein viel geringeres Malariarisiko als das Leben am Strand.
- Der Reisende sollte die ersten Anzeichen einer Malariaerkrankung möglichst frühzeitig erkennen. Die Ärzte in den Reisegebieten wissen, wie man einen Ausbruch behandelt.
- Wenn Symptome erst nach der Reise auftreten, müssen Sie Ihrem Arzt von der Reise erzählen und auf vollständigen Tests bestehen.

Reisemöglichkeiten

Ein guter Veranstalter von Tauchreisen nimmt sich Zeit, Ihre Erwartungen und Taucherfahrungen in Übereinstimmung zu bringen, und hilft Ihnen erst danach, eine Reise zum gewünschten Ziel zu organisieren.

Wählen Sie Ihren Tauchveranstalter sorgfältig. Vergewissern Sie sich, daß die Kundenberater über genügend Erfahrung verfügen, zuverlässig arbeiten und ökologisch verantwortlich denken.

Tauchbasen und Tauchschulen

Wer Haie und Rochen mit eigenen Augen sehen will, braucht die Hilfe einer Tauchbasis, die die Unterwasserausrüstung, Druckluft, ein Boot, Unterkunft, Haikäfige und andere speziellere Geräte besorgt. Die Tauchlehrer kennen auch die besten Plätze, die Arten der Haie und Rochen und der anderen Meereslebewesen, die in ihrem Gebiet zu erwarten sind. Der Ruf guter Organisatoren breitet sich schnell weltweit unter den Tauchenthusiasten aus.

Reiseveranstalter

Die Tauchbasen und Taucherschulen an Ort und Stelle werden weltweit von Reiseveranstaltern vertreten und vermittelt. Der Kunde, der in bestimmten Gebieten Tauchen möchte, nimmt Kontakt zu einem solchen Reiseveranstalter auf. Dieser kennt das Tauchgebiet, das er vertritt und verfügt auch über Reiseprospekte, Broschüren, Videos und anderes fotografisches Material. Der Kunde gewinnt so reichlich Informationen über das Zielgebiet, über die Tauchbasis, die Tauchlehrer und die Besonderheiten der Küste und des Meeres.

Es ist dabei sehr wichtig, daß der Reiseveranstalter die Erwartungen seines Kunden genau kennt. Er wird stets bemüht sein, daß alle Erwartungen erfüllt werden. Wenn es für Sie von Bedeutung ist, fragen Sie stets nach dem Wetter und dem Verlauf der Jahreszeiten. Wenn Sie das unterlassen, wird der Veranstalter vielleicht davon ausgehen, daß dies für Sie keine Rolle spielt. Einige Hai- und Rochenliebhaber lassen sich nicht davon beeindrucken, daß in ihrem Reisegebiet Monsun- oder Hurrikanwetter herrscht - sofern diese Jahreszeit gerade am günstigsten liegt für die Beobachtung ihrer Lieblinge. Wenn Sie sich für eine Reise entschieden haben, besorgt der Reiseveranstalter ein Paket, das folgende Dienstleistungen umfaßt: Alle Flüge und Transfers, Unterkunft zu Wasser und zu Lande, Boote oder Schiffe, Tauchbegleiter, Druckgasbehälter und Bleigewichte. Wenn Sie selbst über keine eigene Tauchausrüstung verfügen, sollten Sie selbst sehen, ob es billiger ist, die Ausrüstung am Zielort zu mieten oder bei Ihrem eigenen Tauchklub in der Heimat.

Wenn die Reise den Aufenthalt auf einem Schiff umfaßt sind die Mahlzeiten natürlich inbegriffen. In einem Hotel an der Küste trifft dies meistens nicht zu. Dies ist beim Preisvergleich zu berücksichtigen.

TAUCHGRUPPE Briefing durch den Tauchlehrer (rechts) kurz vor dem Tauchgang. Ein Boot mit Tauchern bei Roach Island vor der Nordostküste Australiens.

Tauchzentren

Tauchzentren bieten heute viel mehr als Training und den Verkauf von Ausrüstung. Sie führen die Touristen zu den schönsten Plätzen, vermitteln Ausrüstung, warten sie und besorgen auch fotografische Geräte. Am wichtigsten sind natürlich die geführten Tauchexkursionen mit einem erfahrenen Tauchlehrer. Viele Tauchzentren beschäftigen auch einen Reisefachmann, der die Wünsche und Erwartungen des Kunden kennt.

AUSRÜSTUNG gibt es in allen Tauchzentren (links). Das Leben an Bord eines Schiffes (unten) hat viele Vorteile für die Taucher.

Gruppenreisen

Es hat viele Vorteile, wenn man sich einer Gruppe von Tauchern anschließen kann. Der Einzelreisende kann kaum von der Erfahrung eines Reiseführers profitieren, der das Gebiet gut kennt und der auch gelegentliche Schwierigkeiten auf der Reise abfängt und ausgleicht. Solche Reiseführer sind oft auch qualifizierte Tauchlehrer oder Instruktoren, die die Lebewesen im Meer, vor allem die Haie und Rochen, genau kennen. Sie helfen besonders den schwächeren Gruppenmitgliedern, ihre taucherischen Fähigkeiten während der Reise zu verbessern. Gruppenreisen führen oft zu einem starken sozialen Zusammenhalt, der besonders bei schwierigen Situationen wichtig ist.

Das Leben auf dem Schiff im Vergleich zum Aufenthalt an der Küste

Zu vielen Stellen, die man als „Hot spots“ für Haie und Rochen bezeichnen kann, besteht bei der Unterkunft eine Wahlmöglichkeit: Man kann in einem Hotel an der Küste leben oder an einem 7- bis 10tägigen Bootstrip teilnehmen. Der Engländer spricht hier kurz von Liveaboard.

Der Hauptvorteil eines Aufenthaltes auf dem Festland besteht darin, daß ein größeres Angebot an Möglichkeiten für Nichttaucher besteht, zum Beispiel für Kinder und Partner. Man kann sich auch an einem Ort kürzere Zeit aufhalten und weniger Tauchgänge durchführen, was das Budget natürlich schont.

Beim Leben an Bord erhält man für sein Geld die bestmögliche Leistung. Man kann ohne Beschränkung tauchen. Alle Mahlzeiten und Drinks sind inbegriffen. Man lernt mehr Tauchplätze kennen und hat dadurch natürlich mehr Möglichkeiten, auch außergewöhnliche Tiere zu sehen - eben vor allem Haie und Rochen. Das Tauchen von Bord eines Schiffes aus ist auch viel einfacher und bequemer. Das Schiff hält sich oft mehrere Stunden an einer Stelle auf, so daß jeder Taucher seine eigenen Tauchzeiten wählen kann. Die gesamte Ausrüstung befindet sich an Bord. Die Tauchgruppen sind an Bord solcher Schiffe auch kleiner und damit untereinander besser vertraut.

Man darf bei allem nicht vergessen, daß Qualität und Leistung der Tauchschulen stark schwanken kann. Am besten beschafft man sich vom Reisevermittler Empfehlungen oder unternimmt eine Tauchreise ohnehin nur auf Empfehlung von Freunden. Im Tauchtourismus herrscht ein großer Wettbewerb: Vorsicht also bei Preisunterschieden. Sie haben meistens einen Grund.

Mehr Wissen

Ein Zusammentreffen mit Haien und Rochen bedeutet eine Begegnung mit einigen der ältesten und wundervollsten Geschöpfe dieser Erde.

Ein außerordentlich wichtiger Aspekt bei jeder Begegnung mit Haien und Rochen ist das eigene Verhalten. Um hier nichts falsch zu machen, muß man selbst das Verhalten der verschiedenen Hai- und Rochenarten interpretieren können.

RIESEN DER TIEFE Der Walhai (oben) kann bis 12 m lang werden. Der Stechrochen im Bild unten bringt es auf eine Gesamtlänge von über 1,50 m.

Wie man sich Haien und Rochen nähert

Wer Haie und Rochen aus größerer Nähe beobachten will, sollte einige wenige Punkte beachten. Man taucht immer in einer kleinen Gruppe. Wenn man einen Hai oder einen Rochen sieht, hält man still und bewegt sich sehr langsam. Das Tier fühlt sich dadurch weniger bedroht und wird sich dem Taucher wahrscheinlich selbst nähern. Man verringert die Atemfrequenz, um das Geräusch der austretenden Luftblasen möglichst zu dämpfen. Man schwimmt nie direkt auf das Tier zu, sondern nimmt einen Umweg.

Mantas sind unter den Haien und Rochen insofern eine Besonderheit, als sie gelegentlich den Kontakt mit den Menschen zu genießen scheinen. Man weiß, daß einige Individuen zu einer Kontaktaufnahme auffordern und immer wieder zu einer Tauchgruppe zurückkehren. Solche Begegnungen sind allerdings selten, und die Taucher sollten sie auch nicht forcieren. Niemals sollte die Initiative zum Kontakt mit einem wilden Tier von Ihnen ausgehen. Das könnte das Verhalten des Tieres beeinträchtigen. Walhaie stehen oft unter großem Streß, weil Taucher sie anzufassen versuchen.

Persönliche Tauchausrüstung

Der Taucher muß immer auf die Vollständigkeit und Funktionsfähigkeit seiner Ausrüstung achten. Man sollte vor der Reise mindestens einmal tauchen gehen, um seine eigenen Fähigkeiten und die Ausrüstung zu überprüfen. Wenn dies nicht mehr möglich sein sollte, so empfiehlt sich ein Check-Out-Tauchgang mit dem Tauchlehrer sofort nach der Ankunft. Der Meeresboden mit vielen Haien oder der Haikäfig sind keine guten Orte, um zu entdecken, daß der Atemregler oder die Maske leckt, daß zu wenig Luft in den Flaschen ist, die Batterie im Tauchcomputer ihren Geist aufgegeben hat oder der Bleigurt dauernd verrutscht. Nehmen Sie alle Ihre Taucherbrevets und Logbücher mit. Alle Tauchveranstalter brauchen Nachweise, daß der Reisende der sich ihnen anvertraut, schon über eine gewisse Taucherfahrung verfügt. In vielen Ländern gibt es dafür sogar gesetzliche Vorschriften.

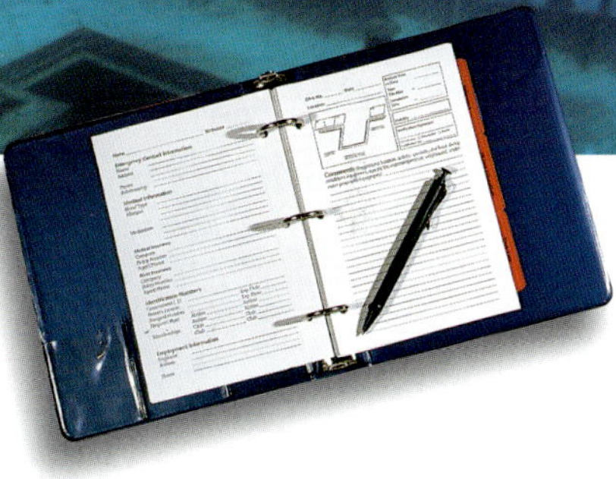

FLÜSSIGER RAUM Wracktauchen in den Malediven (rechts). Der ernsthafte Taucher führt ein Logbuch (rechts unten) und legt darin alle seine Beobachtungen nieder.

Tagebuch führen

Taucher und Schnorchler können eine Menge zur Meeresbiologie und zum Naturschutz beitragen, wenn sie willens sind, Buch zu führen über ihre Beobachtungen. Haie und Rochen sind in ihren Lebensräumen nicht einfach zu studieren, und nur verhältnismäßig wenige Wissenschaftler und Meeresbiologen beschäftigen sich mit dem Verhalten dieser Tiere. Oft sind zufällige Beobachter oder Tauchlehrer am besten in der Lage, besondere Verhaltensweisen zu beschreiben, neue Entdeckungen zu machen und auch ökologische Veränderungen festzustellen.

Ihre Beobachtungen sind nur dann von Wert, wenn sie sauber aufgezeichnet werden, genau und objektiv sind. Man ziehe dabei keine voreiligen Schlüsse, die die eigene Fähigkeit zum Beobachten in einem falschen Licht erscheinen lassen. Man schreibt genau hin, was man gesehen hat. Die Interpretation muß man Experten überlassen.

Eine wichtige und unerläßliche Hilfe ist dabei eine Schreibtafel mit einem Stift für den Gebrauch unter Wasser. Man zeichnet alles sofort auf - man kann sich kaum vorstellen, wie viel man während der Zeitspanne eines Tauchganges vergessen kann. Von Verhaltensweisen, Körperformen und besonderen Markierungen fertigt man schnelle Skizzen an. Mit ihrer Hilfe kann man später die Arten bestimmen oder einzelne Individuen wiedererkennen.

Man notiere immer das Datum, die Tageszeit, die Wassertiefe und die Wassertemperatur. Man sollte auch weitere Details hinzufügen, etwa Daten über die Gezeiten, über Meeresströmungen, Wetterverhältnisse, Mondphasen. Darin können wichtige Hinweise auf Muster des Paarungs- oder Wanderverhaltens verborgen liegen. Man beschreibe auch den Lebensraum, in dem das Verhalten beobachtet wurde, zum Beispiel an der Oberfläche, im freien Wasser, auf einem Riff, in einem Kelpwald oder an einem Schiffswrack. Durch solche Beobachtungen konnte man beispielsweise feststellen, daß sich Sandtiger zur Paarung an einem Monat des Jahres beim Wrack des amerikanischen Unterseebootes Tarpon im Atlantik nahe North Carolina einfinden. Gleichzeitig sollte man das natürliche Verhalten der Tiere durch die eigene Präsenz nicht beeinträchtigen. Man verhalten sich ruhig, atme langsam und komme den Tieren nicht zu nahe. Auch Beobachtungen über Verletzungen, illegale Fischerei oder Anzeichen von Streß sind wichtig. Auch was man nicht sieht, kann die Aufzeichnung wert sein.

Begegnungen mit Haien und Rochen

In den meisten Fällen stellen Haie und Rochen keine Gefahr für den Menschen dar. Sie sind nicht aggressiv und lassen auch andere leben.

Seit Generationen schwimmen die Polynesier und Melanesier zwischen Haien und Rochen und kennen deswegen ihr Verhalten sehr gut. Doch sie leben nicht in Angst vor ihnen, und Haiangriffe auf die Einheimischen sind sehr selten. Die Menschen haben eine geistige Beziehung zu diesen Lebewesen des Meeres entwickelt und töten sie nicht. In einigen Fällen glauben sie, daß Haie die reinkarnierten Seelen ihrer verstorbenen Familienmitglieder sind.

Die meisten übrigen Kulturen teilen diese Haltung gegenüber Haien und Rochen nicht; sie verhalten sich zumindest sehr reserviert und vorsichtig. Wer in Gebieten mit Haien und Rochen schnorchelt und taucht, sollte tatsächlich besondere Vorsicht walten lassen. Es gibt eine Reihe von Vorsichtsmaßnahmen und Richtlinien, die man befolgen sollte.

NOTWENDIGES WISSEN Der Küsten-Weißspitzenhai (unten) zeigt ein Territorialverhalten, und mit ihm ist nicht zu spaßen. Der große Schwarze Stechrochen (rechts außen) wurde in Queensland, Australien, aufgenommen, der Zebrahai (oben rechts) im Roten Meer.

RICHTLINIEN FÜR BEGEGNUNGEN MIT HAIEN UND ROCHEN

- Niemals in Panik geraten. Die meisten Annäherungen von Haien und Rochen haben ihren Grund in der Neugierde dieser Tiere.
- Augenkontakt halten. Wenn Sie sich zurückziehen wollen, tun Sie dies langsam und kontrolliert.
- Haben Sie keine Angst, auf diese Tiere zuzuschwimmen. Bewegen Sie sich dabei langsam, damit sie sich nicht bedroht fühlen. Haie sind sich dessen bewußt, daß es auch andere große Räuber gibt. Oft schwimmen sie deswegen schnell weg. Eine Ausnahme bildet ein Riffhai, der sein Territorium verteidigt. Man nähert sich niemals einem Riffhai, der mit übertriebener seitlicher Bewegung, gekrümmtem Rücken und nach unten gerichteten Brustflossen schwimmt. Statt dessen verläßt man ruhig und schnell das Gebiet.
- Man schwimmt nicht bei Dämmerung und schlechter Sicht.
- An der Wasseroberfläche sollte man nicht zu viel herumspritzen. Einem Hai erscheinen Sie dabei als hilfloses Tier. Unter Wasser schwimmt man mit langsamen überlegten Zügen, so daß Sie wie ein gesunder Räuber erscheinen. Das läßt die Haie vorsichtig werden.
- Man meide Gebiete, in denen mit Unterwassergewehren gefischt wird. Ein kämpfender Fisch sendet Streßsignale aus, die Haie selbst über Kilometer hinweg wahrnehmen können.
- Wenn man Haie mit Ködern anlockt, sollte man genau auf Meeresströmungen achten und sich stets oberhalb des Köders befinden. Jedes Lebewesen im Geruchskorridor weckt das Interesse der Haie.
- Man achte darauf, daß das eigene Schiff strömungsaufwärts und nicht weit entfernt liegt.
- Tragen Sie keine kleinen, hellgefärbten Objekte mit sich, die mit ihrer übrigen Ausrüstung einen Kontrast bilden und die lose herabbaumeln. Haie verwechseln weiße Flossen, Handschuhe, eine weiße Unterwasserweste oder eine Taschenlampe mit einem Köderstück.
- Tauchen in der Gruppe ist sicherer. Ist der Tauchgang zu Ende, so sollte man den Ort als Gruppe verlassen.
- Niemals berührt, umgibt oder fängt man einen Hai oder einen Rochen. Die Tiere müssen immer viel Platz zu einem Rückzug haben. Andernfalls geraten sie in Panik und greifen an.
- Wird ein Hai übermäßig neugierig und kommt Ihnen zu nahe, so bewirkt ein harter Schlag auf die Nase, daß er sich schnell zurückzieht. Einige Taucher führen zu diesem Zweck kurze gedrungene Haistöcke mit sich.

Man denke immer daran, daß Haie und Rochen niemals harmlos sind, auch wenn sie keine Aggressivität zeigen. Bei Bedrohung verteidigt sich jedes Tier: Das ist eine natürliche Reaktion.

Schutzausrüstung

Im Lauf der Jahre gab es viele Versuche, effektive Schutzmaßnahmen für Taucher zu entwickeln, die mit Haien und Rochen arbeiten.

In den letzten 60 Jahren hat man viele Strategien zum Schutz von Tauchern und Schwimmern erdacht und getestet (siehe Seite 54 - 55). Bis vor kurzem erwiesen sich jedoch alle als Mißerfolge.

Schutz für den Profi

Während des Zweiten Weltkrieges setzte die amerikanische Navy ihr Vertrauen auf ein chemisches Repellens gegen Haie. Die Tiere schwammen jedoch einfach hindurch. Das taten sie auch mit anderen Schutzvorrichtungen, zum Beispiel Vorhängen aus Luftblasen, Barrieren aus Schallwellen und Farbstoffen. An vielen Stränden installierte man Netze als Sicherheitsbarrieren für die Badenden. Doch in den Maschen verfingen sich zahlreiche harmlose Haie, Rochen, Meeresschildkröten, Delphine und sonstige Meereslebewesen.

Auch die Taucher selbst entwickelten eine Reihe merkwürdiger und erfolgloser Geräte zur Abschreckung. Taucher zogen sich zum Beispiel wie eine schwarz-weiß-geringelte Seeschlange an und testeten diese Farben - bis man merkte, daß einige Haie Seeschlangen fressen. Es wurden Waffen mit Explosivköpfen entwickelt, um aggressive Haie zu vertreiben. Da aber die meisten Haiopfer den Räuber gar nicht heranschwimmen sehen, richteten sich diese Waffen gegen meist harmlose Haie. Man erfand auch eine Art Gaspfeil gegen Haie. Er füllte das Tier mit Luft und machte es hilflos. Den Pfeil mußte man jedoch in den Magen des Haies abfeuern. Er war somit nur bei Tieren wirksam, die sich neben dem Schwimmer bewegten und ihn nicht angriffen.

Schließlich entwickelten die australischen Unterwasserfotografen und Haiexperten Ron und Valerie Taylor einen Kettenanzug aus Stahlmaschen. Er wurde zur Standardausrüstung für Kame-

TESTS Für die Entwicklung des Schutzanzugs aus stählernen Kettengliedern mußten die Taucher mit den Haien in nahen Kontakt kommen und sie zum Zubeißen bewegen (oben, links).

GERÄT ZUM SCHUTZ Das POD (unten) erzeugt ein starkes elektrisches Feld, daß die elektrischen Sinnesorgane der Haie, die Lorenzinischen Ampullen, funktionsunfähig macht.

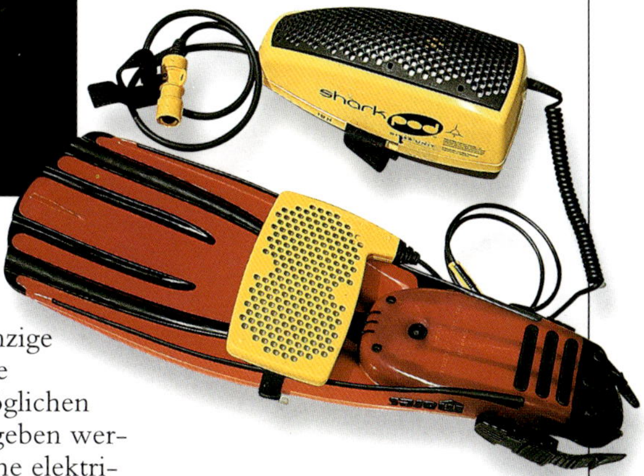

raleute, Tauchlehrer und Wissenschaftler, die mit Haien arbeiten.

Allerdings weist er einige Nachteile auf und darf nur von eigens trainierten Spezialisten verwendet werden. Er kann die Bewegung hemmen, und durch sein Gewicht kann man ihn im Notfall nicht so leicht loswerden. Es ist auch möglich, daß ein sehr großer Hai diesen Schutzanzug zerbeißt.

Vor kurzem scheint jedoch ein Durchbruch gelungen zu sein, der alle Taucher, Schnorchler und Wassersportler vor zufälligen Haiangriffen schützt. Das Gerät heißt POD für Protective Oceanic Device. Es wurde vom South African Natal Sharks Board und von Ron und Valerie Taylor ausgiebig getestet.

Der POD ist ein kompaktes Gerät, das auf eine Druckgasflasche paßt. Über ein Kabel ist es mit einer kleinen Platte verbunden, die an der Taucherflosse befestigt wird. Bevor der Taucher ins Wasser geht, schaltet er es ein; eine Warnleuchte zeigt, daß es in Funktion ist. Der Taucher kann das Gerät im Wasser abschalten, wenn er sich Haien oder Rochen stärker nähern will. Ein rotes Licht zeigt die noch verbliebene Batterieleistung an.Das POD vertreibt Haie aus nächster Nähe durch ein elektrisches Feld, das um den Taucher herum aufgebaut wird und das die Wahrnehmung der Lorenzinischen Ampullen stört. Mit diesen Sinnesorganen am Vorderende nehmen die Haie winzige elektrische Signale wahr, die von möglichen Beutetieren abgegeben werden. Das künstliche elektrische Feld ist für die Haie unerträglich.

Bei Tests hat es sich gezeigt, daß das POD sehr wirksam ist, die Haie und Rochen nicht nachhaltig schädigt und auf andere Meereslebewesen keine Auswirkungen hat.

Der Natal Sharks Board entwickelt zur Zeit eine Version, die einen Schutzschirm über ganze Strände und Badebereiche bilden kann. Wenn dies gelingt, wird das Absperren der Strände durch Netze nicht mehr nötig. Das würde viel Kosten sparen und das Leben harmloser Meereslebewesen retten.

HAIPARTNER

Die Australier Ron (geb. 1934) und Valerie (geb. 1935) Taylor teilten zunächst das Interesse an der Unterwasserjagd und an der Unterwasserfotografie. Zusammen und einzeln produzierten sie eine Reihe außergewöhnlicher Filme und Dokumentarstreifen für das Fernsehen, darunter Playing with Sharks, Shark Hunters, Blue Water, White Death und Inner Space. Der Schwerpunkt ihres Interesses verlagerte sich mit den Jahren. Heute treten sie für den Schutz aller Meereslebewesen ein. Unermüdlich tragen sie zu einem besseren Verständnis besonders der immer noch übel beleumdeten Haie ein. Valerie und ihr Mann erfanden einen Schutzanzug aus stählernen Kettengliedern. Er ermöglicht fotografische Arbeiten unter Haien ohne Benutzung eines Haikäfigs. Vor kurzem halfen die Taylors auch beim Testen des POD mit.

Unterwasserfotografie

Es ist für viele Taucher ein aufregendes Erlebnis und eine große Befriedigung, Begegnungen mit Haien und Rochen fotografisch festzuhalten.

Es ist für Amateure wie für Profis gleichermaßen ein großes Glück, daß technische Fortschritte die Unterwasserfotografie heute so stark erleichtert haben.

Kameraausrüstung

Der Anfänger beginnt vielleicht am besten mit einer Wegwerfkamera in einem wasserdichten Gehäuse. Dieses preiswerte System verlangt keine fotografischen Kenntnisse. Die Kameras ergeben gute Bilder, besonders in seichten, klaren, lichtdurchfluteten tropischen Gewässern.

Ernsthaftere Fotografen ziehen amphibische 35-mm-Kameras mit austauschbaren Objektiven, Blitzlicht und automatischer Belichtung vor. Sie lassen sehr viel mehr Möglichkeiten zu, zum Beispiel Aufnahmen bei wenig Licht und schlechten Sichtverhältnissen.

Weiter fortgeschrittene oder Profifotografen verwenden eine der gängigen einäugigen Spiegelreflexkameras (Autofocus, 35 mm) in einem der vielen hervorragenden wasserdichten Gehäuse, die es heute zu kaufen gibt. Mit diesen Systemen sehr viele verschiedene Linsen kombinieren, so daß es möglich wird, kleine, mittelgroße und sehr große Haie und Rochen richtig aufzunehmen. Selbsttätige Entfernungs- und Belichtungseinstellung und automatischer Filmtransport sind unerläßlich für Actionaufnahmen von Fischen, die sich schnell bewegen.

DIE FARBEN von Seesternen und Korallen auf Hawaii (oben) festhalten; eine spezielle amphibische Kamera (oben links).

Filmtypen

Haie und Rochen sind oft nahe der Wasseroberfläche anzutreffen, wo noch genügend Licht vorhanden ist. Hier eignet sich jeder Dia- oder Negativfilm mit einer Lichtempfindlichkeit von ISO 50 oder 100. In tieferen Gewässern unter 10 m verwendet der Fotograf ein Blitzlicht, um auch die natürlichen Farben wiederherzustellen. Filme mit ISO 200 werden oft eingesetzt, um schnelle Tiere bei genügend Licht aufzunehmen. Man wähle einen Film, der Grautöne und die subtilen Farbschattierungen wiedergibt, wie sie unter Haien und Rochen häufig auftreten.

Technische Hinweise

Beim Fotografieren von Haien und Rochen braucht man oft das vorhandene natürliche Licht. Es ist deswegen sehr wichtig, daß man weiß, wo die Sonne steht. Um Details auf dem Film festzuhalten, sollte man sich immer so stellen, daß die Sonne einem schräg von hin-

FINGERSPITZENGEFÜHL Die Blitzlampen und die Kamera selbst sind auf einen speziellen Rahmen montiert.

KÜNSTLICHE BELEUCHTUNG Zwei Taucher (links) bereiten sich auf einen Tauchgang unter schlechten Lichtverhältnissen vor. Schnappschuß eines Haies (unten).

ten über die Schulter scheint. Das Fotografieren zur Mittagszeit, wenn die Sonne sehr hoch am Himmel steht, bringt meistens nicht viel.

Bei der Verwendung eines Blitzlichtes spielt der Einfallswinkel des Sonnenlichts keine große Rolle. Man muß aber auf Trübungen des Wassers achtgeben, die das Blitzlicht verstärkt, so daß das Bild ruiniert wird. Dieser Effekt heißt auf englisch Backscatter. Man kann ihn vermeiden, indem man die Blitzlichtstärke reduziert und längere Arme für die Lichter verwendet. Den Backscatter-Effekt bewirken vor allem der eingesetzte Haiköder („chum"), Teile der verfütterten Fischstücke und das Plankton, das Walhaien und Mantas als natürliche Nahrungsquelle dient. Ein Problem stellen auch die kleinen Bläschen dar, die dauernd von der Bewegung der Haikäfige, des Tauchschiffes und der Flossen anderer Taucher erzeugt werden.

Um klare, scharfe Unterwasserbilder zu schießen, darf man nur wenige Meter vom Tier entfernt sein. Handelt es sich um einen sehr großen Hai oder Rochen, so braucht man ein Weitwinkelobjektiv mit einer Brennweite von 15 oder 20 mm, damit das ganze Tier darauf geht. Objektive mit einer Brennweite von 60, 35 oder 28 mm sind nützlich für Portraitaufnahmen des Gesichtes, der Detailaufnahmen des Körpers oder für Gesamtaufnahmen kleinerer Arten.

Da viele Haie und Rochen dunkel gefärbt sind, arbeitet der Belichtungsmesser der Kamera vielleicht nicht ganz richtig, so daß vielleicht überbelichtete Bilder entstehen. In diesem Fall verzichtet man auf die automatische Belichtung und stellt sie von Hand ein.

Praktische Tips

Ein Tauchgefährte, der sozusagen als Nachhut dient, kann sehr wertvoll sein, besonders wenn der Fotograf Bilder von einem Hai schießt und andere noch in der Gegend herumschwimmen. Da man die Haie oft mit Chum anlockt und ihnen zu fressen gibt, werden sie oft sehr aufgeregt und neugierig. Nicht selten nähern sich dabei mehrere Haie auf einmal. Ein zweites Paar Augen ist dabei sehr nützlich.

Fotografen strecken oft ihre Kameras und ihren Oberkörper durch die Fenster des Haikäfigs nach außen, um einen guten Blickwinkel zu bekommen. Der Hai, den sie im Blickfeld haben, bietet dabei kein Problem - wohl aber ein Hai, der von der Seite heranschwimmt. Auch hier kann ein wachsamer Gefährte lebensrettend sein.

Der Taucher muß immer sehr vorsichtig sein, wenn er sich einem großen Hai oder Rochen nähert, selbst wenn es sich um eine harmlose Art handelt. Ein Walhai beispielsweise kann mit seinem Schwanz unbeabsichtigt einen Taucher bewußtlos schlagen oder ihm einen Knochen brechen. Man läßt einem Hai oder einem Rochen immer genügend Raum zum Rückzug. Man muß immer daran denken, daß alle Arten sich verteidigen, etwa durch Zubeißen, Rammen oder einen heftigen Schwanzschlag.

Filmen unter Wasser

Worte reichen oft nicht aus, um anderen Menschen das Tauchen mit Haien und Rochen zu beschreiben. Unter Wasser gedrehte Videos fangen hingegen den ganzen Zauber ein.

Die Vielfalt an Videorecordern und Camcordern und an wasserdichten Gehäusen, die heute auf dem Markt erhältlich sind, machen es allen möglich, die dramatischen Begegnungen mit Haien und Rochen für alle Zeiten festzuhalten.

Kameraausrüstung

Videorecorder oder Camcorder sind heute die benutzerfreundlichsten Kameras der Welt. Sie funktionieren gut bei wenig Licht, sind vollautomatisch und leicht zu bedienen. Man kann mit ihnen über eine Stunde lang aufzeichnen und die Ergebnisse fast unmittelbar danach betrachten. Dies bedeutet, daß man fehlende oder schlecht geratene Bilder gelegentlich neu aufnehmen kann, bevor man den Tauchplatz verläßt.

Ein kompaktes Modell ist die beste Wahl für einen Camcorder. Die populärsten Formate sind Video 8 oder High 8. Durch ihre Größe sind diese Kompaktgeräte ideal für Unterwassergehäuse.

Die besten Unterwassergehäuse bestehen aus Aluminium und haben Magnetschalter, Wasseralarm, austauschbare Objektive und viele weitere Funktionen. Einfache Gehäuse aus Acrylkunststoffen sind nicht selten billiger und haben gewisse Einschränkungen. Doch bei beschränktem Budget kann man mit ihnen immer noch gute Unterwasserbilder schießen.

Technische Hinweise

Für gute Bilder von Haien und Rochen braucht man ein Gehäuse mit einem Weitwinkelobjektiv für große Arten und einem Zoom, mit dessen Hilfe man kleine oder scheue Arten heranholen kann.

Mit Filtern entfernt man den übergroßen Blauanteil des Lichtes in tropischen Gewässern und die Grüntönung in gemäßigten Breiten. Diese Filter funktionieren gut, sollten aber nicht in einer

WASSERDICHTE GEHÄUSE (oben) sind so gestaltet, daß die Videoausrüstung unter Wasser leichter zu tragen ist.

Wassertiefe von unter 3 m eingesetzt werden, da dort die Filterfarbe dominiert und die natürlichen Farben verändert.

Da Videokameras auch bei sehr wenig Licht funktionieren, ist eine künstliche Beleuchtung nicht notwendig. In größeren Tiefen gehen die hellen Farben verloren, doch nur die wenigsten Haie und Rochen sind bunt gefärbt. Die Bewegungen dieser Tiere kompensieren das Fehlen von Farbe. Wer allerdings die echten Farben aufzeichnen will, verwendet künstliche Lichtquellen. Im Gegensatz zu länger anhalten-

NAHAUFNAHME Mit der Videokamera ist es möglich, die intimsten Geschehnisse im Korallenriff festzuhalten.

dem Licht stören Blitzlichter die Meereslebewesen offensichtlich nicht. Fragen Sie Ihren Tauchlehrer, ob im betreffenden Gebiet Einschränkungen bei der Beleuchtung gelten.

Praktische Tips

Da die Videorecorder automatisch arbeiten, stammen die meisten Probleme vom Filmer selbst. Die Kamera muß ruhig geführt werden, um ein Verwackeln zu verhindern. Die Aktion sollte im Zentrum des Suchers stattfinden, damit die Entfernung automatisch auch richtig eingestellt wird. Immer wieder wechselt man zwischen Totalen und Ausschnittbildern ab.

Auf dem Objektiv dürfen sich keine Luftbläschen festsetzen; sie entstehen durch die Flossenbewegung, die ausgeatmete Luft, durch Schiffsschrauben, durch Bewegungen des Haikäfigs und durch Wellenbrecher. Die Bläschen hängen vorne am Objektiv und werden sehr deutlich, wenn man den Film im Fernseher betrachtet. Man wischt regelmäßig über die Vorderfront des Objektivs, um solche Bläschen zu entfernen.

DER MANTA (unten) mit den festgesaugten Schiffshaltern bietet einen aufregenden Anblick. Der Begleiter eines Fotografen (rechts) hat ein wachsames Auge auf die Umgebung.

Filmschnitt

Am besten geht man wie professionelle Filmer vor und erstellt eine Shot list aller Szenen, die man für einen interessanten, zusammenhängenden Kurzfilm braucht. Man macht alle Aufnahmen auf dieser Liste und natürlich auch unerwartete Begegnungen. Schließlich schneidet man alle guten Szenen zu einem Kurzfilm voller Action zusammen.

Tauchen lernen

Gerätetauchen ist ein Sport, den man ernsthaft betreiben muß. Zuerst muß man einen Tauchkurs mit einem qualifizierten Lehrer absolvieren, bevor man ein entsprechendes Abzeichen oder Brevet bekommt.

Das Gerätetauchen ist im Prinzip einfach und wenig anstrengend. Jede gesunde Person im Alter von über 12 Jahren kann es erlernen. Es ist jedoch unerläßlich, daß man zuerst einen Tauchkurs besucht. Zum Tauchen muß man viel wissen über Druckveränderungen und Dekompression, und wer nicht genügend trainiert ist im richtigen Gebrauch der Ausrüstung, läuft Gefahr zu erkranken, dauernde Schädigungen davonzutragen und sogar den Tod zu erleiden.

In den meisten Städten und in praktisch allen Urlaubsorten in den Tropen gibt es Taucherschulen. Die Anfangsgründe des Tauchens lernt man von einem qualifizierten Instruktor, der einer der internationalen professionellen Taucherorganisationen angehört. Am Ende des Kurses erhalten die Teilnehmer ein Abzeichen oder Brevet, das es ihnen möglich macht, eine Tauchausrüstung zu mieten oder zu kaufenund an Tauchgängen teilzunehmen. Ohne diese Qualifikation ist es heute fast überall auf der Welt unmöglich zu tauchen.

DAS TAUCHEN übt man erst im Schwimmbecken (links), bevor man sich ins Meer wagt. Im Bild unten zwei Taucher mit einer Schule von Falterfischen.

Zum Anfang

Die beste Informationsquelle über Tauchkurse in Ihrem Gebiet sind die Vereine und Tauchschulen. Nehmen Sie Kontakt auf und vergleichen Sie sorgfältig den Inhalt ihrer Trainingsprogramme. Die meisten bieten ein Vollzeit- oder Teilzeittraining. Ein Vollkurs sollte mindestens vier bis fünf Tage umfassen. Teilzeitkurse sollten mindestens aus zwei Wochenenden für das praktische Training und zusätzlichen Unterrichtsstunden am Abend bestehen. Seien Sie vorsichtig bei kürzeren Kursen und überprüfen Sie, ob für alle nachfolgenden Dinge gesorgt ist: Tauchausrüstung, Luftbefüllung, Handbuch, Logbuch, Tauchtabellen, Gebühren zur Poolbenutzung, Bootstauchen, Abzeichen oder Brevet und eventuell benötigte Unterkunft.

Überprüfen Sie das Zahlenverhältnis zwischen Schülern und Lehrer. Agenturen bestehen im allgemeinen auf einem Maximum von acht Schülern pro Tauchlehrer. Wenn von assistierenden Instruktoren und Divemastern die Rede ist, so bedeutet das nicht automatisch, daß die Zahl der Schüler erhöht werden kann.Das praktische Training Ihres Kurses muß fünf Tauchgänge im Pool und mindestens vier Tauchgänge im Meer umfassen, wobei der größte Teil des Inhalts von vier Druckgasflaschen aufgebraucht werden sollte.

Ziehen Sie Erkundigungen über die Tauchschule und die Lehrer ein. Denken Sie daran, daß der Unterricht nur so gut sein kann wie die Erfahrung und die professionelle Ethik des Tauchlehrers - ganz unabhängig von seiner Zugehörigkeit zu einer besonderen Tauchsportorganisation.

Der Beginn des Trainings

Bevor man mit dem Tauchkurs beginnt, muß man sich medizinisch untersuchen lassen. Dazu ist ein Fragebogen auszufüllen, der Auskunft gibt über tauchrelevante Erkrankungen, etwa Asthma und Diabetes. Auch die Herztätigkeit, die Nebenhöhlen und das Ohr werden untersucht.

Vor den eigentlichen Unterrichtsstunden und Tauchlektionen erhält man ein Buch zum Selbststudium mit Fragen zur Lernkontrolle.

Zunächst lernen Sie, wie man sich die gesamte Ausrüstung anzieht und wie man sie im Swimmingpool verwendet. Vielleicht findet der erste Tauchgang auch in einem sehr flachen, ruhigen und geschützten natürlichen Gewässer statt. Wer diese Grundfähigkeiten besitzt, kann zu Tauchen im Meer übergehen. Sie sollten sich dazu Ihrer Fähigkeiten aber ganz sicher sein. Wenn Sie einen guten Kurs besuchen, gibt es genügend Zeit für Extrainstruktionen durch den Tauchlehrer.

DIE GRUNDAUSBILDUNG besteht aus Unterrichtsstunden (rechts) und praktischen Übungen in einem Swimmingpool oder in seichtem Wasser. Eine Gruppe von Tauchern (unten)

Kurse am Urlaubsort

Viele Taucherhotels haben auch Instruktoren angestellt, die Lektionen erteilen. Dies ist eine gute Möglichkeit für jene, die zuhause keine Zeit fanden, das Tauchen zu lernen. Ein Teil des Urlaubes findet dann allerdings im Klassenzimmer, im Swimmingpool und an geeigneten Stellen im Meer statt. Wenn Sie sich für einen Tauchkurs im Urlaub entscheiden, sollen Sie für längere Zeit buchen, um auch noch die guten Tauchmöglichkeiten an Ihrem Ferienort voll nutzen zu können.

Schnuppertauchen

Dem Anfänger bieten viele Taucherzentren Schnuppertauchkurse an. Es sind eintägige Kurse mit einem Minimum an Training. Anhand einer solchen Erfahrung kann man entscheiden, ob man mit diesem Sport weiterfahren will oder nicht. Ein solcher Schnuppertauchkurs führt nicht zu einem Abzeichen oder Brevet. Er kann allerdings besondere Erfahrung, einzigartige Begegnungen mit Meereslebewesen vermitteln und Ihnen die faszinierende Welt des Tauchens eröffnen.

Kurse für Fortgeschrittene

Für diejenigen, die Ihre Fähigkeiten weiter verbessern wollen, gibt es viele Programme und Spezialkurse und dazu auch Abzeichen und Brevets.

Das Advanced Open Water Program oder das CMAS★ bis CMAS★★★-Brevet legen zum Beispiel besonderes Gewicht auf Navigation und Orientierung, auf Tieftauchen und Nachttauchen. Dies wäre der zweite Lehrgang, der nach dem ersten (Open Water Diving) zu absolvieren wäre.

Weitere Spezialdisziplinen sind Rettungstauchen, Tieftauchen, Wracktauchen, Unterwasserfotografie und sogar Haitauchen. Bei all diesen Lehrgängen vertiefen sich auch ihre allgemeinen taucherischen Fähigkeiten.

Was man über das Tauchen wissen muß

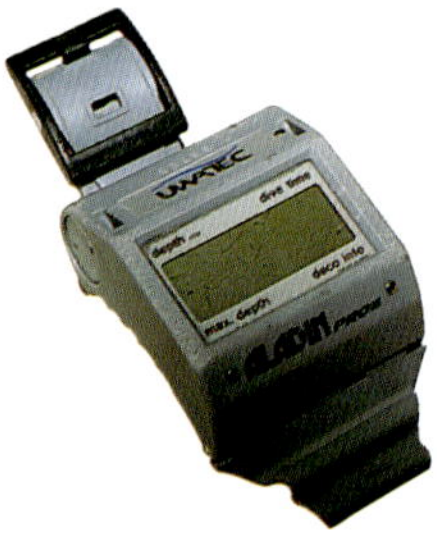

Wenn Sie im Gerätetauchen den richtigen Sport für sich entdeckt haben, so empfiehlt es sich, eine eigene Ausrüstung zu kaufen.

Beim Tauchen fühlt man sich natürlich besser, wenn man eine qualitativ hochwertig passende Ausrüstung trägt, die man sich selbst gekauft hat. Der Tauchlehrer wird Sie bei der Wahl beraten und Ihnen die Feinheiten des Gebrauchs und der Instandhaltung beibringen. Denken Sie daran, daß der Ratschlag eines Profis wichtiger ist als der Preis der Ausrüstung. Für den Tauchlehrer steht Ihr Wohlbefinden und Ihre künftige Freude im Mittelpunkt. Es ist deswegen am falschen Ende gespart, wenn Sie um jeden Preis versuchen, ein billigeres Schnäppchen zu machen.

RIFFTAUCHEN von einer Yacht aus in den Gewässern um Fidschi. Die Taucherin im Südpazifik (unten rechts) untersucht eine Gorgonie. Der Tauchcomputer (oben links) ist ein wichtiges Teil der Ausrüstung.

GERÄTETAUCHEN

Die grundlegenden Regeln des Gerätetauchens lassen sich wie folgt zusammenfassen:

- Niemals ohne entsprechendes professionelles Training tauchen
- Stets genau abwägen, welche Bedingungen herrschen
- Keine Panik im Notfall
- Niemals Alkohol vor dem Tauchen
- Niemals die eigenen Grenzen überschreiten
- Niemals beim Aufsteigen den Atem anhalten. Dadurch kann die Lunge schwer geschädigt werden
- Als Faustregel: Niemals schneller aufsteigen als die kleinsten ausgeatmeten Luftbläschen
- Niemals bis zu den Grenzen der Tauchtabelle tauchen; niemals tiefer gehen als im bisherigen Unterricht
- Um das Risiko der Taucherkrankheit zu verringern, unternimmt man den tiefsten Tauchgang zu Beginn des Tages und geht auch zu Beginn des Tauchganges am tiefsten. Nach jedem Tauchgang legt man in 4 - 5 m Tiefe einen dreiminütigen Sicherheitsstop ein.
- Keine speziellen Tauchgänge ohne entsprechendes Training. Es geht hier zum Beispiel um Höhlentauchen, Tieftauchen, Wracktauchen.
- Niemals mit fehlerhafter oder wartungsbedürftiger Ausrüstung tauchen
- Niemals Angst davor haben, einen Tauchgang abzusagen oder abzubrechen, wenn man sich nicht behaglich fühlt.
- Ortskenntnisse sind unerläßlich. Man erkundigt sich, bevor man an einem neuen Platz taucht.
- Innerhalb von 24 Stunden nach einem Tauchgang sollte man kein Flugzeug besteigen.

TAUCHAUSRÜSTUNG

Zur unerläßlichen Ausrüstung eines Tauchers gehören:

- Eine Gesichtsmaske mit gutem Zugang zur Nase und bei Brillenträgern mit entsprechenden Linsen. In der Maske können auf jeden Fall Kontaktlinsen getragen werden.
- Ein Schnorchel, der der Gesichtsform angepaßt ist, mit Wasserablaufventil und Wasserdeflektor.
- Stiefel mit Reißverschluß und verstärkten Sohlen.
- Flossen mit offenen Fersen und einstellbarem Schnellverschluß.
- Biegsame und engsitzende Handschuhe mit verstärkten Fingern und Handflächen.
- Ein kleines, rostfreies Tauchmesser mit einer gezähnten Schneide.
- Ein Tauchanzug, der von den Knöcheln bis zu den Handgelenken reicht. Die Dicke des Neoprens richtet sich nach den Wassertemperaturen.
- Ein bequemer Bleigürtel.
- Einen Atemregler. Er spendet dem Taucher in zwei Stufen Luft. Beim Druckminderer gibt es zwei Bauprinzipien: membran- oder kolbengesteuert. Einen Octopus oder Zweitlungenautomat, der bei einer Luftpanne zum Einsatz kommt.
- Ein Fülldruckmesser, der mit verschiedenen Farben Auskunft gibt über die noch verbleibende Luftmenge.
- Ein Tiefenmesser.
- Eine Gasflasche, fakultativ für den Reisenden, der wahrscheinlich Gasflaschen verwendet, die ihm sein Tauchveranstalter zur Verfügung stellt.
- Eine Tarier- oder Stabilisierungsweste. Durch Aufblasen oder Luftablassen kann man den eigenen Auftrieb genau regeln. Alle Ausrüstungsgegenstände ordnen sich um die Tarierweste an.
- Ein Tauchcomputer. Er zeigt die noch verbleibende Tauchzeit und die Aufstiegsgeschwindigkeit an und liefert Informationen über Dekompression und die Zeit, die man beim nächsten Tauchgang in der Tiefe verbringen kann. Der Computer speichert die vollständigen Daten über die letzten zehn Tauchgänge.
- Eine Taucheruhr, die bis in eine Tiefe von 200 m wasserdicht ist.
- Eine kompakte Taschenlampe mit scharfem Strahl für nächtliche Tauchgänge und eine noch stärkere Taucherlampe mit breitem Strahl für das Höhlen- und Wracktauchen.
- Zusätzliche Gegenstände, zum Beispiel eine Trillerpfeife, ein Kompaß, eine Unterwassertafel mit Schreibstift, eine Sicherheitsboje, wasserdichte Tauchtabellen und vieles andere mehr.
- Eine Tasche für die Taucherausrüstung. Sie sollte groß und wasserdicht sein und verschiedene Abteilungen aufweisen. Sie wird mit einer festen Nylonschnur verschlossen.

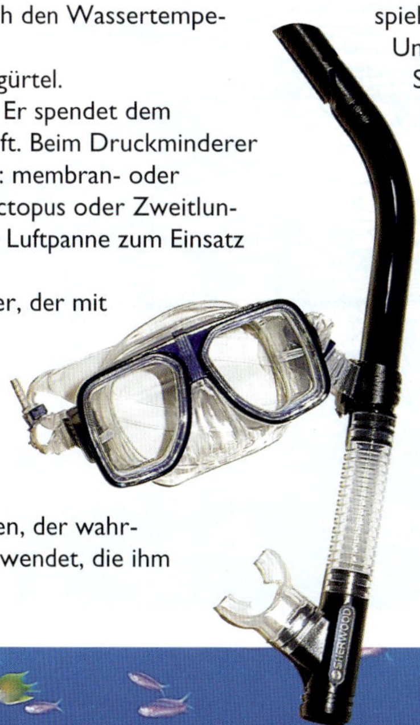

Was man über das Schnorcheln wissen muß

Schnorcheln ist leicht. Fast jedermann kann schnorcheln, und selbst Anfänger haben von Beginn an ihren Spaß dabei.

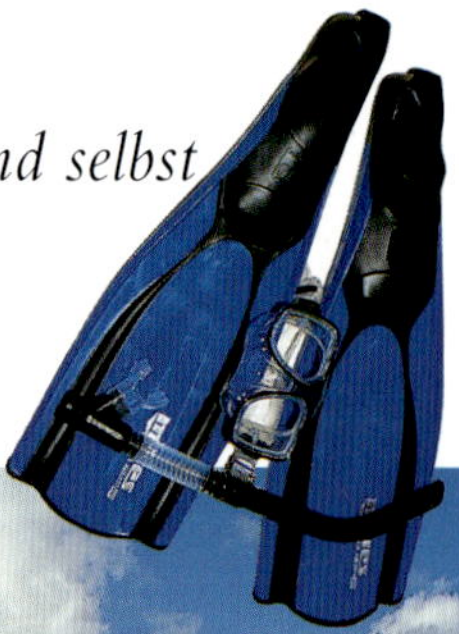

Schnorchler sollten sich niemals benachteiligt fühlen, weil sie ohne Atemgeräte nicht tauchen können und auch nicht über diese Ausrüstung verfügen. Die schönsten Korallenriffe der Welt sind dem Schorchler ohne weiteres zugänglich. Einige Hai- und Rochenarten kann man schnorchelnd am leichtesten sehen, zum Beispiel die Stechrochen bei Stingray City in den Cayman-Inseln oder Riffhaie und Stechrochen bei der Lord-Howe-Insel vor der Ostküste Australiens.

Die Wahl der Schnorchelausrüstung

Schnorcheln macht mehr Spaß mit moderner Ausrüstung und einigen leicht erlernbaren Fähigkeiten. Kaufen Sie eine qualitativ hochstehende Gesichtsmaske mit geringem Volumen und guter Rundumsicht, die auch Platz genug für eventuell benötigte Linsen bietet. Wählen Sie einen Schnorchel ohne Tennisball-Ventil. Für Hochleistungsflossen sollte man etwas mehr Geld ausgeben. Sie sind viel bequemer, und wenn man Haien und Rochen folgen will, braucht man auch viel Kraft. Nützlich ist ein Taucheranzug, der von den Knöcheln bis zu den Handgelenken reicht. Es gibt auch bequeme Lycraanzüge, die etwas Körperwärme festhalten und gleichzeitig vor Sonnenbrand, Korallen und Nesseltieren schützen.

Vielleicht empfiehlt es sich, in einer Tauchschule einen Schnorchelkurs zu belegen, auch wenn es - ehrlich gesagt - nur wenig zu lernen gibt.

Üben Sie langsames, aber stetiges, kontrolliertes Schwimmen mit einem Minimum an Spritzern und einem Maximum an Vortrieb. Um

EIN WELTNATURERBE Die Lord-Howe-Insel (oben) liegt vor der Ostküste Australiens. Tauchen unter Fischschwärmen (unten).

SEESTERNE bei Manado, Indonesien (links). Die Korallenriffe um die zahlreichen kleinen Inselchen sind voller Leben.

• In Gebieten mit Bootsverkehr zieht man eine Boje mit einer Taucherflagge hinter sich her.
• Man besuche einen Lebensrettungskurs, bei dem auch Wiederbelebungsmaßnahmen erklärt werden.
• Man respektiere stets die Lebewesen des Meers. Riffe nicht berühren und nicht beschädigen.

abzutauchen, verwendet man die „Ente". Während des Abstiegs führt man einen Druckausgleich durch, indem man sich an die Nase faßt und ganz sachte Luft ins Mittelohr preßt. Dabei wird der Luft auf das Trommelfell ausgeglichen. Das verhindert Schmerzen und mögliche Schädigungen. Wenn Schmerzen auftreten, sollte man nicht mehr tiefer gehen. Die Zeit unter Wasser dehnt man aus, indem man vor dem Tauchen tief durchatmet und den Kohlendioxidüberschuß im Blut abbaut. Man sollte aber niemals mehr als fünf- bis sechsmal tief einatmen. Andernfalls erfolgt eine Hyperventilation, die zur Bewußtlosigkeit unter Wasser führen kann.

Tauchen mit dem Schnorchel

• Bevor man richtig Schnorcheln geht, sollte man in einem Swimmingpool oder in einem ruhigen geschlossenen Wasser tauchen, bis man mit der Technik und der Ausrüstung vertraut ist.
• Vor der Exkursion erkundigt man sich bei Tauchzentren und -basen über lokale Gegebenheiten.
• Vor dem Schnorcheln hat man ein Auge auf Meeresströmungen, Wellen und Sichtverhältnisse. Wichtig sind sichere Ein- und Ausstiegsstellen.
•Tauchen Sie nicht, wenn Sie Probleme mit den Nebenhöhlen oder eine verstopfte Nase haben.
• Niemals Hyperventilieren. Atmen Sie nicht mehr als sechs- bis zehnmal tief ein und aus.
• Kein übermäßiges Planschen und Spritzen an der Oberfläche.
•Stets paarweise tauchen. Wenn der eine unten ist, hält sich der Partner oben auf und hat ein wachsames Auge.

JACQUES-YVES COUSTEAU

Die wachsende Beliebtheit des Tauchens und Schnorchelns wurde vor allem durch Verbesserungen und Innovationen bei der Ausrüstung möglich. Bis vor kurzem blieb die Erforschung der Lebewesen auf die oberflächennahen Schichten beschränkt. Mehr als jeder andere hat der Franzose Jacques-Yves Cousteau (1910 - 1997) zur Weiterentwicklung auf diesem Gebiet beigetragen. Von ihm stammt der Begriff des „Inner space". Zusammen mit einem Kollegen entwickelte er den Atemregler, der es Tauchern ermöglicht, sich im Wasser genauso zu bewegen wie auf dem Land. Cousteau war Kapitän des Forschungsschiffes Calypso, das alle Weltmeere befuhr und Daten sammelte.

Cousteau wurde berühmt als Ozeanograph, als Dokumentarfilmer und als Schriftsteller. Zu seinen Büchern, die in viele Sprachen übersetzt wurden, zählen „Die schweigende Welt" (1953), „Das lebende Meer" (1962), „Haie, herrliche Räuber der See" (1972). Seine Fernsehserie „Geheimnisse des Meeres" lief dreizehn Jahre lang. Er hat mehr als jeder andere dazu beigetragen, daß uns die Unterwasserwelt heute vertraut ist und daß die Menschen auf der ganzen Welt heute für die Bewahrung dieser Naturschönheiten eintreten.

Bootfahren und Fischen

Viele Haie und Rochen werden heute noch jedes Jahr durch Unwissenheit oder Verständnislosigkeit von seiten der Bootsfahrer und Fischer getötet.

Heute herrscht auf den Wasserwegen und Meeren vor der Küste ein ständiger Verkehr von Schiffen, Booten, Yachten und auch Sportbegeisterten. Vor allem die Wasserfahrzeuge fordern einen Blutzoll von jenen vielen Hai- und Rochenarten, die den größten Teil ihres Lebens an der Oberfläche verbringen. Darunter sind auch Formen, die man bereits als bedroht einstufen muß. Nicht selten weisen Walhaie, die größten und friedlichsten aller Haie, Wunden von Begegnungen mit Wasserfahrzeugen auf. Einige haben durch Schiffsschrauben eine ganze Flosse verloren.

Heute haben naturschützerisch eingestellte Bootsbesitzer und Segler ein wachsames Auge auf die Lebewesen, die sich knapp unter der Wasseroberfläche aufhalten. Dadurch lassen sich Verletzungen weitgehend vermeiden. Wer Ausschau hält nach solchen Tieren, sollte ein polarisierte Sonnenbrille tragen, weil sie das Spiegeln der Oberfläche weitgehend aufhebt.

Ungewollter Fang

Nicht selten fangen Angler ungewollt einen Hai oder einen Rochen. Es kann dann sehr schwierig werden, das harmlose Tier vor dem Tod zu bewahren. Dabei gehe man sehr vorsichtig vor. Zunächst ist einmal wichtig,

ZUFÄLLIGE BESCHÄDIGUNG Der Weißspitzen-Riffhai (oben) wurde zwar nicht gefangen, doch der Haken bleibt in seinem Maul zurück. Die Rückenflosse und der oberste Teil der Schwanzflosse dieses Walhaies (unten) wurde von einer Schiffsschraube abgetrennt.

UNNATÜRLICHE RISIKEN In diesem weggeworfenen Fischernetz haben sich einige Meerengel und Stierkopfhaie gefangen. Das Maul dieses Haies (unten) wurde von einem Haken verletzt.

daß man selbst nicht verletzt wird. Man holt das Tier so nah wie möglich heran - allerdings nicht so nah, daß man Gefahr läuft, gebissen oder gestochen zu werden. Zum Landen verwendet der Fischer kein Gaff oder ein anderes Instrument, daß das Tier verletzt. Man schneidet die Leine möglichst nahe am Haken ab. Man sollte der Versuchung widerstehen, den Haken selbst zu entfernen. Das ist bei Haien viel zu gefährlich, und der Fisch wird sich dagegen so stark wehren, daß er sich dabei verletzt oder später an den Streßfolgen stirbt.

Der Fischer sollte sich überlegen, ob er nicht besser mit normalen, statt mit rostfreien Stahlhaken fischt. Solche Haken rosten schnell weg, wenn sie im Maul eines Fisches hängenbleiben. Ein Hai oder ein Rochen hingegen, der einen rostfreien Stahlhaken mit einem Stahlvorfach im Mund trägt, verheddert sich leicht und erstickt oder stirbt am Ende vor Hunger, weil er nicht mehr auf Jagd gehen kann.

Geschützte Arten und Gebiete

Unwissenheit ist keine Entschuldigung. Die Fischer müssen wissen, welche Hai- und Rochenarten unter dem Schutz des Gesetzes stehen und in welchen Gebieten die Fischerei eingeschränkt ist. Dies gilt auch für verbotene Angelpraktiken. Haie, Rochen und andere Fische stehen heute unter einem großen Überfischungsdruck. Ihre Bestände gehen zurück. Zusätzlich verschwinden auch viele Lebensräume.

WIE MAN SICH MIT BOOTEN HAIEN UND ROCHEN NÄHERT

Mit einigen Kenntnissen kann man sich durchaus mit dem Boot Haien und Rochen nähern - ein sicheres und unvergeßliches Erlebnis für alle Beteiligten. Man beachte folgendes:

- Man fahre nie direkt auf das Lebewesen zu
- Man halte einen parallelen Kurs ein und fahre ungefähr 90 m voraus. Dann halte man auf den Kurs des Tieres zu. Die Taucher verlassen dann das Schiff für eine direkte Begegnung mit den Haien oder Rochen.
- Sind die Passagiere an Bord keine Taucher, so stellt man den Motor an der voraussichtlichen Stelle des Zusammentreffens aus.
- Wenn Taucher oder Schnorchler im Wasser sind, behalte man sie dauernd im Auge, um sie gegebenenfalls schnell an Bord holen zu können.

Süßes Geheimnis des Meeres –

Bewegungen – verborgene, innewohnende Seele

darunter

Moby Dick,

HERMAN MELVILLE (1819–91), amerikanischer Romanschriftsteller

KAPITEL 4

Haie

Bestimmung und Klassifikation der Haie

Zur Bestimmung von Haiarten braucht man Kenntnisse der inneren und äußeren Anatomie, ein scharfes Auge und ein gutes Gedächtnis.

Die Klassifikation und Beschreibung der rund 350 heute noch lebenden Haiarten ist die Aufgabe der Taxonomie. Diese Wissenschaft beschäftigt sich mit der Einteilung der verschiedenen Arten in Gruppen, die untereinander stammesgeschichtlich verwandt sind. Als eigentlicher Begründer der Taxonomie gilt Carl von Linné (1707-1778). Weil damals aber noch nicht der Gedanke von einer Evolution der Lebewesen geboren war, verwendete Linné die oft oberflächlichen Merkmale für die Einteilung in verschiedene Gruppen.

Die heutigen Haitaxonomen verwenden gemeinsame Merkmale, die sich während der Evolution herausbildeten, zum Beispiel die Art und Weise, wie der Oberkiefer am Schädel befestigt ist, die Anordnung der Skelettstrukturen und die Form der Zähne. Da man solche Merkmale bei lebenden Tieren kaum beobachten kann, beruhen die Bestimmungsschlüssel für die meisten Lebewesen heute noch weitgehend auf äußeren Merkmalen, die man leicht sehen und messen kann. Diese sind aber nicht notwendigerweise von Bedeutung in der Evolution.

Durch die Zeitalter

Der Bauplan der Haie hat sich über Hunderte von Jahrmillionen erhalten. Die Merkmale des ausgestorbenen fossilen Hais *Cladoselache* finden wir auch unter heute noch lebenden Arten, etwa dem Walhai (*Rhincodon typus*), der über 13 m lang wird und dem Zwergdornhai (*Squaliolus laticaudus*), der nur 25 cm erreicht. Zur Bestimmung der Haiarten braucht man in der Regel Angaben über die relative Größe, die Form und Lage der Flossen, die Form der Zähne.

Mit Hilfe grundlegender anatomischer Merkmale teilt man die Haie in höhere taxonomische Gruppen ein, vor allem in Ordnungen. Die Meerengel (*Squatiniformes*), die Sägehaie (*Pristiophoriformes*) und die Dornhaie (*Squaliformes*) erkennt man beispielsweise daran, daß ihnen die Afterflosse fehlt. Die drei genannten Ordnungen lassen sich dann leicht durch die allgemeine Körper- und Kopfform unterscheiden. Weitere wichtige Merkmale zur Unterscheidung der Ordnungen sind die Anzahl der Kiemenspalten, das Vorhandensein oder Fehlen von Dornen oder Stacheln an der Rückenflosse, die Mundstellung und das Vorhandensein oder Fehlen einer Nickhaut.

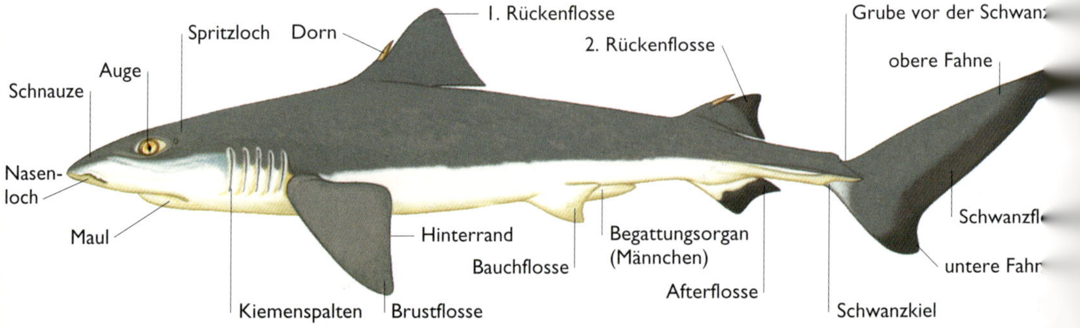

ANATOMIE EINES HAIES Die Grafik zeigt die wichtigsten äußeren Merkmale eines typischen Haies. Der Zwergdornhai (oben) wird höchstens 25 cm lang.

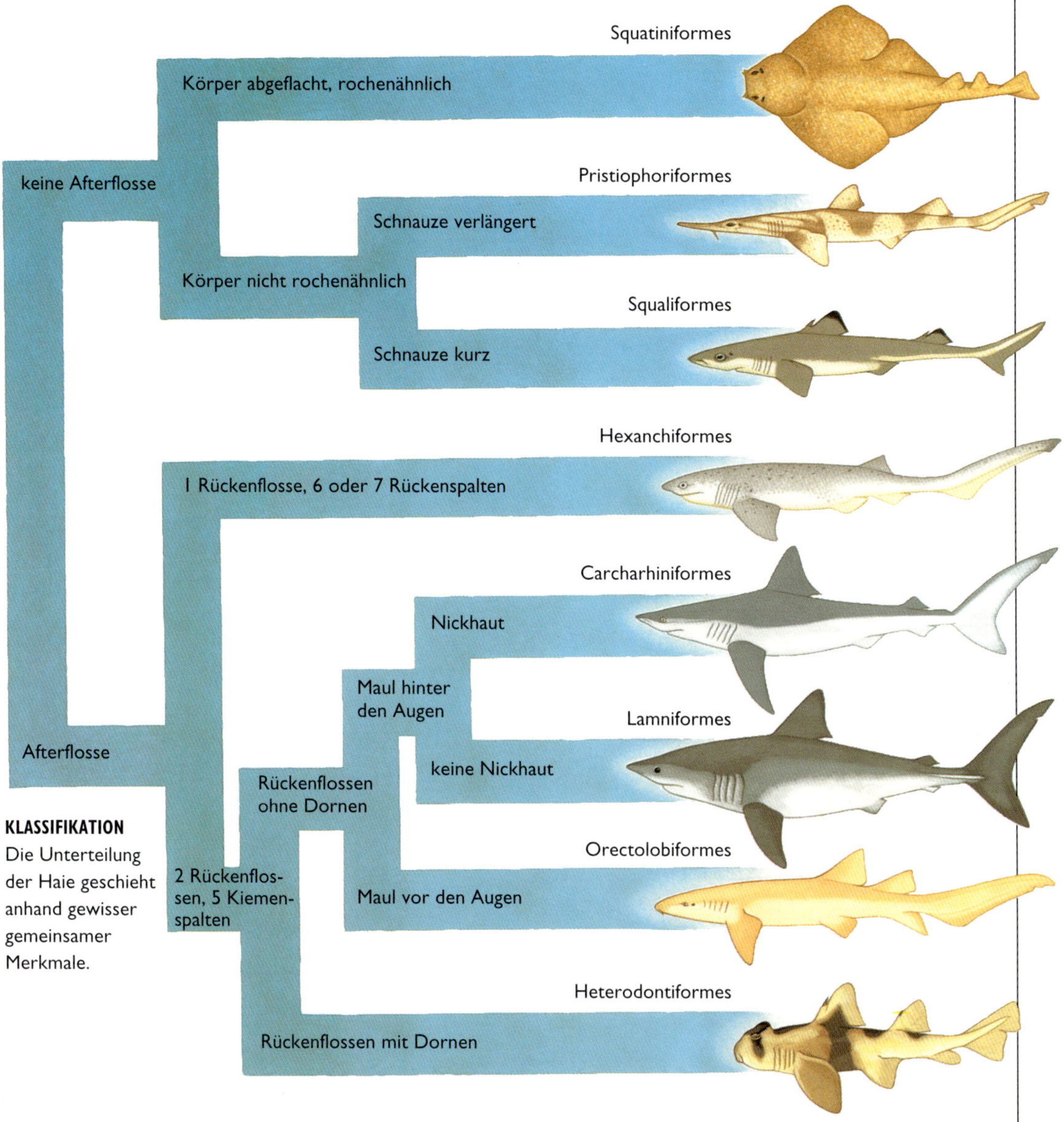

KLASSIFIKATION
Die Unterteilung der Haie geschieht anhand gewisser gemeinsamer Merkmale.

Zur Artbestimmung verwenden die Taxonomen eine Reihe äußerer Merkmale und Standardmessungen. Deskriptive Merkmale sind das Vorhandensein oder Fehlen von Spritzlöchern, von Stacheln oder Dornen an der Rückenflosse, der Afterflosse, des ventralen Teils der Schwanzflosse sowie vieler anderer. Die Messungen umfassen die gesamte Körperlänge, Kopflänge und Kopfbreite, Flossenlänge und Flossenhöhe, Größe und Anzahl der Zähne. Anhand dieser und noch weiterer Merkmale kann der Forscher meistens die Bestimmung der Art vornehmen.

Unbekannte Haie

Um einen unbekannten ausgewachsenen Hai zu bestimmen, zieht man erst grundlegende Merkmale in Betracht, nämlich Körpergröße, Stellung der Flossen und Kopfform. Ist der Hai beispielsweise länger als 5 m, so schrumpft die Liste der möglichen Arten auf eine Handvoll zusammen: Walhai, Riesenhai, Weißhai, Grönlandhai, Fuchshai, Riesenmaulhai und Großer Hammerhai. Einige wenige Arten sind sehr klein und messen unter 30 cm. Die meisten erwachsenen Haie sind 1 bis 3 m lang. Bei ihnen braucht man noch zahlreiche weitere Merkmale für die Bestimmung.

Wissenschaftler können konservierte Exemplare wochenlang studieren. Taucher hingegen sehen Haie in der Regel nur einige wenige Sekunden lang. Im Feld helfen auch Kenntnisse der Verbreitung, der Lebensweise und der Ökologie. Bei einem 2 m langen Menschenhai in den Gewässern vor Hawaii verringert sich die Auswahl auf ungefähr ein Dutzend Möglichkeiten. Wurde der Hai in der Hochsee beobachtet, so reduziert sich die Zahl der Kandidaten noch einmal um die Hälfte.

Evolution und Entwicklung der Haie

Die Haie dominieren in den Meeren seit über 400 Millionen Jahren, doch die heutigen Formen sehen noch ähnlich wie ihre Vorfahren aus.

Die Haie, Rochen und Chimären gehören alle zu den Knorpelfischen (Klasse *Chondrichthyes*). Bei diesen Fischen besteht das Skelett nicht aus Knochen, sondern nur aus Knorpel mit insgesamt geringer Verkalkung.

Zwei größere Gruppen

Die heute noch lebenden Knorpelfische teilt man in zwei Gruppen ein. Die Elasmobranchier umfassen die Haie und Rochen und sind durch folgende Merkmale gekennzeichnet: fünf bis sieben äußere Kiemenspalten auf jeder Seite des Kopfes, zähnchenförmige Plakoidschuppen,dauernd nachwachsende Zähne, Oberkörper nicht fest mit dem Schädel verbunden.

Die Chimären (*Holocephali*) unterscheiden sich von den Elasmobranchiern dadurch, daß die Kiemenspalten unter einem Deckel mit nur einer Öffnung liegen. Sie haben auch keine Schuppen und zerkleinern schalentragende wirbellose Tiere mit Pflasterzähnen. Ihr Oberkiefer ist fest mit dem Schädel verbunden.

Da das Skelett nicht verknöchert ist, sind Fossilien vollständiger Haie und Chimären selten. Die Paläontologen sind im wesentlichen auf versteinerte Zähne, auf Hautzähne und verkalkte Wirbel angewiesen, um die Evolutionsgeschichte zu entwirren.

Die ersten fossilen Haie treten in Schichten des Silurs und Devons auf und sind somit über 400 Millionen Jahre alt. Zu jener Zeit lebten die ersten Insekten in primitiven Wäldern. Die Amphibien hatten das Wasser verlassen und eroberten gerade das Festland. Die Dinosaurier allerdings erschienen 200 Millionen Jahre später. In den Ozeanen lebten damals viele planktische und benthische Lebewesen. Damals begann das Zeitalter der Fische. Es entwickelten sich zahlreiche kieferlose Fische und Fische mit Kiefern und eroberten die Lebensräume des Meeres und des Süßwassers.

Evolution

Der bestbekannte Vorfahre der Haie aus dem Devon ist *Cladoselache*, mit dem die heutigen Haie noch viele Merkmale gemeinsam haben. *Cladoselache* besaß fünf Kiemenspalten, zwei wohlentwickelte Rückenflossen mit Dornen, Brust- und Bauchflossen und einen mächtigen symmetrischen Schwanz. Der Oberkiefer war mit dem Schädel nur lose befestigt, und der breite Unterkiefer trug viele scharfe Zähne, jeder davon mit einer großen zentralen und je einer kleinen seitlichen Spitze. *Cladoselache* war ein schneller Räuber, gut angepaßt an den Fang flinker Fische. Diesen Eindruck bestätigen große Fische, die im Magen fossiler Exemplare gefunden wurde. Fossilfunde aus späterer Zeit zeigen, daß

ZAHNFUNDE Ein Zahn (oben) des ausgestorbenen *Carcharodon megalodon* mit dem Zahn eines heutigen Weißhaies. Fossilisiertes Skelett von *Hypodus hauffianus* (unten).

Cladoselache
ungefähr 1 m

Zwergdornhai
ungefähr 25 m

Walhai
ungefähr 13 m

KÖRPERFORM DER HAIE
Lange vor dem Auftreten der Dinosaurier hatten die Haie bereits ihre mächtige stromlinienförmige Körperform entwickelt. Seit dem Devon haben keine großen Veränderungen mehr stattgefunden.

sich die Form der Haizähne je nach Ernährungsweise und ökologischer Nische teilweise stark veränderte.

Als die Dinosaurier vor 150 Millionen Jahren in der Trias und im Jura auf dem Festland dominierten, waren die Hybodontier die wichtigsten Räuber im Meer. *Hybodus* hatte wie *Cladoselache* zwei Rückenflossen mit Dornen, die ohne Zweifel bei der Verteidigung gegenüber noch größeren Räubern eingesetzt wurden. Die wichtigsten Veränderungen im Vergleich zu *Cladoselache* waren: der verlängerte obere Lappen der Schwanzflosse, eine Afterflosse und kleine Kopfdornen bei den Männchen, die wohl bei der Paarung eine Rolle spielten. Die Hybodontier besaßen vorne am Kiefer kleine spitze Zähne und hinten viel breitere Zähne, ähnlich wie bei den heutigen Stierkopfhaien (*Heterodontiformes*), zu denen allerdings keine Verwandtschaft besteht. Die breiten Zähne einiger Hybodontier besaßen viele kleine Spitzen zum Festhalten weichhäutiger Beutetiere; bei anderen Arten waren sie flach und wurden zum Zermalmen von Schaltieren eingesetzt.

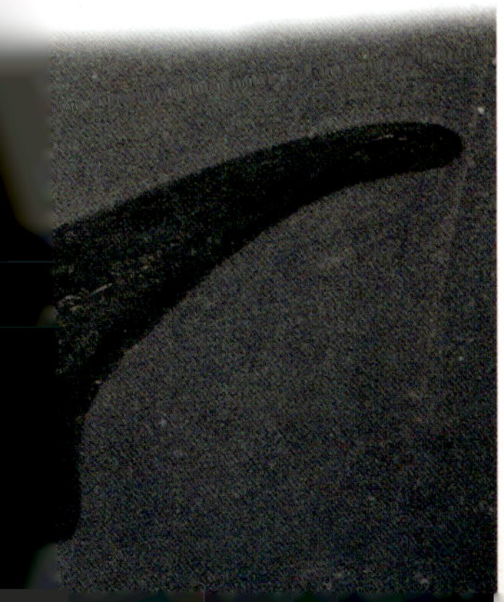

Artbildung

Nach der Ausbreitung der Hybodontier traten schnell moderne Formen auf. Als erste erschienen im Fossilnachweis die Sechs- und Siebenkiemer. Sie haben nur noch eine Rückenflosse und tragen am Oberkiefer spitze und im Unterkiefer breite, sägeartige Zähne, mit denen sie Fleischstücke aus einem großen Fisch herausreißen können. In jener Zeit entwickelten sich auch die meisten modernen Haifamilien. Wie die Evolution aber genau verlief, ist heute immer noch unklar.

Der vielleicht erstaunlichste fossile Hai ist *Carcharodon megalodon*. Er ist ein naher Verwandter des Weißhaies (*Carcharodon carcharias*) und war die weitaus größte Form, die je gelebt hat. 3 bis 25 Millionen Jahre alte fossile Zähne werden immer wieder gefunden. Mit ihrer Hilfe konnte man rekonstruieren, daß der Hai bis über 15 m lang gewesen sein muß und sein Maul 2 m weit aufsperren konnte. Dieser Hai muß über 25 Tonnen gewogen haben. Wie sein heutiger Verwandter ernährte er sich wahrscheinlich von anderen Haien und meeresbewohnenden Säugern, auch von toten Walen.

Wie in vielen anderen Bereichen der Evolution so sind auch in der Geschichte der Haie die letzten Zusammenhänge noch mit vielen Fragezeichen versehen. Erst weitere Fossilfunde und Entdeckungen rezenter Formen aus den Tiefseebereichen werden dazu beitragen können, noch offene Fragen und Verwandtschaftsverhältnisse zu klären.

Körperform und Funktion bei den Haien

Der Körperbau des Haies ist hervorragend an das Leben unter Wasser angepaßt. Er stellt das beste biologische Beispiel für hydrodynamische Effizienz dar.

Viele Merkmale der Haie sind als Reaktion auf die physikalischen Bedingungen ihres dichten aquatischen Lebensraumes entstanden. Das Innenskelett der Haie und Rochen besteht aus Knorpel, einem festen, elastischen Gewebe, das viel mehr Wasser enthält als Knochen. Das Knorpelskelett erlaubt eine höhere Beweglichkeit, schützt effizient Organe, stützt sie und weist insgesamt eine geringere Masse auf. Skeletteile, die unter großer Belastung stehen, etwa Wirbel, Kiefer und Teile des Schädels, sind oft durch eine sekundäre Verkalkung verstärkt. Mit einem Knochenskelett wären die Haie wohl kaum zu so schnellen wendigen Bewegungen fähig.

Blauhai, ein eleganter Schwimmer

Makohai, ein mächtiger Schwimmer

Meerengel, ein langsamer Bodenbewohner

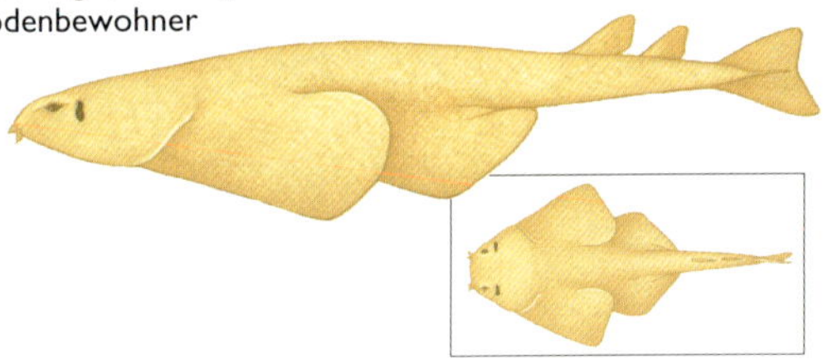

Biologische Torpedos

Eine aktiv schwimmende Art wie der Blauhai weist in der Regel einen spindelförmigen Körper auf. Der Durchmesser ist ungefähr im vorderen Drittel am größten; dahinter verjüngt sich der Körper bis zur Schwanzflosse. Bei einer solchen Stromlinienform fließt das Wasser glatt vorbei und bildet kaum Turbulenzen.

Für den Antrieb und die Stabilität sorgen die wohlentwickelten Flossen. Bei den meisten Haiarten erzeugt der Schwanz durch seitliche Bewegungen einen Vortrieb; dabei bewegt sich der Körper insgesamt wellenförmig. Besondere schraubenförmige Bindegewebsfasern unter der Haut übertragen die Muskelkraft direkt auf den Schwanz. Die unpaarige Rücken- und Afterflosse verhindern, daß der Körper seitwärts rollt. Die Brust- und Bauchflossen, die paarig ausgebildet sind, steuern die Richtung der Bewegung, auch den Auftrieb.

Die schnellsten Haie, wie etwa der Mako, stellen wohl den Höhepunkt der hydrodynamischen Effizienz dar. Schnauze und Kopf sind wie eine Rakete geformt, und der stromlinienförmige Körper

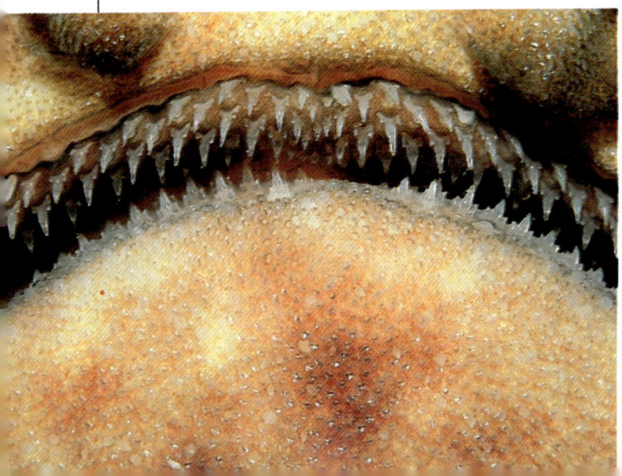

FÖRDERBAND Die Zähne des Ballonhais (links) sind in Reihen angeordnet und werden dauernd von neuen Zähnen ersetzt, die langsam nach vorne wandern. In ihrer Körperform sind die Haie (oben) sehr gut an ihre Lebensweise angepaßt.

KÖRPERFORM Der bodenbewohnende Meerengel (links) fällt auf dem Meeresboden kaum auf.

wirkt gedrungen und massiv. Für den Antrieb sorgen fast ausschließlich die kräftigen seitlichen Schwanzschläge, wobei sich der Körper insgesamt kaum durchbiegt. Die Brustflossen sind kurz und sorgen vor allem für Richtungsänderungen. Die männlichen Begattungsorgane sind in spezielle Furchen hinter den Bauchflossen zurückgezogen. Wohlentwickelte Schwanzkiele sorgen für Stabilität in der Horizontalen. Diese schnellen biologischen Torpedos erreichen eine Geschwindigkeit von 36 km/h.

Bodenbewohner

Im Gegensatz zu den Arten, die sich dauernd in Bewegung befinden, haben sich viele der Haie dem Leben auf dem Boden angepaßt. Ein extremes Beispiel ist der Meerengel mit seinem abgeflachten rochenähnlichen Körper. Er verbringt einen großen Teil seiner Zeit eingegraben im Sandboden und lauert dort auf vorbeischwimmende Fische. Sägehaie haben ebenfalls einen breiten flachen Kopf, mit dem sie Wirbellose des Benthos aufspüren. Der kräftige Schwanz ist ihnen geblieben, um größere Entfernungen zurückzulegen.

Die Außenhaut besteht aus vielen winzigen Plakoidschuppen. Sie tragen scharfe Zähnchen aus hartem Email über einer Dentinschicht und einer Pulpa. Diese Hautzähne verringern die Reibung während des Schwimmens und schützen gleichzeitig das Tier vor Verletzungen. Heute überzieht man Flugzeuge mit einer ähnlichen Folie mit zahlreichen Zähnchen. Sie bewirkt eine erhebliche Benzinersparnis.

Der Kiefer liegt unter dem Schädel, so daß sich die Mundöffnung in der Regel hinter der Schnauze auf der Bauchseite befindet. Bei den großen Haiarten ist der Kiefer an das Packen und Zerschneiden von Beutetieren angepaßt. Der Oberkiefer (Palatoquadratum) ist mit dem Schädel über Bänder und Bindegewebe verbunden. Der Unterkiefer (Meckelscher Knorpel) ist an den Mundwinkeln mit dem Oberkiefer verbunden; massive Beißmuskel bedecken ihn. Der gesamte Kiefermechanismus ist über den Hyoidknorpel mit dem Schädel verbunden.

Ober- und Unterkiefer können bei einem Biß unabhängig vom Schädel bewegt und weit nach vorne gestreckt werden. Das ermöglicht es Räubern wie dem Weißhai und den Riffhaien, Stücke aus Beutetieren herauszureißen, die zu groß sind, um ganz verschlungen zu werden.

Die Zähne entstehen aus Hautgewebe und stehen in Reihen auf beiden Kiefern. Die oberste Schicht ist aus hartem Email. Der zentrale scharfe Höcker der Zähne ist oft noch von zwei Seitenhöckern eingerahmt. Neue Zahnreihen entstehen im Mundinneren und wandern während des Wachstums langsam nach vorne. Dieser dauernde Nachschub an scharfen Zähnen ist notwendig, weil beim Zubeißen alte Zähne immer wieder abbrechen.

BEFESTIGUNG DES KIEFERS

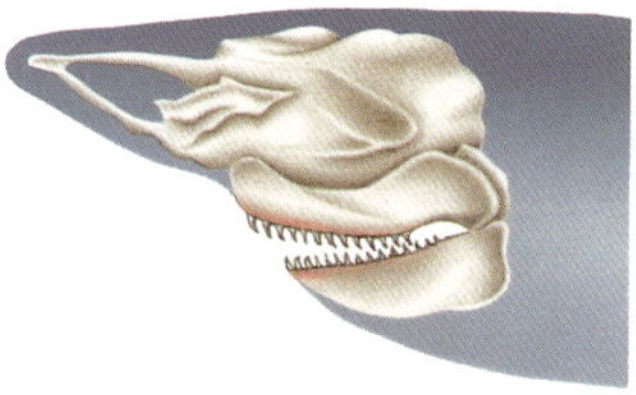

Bei den altertümlichen Formen liegt der Kiefer unter dem Schädel.

Bei den altertümlichen Formen bleibt der Oberkiefer in Schädelnähe, wenn der Hai das Maul öffnet.

Bei modernen Haiarten bewegt sich der Oberkiefer unabhängig vom Schädel.

Innere Anatomie der Haie

Unter der rauhen Haut der Haie liegt eine wohlorganisierte biologische Fabrik, die auf maximale Effizienz ausgelegt ist.

ATMUNG Kiemenspalten eines Walhais (oben). In der Grafik unten sind das Herz, die Kiemenbögen und die Fließrichtung des Wassers angegeben. Dieses dringt durch den Mund und das Spritzloch ein, fließt an den Kiemen vorbei und verläßt den Körper durch die Kiemenspalten.

Beim inneren Aufbau haben die Haie viele Gemeinsamkeiten mit den übrigen Fischen; sie weisen aber auch mehrere Spezialentwicklungen auf, die einzigartig sind unter den Wirbeltieren.

Atmung

Haie und Rochen entziehen dem Wasser Sauerstoff, weil sie ihn für den Stoffwechsel brauchen. Die Kiemen liegen auf fünf bis sieben senkrechten Bögen, die die Wände der Kiemenspalten bilden. Das Herz pumpt sauerstoffarmes Blut durch die Kiemen. Wasser dringt durch den Mund ein und verläßt den Körper durch die Kiemenspalten. Die Sauerstoffaufnahme ins Blut geschieht an den feinen Kapillaren der Kiemenplättchen. Bei schnellen Schwimmern dringt das Wasser passiv durch den Mund ein. Bodenbewohnende Arten wie der Sägehai und der Dornhai haben gutausgebildete Spritzlöcher, die als zusätzliche Wassereinlässe dienen, wenn das Tier auf dem Boden ruht oder gerade frißt.

Verdauung

Gefangene Beutetiere werden entweder ganz oder in großen Stücken verschlungen. Der Magen produziert eine starke Säure und Verdauungsenzyme, die die Nahrung in einen dünnen Brei verwandeln. Große Knochen und andere unverdauliche Stücke können

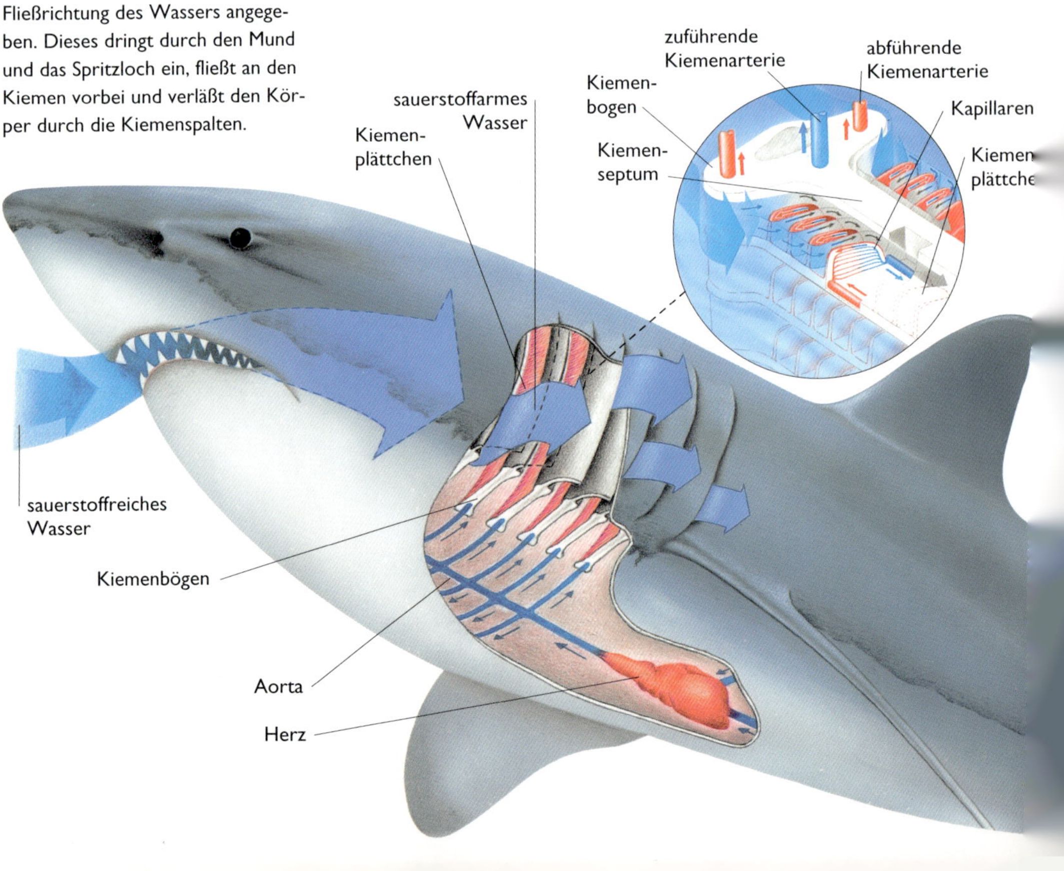

DIE WIRBELSÄULE (unten) verläuft über die ganze Körperlänge. Der Schnitt rechts zeigt, wie die Wirbel aneinanderliegen. Der Schnitt rechts außen läßt die konzentrischen Ringe erkennen, die möglicherweise mit dem Alter in Verbindung stehen.

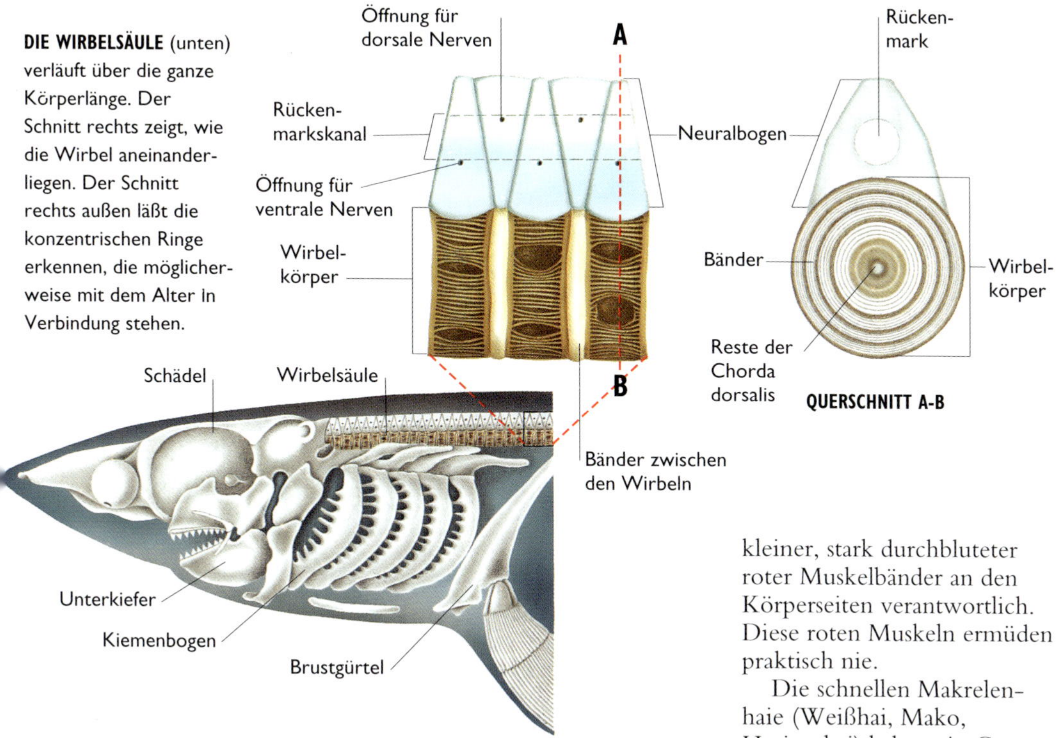

QUERSCHNITT A-B

durch die kleine Öffnung des Pylorus nicht in den Darm gelangen und müssen später hochgewürgt werden. Die absorbierende Oberfläche des Darmes wird durch Windungen vergrößert, die in ihrer Form an eine Wendeltreppe (Spiralfalte) oder an eine Schriftrolle erinnern.

Wasserhaushalt

Die Salzkonzentration im Körpergewebe der Haie wird durch bemerkenswerte physiologische Vorgänge aufrechterhalten. Das Salzwasser enthält ungefähr dreimal so viel Salze wie die Körperflüssigkeit. Deswegen besteht aus osmotischen Gründen dauernd die Tendenz zum Wasserverlust über die Kiemen. Die Haie wirken diesem Verlust entgegen, indem sie Harnsäure zurückhalten, die bei der Eiweißverdauung entsteht. Sie produzieren auch Trimethylaminoxid (TAO), was zur Aufrechterhaltung des osmotischen Drucks beiträgt. Wenn beim Fressen überschüssiges Natriumchlorid in den Körper eindringt, wird es von der Rektaldrüse entfernt.

Wachstum

Da Haie und Rochen keine verknöcherten Teile aufweisen, fällt es schwer, das Alter und die Wachstumsrate zu bestimmen. Die teilweise verkalkten Wirbel weisen konzentrische Ringe ähnlich den Jahresringen der Bäume auf. Wir wissen aber nicht, ob jeder Ring auch je einem Jahr entspricht. Dazu ist noch weitere Forschung notwendig.

Markierung und Wiederfang ist ein weiteres Verfahren zur Bestimmung der Wachstumsrate. Einige Arten wie der Atlantische Grauhai und der Düstere Hai wachsen sehr langsam und erreichen die Geschlechtsreife erst nach 15 Jahren oder später. Kleinere Formen wie die Milchhaie werden im Alter von drei oder vier Jahren geschlechtsreif. Informationen über Wachstums- und Fortpflanzungsraten (siehe Seite 106-107) sind entscheidend wichtig für die richtige Nutzung kommerziell bedeutender Arten.

Die Muskeln

Die meisten Körpermuskeln bestehen aus weißen, verhältnismäßig wenig durchbluteten Fasern. Sie eignen sich besonders für schnelle Beschleunigungen. Für die normale Schwimmaktivität sind Kontraktionen verhältnismäßig kleiner, stark durchbluteter roter Muskelbänder an den Körperseiten verantwortlich. Diese roten Muskeln ermüden praktisch nie.

Die schnellen Makrelenhaie (Weißhai, Mako, Heringshai) haben ein Gegenstrom-Gefäßsystem (Wundernetz) in den roten Muskeln und den Eingeweiden entwickelt. Es geht dabei um einen Wärmeaustausch. Blut, das die Muskeln verläßt, erwärmt kühleres, sauerstoffreiches Blut, das zu den Muskeln zieht. Auf diese Weise sind die Muskeln stets 5-8°C wärmer als das umgebende Wasser und können dadurch noch mehr Kraft entwickeln. Dies erlaubt eine noch schnellere Beschleunigung bei der Jagd nach Thunfischen und Makrelen.

Die Sinnesleistungen der Haie

Die Haie haben mindestens acht wohlentwickelte Sinnesorgane und ein ziemlich großes Gehirn. Es ist deswegen falsch, sie als primitiv zu bezeichnen.

Selbst heute noch betrachtet man die Haie als instinktive, unberechenbare Räuber mit kaum entwickelten Sinnesorganen und winzigen Gehirnen. Diese Ansicht hat ihre Wurzeln in der langen Fossilgeschichte und in der Annahme, sie seien weniger hochentwickelt als die jüngeren Wirbeltiere. Nichts wäre falscher als das.

Sehen

Da die Augen an den Kopfseiten stehen, haben die Haie ein vorzügliches Sehfeld, das fast alle Richtungen umfaßt. Der Augapfel ist elliptisch mit einer zentralen Linse und einer weißen zähen Lederhaut. Eine Iris oder Regenbogenhaut regelt die Menge des einfallenden Lichtes und verändert dabei die Pupille.

Eine fast kreisrunde Linse hinter der Pupille kann soweit vor und zurück bewegt werden, daß ein scharfes Bild auf der Netzhaut im Hintergrund des Auges entsteht. In dieser Netzhaut oder Retina liegen die eigentlichen Lichtsinnesorgane oder Photorezeptoren. Davon gibt es zwei Arten: die Zapfen sind für das Farbsehen während des Tages zuständig, die Stäbchen für das Schwarzweißsehen in der Dämmerung und nachts. Die Stäbchen geben nicht viele Details wieder, sind aber sehr lichtempfindlich und helfen bei der Unterscheidung von hell und dunkel.

Eine weitere Anpassung an das Dämmerungslicht ist das Tapetum lucidum, das hinter der Netzhaus liegt. Es besteht aus einer Schicht winziger

DIE SINNE DES HAIES Die Graphik unten zeigt die verschiedenen Sinnesorgane des Haies und ihre Verteilung auf dem Körper. Erklärungen dazu auf dieser und der folgenden Doppelseite.

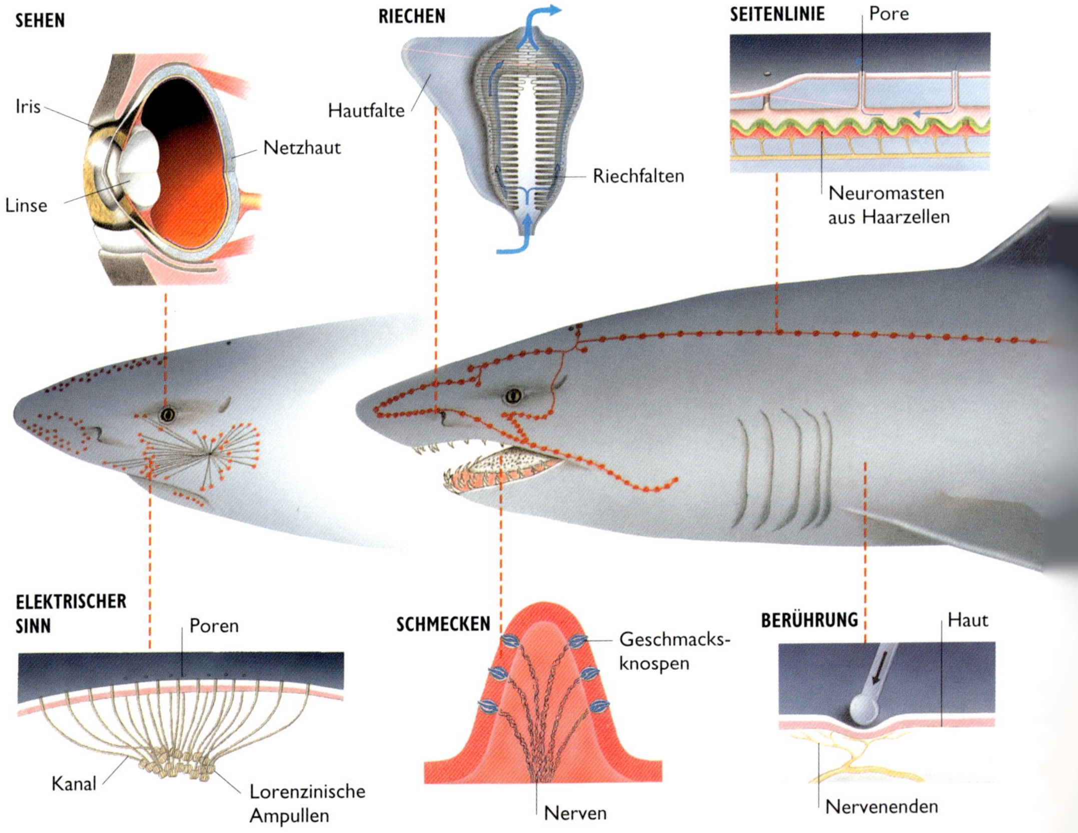

spiegelähnlicher Kristalle, die wie ein Lichtverstärker funktioniert. Das Tapetum lucidum wirft Licht, das durch die Netzhaut hindurchzieht, wieder zu den Lichtsinnesorganen zurück. Haie und Rochen fressen meistens in der Dämmerung oder nachts, so daß das Tapetum als besonders nützliche Anpassung erscheint.

DAS GEHIRN DES HAIES

Im Gegensatz zu einer weitverbreiteten Ansicht können Haie und Rochen bei der relativen Hirngröße durchaus mit einigen Vögeln und Säugern konkurrieren. Das Gehirn der Haie besteht wie das aller Wirbeltiere aus Millionen von Nervenzellen, den Neuronen. Sie empfangen elektrische Impulse von den verschiedenen Rezeptoren im Körper. Die Verarbeitung der Information erfolgt in verschiedenen Hirnbereichen. Schließlich sendet das Gehirn als Antwort auf die eingegangenen Informationen Steuerbefehle zu den Muskeln des Körpers.

Das Myelencephalon verarbeitet Informationen aus verschiedenen Sinnesorganen. Es steuert die Bewegungen des Kopfes und der Kiefer und dient auch als Relaisstation zwischen höheren Hirnzentren und dem Rückenmark. Das Metencephalon koordiniert die Bewegungen des Körpers und ist sogar zum motorischen Lernen befähigt. Das Tectum empfängt und integriert Informationen von den Augen, dem Seitenliniensystem, dem elektrischen Organ und anderen Sinnesorganen. Das Diencephalon steuert die Hormonproduktion, das Verhalten und das Aktivitätsmuster und dient auch als Relaisstation für Informationen an das Vorderhirn. Dieses ist besonders bei Stechrochen und Mantas gut entwickelt und empfängt Informationen vom Geruchssinn, vom elektrischen Sinn und vom Seitenliniensystem (s. S. 102 - 103). Es bleibt noch viel darüber zu forschen, wie das Vorderhirn das Verhalten der Haie und Rochen steuert.

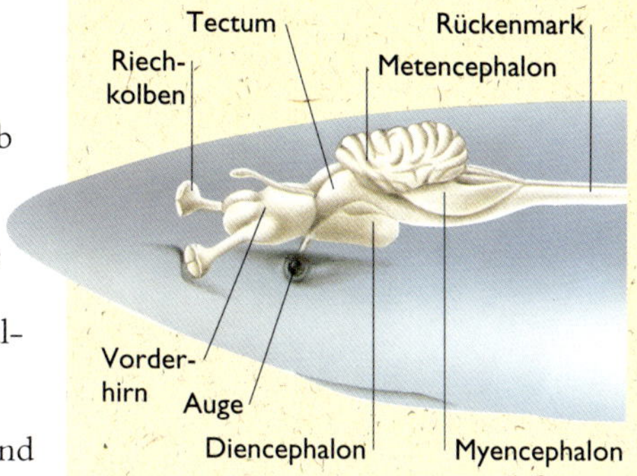

Geruch

Das Geruchsorgan befindet sich in zwei Riechsäcken unterhalb der Schnauze. Jeder Sack wird von einer Hautfalte bedeckt, die Wasser in den Sack oder über die Riechfalten leitet. Es fließt zusammen mit darin gelösten Molekülen und suspendierten Teilchen über die Riechfalten, die mit den eigentlichen Rezeptoren ausgekleidet sind.

Moleküle wie Aminosäuren, die Bausteine der Proteine, heften sich an der Oberfläche der Rezeptorzellen fest und bewirken elektrische Impulse in den Nerven. Diese leiten sie zur Weiterverarbeitung ins Gehirn. Forscher haben Reaktionen auf Glycin und auf Fischextrakte in einer Konzentration von rund einem Teil auf zehn Milliarden Teile festgestellt.

Geschmack

Auch der Geschmackssinn ist darauf angelegt, biologische Moleküle aufzuspüren. Entsprechende Sinneszellen liegen auf den kleinen Geschmacksknospen im Mundinneren. Die beste Stimulierung erfolgt direkt beim Fressen. Der Hai entscheidet in der Regel mit Hilfe seines Geschmackssinnes, ob ein Beutestück genießbar ist oder nicht.

Tastsinn

Informationen über Berührung vermittelt ein Netz von Nervenendigungen unter der Haut. Freie Nervenendigungen sind einfache, unspezialisierte Rezeptoren des Tastsinnes. Sie geben Impulse ab, wenn die Haut um zwei Zehntausendstel Millimeter eingedellt wird. Tiefer in der Haut liegen stärker spezialisierte Tastkörperchen, bei denen die Nervenendigungen eng aufgerollt in kleinen Kapseln liegen. Diese Strukturen reagieren auf direkte Berührung der Haut und auf Bewegungen der Flossen und des ganzen Körpers.

Schließlich enthalten die Haie in ihrer Haut und in den Muskeln auch sogenannte Propriorezeptoren. Sie geben Auskunft über den Kontraktionszustand und die Lage der Muskeln.

HOCHEMPFINDLICH Mit seinen kompliziert gestalteten Nasengruben kann der Stierkopfhai (oben) winzige Mengen chemischer Stoffe wahrnehmen.

Gleichgewicht, Hören, Seitenlinie, elektrischer Sinn

Raffiniert gestaltete Sinnesorgane halten den Hai darüber auf dem laufenden, was in seinem Innern und außerhalb vor sich geht.

Haie und Rochen haben sehr scharfe Sinnesorgane für das Gleichgewicht und die Lage im Raum (Labyrinth), für den Schall (Hörorgan), das Aufspüren von Beutetieren und Hindernissen (Seitenliniensystem und elektrischer Sinn). In all diesen Organen befinden sich Sinneshaare oder Haarzellen, die elektrische Impulse an Nervenzellen abgeben, wenn auf sie eine physikalische Kraft einwirkt. Die Sinneshaare sind überall bei den Wirbeltieren vertreten, zum Beispiel auch in unserem eigenen Gleichgewichtsorgan und in den Ohren.

LABYRINTH Das Innenohr oder Labyrinth enthält Sinnesorgane für das Gleichgewicht und das Hören.

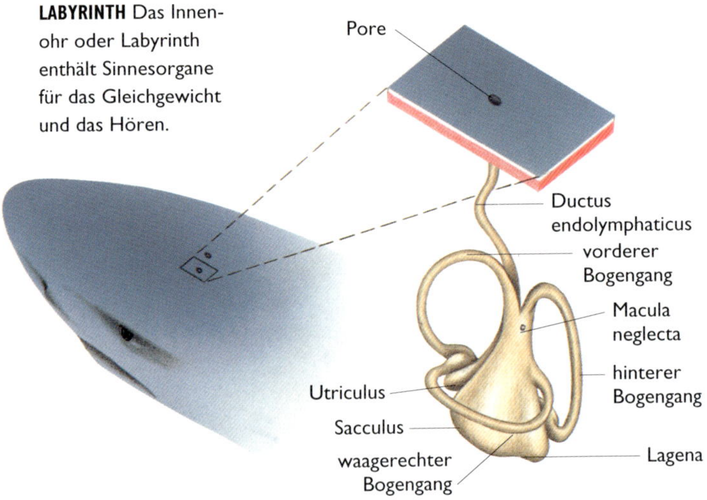

Das Labyrinth

Das Labyrinth besteht zunächst aus drei häutigen, flüssigkeitsgefüllten Kanälen, den halbkreisförmigen Bogengängen, die tief im Schädel eingebettet liegen. Sie stehen in einem rechten Winkel zueinander. Wenn der Hai seine Körperlage verändert, bleibt die Flüssigkeit in den Bogengängen infolge ihrer Trägheit stehen. Dabei reizt sie jedoch Haarzellen, die Informationen darüber an das Gehirn weiterleiten.

Unterhalb der Bogengänge erweitert sich das Labyrinth zu drei Ampullen, darunter Sacculus und Lagena. Die Sinneszellen bilden dort eine Art Teppich, der von einer Gallerte eingehüllt ist. Darin liegen Kalkkristalle (Otolithen), die bei einer Lageveränderung des Körpers die darunter befindlichen Sinneshaare reizen.

Hören

Obwohl die Haie und Rochen keine äußerlich sichtbaren Ohren haben, hören sie doch sehr gut. Bei Feldstudien werden Haie von Geräuschen angezogen, wie sie kämpfende Fische verursachen. Man spielt ihnen die Geräusche über einen Unterwasserlautsprecher vor. Neueste Forschungen deuten darauf hin, daß die Macula neglecta wohl das Hörorgan darstellt. Sie liegt im oberen Teil des Labyrinths und besteht aus winzigen Sinneshaaren. Die Schallwellen wandern möglicherweise über winzige knorpelige Kanäle oben am Schädel bis zum Labyrinth und reizen dort die Macula neglecta.

SENSOREN Die Seitenlinie am Kopf und an den Körperseiten enthält zahlreiche Neuromasten, die Wasserbewegungen wahrnehmen. In den Lorenzinischen Ampullen unter der Schnauze hat dieser Ammenhai (rechts) seinen elektrischen Sinn.

Seitenlinie

Die Seitenlinie der Haie und Rochen ist ein wichtiges Organ zur Wahrnehmung von Wasserbewegungen, die durch Hindernisse, mögliche Beutetiere

HOCHEMPFINDLICH Der Walhai (rechts) nimmt mit seinem außergewöhnlich scharfen elektrischen Sinn Fische und andere Kleintiere wahr, von denen er lebt.

oder potentielle Räuber erfolgen. Haarzellen sind dort zu kleinen Gruppen mit einem Durchmesser von weniger als 0,5 mm angeordnet, den Neuromasten (s. S. 100). Einzelne Neuromasten liegen in Gruben über die ganze Haut verteilt und nehmen relative Wasserbewegungen wahr. Besonders reich vertreten sind diese Neuromasten auf dem Schwanz des Stechrochens. Das Tier nimmt damit von hinten sich nähernde Räuber wahr, etwa Hammerhaie oder Gemeine Grundhaie. Das Seitenlinienorgan besteht aus einem ausgedehnten Netz wassergefüllter Kanäle unmittelbar unter der Hautoberfläche. Darin eingebettet liegen zahlreiche Neuromasten, die durch Wasserbewegungen in den Kanälen stimuliert werden. Diese Bewegungen entstehen, wenn an den Poren unterschiedlicher Wasserdruck herrscht. Man kann das Seitenliniensystem als eine Art „Ferntastsinn" auffassen, da es durch Vermittlung des Wassers und des Schleimes in den Kanälen einen Staudruck wahrnimmt.

Die erstaunliche Leistung dieses Ferntastsinnes wird jedem Taucher und Schnorchler bewußt, der bei schlechter Sicht oder gar in der Dunkelheit sich unter Wasser orientieren muß. Ohne Lampen und Scheinwerfer haben wir hier überhaupt keine Chance. Berührungen bedeuten zudem eine enorme Verletzungsgefahr, denen Haie und Rochen durch ihren Ferntastsinn nicht ausgesetzt sind.

Elektrische Sinnesorgane

Der elektrische Sinn der Elasmobranchier stellt uns wohl vor die größten Rätsel. Mit diesem Sinn nehmen die Haie und Rochen Beutetiere wahr. Stechrochen finden damit auch Geschlechtspartner während der Fortpflanzungszeit.

Das paarige elektrische Sinnesorgan, das unter der Bezeichnung „Lorenzinische Ampullen" bekannt ist (siehe Seite 100), besteht aus zahlreichen Kanälen und Schläuchen, die über Poren mit der Außenwelt in Verbindung stehen. Die Schläuche sind mit einer elektrisch leitenden Gallerte gefüllt und erweitern sich am unteren Ende zu Ampullen, die mit Haarzellen ausgekleidet sind. Viele solcher Ampullen bilden zu dritt oder zu fünft kleine Gruppen. Die Kanäle funktionieren wie kleine „biologische Kabel", die Spannungsänderungen wahrnehmen können.

Die schwachen bioelektrischen Felder, die Beutetiere in ihren biologischen Membranen erzeugen, erscheinen den Haien und Rochen wohl wie eine schwache elektrische Aura, selbst wenn das Beutetier sogar im Sand verborgen liegt. Haie und Rochen können Spannungsunterschiede bis 5 Nanovolt pro Zentimeter wahrnehmen. Die Stärke bioelektrischer Felder, die kleine Lebewesen produzieren, nimmt mit dem Abstand von der Spannungsquelle schnell ab, so daß der elektrische Sinn in der Regel nur eine Reichweite von 20 bis 30 cm aufweist.

Die Lebensräume der Haie

Jede Haiart ist hervorragend an ihren Lebensraum und ihre Lebensbedingungen angepaßt.

In fast allen Ökosystemen des Meeres kommen Haie vor. In den Küstengebieten der Erde leben kleine bodenbewohnende Haie; sie bilden dort fast immer einen wichtigen Bestandteil der lokalen Fauna. Die Meere gemäßigter Breiten werden in der Regel dominiert von kleinen Menschenhaien, Stierkopfhaien, Katzenhaien, Marderhaien, Dornhaien und bisweilen auch Meerengeln. Diese Tiere kommen an Felsküsten mit reichlichem Algenbewuchs, auf schlammigen und sandigen Böden vor. Ihre wichtigste Nahrungsquelle stellen kleine Fische und bodenbewohnende wirbellose Tiere dar, etwa Krabben, Garnelen und Weichtiere.

Die häufigsten bodenbewohnenden Haie tropischer

Riffe sind Kragen-Ammenhaie, Katzenhaie, Ammenhaie, Zebrahaie und Wobbegongs, obwohl natürlich nicht alle an jedem Riff vorkommen. Wie ihre Verwandten in den gemäßigten Breiten ernähren sich die meisten tropischen Formen von bodenbewohnenden Wirbellosen und kleinen Fischen.

Große Haie

Auch die großen Haie leben häufig in Küstengebieten, unterscheiden sich aber von den meisten kleineren Haien dadurch, daß sie ständig schwimmend und dabei weite Strecken zurücklegen. In gemäßigten Breiten zählen dazu vor allem die großen Grau- oder Siebenkiemerhaie, die flache Gebiete an der Küste und tiefere Abschnitte des Kontinentalschelfs besuchen.

Weißhaie treten zeitweise in vielen gemäßigten Küstengebieten auf, vor allem in der Umgebung von Robben- und Seelöwenkolonien. Sandtiger und viele Menschenhaie sind auf dem Kontinentalschelf zuhause, gelangen dabei aber häufig in Küstennähe.

In tropischen Riffen begegnen wir verhältnismäßig großen, beweglichen Arten der Menschenhaie, darunter etwa dem Grauen Riffhai,

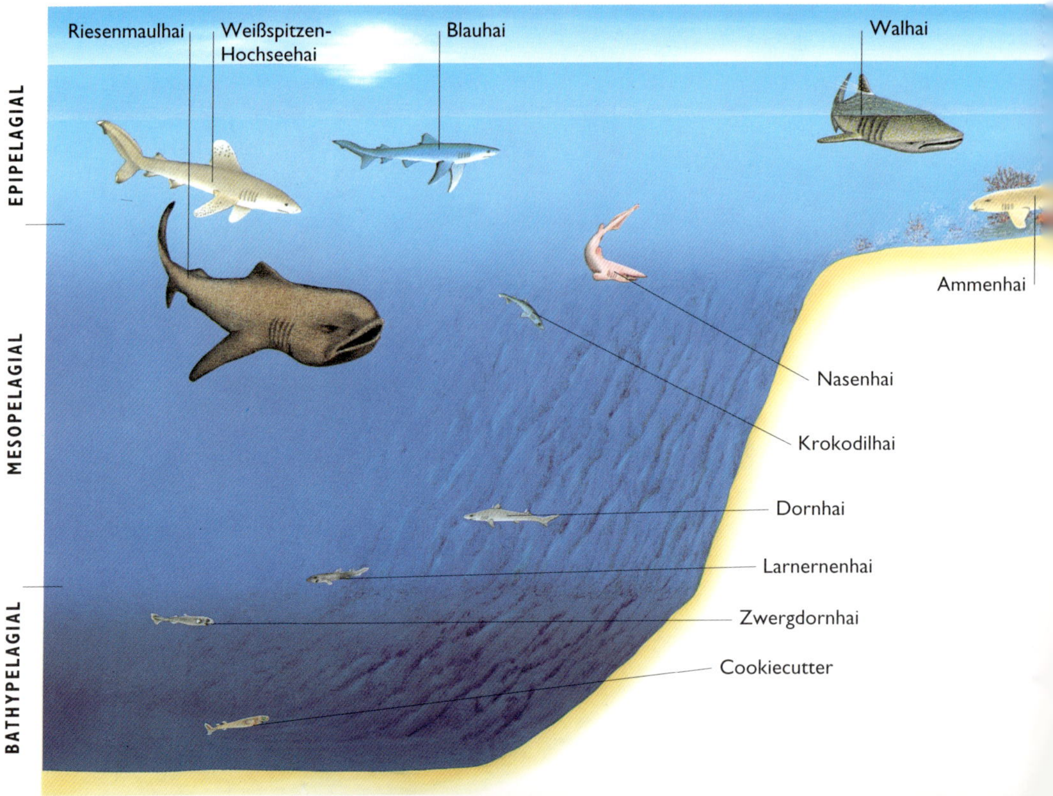

JEDEM DAS SEINE Der Gemeine Grundhai (links) patrouilliert auf Sandböden, während der Weißspitzen-Riffhai (links außen) nachts frißt und sich tagsüber an ruhigen Stellen aufhält, zum Beispiel Mangrovenbuchten (unten) und Höhlen im Riff.

dem Weißspitzen-Riffhai und dem Küsten-Weißspitzenhai des Indopazifiks, dem Karibischen Riffhai und dem Zitronenhai in der Karibik. Die größten zirkumtropisch verbreiteten Riffhaie sind der Tigerhai, der Große Hammerhai und der Gemeine Grundhai.

Nahrungssuche

Viele Haiarten leben auch im offenen Meer. Blauhaie sind ziemlich häufig in der Hochsee gemäßigter Breiten, sowohl in Festlandnähe wie auch weiter draußen. Weitere pelagische Besucher von Küstengebieten umfassen den Makohai, den Pazifischen und den Atlantischen Heringshai.

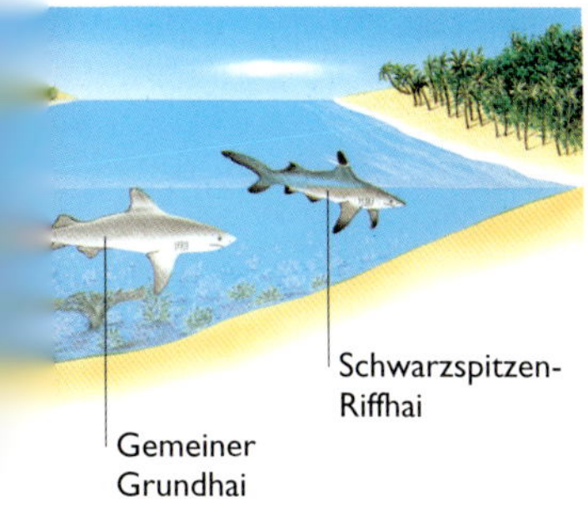

LEBENSBEREICHE Die Haiarten zeigen unterschiedliche Vorlieben, was die Lebensräume im Meer anbelangt. Man unterscheidet zunächst Küste, Riff und Hochsee und dort drei Tiefenbereiche, nämlich Epipelagial, Mesopelagial und Bathypelagial.

Sie alle folgen oft den Wanderungen ihrer Beutefische an der Küste. In tropischen Meeren meiden die Blauhaie die warmen Oberflächentemperaturen und schwimmen in größerer Tiefe, wo das Wasser kühler ist. Makohaie treten häufig in Thunfischschwärmen tropischer Meere auf. Der häufigste pelagische Menschenhai ist der Weißspitzen-Hochseehai, der sich von Fischen und Tintenfischen ernährt.

Es gibt drei sehr große Haie, die Meeresplankton aus dem Wasser herausfiltern und sich auf diese Weise ernähren. In gemäßigten Breiten tritt der Riesenhai mit seinen extrem langen Kiemenspalten auf; er wird bis 10 m lang. Er hält sich gerne an Stellen auf, wo kühles Tiefenwasser nach oben dringt, denn dort vermehrt sich das Plankton in besonderem Maße.

In tropischen und subtropischen Meeren beobachtet man den Walhai, der bis über 12 m lang wird. Der erst kürzlich entdeckte Riesenmaulhai (siehe Seite 154) lebt wahrscheinlich von Plankton, von kleinen Krebstieren, Ruderfußkrebsen und Quallen.

Wunder der Tiefe

Am wenigsten wissen wir von den tieferen Bereichen des Mesopelagials, vom Kontinentalabhang und von der Tiefsee. Die großen, unbeholfenen Nagelhaie kommen von seichten Gewässern des Küstenschelfs bis zum Kontinentalabhang vor. Der Kragen-Dornhai und der Schwarze Dornhai werden regelmäßig in Tiefen von 3500 m gefangen.

Die kleinsten Haie der Welt, darunter der Zwergdornhai und der Laternenhai, bewohnen das Meso- und Bathypelagial. Sie zeigen besondere Anpassungen an ihre lichtschwache Umgebung, zum Beispiel wohlentwickelte Leuchtorgane, die sie wahrscheinlich zur optischen Kommunikation in dieser dunklen Tiefe einsetzen. Viele ganz ungewöhnliche Haie, wie der Nasenhai und der Schweinshai, leben im oberen Bereich des Kontinentalabhangs.

Fortpflanzung

In der Fortpflanzungsstrategie stehen die Haie in vielerlei Hinsicht eher den Vögeln und Säugern als den Fischen nahe. Die Strategie zielt darauf, das Überleben der wenigen Nachkommen zu sichern.

Die Weibchen der meisten Fischarten legen Tausende oder gar Millionen von Eiern, die von den Männchen außerhalb des weiblichen Körpers besamt werden. Haiweibchen hingegen produzieren verhältnismäßig wenige Eier, deren Befruchtung im eigenen Körper erfolgt. Die Trächtigkeit kann fast zwei Jahre dauern. So ähnelt die Fortpflanzung der Haie eher der von Säugern (uns eingeschlossen) und Vögeln.

Die Reise beginnt

Vor oder während der Fortpflanzungszeit produzieren die Haimännchen Samenflüssigkeit in ihren Hoden. Diese paarigen Organe liegen in der Körperhöhle direkt unter der Wirbelsäule. Reife Samenzellen wandern durch kleine Gänge nach unten und werden bei einigen Arten zu Samenpaketen zusammengefaßt, den sogenannten Spermatophoren. Die Spermien werden dann im Ductus deferens oder in der Samenblase in der Nähe der Kloake gespeichert.

Bei der Paarung setzen die Männchen Begattungsorgane (Clasper) ein, die sich aus der Innenkante der Bauchflossen entwickelt haben. Dabei wird dieses Organ in die Kloake des Weibchens eingeführt. Bei vielen Arten sorgen Dornen oder Haken für eine Verankerung. Dann wird die Samenflüssigkeit durch die kanalähnlichen Falten des Begattungsorgans in den weiblichen Körper gepreßt.

In den Eierstöcken des Weibchens reifen Keimzellen zu großen dotterreichen Eiern heran, die einen Durchmesser von 4 cm erreichen können. Nach dem Eisprung wandert das Ei durch das Ostium und gelangt in den Fortpflanzungstrakt. In der Regel werden die Eier nacheinander in der Schalendrüse befruchtet. Bei eierlegenden (oviparen) Arten wie den Stierkopfhaien und den Ballonhaien erhalten sie eine hornige Schutzschicht. Bei lebendgebärenden (viviparen) Arten wie den Menschenhaien und dem Hammerhai

WEIBCHEN

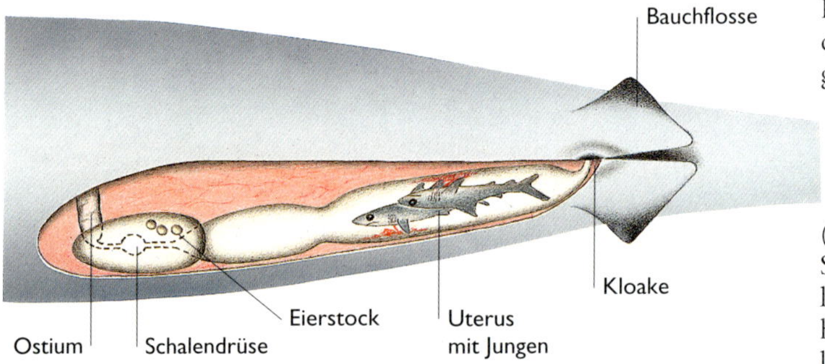

MÄNNCHEN

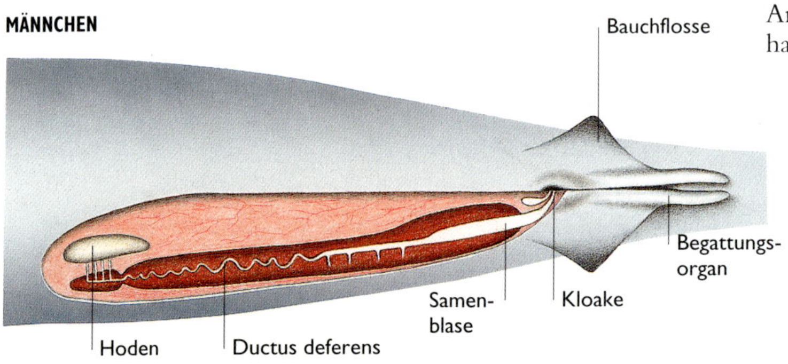

DIE NÄCHSTE GENERATION Die Grafik zeigt die Fortpflanzungsorgane des Männchens und des Weibchens. In den beiden Eikapseln (rechts) sind die fast voll entwickelten Embryonen von Dornhaien deutlich zu erkennen.

GEBURTSTAG Ein junger Zitronenhai verläßt den mütterlichen Uterus (rechts). Ein langschwänziger Ammenhai ist gerade aus der Eikapsel geschlüpft (links).

reicht als Schutz eine dünne Membran aus. Das befruchtete Ei wandert anschließend durch den Eileiter und gelangt in den Uterus, wo die weitere Entwicklung erfolgt. Die Nährstoffe dazu liegen im Dottersack.

Lebendgebärende Arten

Ovipare Haie legen ihre Eier auf den Meeresboden. Dort entwickeln sie sich weiter, wobei der Dottervorrat im Ei ausreichen muß. Die Eihülle der Stierkopfhaie ist bei der Ablage weich, und das Weibchen nimmt das Ei oft mit seinem Mund auf und legt es in eine Felsspalte. Dort erhärtet die Eikapsel und liegt dann fest verankert. Katzenhaie haben eine beutelartige Eikapsel mit langen Fäden, die sich wie Ranken um Algen wickeln. Die Zebrahaie und die langschwänzigen Ammenhaie haben statt solchen Ranken klebrige Fäden.

Die Mehrheit der Haie ist lebendgebärend, und der Embryo entwickelt sich ganz im Uterus. Die meisten Arten weisen eine aplazentale Viviparie auf, bei der der Dotter im Ei für die Ernährung ausreicht. Erst das vollständig entwickelte Junge wird geboren. Bei anderen Arten bleibt das Junge im Uterus der Mutter, selbst wenn der Dottersack vollständig absorbiert ist. Beim Tigerhai gibt der Uterus nährstoffreiche Sekrete ab, die der Embryo direkt aufnimmt. Eine zusätzliche Ernährung erfolgt durch Geschwister-Kannibalismus. Das am weitesten entwickelte Haijunge frißt erst seine Geschwister, dann weitere Hunderte unbefruchteter Eier, die das Weibchen zur Verfügung stellt.

Bei Arten mit placentaler Viviparie bildet der leere Dottersack eine Verbindung zur Uteruswand her und absorbiert Nährstoffe von der Mutter. Über den Nabelstrang gelangen sie in den Embryo. Bei anderen Arten zeigt der Nabelstrang blattartige Verzweigungen, die Nährstoffe direkt aus der umgebenden Uterusflüssigkeit aufnehmen.

Haie und Rochen betreiben bei den gelegten Eiern und den neugeborenen Jungtieren keine Brutpflege mehr. Die Jungfische sind durchweg kleine Ausgaben der erwachsenen Tiere und somit aktive Schwimmer, die sogleich zu fressen beginnen.

Paarung und Trächtigkeit

Die meisten eierlegenden Haie paaren sich nur in einer bestimmten Zeit des Jahres. Ihre Eier legen sie dann 3 bis 15 Monate später. Der Fortpflanzungszyklus der viviparen Haie wird durch die Länge der Trächtigkeit bestimmt. Kleine Arten paaren sich jedes Jahr und gebären lebende Junge fünf bis ungefähr 12 Monate später.

Die Milchhaie, die eine Länge von höchstens 1 m erreichen, tragen 1 bis 7 Jungtiere 10 bis 12 Monate lang aus. Am anderen Extrem der Skala befindet sich der Dornhai, dessen bis 20 Junge 2 Jahre für die Entwicklung brauchen.

Größere Haie wie der Blauhai gebären bis zu 100 Jungtiere nach einer Trächtigkeit von 9 bis 12 Monaten. Bei den anderen Menschenhaien, wie beim Schwarzspitzen-Riffhai, dauert die Trächtigkeit 10 bis 12 Monate. Man nimmt an, daß sich diese Tiere nur jedes zweite Jahr fortpflanzen, doch sicher weiß man das noch nicht.

Verhalten

Haie zeigen oft komplexe Verhaltensweisen bei der Nahrungssuche, bei der Paarung und bei anderen sozialen Interaktionen. Hier gibt es noch sehr viel zu forschen.

Im Meer gibt es kaum Grenzen, die die Mobilität der Haie einschränken. Tauchende Wissenschaftler können auf einmal aber nur wenige Stunden im Wasser verbringen. Sie sind damit in ihrer Bewegungsfähigkeit stark eingeschränkt und können nur kurze Entfernungen zurücklegen und in geringe Tiefen gelangen. Mit ihren stromlinienförmigen Körpern fällt es den Haien hingegen leicht, große Entfernungen zurückzulegen und schnell und tief abzutauchen. Deswegen sind unsere Informationen über die Tagesaktivität und das Verhalten der Haie immer nur auf kurze Schnappschüsse beschränkt.

Das Aktivitätsmuster der Haie steht in engem Zusammenhang mit der täglichen Nahrungsaufnahme. Der Blauhai, der Weißspitzen-Riffhai, Katzenhaie und viele andere Arten fressen überwiegend nachts. Wir wissen nur von wenigen Arten, daß sie auch tagsüber Nahrung aufnehmen. Zu ihnen zählt zum Beispiel der Mützenköpfige Hammerhai, der in Buchten und an sandigen Stränden Krabben, Garnelen und Kleinfische jagt. Zitronenhaie sind in der Dämmerung besonders aktiv; doch handelt es sich hier nur um deren Hauptaktivitätszeit. Wie bei den meisten Räubern gilt die Regel: Haie fressen immer, wenn sich eine Gelegenheit dazu bietet.

Sicherheit in der Gruppe

Haie treten als Einzelindividuen und in verschiedenen

ZEICHENSPRACHE Drohverhalten des Grauen Riffhaies (oben). Hammerhaie in einer Schule bunter Fische bei den Galapagos-Inseln.

Gruppierungen auf. Taucher begegnen tropischen Arten wie dem Schwarzspitzen-Riffhai, dem Grauen Riffhai und dem Zitronenhai oft in Form von Einzelindividuen, die sich auf Futtersuche befinden. Bei anderen Gelegenheiten schwimmen diese Arten in kleinen Gruppen und sind offensichtlich auf der Jagd oder mit sozialen Aktivitäten beschäftigt.

Durch Forschungen in der Cortez-See stieß man auf eine große Population von Bogenschnäuzigen Hammerhaien, die tagsüber große Schulen um Seamounts bilden. Nachts zerstreuen sie sich und gehen auf Jagd nach Fischen und Tintenfischen. Einige Arten wie der pelagische Blauhai und der bodenbewohnende Mützenköpfige Hammerhai bilden oft große eingeschlechtliche Gruppen oder Schulen aus ungefähr gleichgroßen Individuen. Es mag biologische Gründe geben für solche Aggregationen: Schutz vor größeren Räubern; Lebensräume, in denen bevorzugte Beutetiere häufig auftreten; Gebiete, in denen die Weibchen gerne ihre Jungen zur Welt bringen.

Rangordnung

In Gruppen oder Schulen von Haien kann man durchaus soziale Interaktionen beobachten. Wenn sich Weißhaie von Walkadavern ernähren, vertreiben sie oft kleinere Individuen der eigenen Art oder beißen sogar heftig zu. Am Ende fressen die großen Weißhaie tatsächlich am meisten. Auch zwischen verschiedenen Arten kommt es beim Fressen zu Dominanzhierarchien, etwa zwischen dem Weißspitzen-Riffhaien (geringe Dominanz), dem Grauen Riffhai (mittlere Dominanz) und dem Küsten-Weißspitzenhai (hohe Dominanz). Ähnliche Hierarchien existieren auch in Situationen, die mit dem Fressen nichts zu tun haben. Männliche Mützenköpfige Hammerhaie zeigen beispielsweise anderen Gruppenmitgliedern gegenüber ein Drohverhalten, das mit der Bildung eines „Buckels" einhergeht. Sie stoßen Weibchen oder kleinere Männchen weg und beißen sie sogar.

Das vielleicht spektakulärste und am besten dokumentierte Sozialverhalten unter den Haien finden wir beim Grauen Riffhai des tropischen Pazifiks. Wenn sich ein Taucher ihm schnell nähert und ihn in die Enge treibt, zeigt der Hai ein Drohverhalten, bei dem er den Rücken krümmt, die Brustflossen nach unten richtet und übertriebene Schwimmbewegungen zeigt. Mit zunehmender Erregung werden diese Verhaltensmerkmale immer deutlicher. Sie zeigen die Bereitschaft zum Kampf an.

Wenn ein solcher Hai noch stärker in Bedrängnis gerät, wird er wahrscheinlich den Störenfried angreifen. Weil dieses Drohverhalten außerhalb des Kontextes der Nahrungssuche stattfindet, mag es sich um eine Art Verteidigung des Territoriums handeln. Aber es geht hier offensichtlich nicht um die Verteidigung eines speziellen Bereichs, sondern eher der persönlichen Sphäre oder ganz allgemein um ein Verhalten gegenüber möglichen Räubern.

Balzverhalten

Alle Haiarten, die bisher untersucht wurden, zeigen ein komplexes Fortpflanzungsverhalten, denn das Männchen muß sich zur Befruchtung der Eier mit dem Weibchen richtiggehend paaren. Bei vielen Arten folgen die Männchen während der Fortpflanzungszeit den Weibchen in nächster Nähe, wahrscheinlich um chemische Informationen über die geschlechtliche Bereitschaft zu erhalten. Bei der Balz kann das Männchen das Weibchen aggressiv in den Rücken, in die Seite oder die Flossen beißen und ihm auch schwere Wunden zufügen. Doch scheint das ihre Bereitschaft zur Paarung zu stärken.

Am Ende der Balz packt das Männchen eine Brustflosse des Weibchens mit dem Maul und legt sich auf die Seite, um ein Begattungsorgan in die weibliche Kloake einzuführen. Die meisten Arten des Riffes bleiben dazu einige Minuten auf dem Meeresboden zusammen. Größere Haie schwimmen während der Paarung einfach weiter.

Bei kleineren Arten wie dem Katzenhai, dessen Körper viel flexibler ist, rollt das Männchen während der Paarung seinen Körper um den des Weibchens, ohne die Partnerin in die Flossen zu beißen. Fast alles, was wir über die Paarung von Haien wissen, stammt übrigens von riffbewohnenden Arten. Über das Geschlechtsleben der großen pelagischen Formen ist nahezu nichts bekannt.

BALZ UND PAARUNG Ein Taucher beobachtet zwei Port-Jackson-Haie bei der Paarung (unten). Daten über verborgen lebende Arten sind schwer zu beschaffen.

Nahrung und Nahrungsaufnahme

Jede Haiart nimmt in ihrem Lebensraum eine ganz bestimmte ökologische Nische ein und bildet somit eine wichtige Schaltstelle im Energiefluß.

Entgegen einem weitverbreiteten Mythos sind Haie nicht Aasfresser der Tiefsee, die alles aufnehmen, dem sie begegnen. Sie sind Räuber auf fast allen Ebenen der Nahrungskette. Die meisten Kleinhaie und die riffbewohnenden Formen fressen große Wirbellose wie Krabben, Garnelen, Würmer, Tintenfische und kleine Knochenfische. Schnecken und Seeigel, die als Primärkonsumenten benthische Algen abweiden, sind wichtige Beutetiere für Stierkopfhaie und andere kleinere Formen.

Auf dem Speisezettel der Menschenhaie im Riff stehen große Knochenfische, Tintenfische und Kraken. Größere Tigerhaie, die meist in tieferen Bereichen tropischer Riffsysteme leben, fressen viele Wirbeltiere, darunter größere Fische, Schildkröten und Seevögel. Selbst Meeressäuger wie Robben, Seelöwen und Delphine fallen erwachsenen Weißhaien und anderen großen Arten zum Opfer.

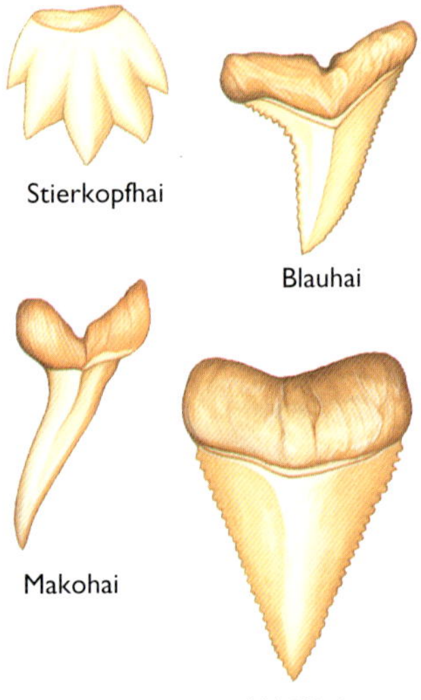

ANPASSUNGEN Die Zähne sind an die verschiedenen Beutetiere und Jagdarten angepaßt (oben). Das Zubeißen des Weißhaies geschieht in vier Stadien.

Jagdstrategien

Jede Haiart hat in der Regel ihr eigenes Jagdverfahren. Viele kleine Riffhaie wie Stierkopfhaie sind benthische Räuber, die weite Gebiete des Riffes und offene Sandböden nach Nahrung absuchen. Die Wobbegongs und die Meerengel hingegen legen sich auf die Lauer. Mit ihrer Zeichnung sind sie hervorragend getarnt und auf dem Boden kaum zu sehen. Sie graben sich teilweise ein und warten, bis ein kleiner Fisch oder ein Krebstier ihnen nahekommt.

Viele Haie, die auf der Lauer liegen, setzen weitere Tricks ein. Die Wobbegongs ahmen mit ihren Körperumrissen benthische Algen nach, und der Ammenhai rollt seine Brustflossen so unter den Körper ein, daß sie wie eine kleine Höhlung im Riff aussehen. Beide Strategien zielen darauf auf, nichtsahnende kleine Riff-Fische in diesen Unterschlupf anzulocken. Andere Haie jagen ihre Beute, bis sie sie gefangen haben. Schwarzspitzen-Riffhaie schwimmen tagsüber gruppenweise über das Riff auf der Suche nach Doktorfischen und Meerbarben. Graue Riffhaie patrouillieren bei Dämmerung an den Rändern von Korallenriffen und überraschen dabei Fische.

Hammerhaie schwimmen über sandigen Bereichen im Riff auf der Suche nach Stechrochen, die sie mit ihrem Kopf auf dem Boden festpressen und dann fressen. Ein ganz ungewöhnliches Jagdverhalten zeigen Tiere, die im Inneren des Riffes auf Nahrungssuche gehen, etwa der Weißspitzen-Riffhai, der Ammenhai und der Lang-

schwanz-Ammenhai. Der Körper dieser Arten ist so biegsam und schlank, daß sie damit in Höhlungen und Spalten eindringen und Krebstiere und Fische überwältigen und fressen können.

"BITE AND SPIT"-THEORIE

Erwachsene Weißhaie sind die wichtigsten Feinde von Elefantenrobben und Seelöwen (rechts). Diese Tiere sonnen sich gerne an der Wasseroberfläche. Auch Surfer und Taucher werden gelegentlich von Weißhaien in Gebieten angegriffen, in denen solche Robben leben. Dabei ergibt sich eine Gemeinsamkeit: Beim Angriff setzt der Hai oft einen einzigen massiven Biß, der zu einer schweren, oft tödlichen Verwundung führt. Erst mit den folgenden Bissen reißt der Hai Fleisch ab.

Dieses Verhalten, das den Weißhaien eigen ist, hat die Forscher bewogen, die „Bite and Spit"-Theorie zu formulieren. Das Beutetier wird nach dem ersten Biß losgelassen. Damit verringert der Hai die Chancen, in längerem Kontakt mit einer kämpfenden Robbe selbst verletzt zu werden. Elefantenrobben haben gefährliche Zähne und Nägel und können über 500 kg wiegen.

Tödliche Waffen

Die Haie zeigen in ihrer Anatomie und ihrem Verhalten viele Anpassungen an den Nahrungserwerb. Besonders effizient sind in dieser Hinsicht Zähne. Stierkopfhaie und Mützenköpfige Hammerhaie, die gepanzerte Wirbellose fressen, haben vorne am Kiefer kleine scharfe Zähne zum Packen und breite Pflasterzähne hinten zum Zertrümmern der harten Schalen. Größere Menschenhaie haben flache dreieckige Zähne mit gezähnten Kanten, um große Fische und Tintenfische vor dem Verschlucken in Stücke zu schneiden.

Am ausgeprägtesten ist diese Zahnform beim Weißhai, der mit einem einzigen Biß 10 kg Fleisch aus einem Walkörper herausschneiden kann.

Der Makohai und der Sandtiger haben lange, dünne nadelartige Zähne, mit denen sie Fische besonders gut packen können. Wenn der Weißhai zubeißt, hebt er zunächst Kopf und Schnauze an und senkt gleichzeitig den Unterkiefer. Ist der Kiefer ganz offen, so führen Muskelkontraktionen zum Zupacken des Oberkiefers, der sich dabei mechanisch vom Schädel löst. Auf diese Weise kommt der überaus kräftige Biß zustande.

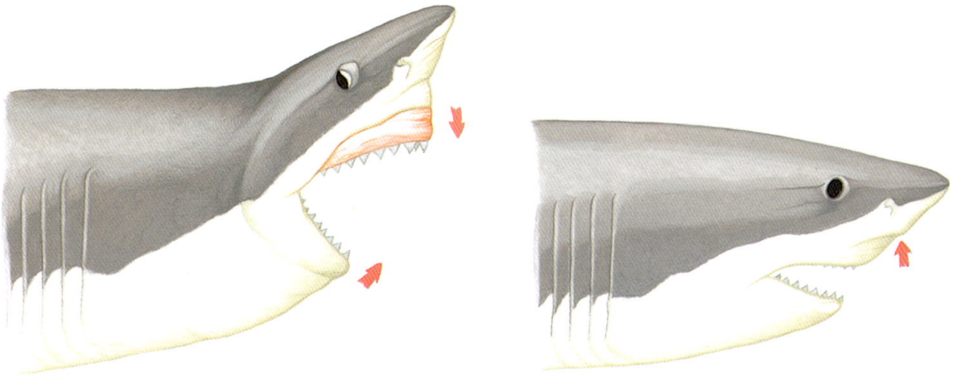

3. Phase

4. Phase

Tägliche und jahreszeitliche Wanderungen

Mit modernster Technik gelingt es langsam, Licht in das Geheimnis der Haiwanderungen zu bringen.

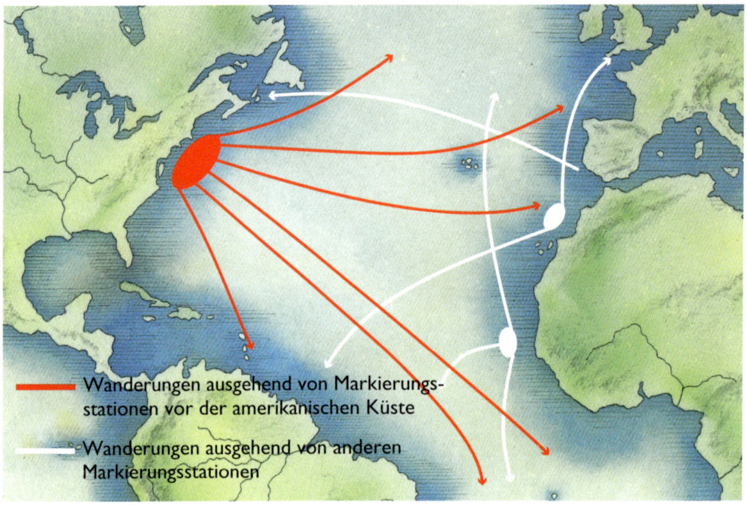

GROSSE WANDERUNGEN Die Karte links zeigt die Wanderwege des Blauhais im Atlantik. Die Informationen stammen von einem umfangreichen Markierungsprogramm. Einzelne Tiere legen jedes Jahr unglaubliche Entfernungen zurück.

Die großen Weltmeere bieten den pelagischen Haien die Gelegenheit, von einem Kontinent zum andern zu gelangen, ohne Schranken überwinden zu müssen. Andere Haiarten bewegen sich nie von größeren Festlandsmassen fort, legen aber parallel zur Küstenlinie oder zum Kontinentalschelf weite Entfernungen zurück.

Bei vielen Wanderungen folgen die Haie ihren Beutetieren. Andere Wanderungen stehen im Dienst der Fortpflanzung. Durch neueste Verfahren bei der Markierung von Haien nimmt unser Wissen über Wanderungen zur Zeit stark zu.

Größere Wanderungen

Aufgrund jahreszeitlicher Schwankungen der Individuenzahl kamen schon vor langer Zeit Fischer und Forscher auf den Gedanken, daß Haie größere Wanderungen unternehmen. Zuverlässige Daten gewann man vor allem im Rahmen langfristiger Markierungsprogramme durch Forschungsinstitute, Naturschutzbehörden und Fischereiunternehmen.

Das Hauptwerkzeug ist dabei ein pfeilförmiger Anhänger, versehen mit einer Zahl und einem Absender. Man fängt die Haie mit Haken und Leine, bestimmt die Art und das Geschlecht und vermißt die Tiere. Die Marke steckt man mit einem Widerhaken unter die Haut bei der ersten Rückenflosse. Dann wird der Hai freigelassen. Wird er später gefangen, so schickt der Fischer die Marke mit den Fangdaten zurück an den Absender.

Seit 1962 ist das Cooperative Shark Tagging Programm des United States National Marine Fisheries Service am Laufen. Bisher wurden über 87 000 Haie von 46 Arten an der Ostküste Nordamerikas markiert. Bisher trafen fast 4000 Rücksendungen ein, die 30 Arten betreffen.

Aufgrund ihres Wanderverhaltens teilt man die Haie in drei Gruppen ein. Die erste Gruppe umfaßt Arten, die keine Wanderungen unternehmen, zum Beispiel Gemeiner Grundhai, Ammenhai und Mützenköpfiger Hammerhai. Sie kommen an der Küste oder über Riffen vor und bewegen sich nicht weiter als einige hundert Meilen.

Küstengebundene pelagische Haie leben in tieferen Schichten über den Kontinentalschelfen. Zu ihnen zählen der Düstere Hai, der Atlantische Grauhai, der Tigerhai und der Schwarzspitzenhai. Sie legen bei ihren Wanderungen Entfernungen von über 3600 km zurück. Der Atlantische Grauhai beispielsweise wandert von der Nordostküste Nordamerikas bis nach Südmexiko. Rein pelagische Haie wie der Mako- und der Blauhai führen oft Wanderungen über den gesamten Atlantik hinweg aus.

Die längste lineare Wanderbewegung wurde bei einem Blauhai registriert. Man

markierte ihn vor der Küste der nordöstlichen USA und fing ihn 500 km südlich des Äquators, was eine Reisestrecke von 6000 km ergibt. Mehrfache Wiederfänge markierter Blauhaie deuten darauf hin, daß sie regelmäßige Wanderungen über den gesamten Atlantik durchführen und dabei Distanzen von über 16 000 km zurücklegen. Obwohl im Pazifik wenig Haie markiert und wiedergefangen werden, unternehmen Blauhaie wahrscheinlich auch ähnliche Wanderungen zwischen der Küste Nordamerikas und Asiens. Mit ganz neuen Technologien, zum Beispiel der Satellitennavigation, wird es schließlich gelingen, den Schleier über dem Geheimnis der Haiwanderungen zu lüften.

Tägliche Wanderungen

Mit neuer Technologie gelang es auch, die tageszeitlich bedingten Bewegungen der Haie zu erforschen. Seit kurzem verwenden die Forscher Ultraschallsender, die sie an Haien befestigen. Die ausgesandten Schallwellen fangen sie mit einem Unterwassermikrophon auf. Diese Sender kann man mit Sensoren koppeln, die Daten über die Tiefe, die Schwimmgeschwindigkeit, die Körper oder Wassertemperatur und sogar den pH im Magen liefern. Durch solche telemetrischen Studien an Blauhaien vor der Insel Santa Catalina in Kalifornien weiß man, daß die Tiere zu gewissen Jahreszeiten die Tagesstunden nicht weit von der Küste entfernt verbringen. Nach Einbruch der Dunkelheit schwimmen sie auf der Nahrungssuche näher an das Land.

Andere Forschungen haben gezeigt, daß Tigerhaie in pazifischen Riffen ein bis 40 km^2 großes Territorium absuchen und nachts an den Riffabhängen oft senkrecht abtauchen, wahrscheinlich um Beutetiere zu jagen. Andere tropische Riffhaie wie der Graue Riffhai besuchen jeden Tag eine Fläche von 30 km^2. Es besteht dabei ein Zusammenhang zwischen der Größe des Körpers und des Areals. Junge Zitronenhaie, die in flachen Riffen in der Nähe von Mangroven leben, haben ein Territorium von höchstens 1 km^2, während erwachsene Tiere 50 km^2 oder mehr brauchen.

Haie suchen auch in regelmäßigen Abständen bestimmte Bereiche auf. Stierkopfhaie an felsigen Küsten suchen zur Nahrungsaufnahme jeden Tag ein bestimmtes Areal auf; am Nachmittag begeben sie sich in ein anderes Gebiet, um dort auszuruhen, und jede Nacht kehren sie in denselben Unterschlupf zurück. In ähnlicher Weise besuchen große Riffhaie jeden Tag bestimmte Bereiche des Riffes.

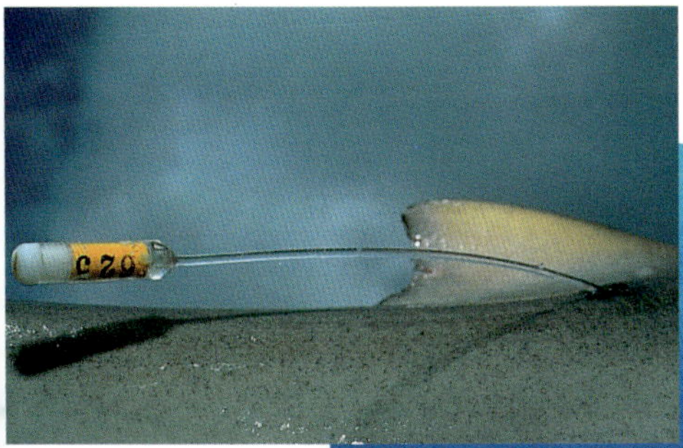

MOSAIKSTEINE Ein Zitronenhai schwimmt an einem Monitor (ganz oben) vorbei, der Signale von Ultraschallsendern im Rücken des Tieres auffängt. Die Markierung (oben) enthält eine Nummer und die Adresse des Absenders. Ein Tigerhai wird markiert (rechts).

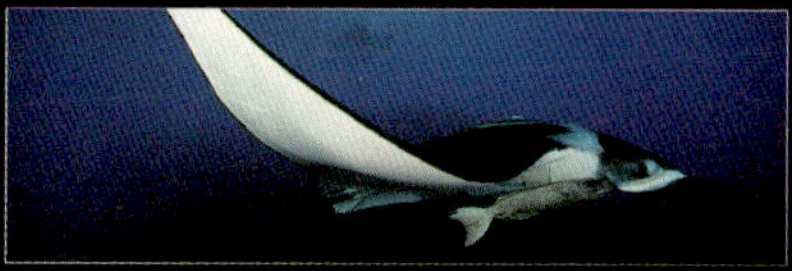

KAPITEL 5

Rochen

Die geheimnisvollen Tiefen der Ozeane beherbergen eine eigene Welt miteinander verbundener Unermeßlichkeiten.

JOSEPH MACINNIS (geb. 1937), kanadischer Meeresforscher

Bestimmung und Klassifikation der Rochen

Die Rochen gehören zu den Knorpelfischen, die am leichtesten zu erkennen sind. Ihre Klassifikation ist aber schwierig und Gegenstand einer lebhaften wissenschaftlichen Debatte.

Es gibt fast 600 Rochenarten in ungefähr 18 Familien. Ihre Körperform ist stark modifiziert und verändert. Sie sind auf verschiedene Arten abgeflacht: die Brustflossen und Teile des Rumpfes bilden insgesamt eine „Scheibe". Sie ist breiter als lang und kann verschiedene Formen annehmen: keilförmig, oval, kreisrund oder dreieckig. Die verschiedenen Familien sind leicht zu erkennen, doch die Unterscheidung der Arten macht große Probleme.

Kennzeichnende Merkmale

Einige Gruppen der Haie, etwa die Meerengel und die Sägehaie, haben ebenfalls verbreiterte Brustflossen, die für eine Scheibenform des Rumpfes sorgen. Die Kiemen allerdings bleiben an den Kopfseiten. Bei den Rochen hingegen sind die fünf oder sechs Kiemenspalten auf der Unterseite anzutreffen. Bei vielen Rochengruppen bildet der Kopf einen Teil der Scheibe. Wo dies nicht der Fall ist, sind die Brustflossen vor den Kiemenspalten mit dem Kopf verbunden. Bei Bodenbewohnern stehen die Augen und die Spritzlöcher in der Regel oben auf dem Kopf. Bei den blinden Zitterrochen sind die Augen von einer Haut bedeckt und schwer zu sehen.

Wichtige Bestimmungsmerkmale sind zum Beispiel sägeblattartige Schnauzen, elektrische Organe, vergrößerte Brustflossen und lappen- oder hornartige Fortsätze an der Schnauze. Die Geschlechter lassen sich schon in einem frühen Stadium unterscheiden. Die Form der männlichen Begattungsorgane zeigt art- und familienspezifische Merkmale. Mit ihrer Hilfe kann man nahverwandte

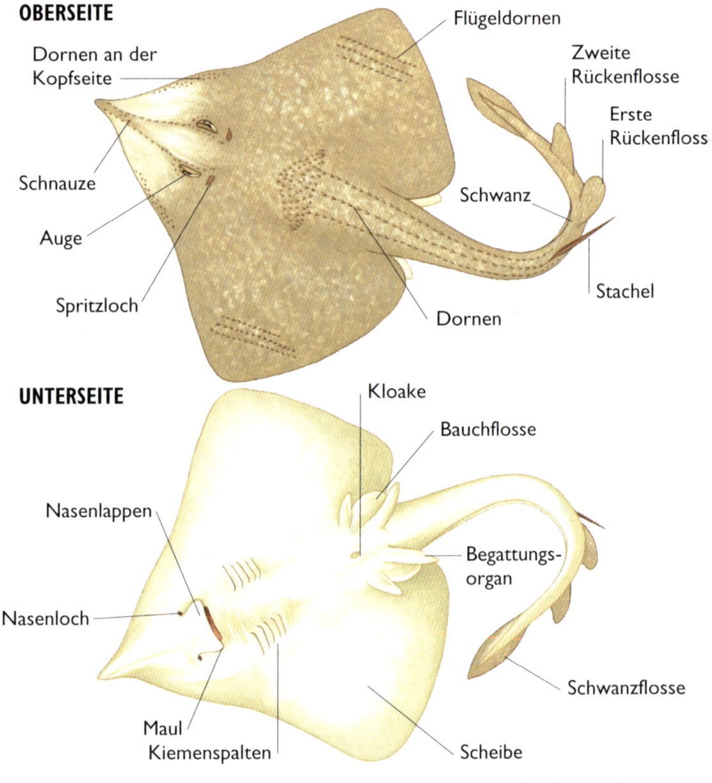

KÖRPERSPRACHE Die Körperteile eines Rochens (oben). Ein Blaufleck-Stechrochen (links) in Mabul, Malaysia.

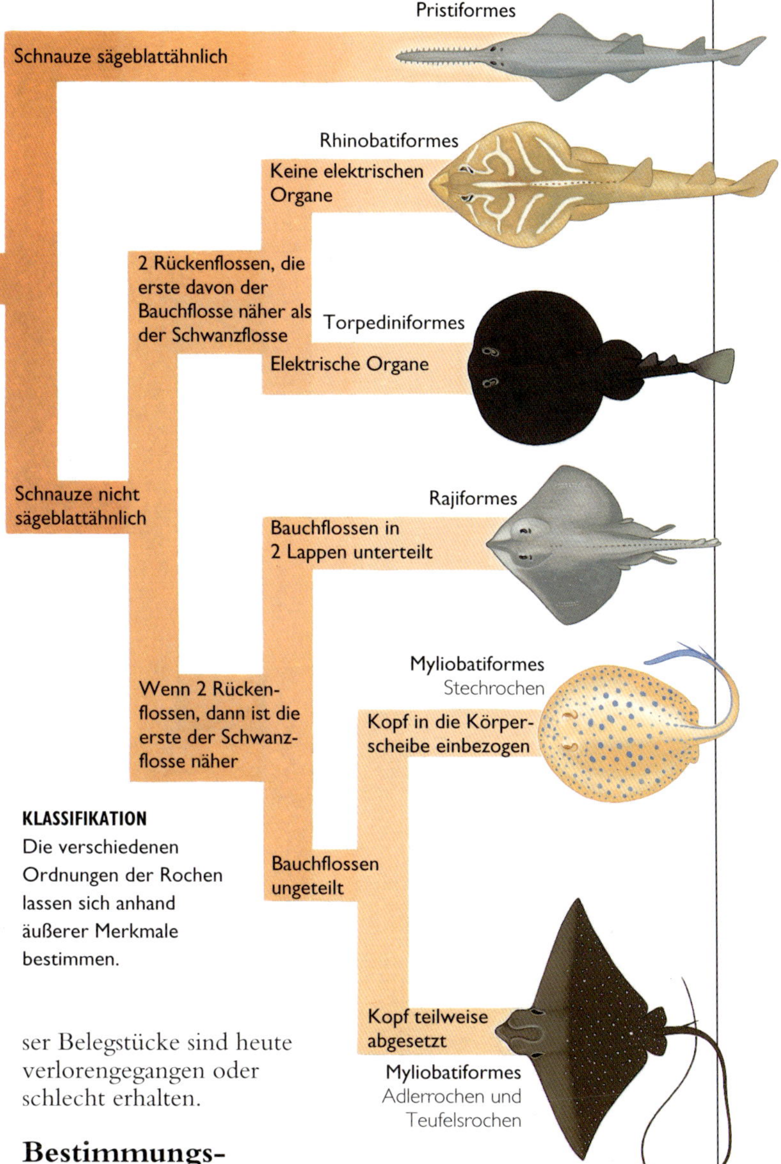

KLASSIFIKATION
Die verschiedenen Ordnungen der Rochen lassen sich anhand äußerer Merkmale bestimmen.

Arten unterscheiden und die Abstammungsverhältnisse klarlegen. Die Haut ist entweder glatt mit einer Schleimschicht oder mit knöchernen Höckern oder Dornen gepanzert. Größe und Form und Verteilung dieses Panzers schwankt von Art zu Art und ist damit ein wichtiges Bestimmungsmerkmal.

Größenverhältnisse

Da über die Hälfte der Arten länger als 50 cm werden, gehören die Rochen zu den größten Fischen. Der Schwanz ist oft beschädigt und schwankt in der Länge sehr stark von Tier zu Tier. Deswegen ziehen Wissenschaftler Breitenangaben vor. Der gigantische Manta wird über 6,7 m breit und wiegt mehrere Tonnen. Die kleinste Art, ein Kurzschnauzen-Zitterrochen, mißt weniger als 10 cm und wiegt deutlich unter 500 g. Die Durchschnittsgröße erwachsener Tiere schwankt stark von Familie zu Familie. Während alle Kurzschnauzen-Zitterrochen kleiner sind als 90 cm, variiert die Größe der Sägerochen von 1,4 bis 7,6 m. Die Echten Rochen der Familie Rajidae mit über 280 Arten erreichen Werte zwischen 20 cm bis 2,5 m.

Unsere Kenntnisse über die Taxonomie der Rochen wächst nur langsam an. In der Tiefsee lauern noch unbekannte Arten, besonders im Indopazifik, wo im vergangenen Jahrzehnt über 50 neue Arten entdeckt wurden. Auch Küstenarten werden oft falsch bestimmt und müssen weiter untersucht werden. Die großen Arten sind schwer zu sammeln, zu transportieren und zu konservieren und nehmen im Museum viel Platz in Anspruch.

Die meisten Rochenarten wurden im letzten Jahrhundert beschrieben. Damals stopfte man die Tiere aus, behielt nur die Haut oder gar nur die Schwänze. Viele dieser Belegstücke sind heute verlorengegangen oder schlecht erhalten.

Bestimmungsmerkmale

Männchen und Weibchen und die Jungtiere können sich in Farbe und Form voneinander unterscheiden. Um konstante Artmerkmale herauszufinden, müssen die Taxonomen mehrere Individuen untersuchen, darunter beide Geschlechter und auch Jungtiere. Bei vielen Arten war dies bisher noch nicht möglich.

Bei der Bestimmung sind zunächst einmal die äußeren Merkmale wichtig. Ist die Scheibe groß oder klein im Vergleich zum Schwanz? Ist der Kopf abgesetzt von der Körperscheibe? Ist der Schwanz breit und muskulös oder lang und peitschenförmig oder kurz und schmal? Weist er Rücken- und Schwanzflossen auf, und wo liegen sie? Anhand dieser Merkmale kann man immerhin die Ordnung der Rochen bestimmen.

Dann wird es allerdings schwieriger. Jedes Gebiet hat seine eigene Rochenfauna, wobei die Arten oft enge Verbreitungsgrenzen aufweisen. Wenn man weiß, wo der Rochen gefangen wurde, reduziert sich allerdings die Zahl der möglichen Arten.

Evolution und Artbildung bei den Rochen

Angesichts der Schwierigkeiten bei der Taxonomie der Rochen wird noch einige Zeit vergehen, bis die Entwicklungsgeschichte dieser Tiere enträtselt ist.

Die Rochen stammen von den Haien ab, doch es herrscht keine Klarheit darüber, welche Haie die ältesten Formen sind. Favorisiert wird heute eine Gruppe mit den Dornhaien, den Sechs- oder Siebenkiemern, den Meerengeln und den Sägehaien. Die ersten Rochen ähnelten vielleicht den heutigen Sägerochen und entwickelten sich wahrscheinlich im Zeitalter der Dinosaurier.Geigenrochen und ihre Verwandten gelten heute als die ältesten Rochengruppen; die jüngsten sind die Adlerrochen, die Teufelsrochen und die Stechrochen. Die Echten Rochen der Familie Rajidae sind die unmittelbaren Vorfahren der Zitterrochen. Einige Ichthyologen vertreten jedoch die Ansicht, die Zitterrochen hätten sich vor den Sägerochen entwickelt. Eine weitere Theorie behauptet, die Zitterrochen seien aus einem urtümlichen Geigenrochen hervorgegangen. Die Verhältnisse liegen noch nicht klar, und so wundert es nicht, daß ganz verschiedene Klassifikationen vorgeschlagen wurden.

Fossilnachweis

Die frühesten Fossilfunde von Rochen reichen in das Jura-Zeitalter über 150 Millionen Jahre zurück. Die meisten Arten sind nur von ein paar Zähnen, Hautzähnchen und Dornen bekannt. Es wurden allerdings auch vollständige versteinerte Geigenrochen gefunden. Ihr Aussehen hat sich im Lauf der Zeit wenig verändert.

Leider ist der Fossilnachweis vieler Rochengruppen unvollständig. Aus der Verbreitung heutiger Rochen und aus dem Verlauf der Erdgeschichte wissen wir, daß mehrere Rochengruppen in den frühen Meeren der Erde seit längerer Zeit gelebt haben müssen, als sich durch den fossilen Nachweis belegen läßt. Rochenfossilien aus der Kreide (65 - 145 Millionen Jahre) sind verhältnismäßig selten, während sie in Sedimenten des Tertiärs (25 - 60 Millionen Jahre) eher häufig auftreten. Vollständige Fossilien hat man beispielsweise vom Stechrochen *Heliobatis* in Schiefern des Green River, Wyoming, USA, gefunden. Als der Meeresspiegel sank, blieb er in Küstenseen gefangen.

Der älteste fossile Echte Rochen stammt aus der oberen Kreide (70 Millionen Jahre). Die Verbreitung dieser Rochen im Pazifik und Atlantik geht auf das Urmeer Tethys zurück. Eine alte Gruppe der Rajidae war offensichtlich in den Meeren um Gondwanaland, dem alten Südkontinent, verbreitet. Diese Gruppe, zu der auch

ALTERTÜMLICH UND MODERN
Dieser Geigenrochen (rechts) hat viele Merkmale mit seinem fossilen Vorfahr *Heliobatis* (oben) gemeinsam. Die Versteinerung stammt aus dem Miozän und ist über 35 Millionen Jahre alt.

Raja nasuta gehört, hat heute noch nah verwandte Arten in den Küstengewässern Südamerikas, Neuseelands und Südaustraliens. Diese drei Regionen waren während der Kreidezeit noch mit Antarctica verbunden, drifteten jedoch später auseinander. Da Rochen nicht die Hochsee durchqueren, müssen sie, vor dem Aufbrechen Gondwanalands vor ungefähr 80 Millionen Jahren, in den Küstengewässern gelebt haben. Die ältesten antarktischen Rochenfossilien sind 50 Millionen Jahre alt.

Weite Verbreitung

Die Rochen sind erfolgreiche Fische und kommen in allen Ozeanen und Meeren vor. Einige Gruppen enthalten eng verwandte Arten mit sehr beschränkter Verbreitung. Deswegen kann man mit ihrer Hilfe die Evolution der Fischfauna gut verfolgen. Die Eier vieler Knochenfische driften in der Hochsee oft über weite Strecken. Junge Rochen werden entweder lebend geboren oder schlüpfen aus Eiern, die auf dem Meeresboden befestigt sind. Die Ausbreitung erfolgt somit fast ausschließlich durch die Mutter.

Im Gegensatz zu den Knochenfischen, die nicht selten Millionen von Eiern hervorbringen, haben die Rochen nur wenige Jungtiere, die nach einer längeren Trächtigkeit auf die Welt kommen. Ihre Populationen können deswegen nur sehr eingeschränkt wachsen. Wenn sich äußere Faktoren wie Überfischung und Verlust des Lebensraumes negativ auf die Populationen auswirken, können die Rochen die Verluste nur langsam ausgleichen. Deswegen ist das Überleben mehrerer Arten bedroht.

Die Verbreitung der Rochen schwankt auch stark von Gruppe zu Gruppe. Geigenrochen, Teufelsrochen und Sägerochen kommen in den ganzen Tropen vor, besuchen aber nur selten gemäßigte Gebiete. Die kosmopolitischen Echten Rochen leben im Kontinentalschelf und im Küstenbereich von Inseln. Bei den Koralleninseln des Pazifiks hat man bisher noch keine Arten dieser Familie gefunden. Die Echten Rochen dominieren in den kühleren Gewässern und bleiben in den Tropen überwiegend auf tiefere Gewässer beschränkt. Einige Familien weisen eine eingeschränkte Verbreitung auf: die Kurzschwanz-Zitterrochen (Hypnidae) kommen in den Meeren um Australien vor. Die Flußrochen (Potamotrygonidae) leben in südamerikanischen Seen und Flüssen, die in den Atlantik fließen.

ENTFERNTE VERWANDTE Der Thornback (oben) und der weitverbreitete Stechrochen im Bild unten sind trotz ihrer Ähnlichkeit nur weitläufig miteinander verwandt.

Große Vielfalt

Die Kurznasen-Zitterrochen (Narkidae) zeigen eine ungewöhnliche Verbreitung, die den Indischen Ozean und den Westpazfik von Indonesien bis Japan und Neuseeland, nicht aber Australien umfaßt. In einigen Familien gibt es Gattungen mit recht beschränkten Arealen. Die nur entfernt verwandten Stechrochen der Familie Urolophidae und der Gattung *Himantura* enthalten Artengruppen, die im Indischen Ozean, im Westpazifik und vor Zentralamerika vorkommen. Einige Gruppen haben sich in manchen Gebieten stark aufgespalten, in anderen viel weniger. Stechrochen haben eine höhere Artenvielfalt im Indischen Ozean als im Atlantik.

Die reichsten Rochenfaunen gibt es im Indopazifik von Südafrika bis Japan und Australien. Ungefähr ein Drittel aller Arten kommt vor Australien und Indonesien vor. Die Fauna des Atlantiks ist ärmer, enthält aber endemische Arten.

Anatomie und Biologie der Rochen

Oft liefern nur Körperbau und Anatomie einige Hinweise über das geheimnisvolle Leben der Rochen.

Nur von einigen wenigen Rochenarten haben wir detaillierte Kenntnisse über die Biologie und die Ökologie. Wir wissen zwar, daß sich die meisten Arten auf oder nahe am Meeresboden aufhalten und dort auch fressen, doch tiefere Einblicke sind uns oft verwehrt. Natürlich geben uns viele anatomische Merkmale auch Auskunft über die Lebensweise, etwa Körperform, Farbe, Größe, Aufbau des Munds und der Flossen, auch die innere Anatomie. Dieser Wissenschaftszweig, die Ökomorphologie, läßt vernünftige Voraussagen über die Lebensweise von Tieren zu.

Körperform

Die verschiedenen Rochen zeigen bei der Körperform eine große Vielfalt, was sie für ökomorphologische Studien geradezu prädestiniert. Ihre scheibenförmigen Körper sind entweder an das Leben auf dem Boden oder das ständige Schwimmen in der Hochsee angepaßt. Der Grad der Abflachung, die Form der Muskulatur und der Körperumrisse widerspiegeln den Lebensstil des Tieres. Der Schwanz hat sich dabei unterschiedlich entwickelt. Die Kurzschwanz-Zitterrochen (Hypnidae) haben wahrscheinlich die kürzesten Schwänze aller Fische. Im Gegensatz dazu sind die peitschenförmigen Schwänze einiger Stechrochen mehrere Meter lang. Bei den Geigenrochen ist der Schwanz verhältnismäßig breit, muskulös und kräftig.

Rücken- und Schwanzflosse zeigen eine große Vielfalt an Form, Größe und Lage. Bei einigen Sägerochen und Geigenrochen sind sie kräftig und haiähnlich ausgebildet. Bei den meisten übrigen Rochenarten fallen sie eher klein aus, und bei den Stech- und Adlerrochen fehlen sie oder sind nur noch rudimentär ausgebildet. Viele Stechrochen, einige Adler- und Schmetterlingsrochen haben zur Verteidigung vor allem gegen Haie einen oder mehrere Stachel auf dem Schwanz.

Innere Merkmale

Das Skelett der Rochen besteht fast ausschließlich aus Knorpel und ist stark modifiziert: Schädel stark abgeflacht, Wirbel klein bis zur Schwanzspitze reichend. Die Schnauzen der Geigenrochen und anderer Rochenarten sind ebenfalls durch Knorpel verstärkt. Bei den Stechrochen fehlt diese Verstärkung, weil sie mit ihren flexiblen Schnauzen nach Nahrung graben. Für die Verstärkung des scheibenförmigen Körpers sorgen zahlreiche dünne, flache und dicht gepackte Knorpelstäbe.

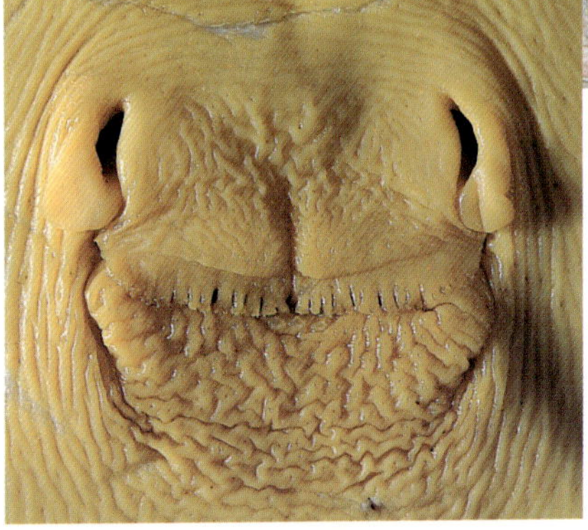

ANPASSUNG Stechrochen (oben links) haben schmale, abgeflachte Schädel mit stark beweglicher Schnauze. Kuhnasenrochen können mit ihren flachen Zahnplatten am Oberkiefer (oben) Krabben und Mollusken zerkleinern. Um Nase und Mund (links) besitzen Stechrochen hochentwickelte Sinnesorgane. Ein Fledermausrochen (rechts) frißt Kalmareier.

SCHWÄNZE
Der peitschenähnliche Schwanz des Stechrochens (oben) trägt einen Giftstachel. Bei den Geigenrochen (darunter) sorgt der kräftige Schwanz für den Vortrieb.

Das Gehirn der Rochen ist klein und einfach im Vergleich zu dem eines Delphins oder einer Robbe. Sein Gewicht im Vergleich zum Körpergewicht ist allerdings erstaunlich hoch - ähnlich wie bei den Beuteltieren und den Vögeln. Unter den Knorpelfischen haben die Rochen das relativ größte Gehirn, und ihr Spitzenreiter ist der Manta.

Alle Rochen sind Fleischfresser, doch sind sie in der Nahrungskette eine Stufe unter den Haien angesiedelt. Während Haie eine wichtige Rolle als Räuber hauptsächlich in den Riffen und im offenen Meer spielen, kommt den Rochen diese Rolle mehr auf den weichen Meeresböden zu. Große Rochen, Zitterrochen, Stechrochen und Echte Rochen fressen auch Fische. Die wichtigsten Beutetiere sind jedoch kleine bewegliche Wirbellose wie Würmer, Krebstiere und Mollusken. Algen und festsitzende Wirbellose wie Seeanemonen, Korallen und Schwämme werden selten gefressen.

Ernährungsstrategien

Da die meisten Rochen auf dem Meeresboden leben, befindet sich der Mund auf der Unterseite des Körpers. Die meisten Arten fangen ihre Beute mit ihrem scheibenförmigen Körper. Mit Hilfe der seitlichen Flügel wird das Opfer in Mundnähe getrieben. Die Rochen ernähren sich ziemlich selektiv, und die unterschiedlichen Formen des Mundes und der Zähne lassen Rückschlüsse auf Vorlieben zu.

Der Geigenrochen *Rhina ancylostoma* beispielsweise hat kleine, eng gepackte, abgeflachte Zähne, mit denen er hartschalige Wirbellose zermalmt. Bei den Adler- und Kuhnasenrochen sind die Zahnplatten abgeflacht und erinnern an Schnäbel; sie zerkleinern damit Krabben und Weichtiere. Zitterrochen haben einen stark gebogenen Unterkiefer mit kleinen Dornenzähnchen. Der Kiefer wird nach vorne gewölbt und saugt kleine Fische ein. Die umfangreiche Mundhöhle des planktonfressenden Mantas liegt vorne an der Schnauze. Die Zähne spielen hier keine Rolle, sind winzig, im Unterkiefer von Haut bedeckt und fehlen im Oberkiefer völlig.

Die Echten Rochen und die meisten Stechrochen haben kompakte Reihen kräftiger zugespitzter Zähne auf beiden Kiefern, um gleichzeitig ein sich wehrendes Beutetier festhalten und zerkleinern zu können.

Die Sinnesorgane, die mit der Nahrungssuche im Zusammenhang stehen, sind bei den Rochen hochentwickelt. Die Sägefische und die meisten Geigenrochen haben lange spaltenförmige Nasenlöcher direkt vorne am Mund. Die Nasenlöcher anderer Arten werden teilweise von einem breiten fleischigen Lappen bedeckt, der Sinnesporen trägt und in der Regel bis zum Mund reicht. Diese Poren gehören zu den Lorenzinischen Ampullen und stellen somit ein elektrisches Sinnesorgan dar. Damit nehmen die Rochen elektrische Felder wahr, die von den Nerven und Muskeln anderer Tiere erzeugt werden. Die Rochen spüren damit Feinde, Beutetiere und Angehörige derselben Art auf.

Lebensräume

Diese evolutionsbiologisch erfolgreichen Tiere haben sich an alle möglichen Lebensräume angepaßt und überall ökologische Nischen gefunden.

Die Mehrzahl der Rochen lebt ausschließlich im Meer, doch einige Arten verbringen einen Teil ihres Lebens in Flußmündungen. Einige wenige Arten sind sogar ins Süßwasser eingedrungen und leben in Flüssen, Tausende von Meilen von der Küste entfernt. Rochen spielen in marinen Ökosystemen eine entscheidend wichtige Rolle, wobei jede Art eine ganz bestimmte ökologische Nische einnimmt.

Die Biologie der Arten, die auch in Ästuarien vorkommen, unterscheidet sich deutlich von der Lebensweise der Arten im äußeren Kontinentalschelf. In ähnlicher Weise unterscheiden sich auch Arten, die in einem geographischen Gebiet zusammenleben. Vielleicht fressen sie sogar ähnliche Nahrung, doch sie zeigen Unterschiede bei der jahreszeitlichen Verteilung, beim Fortpflanzungsverhalten oder bei der Vorliebe für bestimmte Bodentypen. Rochen sind hocheffiziente Tiere und scheinen in einigen Gebieten, im Vergleich zu anderen Bodenfischen wie Seezungen oder Flundern, bei weitem zu überwiegen.

SCHWANKENDER SALZGEHALT

Rochen, die sich in Flußmündungen aufhalten, müssen mit einem teilweise erheblich schwankenden Salzgehalt zurechtkommen. Bei normalem Salzgehalt des Meerwassers dringt Wasser durch die Membranen lebender Zellen aus dem Körper nach außen. Bei dieser Osmose konzentriert sich somit der Salzgehalt des eigenen Körpers. Im Süßwasser geschieht das Umgekehrte: Wasser diffundiert in das Tier hinein, und die Salze werden verdünnt. Tiere, die in beiden Lebensräumen vorkommen, müssen ihre Salzkonzentration und ihren Wassergehalt gut regeln können. In Brackwassergebieten ist dies besonders schwierig, weil sich der Salzgehalt unter anderem durch die Gezeiten dauernd verändern kann.

Um zu einem Gleichgewicht zu gelangen, erhöht der Rochen seinen inneren osmotischen Druck, um die Wasserverluste zu begrenzen. Dies geschieht vor allem durch Stickstoffverbindungen, etwa Harnsäure. Abgesehen von der Wasseraufnahme über den Mund und die Kiemen ist der Körper der Rochen fast impermeabel. Rochen können also kurzzeitig in Ästuarien leben, ohne unter osmotischen Streß zu gelangen. Rochen, die sich ausschließlich im Süßwasser aufhalten (unten), haben mehr Schwierigkeiten. Sie müssen den osmotischen Druck des eigenen Körpers erniedrigen. Sie brauchen gut funktionierende Nieren und geben große Mengen schwach konzentrierten Harnes ab, um überschüssiges Wasser loszuwerden.

GLASWÄNDE Dieser Rochen ruht gerne auf den glatten Glaswänden seines Aquariums.

Lebensweise

Rochen kommen in vielen Lebensräumen des Meeres vor. Man findet sie in Küstennähe in sehr flachen Gewässern, doch es gibt auch noch Arten, die in 3000 m Tiefe leben. Einige Rochen leben hauptsächlich in der Hochsee, schwimmen unermüdlich und ruhen sich nur selten auf dem Boden aus. Andere liegen auf dem Substrat oder vergraben sich darin und schwimmen nur auf der Nahrungs- oder Partnersuche umher oder wenn es darum geht, einem Feind zu entkommen. Im Gegensatz zu den Knochenfischen gibt es allerdings keine Rochen, die

in selbstgegrabenen Röhren leben.

Die Anforderungen an den Lebensraum ergeben sich durch die Körperform. Ein runder, abgeflachter Körper ist ideal, um sich in den Boden einzugraben. Der scheibenförmige Körper ist am Rand erstaunlich flexibel und übernimmt das Schwimmen durch Wellenbewegungen. Die Brustflossen pelagischer Adlerrochen und Mantas sind zugespitzt und haben starke seitliche Schwimm-Muskeln. Die meisten Arten allerdings bevorzugen sandigen oder schlammigen Boden. Einige leben auch an der Felsküste, in Korallenriffen und auf Seegraswiesen. Die mangrovenbewohnende Art *Himantura granulata* wickelt ihren scheibenförmigen Körper um kleine kopfförmige Korallen, wobei der Schwanz nach außen hängt. Erwachsene Tiere, die über 1,5 m breit und über 3 m lang werden, sehen in dieser Pose beeindruckend aus.

In Aquarien ruhen die Echten Rochen oft lieber auf senkrechten glatten Glasflächen als auf grobem Sand oder Felsgestein. Andere riffbewohnende Arten verstecken sich gerne auf sandigen Bereichen zwischen Korallen oder unter Überhängen.

Jahreszeitliche Veränderungen

Einige Lebensräume werden nur zu bestimmten Jahres- oder Tageszeiten aufgesucht. Viele tropische Arten suchen ihre Nahrung bei Flut in Ästuarien, Watten und Mangrovensümpfen. Bei Ebbe ziehen sie sich zurück. Jahreszeitliche Wanderungen in bestimmte Lebensräume stehen oft mit dem Fortpflanzungszyklus im Zusammenhang.

Jenseits des Kontinentalabhangs, der in einer Tiefe von 200 m beginnt, liegt die Hochsee. Ein großer Teil der Tiefseeböden besteht aus Schlamm. Tiefseerochen graben mit ihren langen, festen Schnauzen, die mit Sinnesporen bedeckt sind, in den weichen oberen Bodenschichten. Die Sechskiemer-Stechrochen (Hexatrygonidae) stoßen mit ihren weicheren und flexibleren Schnauzen offensichtlich noch tiefer in das Sediment hinein und verwenden sie ähnlich wie ein Finger.

Geheimnisse des Meeres

Teufelsrochen leben in tropischen Meeren und ziehen quer über die Hochsee. Man nimmt an, daß sie sich dabei nahe an der Wasseroberfläche aufhalten. Eine Stechrochenart lebt zur Hauptsache in der Hochsee und dringt vielleicht auch in die Tiefsee vor. Im Unterschied zu den Küstenformen, die weiße Unterseiten aufweisen, ist der Pelagische Stechrochen (*Pteryoplatytrygon violacea*) überall schwarz gefärbt. Über die Verbreitung dieser Art wissen wir nur Bescheid, weil sie gelegentlich bei der Langleinenfischerei auf Thunfische gefangen wird.

VORLIEBEN Dieser Blauflecken-Stechrochen (oben links) ruht unter einer Koralle in der Nähe von Bunaken Island, Indonesien. Der Stechrochen im Bild unten ist auf dem sandigen Meeresboden in der Umgebung der Bahamas zuhause.

Lebenszyklus und Fortpflanzung

Die Natur hat diese Lebewesen wundervoll ausgestattet, um mit den Problemen fertig zu werden, die während der gefährlichen Zeit der Begattung und der Geburt auftreten können.

Die Rochen kennen zwei Fortpflanzungsstrategien, das Legen von Eiern (Oviparie) und eine Form des Lebendgebärens (Ovoviviparie), bei der zwischen dem Embryo und der Mutter aber keine plazentaähnliche Verbindung zustande kommt. Die Männchen aller Arten führen mit Hilfe ihrer Begattungsorgane, die aus den Bauchflossen hervorgegangen sind, eine innere Besamung durch. Schon bei der Geburt sind diese Begattungsorgane als ein Paar winziger Lappen neben der Kloake zu erkennen. Kurz vor der Geschlechtsreife vergrößern sie sich stark und gewinnen Festigkeit, weil sie ein knorpeliges Stützskelett entwickeln. Dieses setzt sich aus vielen kleinen Knorpelteilen zusammen. Die Anatomie der Begattungsorgane zeigt innerhalb der Familien und sogar mancher Gattungen große Unterschiede.

Die Spitze des Begattungsorgans, die auch als Glans oder Eichel bezeichnet wird, trägt viele winzige Strukturen, zum Beispiel Haken, Dornen, Scheiben, Platten, schwammiges Gewebe und Furchen. Wenn sich die Glans während der Paarung öffnet, sorgen diese Strukturen für den engen Kontakt mit dem Weibchen und übertragen gleichzeitig die Samenflüssigkeit. An der Basis jedes Begattungsorgans stehen Drüsen, die eine Art Schmierflüssigkeit absondern. Bei einigen Rochen blockiert sie auch den Eileiter des Weibchens, um zu verhindern, daß es von einem weiteren Männchen befruchtet wird.

FORTPFLANZUNG Ein großer Stechrochen mit einem Jungtier (ganz oben). Männliche Begattungsorgane einer Stechrochenart (oben). Die Spitzen der Organe sind so modifiziert, daß sich das Männchen bei der Samenübertragung festhalten kann.

Paarung und Entwicklung

Die Paarung kann dem Betrachter gewalttätig erscheinen und findet in verschiedenen Positionen statt, entweder Bauch zu Bauch oder Bauch zu Rücken, wobei die Begattungsorgane dann stark verdreht werden. Das Männchen folgt dem Weibchen zu Beginn oft in nächster Nähe mit der Schnauze an der Kloake, um chemische Signale wahrzunehmen. Die Balz umfaßt in der Regel ein Knabbern oder Beißen am scheibenförmigen Körper. Die Zähne geschlechtsreifer männlicher Echter Rochen sind schmaler und spitzer als die der Weibchen, und wahrscheinlich helfen sie beim Packen des Weibchens während der Paarung.

Adlerrochen packen bei der Paarung die Flossen des Weibchens mit ihren flachen Zähnen. Die Kopulation kann von einigen wenigen Minuten bis Stunden dauern, je nach Art. Das Geschehen findet auf dem Meeresboden oder in freiem Wasser statt. In jedem Fall spielen die Zähne und die Hautzähne des Männchens eine wichtige Rolle beim Festhalten des Weibchens in der richtigen Lage. Bei einigen Echten Rochen bewegt sich das Männchen unter das Weibchen und hält sich selbst mit Hilfe beweglicher Flügeldornen oben auf den Brustflossen fest. Die Weibchen paaren sich gern hintereinander mit mehreren Männchen.

Die Echten Rochen (Rajidae) sind die einzigen Rochen, die keine lebenden Jungen gebären. Sie legen ledrige Eikapseln ab, die am Boden verankert werden. Sie sind rechteckig mit langen rankenförmigen Fortsätzen an jeder Ecke. Ein Teil der Eikapsel ist in der Regel klebrig, so daß Sandkörner und Muschelbruchstücke daran festkleben. Dadurch wird das Ei beschwert und bleibt auf dem Boden. Die Embryonen brauchen über sechs Monate für die Entwicklung. Die Eihüllen müssen also sehr zäh sein, damit sie nicht von räuberischen Wirbellosen und Fischen gefressen werden können. Einige Meeresschnecken bohren trotzdem mit ihrer hornigen Raspelzunge Löcher in die Kapsel und schlürfen den Inhalt aus.

Bei den ovoviviparen Rochen nehmen die Embryonen während der Entwicklung entweder Nährstoffe, die der mütterliche Uterus absondert (Zitterrochen) mit dem Mund auf, oder sie absorbieren Nährstoffe über fadenartige Ausstülpungen des Uterus, die durch die Spritzlöcher ziehen und bis zum Darm reichen (Stechrochen, Adlerrochen, Schmetterlingsrochen). Der neugeborene Jungfisch ist ungefähr 50mal so schwer wie das unbefruchtete Ei.

PAARUNGSSPIEL

Die Fortpflanzungsstrategien der Rochen sind je nach Gruppe sehr unterschiedlich, insgesamt aber nur von einigen wenigen der häufigen Arten bekannt, etwa von den Geigenrochen im Bild unten. Außerhalb der Fortpflanzungszeit leben die Geschlechter der Stechrochenart *Urobatis halleri* getrennt; die Weibchen bewohnen dabei tiefere Teile des Kontinentalschelfes. Im Spätwinter und im Frühjahr treffen sich beide Geschlechter in Küstennähe zur Fortpflanzung. Am Morgen machen patrouillierende Männchen geschlechtsreife Weibchen aus, die dadurch auf sich aufmerksam machen, daß sie gruppenweise, oft übereinander gestapelt, auf dem Boden liegen. Sexuell nicht aktive Weibchen oder Weibchen, die sich bereits gepaart haben, bleiben im Boden vergraben. Etwa zwei Wochen lang kommen diese Tiere nachmittags an die Oberfläche und ernähren sich in Seegraswiesen; in dieser Zeit werden die Männchen inaktiv.

Schutzmaßnahmen

Scharfe und spitze Teile junger Rochen würden die Mutter bei der Geburt und im Uterus verletzen. Junge Sägefische haben eine lange Säge wie die Erwachsenen, doch ist sie noch weich, biegsam und bei der Geburt von einer Hülle umgeben. Kurz danach streckt sich die Säge, und ihre Zähne werden hart. In ähnlicher Weise sind die Giftstacheln der Stechrochen bei der Geburt noch weich. Einige Echte Rochen und Stechrochen mit sehr vielen Hautzähnen als erwachsene Tiere werden fast ohne geboren. Auf der anderen Seite müssen einige Mütter, beispielsweise weibliche Zitterrochen, vermeiden, daß ihre Jungen betäubt oder sogar getötet werden. So hat man herausgefunden, daß Zitterrochen in der Zeit der Trächtigkeit keine elektrischen Schläge austeilen und auch von Menschen berührt werden können. Nach der Geburt kehren die Rochen aber zu ihrer alten Gewohnheit zurück.

Rochen haben eine lange Trächtigkeit und dafür nur wenige Nachkommen. Sie reagieren sehr empfindlich auf Umweltstörungen.

GEBURTSWEHEN Ein Stechrochen der Art *Urolophus paucimaculatus* (links) beim Gebären. Oben ein Jungtier, noch mit der Nabelschnur.

Verteidigung und Überleben

Alle Tiere sind Gefahren ausgesetzt. Die Rochen haben ein erstaunliches Arsenal entwickelt, um sich im Überlebenskampf zu verteidigen.

Die Rochen haben vielfältige Techniken entwickelt, um Räuber zu meiden und abzuwehren. Obwohl sie relativ groß sind, haben sie doch auch noch Feinde und stellen zum Beispiel die Hauptbeutetiere für einige Haie dar. Das Verteidigungsarsenal der Rochen umfaßt elektrische Organe, Giftstachel und verknöcherte Hautzähne und -dornen. Ferner graben sie sich zum eigenen Schutz in Schlamm und Sandboden ein.

In der Defensive

Die Stachel der Rochen sind modifizierte Strahlen der Rückenflosse. Je näher diese Stacheln an der Schwanzspitze liegen, um so wirksamer sind sie bei der Verteidigung. Es handelt sich um eine harte, abgeflachte Struktur, die in eine scharfe Spitze ausläuft. Die Ränder sind gezähnt, so daß der Stachel entweder im Opfer stecken bleibt, oder beim Zurückziehen benachbarte Gewebe zerreißt.

Das Gift wird von zwei schmalen Furchen produziert, die der Länge nach unter der Oberfläche der Stacheln verlaufen. Die gesamte Struktur ist von einer dünnen Haut bedeckt, die beim Aufreißen das Gift in das Opfer entläßt. Die Menschen sind oft Opfer von Rochenstichen, doch die Verletzungen sind im allgemeinen weniger schwer als bei Haiangriffen.

Langschwänzige Rochen wie die Arten der Gattung Himantura peitschen mit ihrem Schwanz hin und her, wenn sie überrascht werden. Die schnelle Bewegung wird zwar durch das Wasser verlangsamt, doch als Kompensation dafür verfügen sie über kurze scharfe Dornen, die ungeschützte Haut leicht aufreißen. Diese Rochen scheinen gegenüber Menschen ihre Schwänze nur zur Verteidigung einzusetzen.

Man hat Sägefische dabei beobachtet, wie sie ihr Rostrum als Schlagwaffe von oben nach unten und als Säge mit seitlichen Bewegungen einsetzen. Große Sägefische können einen Wrackbarsch betäuben oder sogar töten.

BEHANDLUNG VON ROCHENSTICHEN

Der Stich eines Rochens kann mittelschwere Schmerzen verursachen oder zum Tode führen. Das hängt von der Größe der Wunde, ihrer Lage und der Rochenart ab. Das Opfer spürt im allgemeinen einen brennenden Schmerz, der in den nächsten ein bis zwei Stunden an Intensität zunimmt. In den meisten Fällen geht er nach 6 bis 12 Stunden zurück. Schwere Stiche können Atemprobleme, Übelkeit, Erbrechen, Muskelkrämpfe und Teillähmungen hervorrufen. Auch mechanische Schäden können zum Tode führen, wenn ein großer Stachel (oben) ein lebenswichtiges Organ schädigt.

Nach einem Rochenstich sollte man sofort einen Arzt aufsuchen. Auf der Oberfläche verbliebenes Gift wäscht man möglichst mit Süßwasser ab. Stachelsplitter müssen entfernt werden. Ist eine Gliedmaße betroffen, so lagert man sie höher als das Herz. Das Gift enthält ein großes wasserlösliches Protein, das von Wärme zerstört wird. Deswegen sollte man die Wunde mit heißem (50 °C) Wasser auswaschen, bis der Schmerz nachläßt. Sekundärinfektionen können durch Fremdkörper entstehen.

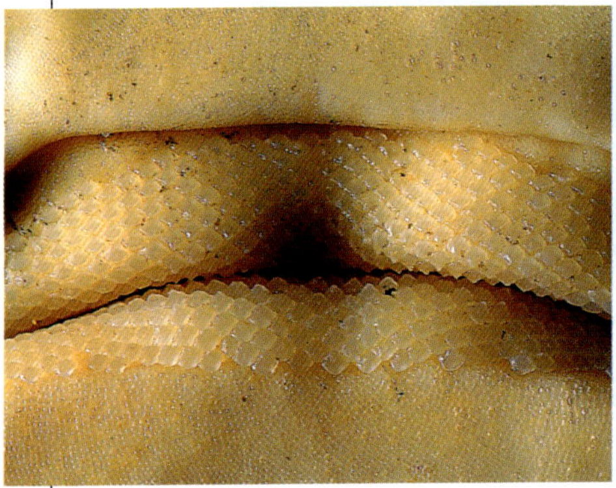

FESTER GRIFF Mit seinen kleinen Zähnen (oben) hält der Stechrochen das Beutetier fest und zermalmt es.

Die elektrischen Organe der Zitterrochen gehören zu den leistungsstärksten unter den Fischen. Große Arten teilen Schläge mit über 200 Volt aus. Dies reicht aus, um einen Menschen zu betäuben. Abgesehen von der Verteidigung gegenüber Haien werden diese Organe wahrscheinlich zur Kommunikation und zur Ortung und Betäubung von Beutetieren eingesetzt. Die beiden nierenförmigen

SCHUTZPANZER Diese Rochenart (rechts) hat eine sehr rauhe Oberfläche aus plattenähnlichen Hautzähnen und scharfen Dornen. Der Sägefisch (unten) verwendet sein Rostrum ebenso zu senkrechten Schlägen wie zu seitlichen Schnitten.

elektrischen Organe liegen in der Mitte auf jeder Scheibenhälfte. Die Rochen teilen sie Schläge willentlich aus, doch nehmen diese nacheinander an Intensität rasch ab. Einige Zitterrochen greifen Eindringlinge an und setzen ihren Elektroschock ein. In anderen Fällen erfolgt der Angriff von im Boden vergrabenen Zitterrochen aus.

Überlebenstaktik

Rochen setzen ihre Zähne selten zur Verteidigung ein. Adlerrochen können zubeißen, tun dies aber im Verteidigungsfall wohl kaum, obwohl Brandungsfischern schon einmal Finger zertrümmert wurden, als sie den Haken aus dem Rochenmaul entfernen wollten. Taucher wurden auch beim Füttern schon einmal gebissen. Vor kurzem verletzte ein übereifriger Rochen den Angestellten eines Ozeanariums ziemlich schwer, als er nur mit einem Taucheranzug geschützt eine Gruppe Großer Stechrochen von Hand füttern wollte.

Die übrigen Sinne sind bei den Rochen gut entwickelt, das Sehen, Schmecken, Fühlen, der elektrische Sinn und die Seitenlinie. Pausenlos einlaufende Informationen von den Sinnesorganen halten das Gehirn auf dem laufenden und liefern ein vollständiges Bild von der Umwelt. Die Rochen können elektromagnetische Felder wahrnehmen und finden somit ihre Beutetiere. Wahrscheinlich orientieren sie sich auch am Magnetfeld der Erde und orientieren sich auf diese Weise in Meeresströmungen. Große Hochseerochen überqueren die Meere und finden sich dabei gut zurecht.

Rochen werden von einigen Parasiten geplagt. Manche Arten infizieren sich mit Bandwürmern, wenn sie kleinere Fische fressen, die deren Zysten im Leib tragen. Unter dem Einfluß der Verdauungssäfte verwandelt sich die Bandwurmzyste in ein erwachsenes Tier, das sich im Verdauungskanal seines Wirtes aufhält. Diese Bandwürmer können mehrere Meter lang werden und legen Eier, die mit dem Kot ins Freie gelangen. Dort infizieren sie wieder die Beutetiere der Rochen, so daß sich der Lebenszyklus schließt.

Bisweilen kann man beobachten, daß kleine flache Ruderfußkrebse und Saugwürmer auf der Haut in der Schleimschicht von Rochen leben, besonders auf dem Kopf, in der Nähe der Kloake und auf dem Schwanz. Diese Parasiten sind eher harmlos, sofern sie nicht in großer Zahl auftreten.

Bewegung und Fortbewegung

Die akrobatischen Gleit- und Rollmanöver der Mantas sind den Tauchern wohlbekannt. Doch alle Rochen gleiten scheinbar ohne Anstrengung dahin.

Körper- und Flossenform sind bei den Rochen an die Lebens- und Fortbewegungsweise in der Hochsee oder an das Leben auf dem Boden angepaßt.

Kraft und Eleganz

Um die Rolle der Flossen bei der Bewegung zu verstehen, wollen wir einen Rochen mit einem Segelflugzeug vergleichen. Die Brust- und Bauchflossen entsprechen dabei den Flügeln, dem Höhen- und Querruder und steuern die Stabilität in der Horizontalen sowie die Bewegungen nach oben und unten. Die Schwanzflossen beim Flugzeug wie beim Rochen sind eher für die Stabilität in der Vertikalen und die seitlichen Bewegungen zuständig. Den Vortrieb erzeugt der Rochen entweder mit dem Schwanz durch seitliche Bewegungen oder durch die Brustflossen durch Bewegungen in der Senkrechten. Die kräftig gebauten Geigen- und Sägerochen haben mächtige Schwänze und verhältnismäßig kleine Brustflossen im Vergleich zu den anderen Rochen. Ihre Schwanzmuskeln sind eher wie bei den Haien angeordnet, bei ihnen vollführt die hintere Körperhälfte schlängelnde Bewegungen. Die Brustflossen sind ziemlich steif und sorgen dabei nur für die Stabilität und die Steuerung in der Vertikalen. Diese Rochen haben auch wie die Haie wohlentwickelte Rücken- und Schwanzflossen, die den Vortrieb erhöhen. Die lange untere Hälfte der Schwanzflosse beim Geigenrochen ist für den Auftrieb zuständig.

Die meisten Rochen haben einen scheibenförmigen Körper. Der Schwanz ist sehr kurz bis mehrmals so lang wie die Scheibe. Mit Ausnahme einiger Zitterrochen ist die Muskulatur schwach ausgebildet und spielt beim Vortrieb keine große Rolle. Echte Rochen und Stechrochen bewegen die Brustflossen in Wellenform, indem sie am Rand wellenähnliche Bewegungen durchführen. Je nach Bewegungsrichtung bewegen sie sich von vorne nach hinten oder umgekehrt.

Bewegt sich nur eine Seite der Scheibe, so ist der Effekt derselbe, wie wenn man nur auf einer Seite eines Bootes

OHNE ANSTRENGUNG Irgend etwas hat diesen Mangroven-Stechrochen (ganz oben) gestört, so daß er eine Staubwolke aufwirbelt. Ein Adlerrochen bei einem Sprung aus dem Wasser (unten).

FLIEGEN IM WASSER Der Stechrochen (oben) schwimmt mit wellenförmigen Bewegungen der Brustflossen. Der Fledermausrochen (rechts) ändert seine Richtung, in dem er nur mit einer Flossenseite schlägt.

rudert: Der Rochen dreht sich. Durch entsprechende Bewegungen kann der Rochen auch tauchen, klettern, umdrehen, sich in die Schräglage legen oder anhalten. Durch fein gesteuerte langsame Bewegungen sind die Rochen viel manövrierfähiger als andere Bodenfische. Bei der Nahrungssuche ziehen sie einen großen Vorteil daraus, da sie auch halbvergraben im Boden ihre Bewegungen noch fein abstimmen können.

Einige Zitterrochen bewegen sich mit der Körperscheibe und dem Schwanz vorwärts. Das gilt vor allem für die Arten der Gattung *Narke*. Auf dem Boden setzen sie den Saum der Brustflossen ein, während sie im freien Wasser mit dem Schwanz und den vertikalen Flossen schwimmen.

Große Entfernungen

Mantas, Kuhnasenrochen und Adlerrochen sind an das Leben und Schwimmen im freien Wasser angepaßt. Die meisten haben lange peitschenartige Schwänze, die keinen Vortrieb mehr erzeugen. Ihre Brustmuskeln bewegen den steifen Rand der Brustflossen auf und ab, so daß sich eine Flügelbewegung wie bei den Vögeln ergibt. Kopf und Körper werden beim Abschlag leicht angehoben und beim Aufschlag leicht gesenkt. Im Unterschied zu den Vögeln können diese Rochen mit nur einem Flügel schlagen, um sich schnell zu drehen oder in Zickzackbewegung zu flüchten. Damit lassen sie Angriffe durch Haie ins Leere laufen.

Im Gegensatz zu einigen Knochenfischen, die passiv in Wasserströmungen driften oder sich an größeren Fischen festheften, sind die Rochen im offenen Wasser dauernd aktiv. Einige Stechrochen erscheinen gelegentlich passiv, wenn sie auf dem Rücken größerer Individuen reiten, doch abgesehen von der kurzen Paarung gehen sie dabei keine Verbindung ein, wie etwa die Neunaugen oder die Schiffshalter.

Viele Rochen sind von einer dicken Schleimschicht bedeckt, die den Wasserwiderstand herabsetzt. Der Schleim glättet Unregelmäßigkeiten der Körperoberfläche und verringert die Strömungswirbel. Abgesehen von einigen Stechrochen und Echten Rochen kommen große Hautzähne nur selten vor, und viele Arten sind völlig glatt. Die Hautzähnchen versteifen den Körper; Zitter- und Stechrochen mit glatter Haut sind deswegen sehr beweglich und können damit excellente Bewegungen durchführen.

Den Rochen fehlt die Schwimmblase der Knochenfische und die große ölige Leber der meisten Haie: Sofern sie also nicht schwimmen, sinken sie auf den Boden ab. Mit ihren großen Brustflossen haben sie allerdings einen beträchtlichen Vorteil gegenüber den Haien. Sie können zwischen den Phasen aktiver Bewegung weite Entfernungen gleitend zurücklegen. Das spart Energie und ist vielleicht auch beim Beutefang nützlich.

Schneller Rückzug

Wenn Rochen von einem Räuber gestört werden, können sie ihre Stellung im Substrat überraschend schnell verändern. Sie wenden und beschleunigen in einem rechten Winkel zu ihrer Ruhelage. Die Adlerrochen und die Geigenrochen stützen sich bei einem solchen Schnellstart auf die Spitzen ihrer Brustflossen. Doch sonst unterscheiden sich diese beiden Gruppen: Adlerrochen starten, indem sie eine Brustflosse schlagen, bevor sie richtig beschleunigen, während Geigenrochen dazu den Schwanz einsetzen. Adlerrochen und Mantas erreichen große Schwimmgeschwindigkeiten. Man hat beobachtet, wie einige Arten an der Wasseroberfläche mehere Meter weite Sprünge vollführen.

Verhalten und Naturschutz

Mit neuen Technologien gelingt es, auch verborgen lebende Rochen zu erforschen. Heute beginnen wir langsam, ihre Rolle in den Ökosystemen der Meere zu verstehen.

Über die ökologische Rolle und das Verhalten der Rochen wissen wir heute noch nicht richtig Bescheid - auch im Vergleich zu den insgesamt besser bekannten Haien. Früher galten die Rochen als einfache Tiere mit simplen Verhaltensweisen. Heute jedoch wissen wir, daß es sich um komplexe Tiere mit relativ großen Gehirnen und wohlentwickelten Sinnesorganen handelt.

Unsere Kenntnisse vom Verhalten der Rochen beruhen zu einem großen Teil immer noch auf den Beobachtungen von Tauchern und Unterwasserfotografen und von Studien gefangener Rochen in Ozeanarien. Leider wurden bisher nur wenige Arten untersucht - die Rochen fallen eben weniger auf als Haie oder Delphine.

Sozialverhalten

Rochen sind im wesentlichen soziale Tiere, die oft in Gruppen aus Hunderten oder Tausenden von Individuen auftreten. Durch ihre große Zahl können Adlerrochen in Muschelfarmen schädlich werden, indem sie zum Beispiel Austern dezimieren. Als Schutz gegen sie verwendet man Netze. Wenn sich Rochen in engen Räumen ausruhen, zum Beispiel auf Sandböden zwischen Riffen, so legen sie sich oft in Stapeln übereinander.

Solitäre Rochen kann man häufig unter Knochenfischen bei Putzerstationen in Korallenriffen beobachten. Sie schwimmen langsam über den Boden mit weitgeöffneten Kiefern und Kiemen, so daß die Putzerfische freien Zugang zur Mundhöhle und zu den Spritzlöchern haben und Gewebereste, Parasiten und Schleim entfernen können.

Es gibt auch symbiontische Beziehungen zu anderen Knochenfischen, etwa Stachelmakrelen, Lotsenfischen, Königsbarschen und Schiffshaltern; diese schwimmen zusammen mit den Rochen oder heften sich an ihnen fest. Die Arten ernähren sich von dem, was die Rochen übriglassen oder was sie am Meeresboden aufscheuchen. Einige Rochen scheinen Einzelgänger zu sein, die nur während der Fortpflanzung für kurze Zeit sozial leben. Einige Rochenarten treten außerhalb der Fortpflanzungszeit in eingeschlechtlichen Gruppen auf.

SYMBIOSE Putzerfische bei der Arbeit im weit offenen Maul eines Mantas (ganz oben). Amerikanische Stechrochen (rechts) schwimmen gerne im Tandem übereinander.

KONSTANTE GESELLSCHAFT Der Pazifische Manta wird dauernd von Putzerfischen, hier von Engelfischen, begleitet und trägt meistens angeheftete Schiffshalter.

Neugierde

Bei der Reaktion auf Menschen in ihrer natürlichen Umwelt zeigen Rochen große Verhaltensunterschiede. Große Stechrochen sind oft neugierig und nähern sich vorsichtig dem Taucher. Bisweilen drohen sie durch schnelles Anheben des Schwanzes über dem Rücken ähnlich wie ein Skorpion. Wenn kleine Stechrochen den Schwanz senkrecht nach oben gerichtet tragen, so ist das wohl ein Ausdruck des Territorialverhaltens.

Einige Stechrochen umkreisen mit hocherhobenen Schwänzen den Eindringling. Adlerrochen und kleinere Stechrochen sind aber sehr scheu und verschwinden, wenn man sich ihnen nähert. Mantarochen sind sehr freundlich und scheinen keine Angst vor Menschen zu haben.

Experimente an Rochen haben gezeigt, daß sie neben ihren starken Instinkten auch über eine ziemlich gute Lernfähigkeit verfügen. Der Stechrochen Urobatis halleri wurde zum Beispiel so konditioniert, daß er an bestimmten Stellen eines kreisrunden Aquariums sein Fressen abholte. Als Ansporn verwendete man eine Belohnung in Form eines Herings. Durch Belohnungen hat man Fledermausrochen sogar dazu gebracht, kleine Korkschwimmer mit ihren Schnauzen heranzuholen.

Verwendung

Im Lauf seiner Geschichte hat der Mensch Rochen für die unterschiedlichsten Zwecke verwendet. Japanische Samurais überzogen ihre Schwertgriffe mit Rochenhaut, die größere Zähnchen aufweist. Aus den Schwänzen stellte man Keulen und Halsbänder her. Die Stacheln setzte man in Speere ein. Die Haut wurde als Leder verwendet, und das Fleisch der Rochen aß man. Zur Zeit werden viele tausend Tonnen Rochen auf der ganzen Welt gefangen, ohne sich darüber Gedanken zu machen, ob diese Entnahme auch nachhaltig ist. Nur wenige Länder führen Buch über die Rochenfänge. Das Verschwinden der Rochen beginnt langsam die Naturschützer zu beunruhigen.

ROCHEN IN MYTHOS UND MEDIZIN

Die Giftstachel der Rochen (rechts) sind schon seit langem bekannt. Aristoteles bezeichnete die Rochen als gefährlich, und die Griechen bemerkten, daß das Gift der Rochen auch nach deren Tod noch wirksam sei. Sie hielten es für so gefährlich, daß sie behaupteten, Bäume und andere Pflanzen würden absterben, wenn man mit dem Stachel ihre Rinde anritze. Auch das Fleisch galt als giftig - viele Stämme des Indopazifiks belegen es mit einem Tabu. Selbst heute noch essen die Fischer in jenem Gebiet kaum Rochen und schneiden die Schwänze weg, um nicht gestochen zu werden. In der malaysischen Folklore gibt es die Geschichte eines Leviathans in Rochengestalt, der unter einem riesigen Meerespilz lebt.

Dem Stich eines Rochens schreibt man auch magische Eigenschaften zu. Malaysische Zauberer stellten einen magischen Trank her, der aus verbrannten und zerstoßenen Rochenstacheln mit Früchten und nadelförmigen Kristallen von Kalziumoxalat aus Pflanzen bestand. Die alten Griechen pulverisierten Rochenstacheln und verwendeten sie zusammen mit Nieswurz als schmerzstillendes Mittel bei Zahnoperationen. Interessanterweise verwendeten die Griechen den Stachel eines Rochens auch als Zaubermittel: Sie entnahmen ihn einem lebenden Rochen und legten ihn sofort danach auf den Nabel einer schwangeren Frau. Er sollte die Geburt erleichtern.

In einer Welt, die älter und vollständiger ist als die unsere, bewegen sie sich vollständiger und verfügen über Sinne, die wir entweder verloren oder so nie erreicht haben; sie leben mit Stimmen, die wir niemals hören.

The Outermost House,
HENRY BESTON (1888–1968), amerikanischer Schriftsteller

Kapitel 6

Feldführer der Haie

Zum Gebrauch dieses Führers

Mit möglichst großer Formenkenntnis fällt es Ihnen viel leichter, wertvolle Beobachtungen über Haie anzustellen.

Der vorliegende Feldführer mit seinen Texten und Illustrationen hilft Ihnen, eine große Vielfalt von Haiformen wiederzuerkennen. Einige Arten sind in Riffen und Sandgebieten der ganzen Welt häufig zu sehen. Andere treten viel seltener auf. Mit Hilfe dieses Führers wird es Ihnen gelingen, die Seltenheit oder gar die Neuentdeckung einer Haiart zu bestätigen. Werfen Sie dabei auch einen Blick auf den Fang der einlaufenden Fischerboote. Vielleicht gelingt es Ihnen, einen wenig bekannten Hai darunter auszumachen und die Kenntnis über diese außergewöhnlichen Lebewesen zu vergrößern. Aus diesem Grund wurden in diesen Führer auch seltene Arten aufgenommen, damit jedermann dazu beitragen kann, die Geheimnisse des Meeres zu lüften.

Die **GROSSE FOTOGRAFIE** zeigt möglichst viele Merkmale der Art. Die Bilder wurden in der freien Natur aufgenommen und weisen zwangsläufig gewisse natürliche Qualitätsunterschiede auf.

Der **WISSENSCHAFTLICHE**, der **DEUTSCHE** und der **ENGLISCHE NAME** der Art nach taxonomischen Gesichtspunkten.

Der **TEXT** enthält Informationen über das Vorkommen dieser Hai-Art, über zusätzliche Namen, seinen Lebensraum, ebenso wie und wo man diese Hai-Art sehen kann. Es werden auch verwandte Arten behandelt. Der Text enthält auch Angaben über das Beutefangverhalten und die Fortpflanzung.

FOTOGRAFIKEN geben zusätzliche Informationen oder illustrieren besondere Merkmale der behandelten Arten.

Die **GRAFIKLEISTE** oben an der Seite kennzeichnet den Bestimmungsteil für Haie.

Die **KOPFLEISTE** nennt die Familie der abgebildeten Art.

INFORMATIONEN AUF EINEN BLICK

- Verbreitung
- Größe
- Mögliche Risiken bei einer Begegnung
- Beste Tages- und Jahreszeit zur Beobachtung
- Informationen über Populationsgrößen

Zusätzliche **FARBGRAFIKEN** stellen besondere Merkmale der Art dar oder illustrieren deren Verhalten.

Chlamydoselachus anguineus

Krausenhai, Frilled Shark, Eel Shark

FELDNOTIZEN

- Ostatlantik, westl. indischer Ozean, westl. und östl. Pazifik
- Bis 2 m
- Harmlos
- Gelegentlich an der Wasseroberfläche
- Nicht selten

Der Krausenhai hat einen langen schlanken Körper mit einer verlängerten Schwanzflosse, die ihm ein fast aalähnliches Aussehen verleiht. Eine einzelne kleine Rückenflosse liegt weit zurückversetzt auf dem dunkel schokoladebraunen Körper, direkt über der großen Afterflosse. Brustflossen kurz und abgerundet. Er hat sechs Paar große Kiemenspalten, Haie meistens nur fünf, wobei die ersten Kiemenspalten unten an der Kehle miteinander verbunden sind. Die Kiemen selbst sind von gekräuselten häutigen Rändern umgeben - daher der volkstümliche Name Krausenhai. Schnauze kurz, Unterkiefer lang, Mund an der Schnauzenspitze liegend und nicht zurückversetzt und bauchständig.

Die Zähne des Krausenhais haben drei scharfe Spitzen, die von zwei kleineren, dazwischen befindlichen Spitzen getrennt werden. Dies läßt vermuten, daß der Krausenhai kleine Fische und Tintenfische der Tiefsee frißt.

Über die Biologie und die Ökologie dieses Hais, des einzigen Vertreters seiner Familie, ist nahezu nichts bekannt. Er lebt am Boden des Kontinentalschelfes und an dessen Abhang am Rand von Kontinenten und größeren Inseln. Gelegentlich sieht man ihn in der Hochsee nahe der Oberfläche; im allgemeinen hält er sich allerdings in Tiefen von 100 - 1300 m auf. Die einzige Chance, ihn lebend zu sehen, besteht mit einem Tauchboot. Bisweilen wird der Krausenhai von Bodentrawlern gefangen.

Die 8 bis 12 lebenden Jungtiere werden ungefähr 40 cm lang und kommen nach ein bis zwei Jahren zur Welt.

Stammesgeschichtlich halten ihn einige für einen direkten Verwandten der primitiven Haiform *Cladoselache* (siehe Seite 94), während andere ihn viel moderner sehen.

Mund mit Zähnen und krausenartigen Kiemenspalten

Notorynchus cepedianus

Breitschnäuziger Kammzähnerhai, Siebenkiemerhai, Broadnose Sevengill Shark

Den Breitschnäuzigen Kammzähnerhai erkennt man sofort an den sieben Kiemenspalten - die meisten Haiarten haben nur deren fünf. Ein weiteres ungewöhnliches Merkmal ist die einzelne kleine Rückenflosse. Kopf groß mit kurzer, stumpfer Schnauze und kleinen Augen.

Diese Art wird groß und ist sehr kräftig. Der silbergraue bis bräunliche Rücken und die Körperseiten tragen zahlreiche kleine dunkle und weiße Flecken; Unterseite hell. Jungtiere haben weiße Ränder an den hinteren Flossen.

Die Zähne des Siebenkiemerhaies schneiden sehr gut: Am Oberkiefer zeigen sie mit Ausnahme eines Zahnes in der Mitte mehrere Zacken; am Unterkiefer sind sie kammartig geformt. Die Art frißt andere Haie, Rochen, Knochenfische, Robben und auch Aas. Sie reißt Fleischstücke aus anderen Haien, die mit Netzen oder Haken gefangen wurden.

Die Art lebt in gemäßigten Gewässern auf dem Kontinentalschelf in Tiefen bis 135 m. Obwohl die Art eine weite Verbreitung aufweist, ist sie nirgendwo besonders häufig. Sie nähert sich oft in flachen Buchten der Küste, hält sich aber nicht auf dem Meeresboden auf. Das mag der Grund sein, warum Taucher diese Art nur selten sehen. Es gibt keine Berichte über Angriffe auf Menschen (mit Ausnahme von Tauchern in Aquarien), doch ernährt sich der Kammzähner sicher von menschlichen Leichen. Er ist als potentiell gefährliche Art einzustufen. In Gefangenschaft reagiert er bei einem Angriff aggressiv, und er verteidigt sich mit allen Mitteln, wenn er gefangen wird.

Die Männchen werden bei einer Körperlänge von rund 1,5 m geschlechtsreif, die Weibchen bei 2,2 m. Sie gebären in flachen Buchten lebende Jungtiere. Ihre Anzahl schwankt, kann aber bis 82 gehen. Bei der Geburt sind die Jungfische 40 - 45 cm lang.

FELDNOTIZEN

- Gemäßigte Gebiete des Südatlantiks, des Pazifiks und des Indischen Ozeans
- Bis ungefähr 3 m
- Potentiell gefährlich
- Selten zu beobachten
- Nicht häufig

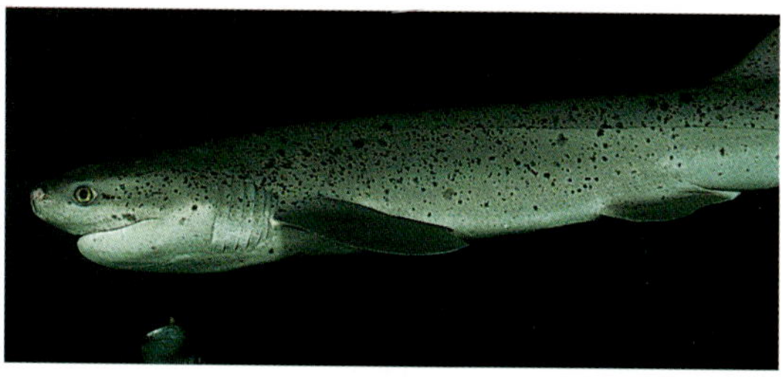

Die typische Färbung des Siebenkiemer- oder Kammzähnerhaies

Hexanchus griseus

Grauhai, Bluntnose Sixgill Shark

Der Grauhai hat einen massiven Körper mit einem langen, kräftigen Schwanz. Der Fisch ist dauernd in Bewegung. Die einzige Rückenflosse liegt weit hinten am Körperende, knapp vor der Afterflosse, Augen klein, an den Seiten des stumpfschnäuzigen Kopfes.

FELDNOTIZEN

- Weltweit, von nördlichen und kaltgemäßigten bis zu den tropischen Meeren
- 1,5 – 5 m
- Ungefährlich, sofern nicht provoziert
- Nachts, das ganze Jahr über
- Häufig

Der Grauhai hat sechs Paar Kiemenspalten. Dieses Merkmal teilt er nur noch mit zwei weiteren Arten, nämlich dem Krausenhai (siehe Seite 136) und der verwandten Art *Hexanchus vitulus*. Sie hat einen schlankeren Körper und größere Augen sowie fünf Reihen gesägter Zähne auf jeder Seite des Unterkiefers, während der eigentliche Grauhai *Hexanchus griseus* sechs Reihen solcher Zähne aufweist. Im Oberkiefer stehen kleinere gekrümmte Zähne mit nur einer Spitze.

Der Grauhai ist ein gefräßiger Räuber anderer Großfische, etwa von Haien, Fächerfischen, Schellfischen und Plattfischen. Mit seinen Zähnen schneidet er sie schnell in mundgerechte Stücke. Der Grauhai ernährt sich auch von kleineren Beutetieren wie Heringen, Tintenfischen, Krabben oder Garnelen.

Der Grauhai lebt im Kontinentalschelf in Bodennähe und in der Wassersäule darüber in Tiefen von 200 - 1800 m. Er zieht Dämmerungslicht vor und wird gelegentlich nachts nahe der Wasseroberfläche in der Hochsee gesichtet. Kleinere Grauhaie begeben sich gern in Küstengewässer und jagen in Bodennähe. Die erwachsenen Tiere bleiben in Küstenregionen jedoch meist unter 100 m Tiefe.

Die Weibchen erreichen die Geschlechtsreife mit ungefähr 4,5 m. Sie gebären bis 100 lebende Jungtiere, die ungefähr 70 cm lang sind.

Sonst weiß man über die Biologie dieser Art kaum etwas. Der Grauhai wird in vielen Teilen der Welt wegen seines Fleisches und seines Öles gefischt.

Die breite abgerundete Schnauze des Grauhaies.

Echinorhinus cookei

Nagelhai, Prickly Shark

Die Familie der Nagelhaie umfaßt nur zwei Arten. Der Körper beider Formen ist gedrungen und kompakt, der Kopf leicht abgeflacht. Hinter jedem Auge und vor der ersten von fünf Kiemenspalten steht ein kleines Spritzloch. Zwei dornenlose Rückenflossen liegen weit hinten am Körper oberhalb der Bauchflossen. Eine Afterflosse fehlt.

FELDNOTIZEN

- Pazifik, von Amerika bis nach Hawaii, Neuseeland und Asien
- 4 m
- Harmlos
- Selten zu sehen, wird gelegentlich von der kommerziellen Fischerei gefangen
- Ziemlich häufig

Der Nagelhai ist graubraun, weiß um den Mund und unterhalb der Schnauze, schwarz längs der relativ breiten Flossenränder. Der ganze Körper ist mit Hautzähnchen bedeckt, die an der Basis rund 5 mm messen.

Über die Ökologie und Lebensgewohnheiten dieses Haies wissen wir nur wenig. Es handelt sich um eine Art der tieferen Gewässer, die in kaltgemäßigten bis tropischen Meeren im Kontinental- und Inselschelf und im oberen Bereich des Abhangs von 11 - 424 m Tiefe lebt. Gelegentlich kann man einzelne Tiere in flachen Gewässern beobachten. Der Nagelhai bewegt sich langsam und ernährt sich nahe am Boden von Tintenfischen und Krabben, die er einsaugt. Er nimmt auch Fische wie junge Grauhaie, Plattfische und Heringe. Die Weibchen werden mit einer Länge von 2,5 - 3 m geschlechtsreif. Sie bringen bis 24 lebende Jungtiere zur Welt, die zwischen 40 und 45 cm messen.

Die verwandte Art *Echinorhinus brucus* hat sehr viel größere und stark hervortretende Hautzähnchen, die an der Basis einen Durchmesser von rund 15 mm aufweisen. Sie liegen über den ganzen Körper verstreut, auch auf der Unterseite der Schnauze, und verschmelzen bisweilen zu größeren Platten. Die Art ist braun bis dunkelgrau gefärbt und hat einen helleren Bauch. Man begegnet ihr auch häufig im Mittelmeer und an der Westküste Europas und Afrikas.

Haut und Hautzähnchen von *Echinorhinus brucus*

Pristiophorus cirratus

Gemeiner Sägehai, Common Sawshark

Alle Angehörigen der Familie der Sägehaie erkennt man unmittelbar an der verlängerten Schnauze, dem Rostrum, und den daran befestigten zwei Barteln. Eine Verwechslung mit den ähnlichen Sägerochen ist durchaus möglich (siehe Seite 204). Die Sägehaie tragen die fünf Paar Kiemenspalten jedoch an der Kopfseite, während sie sich bei den Sägerochen auf der Körperunterseite befinden. Die Sägerochen haben auch kein Bartelpaar.

Der Gemeine Sägehai hat einen schlanken, leicht abgeflachten Körper. Er weist eine attraktive Färbung mit dunkleren Rändern und bräunlichen Flecken auf hell gelbbraunem Hintergrund auf. Er kommt nur in gemäßigten Gewässern Südaustraliens vor. Die verwandte Art *Pristiophorus nudipinnis* ist in ihrer Verbreitung ebenfalls auf Australien beschränkt. Diese bräunlichgraue Art lebt im inneren Bereich des Kontinentalschelfes in Tiefen von 90 m. Der Gemeine Sägehai hingegen zieht tiefere Gewässer auf dem Kontinentalschelf und am Kontinentalabhang bis in Tiefen von rund 310 m vor.

FELDNOTIZEN

- Südaustralien, vom südlichen New South Wales bis zur Mitte Westaustraliens
- Weibchen bis 1,5 m, Männchen bis 1,3 m
- Harmlos, sofern nicht provoziert
- Das ganze Jahr über
- Häufig

Taucher begegnen oft Sägehaien, die auf dem Sandboden ruhen. Es sind scheue, harmlose Tiere, wehren sich aber mit ihrem Rostrum, wenn man sie anfaßt. Sie schwimmen bei der Nahrungssuche knapp über dem Boden und machen mit ihren Barteln kleine Knochenfische ausfindig, von denen sie leben. Mit den Zähnen am Rostrum gräbt der Hai dann die Beute aus und betäubt sie. Der Gemeine Sägehai kann über 15 Jahre alt werden. Wie alle verwandten Formen ist er ovovivipar. Geschlechtsreife Weibchen pflanzen sich alle 1 oder 2 Jahre fort und haben 3 bis 22 Junge, wobei der Mittelwert bei 10 liegt. Nach ungefähr zwölfmonatiger Trächtigkeit werden die Jungtiere in flachen Küstengewässern geboren. Sie sind dabei zwischen 27 und 37 cm lang.

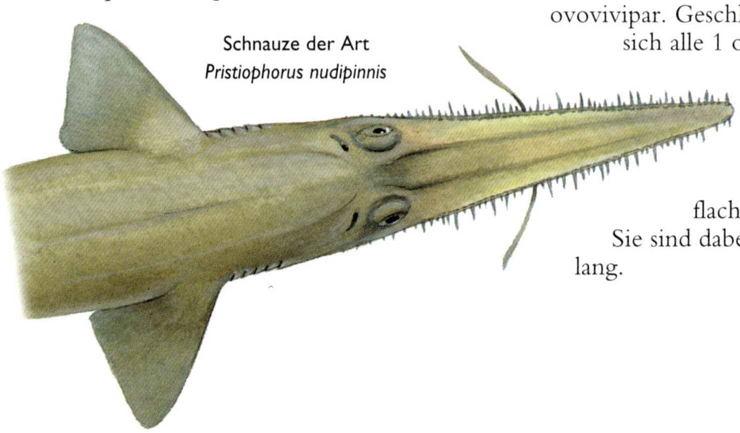

Schnauze der Art *Pristiophorus nudipinnis*

Squatina californica

Pazifischer Meerengel, Pacific Angelshark

Meerengel sind ungewöhnliche abgeflachte Haie, die man oft mit Rochen verwechselt. Die Angelsachsen nennen sie auch Monkfish („Mönchsfisch"), weil die Kopfform an die Kapuze einer Mönchskutte erinnert. Die ungefähr 12 Arten leben in eher gemäßigten Breiten in flachen Gewässern bis in 1320 m Tiefe. Die Schnauze wirkt sehr stumpf. Vorderkante der Brustflossen vom Körper abgesetzt, unterer Teil der Schwanzflosse länger als der obere.

FELDNOTIZEN

- Ostpazifik, von Südostalaska über die USA bis nach Baja California, Mexiko, und von Ecuador bis nach Chile
- Bis rund 1,5 m
- Beißt bei Bedrohung
- Am besten nachts
- Früher häufig, heute durch Überfischung seltener

Der Pazifische Engelhai ist leicht an seinen großen Augen, dem deutlichen Spritzloch und der allgemein graubraunen Färbung zu erkennen. Tagsüber vergräbt er sich im Sand des Meeresbodens, so daß nur Kopf und Augen herausschauen. Er liegt dort auf der Lauer und packt mit schneller Bewegung einen Fisch oder einen Kalmar mit seinen nach vorne gerichteten fallenartigen Kiefern und den zahlreichen spitzen Zähnen. Gelegentlich begegnen Taucher einem Pazifischen Meerengel, der über dem Sandboden in der Nähe von Kelpwäldern in einer Tiefe von 3 m oder mehr schwimmt. Wenn man ihn bedroht, kann er aggressiv werden. Ein Taucher oder Angler, der den Schwanz eines Meerengels packt, merkt rasch, wie schnell der Hai zubeißen kann und wie sehr die Bisse schmerzen.

Die Männchen und Weibchen werden mit einer Körperlänge von rund 90 cm geschlechtsreif. Das Weibchen ist ovovivipar und behält die Eier in seinem Körper zurück. Es bringt 8 bis 13 Jungtiere zur Welt.

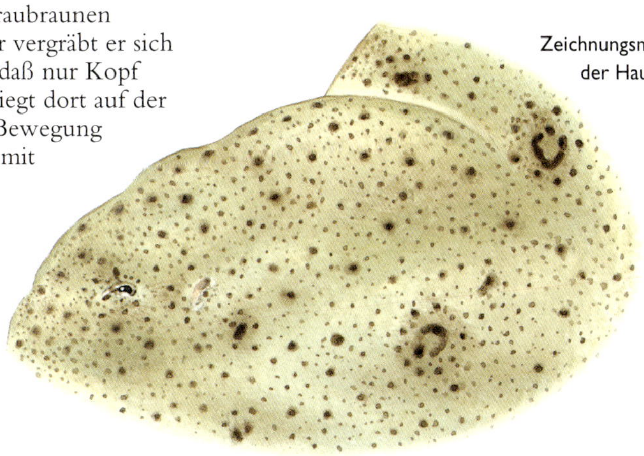

Zeichnungsmuster der Haut

Heterodontus francisci

Kalifornischer Stierkopfhai, California Hornshark

Die Familie der Stierkopfhaie umfaßt neun Arten, von denen in diesem Führer zwei behandelt werden. Die Stierkopf- oder auch Hornhaie sind unverkennbar mit ihren breiten Köpfen, den schweinsähnlichen Schnauzen, den Augenwülsten und den großen Dornen vor den beiden Rückenflossen. Die wissenschaftliche Bezeichnung - aus dem Griechischen übersetzt „Gemischtzähner" - bezieht sich auf die kleinen zugespitzten Zähne vorne am Kiefer und die stumpfen Zähne dahinter. Mit diesen Zähnen packen die Stierkopfhaie Fische und Krebstiere, Seegurken und Muscheln und zermalmen sie.

Der Kalifornische Stierkopfhai hat kleine dunkle Flecken auf dem Körper und den Flossen. Er lebt in kühlen, flachen Gewässern, legt merkwürdige, faustgroße, meist rechtsläufig schraubenförmig gewundene Eikapseln. Sie werden in eine Felsspalte eingekeilt und ergeben nach 6 bis 10 Monaten (je nach Wassertemperatur) das Jungtier. Tagsüber können Taucher die Haie und ihre Eikapseln in Kelpwäldern in flachem Wasser zwischen Felsbrocken beobachten. Nachts patrouillieren die Haie auf Nahrungssuche über offenen Böden.

Die Kalifornischen Stierkopfhaie sind in öffentlichen Aquarien sehr beliebt. Sie sitzen ruhig auf dem Boden und widersprechen damit der irrigen Ansicht, alle Haie müßten schwimmen, um überhaupt atmen zu können.

FELDNOTIZEN

- Zentralkalifornien bis zum Golf von Kalifornien
- 1,2 m, die meisten erwachsenen Tiere aber weniger als 90 cm
- Im allgemeinen ortstreu, ungefährlich
- Tags und nachts, das ganze Jahr
- Nicht selten, wird weder von Anglern noch von der kommerziellen Fischerei gefangen.

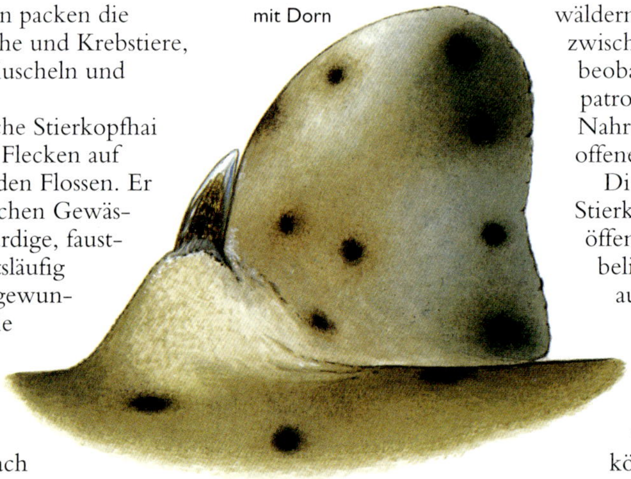

Heterodontus portusjacksoni

Port-Jackson-Hai, Port Jackson Shark

Der Port-Jackson-Hai sieht dem Kalifornischen Stierkopfhai sehr ähnlich (gegenüberliegende Seite) und gehört auch in dieselbe Gattung. Er ist graubraun gefärbt und hat auffällige dunkle, schmale Streifen an den Schultern. Die beiden anderen australischen Stierkopfhaie, nämlich *Heterodontus galeatus* und *Heterodontus zebra*, haben breite Augenwülste und eine dunkel gestreifte Livrée. Port-Jackson-Haie treten häufig auf und halten sich gut in Aquarien.

Obwohl einzelne Individuen beträchtliche Entfernungen zurücklegen, bevorzugen sie doch gewisse Riffe oder Höhlen und kehren tagsüber zur Ruhe dorthin zurück. Taucher begegnen ihnen oft in Flachwasser, in Höhlen, in der Nähe von Felsblöcken und bei Algenbeständen. Je nach Wassertemperatur und Fortpflanzungszyklus sind wandernde Gruppen erwachsener Tiere anzutreffen.

In Australien begeben sich Weibchen und einige Männchen im Gebiet von Sydney im Sommer in flache Gewässer, um sich hier fortzupflanzen. Im August und September legen die Weibchen alle 8 bis 17 Tage jeweils zwei Eier zwischen Felsen in 5 bis 30 m Tiefe, und zwar oft gemeinschaftlich. Das Weibchen verkeilt mit dem Mund das zugespitzte schraubenförmige Ei in einer Felsspalte. Die Jungen schlüpfen 9 bis 12 Monate später und begeben sich in Buchten und Flußmündungen. Nach ungefähr 10 Jahren sind sie 50 - 75 cm lang und treten in die Geschlechtsreife ein.

FELDNOTIZEN

- Südaustralien, von Queensland bis zum mittleren Teil Westaustraliens, darunter auch Tasmanien, selten in Neuseeland
- Bis 1,7 m, doch nur in seltenen Fällen größer als 1,4 m
- Im allgemeinen ortstreu, harmlos, sofern nicht provoziert
- Meistens nachts zu sehen, das ganze Jahr über
- Nicht selten

Die deutlich schweinsähnliche Schnauze mit den zugespitzten Frontzähnen des Port-Jackson-Haies.

Parascyllium variolatum

Kragen-Ammenhai, Necklace Carpetshark

FELDNOTIZEN

- Südaustralien
- Weniger als 1 m
- Harmlos
- Nachts, das ganze Jahr über
- Häufig

Mit seinem langen, schlanken und leicht abgeflachten Körper und dem ebenso langen, vom übrigen Körper nicht abgesetzten Schwanz sieht der Kragen-Ammenhai wie ein Aal aus. Man erkennt ihn leicht an der dunkelgraubraunen Färbung mit den zahlreichen weißen Flecken, auch auf den Flossen. Am auffälligsten ist der dunkle Kragen mit den hellen Flecken, der den Kopf wie ein Kragen umgibt und dem Tier seinen volkstümlichen Namen verliehen hat. Spritzlöcher klein, Nasenlöcher mit kurzen Barteln (wahrscheinlich mit Chemorezeptoren besetzt), Nasengruben bis zum Mund reichend.

Wie schon der Name sagt, besteht eine enge Verwandtschaft zu den Ammenhaien oder auch zu den Wobbegongs; zu den Katzenhaien jedoch besteht nur eine äußerliche Ähnlichkeit. Die Kragen-Ammenhaie zeichnen sich dadurch aus, daß ihre Mundspalte weit vor den Augen liegt. Die Familie hat zwei Gattungen: *Cirrhoscyllium* mit Barteln an der Kehle und *Parascyllium* ohne solche Barteln.

Der Kragen-Ammenhai ist häufig an flachen Felsküsten im gemäßigten südlichen Teil Australiens. Die Art ist nachts aktiv, und Taucher sehen sie oft nach Einbruch der Dunkelheit. Tagsüber ist der Hai schwer zu sehen, weil er auf dem Boden oder in Höhlen ruht und dort zwischen den Algen hervorragend getarnt ist.

Was der Kragen-Ammenhai frißt, ist kaum bekannt; wahrscheinlich lebt er von Wirbellosen und kleinen Fischen. Er legt Eikapseln mit rankenförmig gewundenen Fortsätzen, die der Verankerung am Boden dienen.

Dieser Kragen-Ammenhai, eine von sieben Arten der Familie, wird von einem gefräßigen elfarmigen Seestern angegriffen.

Brachaelurus waddi

Blindhai, Blind Shark

Blindhaie haben ihren Namen daher, daß sie ihre Augen schließen, wenn sie von Fischern gefangen werden. Die Familie der Blindhaie umfaßt neben dieser noch eine nahverwandte Art, *Brachaelurus colcloughi*. Es besteht eine nahe Verwandtschaft zu den Ammenhaien. Mit den Katzenhaien sind die Blindhaie nur weitläufig verwandt.

Der Blindhai hat einen gedrungenen, zylindrischen, braunen Körper, im ıllgemeinen mit helleren Flecken. Die ›eiden dornlosen Rückenflossen stehen nahe beieinander, wobei die erste über den Bauchflossen steht. Die sehr großen Spritzlöcher liegen dicht ıinter den Augen an len Kopfseiten. Auch lie Nasenlöcher sind gut entwickelt mit :inem Paar langen veichen Barteln, die iber eine furchenartige Grube mit dem Mund erbunden sind. Durch ie fließt Wasser, das iber die Geruchsorgane ler Barteln gezogen ist, uch in den Mund. Die Art *Brachaelurus waddi* ınterscheidet sich von Br. colcloughi durch eine kleine Furche in der Mitte des Kinns.

FELDNOTIZEN

- Nord- und Ostaustralien
- Bis 1,3 m
- Harmlos
- Verborgen lebend, in der Regel nachts
- Häufig

Die vorliegende Haiart bewohnt flache, warmgemäßigte tropische Gewässer. Sie ist auch an sehr seichten Stellen anzutreffen, geht im Kontinentalschelf aber auch bis 150 m Tiefe. Tagsüber verbirgt sie sich unter Abhängen und in Höhlen und wird dort oft beobachtet; im Freien ist sie selten zu sehen. Nach Einbruch der Dunkelheit geht der Blindhai im Riff und den benachbarten Sandgebieten auf Jagd nach Seeanemonen, Tintenfischen und Krebsen.

Die Weibchen werden mit einer Länge von ungefähr 65 cm geschlechtsreif und gebaren im Sommer bis 8 Jungfische.

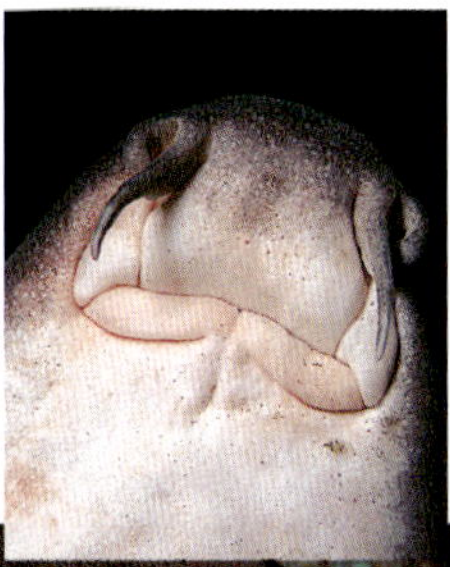

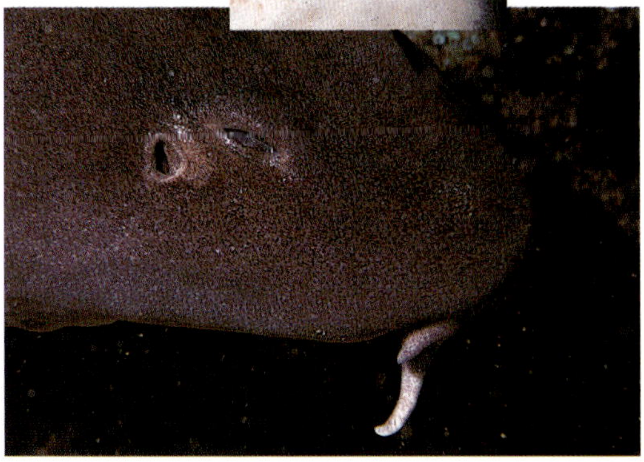

Schnauze und Barteln von unten (ganz oben) und von der Seite (oben)

Eucrossorhinus dasypogon

Wobbegong, Tasselled Wobbegong

FELDNOTIZEN

- Westpazifik
- 3 – 4 m
- Gefährlich, wenn man ihn provoziert, fängt oder sonstwie stört
- In vielen Gebieten das ganze Jahr über
- Häufig

Wobbegongs haben viele Merkmale mit den Ammenhaien, den Kragen-Ammenhaien und den Blindhaien gemeinsam. Der Körper ist länglich und abgeflacht, besonders in der Kopfregion, und die beiden ähnlich großen Rückenflossen stehen ziemlich weit hinten am Körper. Die breiten, kurzen Brustflossen sind an das Leben im Riffboden gut angepaßt.

Diese Wobbegong-Art zeigt ein kleines netzartiges Muster auf grauem oder braunem Hintergrund; die Unterseite ist weiß. Kopf sehr breit und abgeflacht. Oberkiefer von zahlreichen fein verzweigten Hautlappen umgeben, die über den Mund herabhängen. Auch das Kinn und die Seiten des Unterkiefers tragen kleine netzartig verzweigte Fleischlappen. In der Masse dieser Hautfortsätze liegen verzweigte Barteln sowie Furchen, die Wasser von den Nasenlöchern zum Mund führen. Mund mit scharfen, spitzen Zähnen, die hervorragend an den Fang von Fischen angepaßt sind.

Das Vorderende von *Eucrossorhinus dasypogon* mit den verzweigten Hautlappen.

Diese Wobbegong-Art lebt in warmgemäßigten bis tropischen Meeren und kommt häufig in Riffen Neuguineas der nordaustralischen Küste und Indonesiens vor. Tagsüber hält sich das Tier in der Regel in Riffhöhlen auf, wo es sich von Fischen ernährt, die ebenfalls Unterschlupf suchen. Nachts verläßt der Wobbegong seinen Unterschlupf und jagt kleine Fische und Wirbellose. Wahrscheinlich bringen die Weibchen lebende, rund 22 cm lange Jungtiere zur Welt.

Taucher begegnen am ehesten kleineren Individuen unter 1 m Länge. Aufgrund ihrer Zeichnung und ihrer Hautlappen sind diese Fische auf dem Meeresboden schwer zu erkennen. Es gab bisher viele Berichte über Angriffe auf Taucher. Die meisten sind provoziert, weil die Taucher den Hai am Schwanz ziehen oder durch Unachtsamkeit auf ihn treten. In einigen Fällen erfolgten die Angriffe jedoch ohne vorherige Provokation.

Orectolobus ornatus

Wobbegong, Ornate Wobbegong

Diese Wobbegong-Art hat große, schwarz umrandete sattelartige Zeichnungen auf dem Rücken. Körper vom Kopf bis zum hinteren Ende des Rumpfes abgeflacht, dort schnell in den schlanken Schwanz übergehend. Auf jeder Seite des Kopfes stehen fünf oder sechs Hautlappen. Bei diesem Nasenloch befindet sich eine Bartel, und eine Furche leitet Wasser von der Nase zum Mund. Zähne lang und schlank, gut an den Fang kleiner Fische angepaßt. *Orectolobus ornatus* ist eine von vier Wobbegong-Arten der Gattung *Orectolobus*. Die relative Lage der Flossen ist ähnlich wie bei der Gattung *Eucrossorhinus* (gegenüberliegende Seite), doch die Flossenoberfläche ist im Verhältnis zum Körper geringer. *Orectolobus* unterscheidet sich auch dadurch, daß auf dem Unterkiefer keine Hautlappen stehen. Rücken glatt, ein Unterscheidungsmerkmal dieser Gattung gegenüber der stark gehöckerten Art *Sutorectus tentaculatus* (Cobbler Wobbegong), die häufig an der Südwestküste Australiens auftritt.

FELDNOTIZEN

- Westpazifik
- 3 m
- Gefährlich, besonders wenn man ihn provoziert, fängt oder sonstwie stört
- Fast das ganze Jahr über
- Häufig

Orectolobus ornatus ist ein großer, häufiger Bewohner gemäßigter Felsküsten und tropischer Riffe. Tagsüber ruht er sich im Freien auf Felsböden oder tafelförmigen Korallen aus; bisweilen verbirgt er sich auch unter überhängenden Korallen. Nachts wird die Art aktiv und sucht im Riff nach Wirbellosen und Fischen. Taucher sollten Vorsicht walten lassen, weil diese Art sich auf dem Meeresboden sehr gut tarnen kann und gleichzeitig als gefährlich gilt: Es wurden zahlreiche provozierte und nicht provozierte Angriffe dokumentiert. Die Weibchen gebären bis zu 12 Jungfische, die rund 20 cm lang sind.

Nahaufnahme der Kopffärbung

Hemiscyllium ocellatum

Langschwänziger Ammenhai, Epaulette Shark

FELDNOTIZEN

- Indischer Ozean, Westpazifik
- 1 m
- Harmlos
- Tags oder nachts, das ganze Jahr
- Häufig

Die 13 Arten der Familie der Langschwänzigen Ammenhaie verteilen sich auf zwei Gattungen, *Hemiscyllium* und *Chiloscyllium* (Bamboosharks). Diese in der Regel kleinen Fische haben schlanke, leicht abgeflachte, längliche Körper. Die beiden verhältnismäßig großen, dornenlosen Rückenflossen unterscheiden sich kaum voneinander. Afterflosse weit nach hinten zurückversetzt, von der Schwanzflosse durch eine Kerbe getrennt. Viele Arten bewegen sich auf dem Meeresboden mit Hilfe der kurzen, gedrungenen Brustflossen fort. Die meisten Jungtiere zeigen auf dem Körper breite, kontrastierende Farbbänder. Bei den Erwachsenen lösen sie sich in Flecken auf; ein auffälliger Fleck entwickelt sich dabei oberhalb der Brustflosse. Der gelbliche oder bräunliche Körper von *Hemiscyllium ocellatum* ist von dunkelbraunen Flecken bedeckt; der namengebende große Fleck zeigt einen weißen Hof. Nasenlöcher und Mund fast an der kurzen, gerundeten Schnauzenspitze liegend.

Die streifenförmige Zeichnung der Jungtiere verschwindet bei der Art *Chiloscyllium punctatum* fast vollständig im Erwachsenenstadium. Die Art *Chiloscyllium indicum* zeigt jedoch kleine dunkle Flecken und Streifen und einen kleinen Kiel an den Seiten. Rückenflossen abgerundet, Schnauze eher zugespitzt, wie es typisch ist für diese Gattung.

Langschwänzige Ammenhaie sind häufig in Küstennähe, in Korallenriffen, auf Felsboden und in Gezeitentümpeln. Die Taucher sehen oft erwachsene Tiere, während die Jungen im Inneren des Riffes ein verborgenes Leben führen. Die Arten sind nachts aktiv und ernähren sich von kleinen benthischen Wirbellosen und Fischen. Viele Arten legen Eier.

Erwachsene der Ammenhaiart *Chiloscyllium punctatum* sammeln sich auf dem Meeresboden.

Ginglymostoma cirratum

Ammenhai, Nurse Shark

Niemand kann mit Bestimmtheit sagen, woher der Ammenhai seinen Namen bekommen hat, möglicherweise vom saugenden Geräusch, das er beim Fressen von sich gibt und das tatsächlich an das Nuckeln eines Babys erinnert. Diese ziemlich große bodenbewohnende Art ist einfarbig braun bis graubraun und hat große, abgerundete Flossen. Bei der Nasenöffnung stehen Barteln; das Spritzloch steht schräg hinter den Augen.

Der Ammenhai kommt häufig in tropischen küstennahen Riffen vor. Wahrscheinlich ist er die Art, der Schnorchler und Taucher in der Karibik am häufigsten begegnen. Tagsüber verhält er sich träge und wird nachts aktiv. Dann ernährt er sich von bodenbewohnenden Wirbeltieren wie Hummern und anderen Krebsen, ferner von Schnecken, Muscheln, Tintenfischen, Kalmaren und sogar Fischen, die so langsam sind, daß sie diesem Hai nicht entkommen, der seine Beute eher einsaugt als mit den Zähnen packt.

FELDNOTIZEN

- Ostpazifik, von Mexiko bis nach Peru; Westatlantik, von Rhode Island, USA, bis Südbrasilien; tropisches Westafrika
- Bis 4,25 m, jedoch selten länger als 3 m
- Harmlos, sofern nicht provoziert
- Tagsüber, das ganze Jahr
- Häufig, besonders in der Karibik

Weil der Ammenhai häufig vorkommt und leicht zu fangen und zu transportieren ist, begegnet man ihm häufig auch in öffentlichen Aquarien. Verhaltensforscher untersuchten sein Lernvermögen und konnten zeigen, daß er durchaus zum Lernen befähigt ist.

Die Balz des ovoviviparen Ammenhaies ist sehr interessant: Männchen und Weibchen schwimmen synchron nebeneinander, das Männchen leicht nach hinten und schräg nach unten versetzt. Bisweilen folgen auch zwei Männchen einem Weibchen. Wenn das aktive Männchen die Brustflosse des Weibchens mit dem Mund packt, dreht dieses sich auf den Rücken. Das Männchen schwimmt dann über das Weibchen und führt sein Begattungsorgan in dessen Kloake ein. Dann wird der Samen übertragen.

Ein Ammenhai ruht in einem Riff bei den Bahamas.

Stegostoma fasciatum

Zebrahai, Zebra Shark

Der Zebrahai ist ein hübsches Tier tropischer Korallenriffe. Man erkennt ihn an seinem sehr langen breiten Schwanz und der eigentümlichen Färbung. Jugendliche Individuen zeigen zebraartige Streifen (gelb auf schwarz), die dem Tier auch seinen Namen verliehen haben. Bei Eintritt in die Geschlechtsreife wird der Hai gelbbraun mit dunkelbraunen Flecken. Wegen dieser Färbung bezeichnen ihn die Amerikaner gelegentlich auch als „Leopard Shark". Damit ist allerdings eine sprachliche Verwechslung mit dem ganz anders aussehenden Leopardhai (*Triakis semifasciata*, siehe Seite 168) möglich.

FELDNOTIZEN

- Weitverbreitet im tropischen Westpazifik und im Indischen Ozean
- 3,5 m
- Harmlos
- Nachts aktiver, das ganze Jahr über
- Häufig

Der Zebrahai hat kleine Barteln auf der Schnauze, einen kleinen Mund und kleine Augen. Zähne zugespitzt, jeder Zahn mit einem zentralen und je einem kleineren seitlichen Höcker. Auf den Körperseiten sind hervortretende Kiele zu beobachten.

Der Zebrahai ist eine eher träge Art. Taucher beobachten solche Tiere gelegentlich tagsüber, wie sie auf dem Meeresboden ruhen und sich dabei auf die Brustflossen stützen. Dabei öffnen sie den Mund, um der Wasserströmung mehr Sauerstoff entziehen zu können. Der Zebrahai stellt keine Gefahr für den Menschen dar. Mit seinem schlanken, biegsamen Körper zwängt er sich in enge Spalten auf der Suche nach Muscheln, Krebstieren und Kleinfischen.

Der Zebrahai legt braune oder dunkelpurpurfarbene, 13 - 18 cm lange Eikapseln, von denen zur Verankerung am Boden zahlreiche Fibern ausgehen.

Haarähnliche Fibern befestigen die Eikapsel des Zebrahaies auf dem Meeresboden.

Rhincodon typus

Walhai, Whale Shark

FELDNOTIZEN

- Westatlantik, Indischer Ozean, gesamter Pazifik
- Bis 14 m
- Harmlos
- Jahreszeitlich auftretend, Tag und Nacht
- Häufig in einigen Gebieten

Der Walhai ist der einzige lebende Vertreter seiner Familie und der größte Fisch der Welt. Mit seinem massiven, spindelförmigen Körper erreicht er Längen von über 14 m. Auf dunklem Hintergrund hat er abwechselnd weiße dünne senkrechte Streifen und Perlenketten aus größeren Flecken. Auf der Oberseite des Körpers stehen lange Kiele, wobei ein seitlicher Kiel besonders hervortritt. Die Mundöffnung erstreckt sich über die gesamte Breite des abgeflachten Kopfes. Jedes Nasenloch mit einer kleine Bartel; Kiemenspalten lang, sich bis über die Brustflossen erstreckend. Oberhalb der relativ kleinen Bauchflossen steht die erste der zwei Rückenflossen. Schwanzflosse mächtig, halbkreisförmig.

Der Walhai schwimmt langsam in der Nähe der Oberfläche und frißt dabei planktische Krebstiere, kleine Fische wie Sardinen und Anchovis und sogar größere Fische wie Makrelen. Bei den Kiemenbögen weist er einen gut entwickelten Reusenapparat auf, mit dem er kleine Beutetiere aus dem Wasser herausfiltert. Dieser Mechanismus verringert die Durchflußgeschwindigkeit des Wassers durch den Mund. Deswegen pumpt der Walhai bei Planktonansammlungen auch aktiv Wasser in seinen Mund hinein.

Der Walhai kommt in allen tropischen und subtropischen Meeren in der Nähe der Küste vor. Er dringt auch in die Lagunen tropischer Inseln vor. Man sieht in meist an der Oberfläche, wo Taucher und Schnorchler zusammen mit dieser freundlichen, neugierigen Kreatur (siehe Seite 262 - 263) schwimmen können.

Der Walhai bringt lebende Junge auf die Welt. Vor kurzem hat man herausgefunden, daß trächtige Weibchen Hunderte von Jungtieren mit einer Länge von ungefähr 60 cm enthalten.

Eine Stachelmakrele verschwindet im weit offenen Maul eines filtrierenden Walhaies.

Eugomphodus taurus

Sandtiger, Sand Tiger Shark

Die Familie der Sandtiger besteht aus vier großen, gefährlich aussehenden Arten, die mit offenem Mund langsam umherschwimmen und dabei lange, schmale nadelähnliche Zähne zeigen. Körper gedrungen, mit zwei großen Rückenflossen. Oberer Teil der Schwanzflosse verlängert, am Grund mit einer Grube, aber ohne Schwanzkiele.

Der Sandtiger hat eine kurze, abgeflachte Schnauze. Rückenflossen ungefähr gleich groß, die erste davon den Bauchflossen näher liegend als den Brustflossen. Oberseite bronzefarben, zum Bauch zu immer heller. Jungtiere mit rötlichen oder braunen Flecken auf der hinteren Körperhälfte und auf der Schwanzflosse, wobei diese Flecken mit zunehmendem Alter immer undeutlicher werden. Im Oberkiefer stehen drei Reihen großer Zähne.´

Der Tigerhai kommt in flachen Buchten, sandigen Küstengewässern, an Felsküsten und in tropischen Riffen in Tiefen bis 200 m vor. Taucher begegnen oft großen Gruppen in der Umgebung untermeerischer Erhebungen an der Küste. Der Sandtiger wird nur aggressiv, wenn man ihn bedroht. Er frißt viele größere und kleine Fische, darunter auch kleine Haie, Rochen, Krebstiere und Tintenfische.

Diese Art kann bewegungslos im Wasser treiben, weil sie Luft verschluckt und im Magen speichert und dadurch praktisch das spezifische Gewicht von Wasser erreicht. Der Sandtiger führt auch lange Wanderungen an der Küste zur Fortpflanzung durch. Mit der Fortpflanzung ist ein Geschwisterkannibalismus verbunden. In jeder der beiden Uteruskammern frißt der erste Embryo, der mit einer Länge von rund 17 cm schlüpft, die übrigen sich entwickelnden Geschwister auf. Dann machen sich die beiden Embryonen über die restlichen Eier her. Nach einer Trächtigkeit von 8 bis 9 Monaten kommen die beiden Jungfische mit einer Länge von rund 1 m auf die Welt.

FELDNOTIZEN

- *Westatlantik, Ostatlantik, westlicher Indischer Ozean, Westpazifik*
- *3,2 m*
- *Gefährlich nur wenn man ihn provoziert*
- *Tags und nachts; teils ganzjährig oder jahreszeitlich gebunden*
- *Häufig*

Ein männlicher Sandtiger schwimmt mit dem charakteristisch offenen Maul.

Mitsukurina owstoni

Nasenhai, Goblin Shark

Der Nasenhai ist vielleicht die mysteriöseste und bizarrste aller Haiarten. Die Familie hat nur diese eine Art. Körper hellrosafarben, schlank. Fleisch mit weicher, wässriger Textur, wahrscheinlich um einen höheren Auftrieb zu erzielen, was wichtig sein dürfte für diese langsam schwimmende Art. Rückenflossen ähnlich gebaut, Afterflosse stark entwickelt. Die Schwanzflosse besteht fast ausschließlich aus dem langen Oberteil.

Diese Haiart hat eine verlängerte und paddelförmig verbreiterte Schnauze. Die Nasenlöcher liegen unmittelbar vor dem Maul. Zähne vorne am schmalen zugespitzten Kiefer lang und nadelähnlich, ideal zum Festhalten kleiner Fische. Zähne im Mundhintergrund klein und eine Platte zum Zerkleinern gefangener Beutetiere bildend. Der Nasenhai ernährt sich wahrscheinlich zur Hauptsache von kleinen Fischen, Krebstieren und Tintenfischen. Von der paddelförmigen Schnauze nimmt man an, daß sie das elektrosensorische System beim Beutefang unterstützt.

Die Kiefer sind hochspezialisiert, und können schnell nach vorne gestreckt werden. Der Nasenhai ist dadurch ein hochspezialisierter Räuber, der Beutetiere mit einem einzigen Biß schnell packen oder einsaugen kann.

Über die Biologie und die Ökologie des Nasenhaies ist nur sehr wenig bekannt. Er lebt in Bodennähe auf dem Kontinentalschelf und am -abhang in Tiefen von ungefähr 1200 m. Er wird nur selten gefangen. Gelegentlich begegnet man ihm in flachen Küstengewässern.

Bis vor kurzem hatte noch niemand einen lebenden Nasenhai gesehen. Die ersten gefangenen Stücke wurden mit weit nach vorne gestrecktem Mund konserviert, was dem Tier ein sehr merkwürdiges Aussehen verlieh. Heute wissen wir aber, daß die Kiefer im Normalzustand zurückgezogen sind und daß der weit vorstreckbare Oberkiefer dabei dem Unterschädel dicht anliegt.

FELDNOTIZEN

- *West- und Ostatlantik, westlicher Indischer Ozean, Westpazifik*
- *3,3 m*
- *Harmlos*
- *Nur sehr selten zu sehen*
- *Wahrscheinlich häufig*

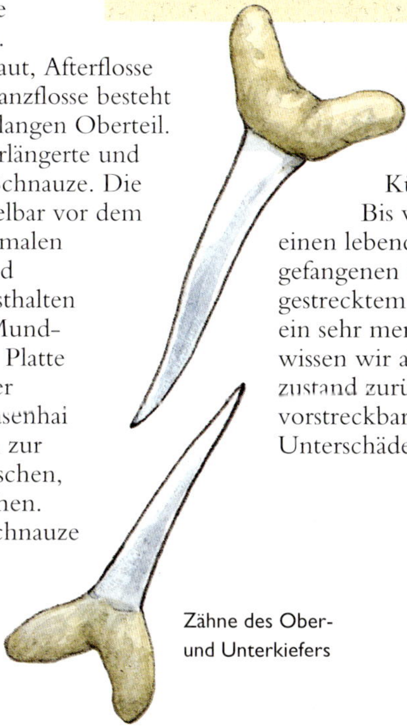

Zähne des Ober- und Unterkiefers

Megachasma pelagios

Riesenmaulhai, Megamouth Shark

FELDNOTIZEN

- *In allen Ozeanen der Welt*
- *Bis 5,2 m*
- *Harmlos*
- *Kaum zu beobachten*
- *Bisher erst 10 Stück bekannt*

Der zufällige Fang eines großen schwarzen Haies vor Hawaii im Jahr 1976 war die Entdeckung des Jahrhunderts. Das Tier hatte sich in größerer Tiefe in einer Leine verfangen. Es hatte einen großen Kopf, einen riesenhaften, ungefähr 1 m breiten Mund und zahlreiche kleine Zähne. Gewisse Merkmale deuteten auf eine Verwandtschaft mit den Weißhaien und den Makohaien. Für dieses Tier wurde eine neue Gattung, eine neue Art und eine neue Familie geschaffen. Der wissenschaftliche Name bedeutet „Großer Gähner des offenen Meeres".

Seither wurden neun weitere Riesenmaulhaie gefunden. Die ersten sechs waren alles große Männchen. Vor kurzem beobachtete man ein 3,6 m und ein 5 m langes Weibchen und ein kleines, 1,8 m langes Männchen.

Es darf nicht überraschen, wenn wir über den Riesenmaulhai nur sehr wenig wissen. Er lebt in der Hochsee, oft in großen Tiefen, und das erklärt wohl auch die Seltenheit der Beobachtung. Wie der Walhai (siehe Seite 151) und der Riesenhai (siehe Seite 157) scheint er sich von Plankton zu ernähren. Er schwimmt langsam durch das Meer und filtert dabei Garnelen und andere Beutetiere aus dem Wasser. Den Tag verbringt er auf der Nahrungssuche in tiefen Schichten und wandert nachts in oberflächennahere Schichten. Die silberfarbene Auskleidung seiner Mundhöhle wirft wahrscheinlich Licht zurück und lockt möglicherweise Garnelen an.

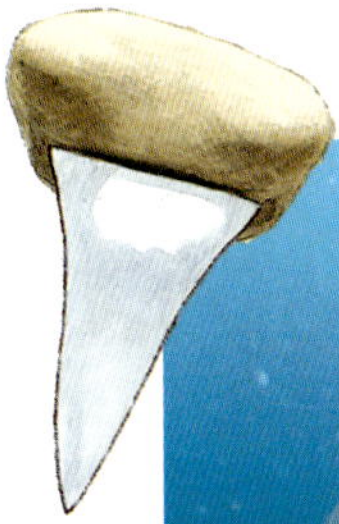

Zähne des Ober- und Unterkiefers

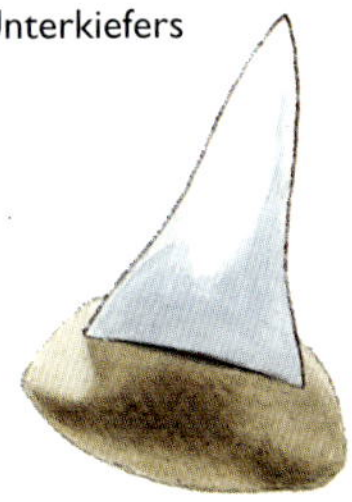

Mit dem großen Maul filtert diese Art planktische Lebewesen heraus.

Alopias pelagicus

Hochsee-Drescherhai, Pelagic Thresher

Der Hochsee-Drescherhai hat einen dunklen Körper mit Gegenschattierung: Der Rücken ist grau, der Bauch weiß. Er hat viele Merkmale mit dem häufigen Drescher- oder Fuchshai gemeinsam (siehe Seite 156). Die erste Rückenflosse befindet sich jedoch näher der Brustflosse. Auf jedem Kiefer stehen mindestens 30 Reihen kleiner Zähne - jeder mit einem deutlichen kleinen Höcker in der Mitte.

Der Hochsee-Drescherhai ist in tropischen und subtropischen Bereichen des Indopazifiks häufig und wird meist weit weg von der Küste an den der Hochsee zugewandten Rändern von Korallenriffen und untermeerischen Erhebungen beobachtet. Die Taucher können sich dem scheuen Tier kaum nähern. Gelegentlich geht er in Tiefen bis 150 m. Er frißt entweder nahe der Oberfläche oder in tieferen Gewässern kleine Fische und Tintenfische, die er mit seinen kleinen scharfen Zähnen packt und zerschneidet.

Der Großaugen-Drescherhai (*Alopias superciliosus*) erreicht eine Länge von 4,6 m. Von seinen Verwandten ist er leicht durch die tiefen Furchen oberhalb der sehr großen Augen zu unterscheiden. Diese liegen fast oben auf dem Kopf. Bauchflossen groß. Brustflossen lang, Hinterkante gekrümmt, Spitze abgerundet. Diese Art kommt in fast allen tropischen und subtropischen Meeren in der Hochsee wie in der Küstenregion vor und geht bis in Tiefen von 500 m. Sie ernährt sich von Hochseemakrelen, Thunfischen, Heringen und Fächerfischen.

Die Weibchen des Hochsee-Drescherhaies erreichen die Geschlechtsreife bei ungefähr 2,6 m Länge. Die Embryonen verhalten sich im Uterus kannibalistisch, so daß nur zwei Jungfische auf die Welt kommen. Diese werden fast 1 m lang. Auch der Großaugen-Drescherhai bringt kannibalistische Jungtiere auf die Welt, doch die Zahl der Nachkommen schwankt von 2 bis 4. Dies deutet darauf hin, daß einige Embryonen während der Trächtigkeit koexistieren.

FELDNOTIZEN

- Indopazifik
- Bis 3,3 m; Schwanz macht die Hälfte der Gesamtlänge aus
- Harmlos und scheu
- Frühjahr und Sommer
- Wird in einigen Gebieten wegen der Überfischung seltener

Schnauze des Großaugen-Drescherhaies

Alopias vulpinus

Fuchshai, Drescherhai, Common Thresher Shark

Diese Art ist eine von drei Angehörigen der Familie Alopiidae. Man erkennt diese großen Hochseetiere sofort an ihren langen Schwänzen. Schnauze kurz und konisch, die großen Augen weit vorne am Kopf liegend, Körper spindelförmig, erste Rückenflosse viel größer als die zweite. Die breiten Brustflossen erzeugen beim Schwimmen einen Auftrieb. Diese starken aktiven Haie haben so viel Kraft, daß sie aus dem Wasser springen können.

Kiefer verhältnismäßig klein, mit bemerkenswert effizienten, kleinen, scharfen Zähnen für den Fang von Tintenfischen und Schwarmfischen. Mit dem langen Schwanz schlagen die Haie auf die Wasseroberfläche und treiben dabei ihre Beute in größeren Gruppen zusammen, um sie leichter fangen zu können.

Den Fuchs- oder Drescherhai unterscheidet man von seinen Verwandten durch die Lage der ersten Rückenflosse: ihre Vorderkante liegt über der Hinterkante der Brustflossen. Diese ist gekrümmt und am Ende zugespitzt. Körper oben dunkelblaugrau, das Weiß der Bauchseite scharf abgesetzt gegenüber dem Blau des Rückens. An den Seiten des Kiefers stehen deutliche Lippenfurchen.

Der Fuchs- oder Drescherhai kommt in vielen tropischen und gemäßigten Gewässern vor. Man sieht ihn oft in Küstengewässern an der Oberfläche schwimmen, doch kommt er auch in Tiefen von 350 m und mehr vor. Am ehesten sieht man ihn von Booten aus oder als Schnorchler in offenem Wasser. Der Fuchshai ist ein großer Hai, dessen Kraft man respektieren und von dessen Schwanz man Abstand halten sollte.

Die Weibchen erreichen die Geschlechtsreife mit ungefähr 3 m Länge und gebären 4 bis 6 Jungtiere, die ungefähr 1,5 m lang werden. Der Drescherhai wird wegen seiner Flossen und seines Fleisches gefangen. In vielen Küstengebieten gehen die Populationen deswegen zurück.

FELDNOTIZEN

- West- und Ostatlantik, West- und Zentralpazifik
- 5 – 6 m
- Nicht aggressiv, doch sollte man ihm mit Vorsicht begegnen
- Tagsüber, fast das ganze Jahr hindurch
- Wird durch Überfischung in vielen Gebieten seltener

Fuchs- oder Drescherhai

Cetorhinus maximus

Riesenhai, Basking Shark

Der Riesenhai ist der zweitgrößte Fisch der Welt und kommt gleich hinter dem Walhai (siehe Seite 151), der sich ebenfalls von Plankton ernährt. Die Größe ist ein wichtiges Unterscheidungsmerkmal, ebenso die sehr breiten Kiemenspalten, die sich von der Kopfoberseite bis ganz nach unten erstrecken. Körper graubraun, stromlinienförmig und gedrungen, mit starker halbmondförmiger Schwanzflosse und seitlichem Kiel. Schnauze kurz, schmal und konisch mit mächtigen Kiefern, die sich bei der Nahrungsaufnahme seitwärts vergrößern.

Riesenhaie kommen häufig in kalt- und warmgemäßigten Gewässern vor, wo sie von der Planktonblüte in Küstengebieten profitieren. Auf der Nahrungssuche dringen sie oft in große Buchten ein. Man beobachtet sie nahe der Küste, wie sie an der Oberfläche langsam mit weit geöffnetem Maul schwimmen. Damit bilden sie ein „Netz" für den Planktonfang. Das Wasser dringt in den Mund ein und fließt am spezialisierten Kiemenreusenapparat vorbei, der das Plankton herausfiltert. Das Wasser verläßt den Körper durch die Kiemenspalten. Der Riesenhai sieht bei der Nahrungsaufnahme ganz anders aus als der Walhai mit seiner breiten und schmalen Mundöffnung.

Riesenhaie wandern viel herum und treten jahreszeitlich an bestimmten Stellen auf, wobei man dann Jagd auf sie macht. Ihr Fleisch und ihre große Leber sind sehr beliebt.

Riesenhaie bilden oft nach Geschlecht und Körpergröße gegliederte Gruppen. Über ihre Fortpflanzung weiß man nur sehr wenig. Die Weibchen erreichen die Geschlechtsreife mit ungefähr 4 - 5 m und bringen wahrscheinlich lebende Junge auf die Welt.

FELDNOTIZEN

- *West- und Ostatlantik, westlicher Indischer Ozean, West- und Ostpazifik*
- *10 m*
- *Bei Bedrohung möglicherweise gefährlich*
- *Jahreszeitlich, je nach Region, tagsüber*
- *In einigen Gebieten häufig, in anderen verschwunden*

Der Riesenhai filtert mit seinen Kiemenreusen Plankton aus dem Wasser heraus.

Carcharodon carcharias

Weißhai, Great White Shark

Der Weißhai ist die größte räuberisch lebende Haiart. Als Filmstar und in der Literatur verbreitet er Schrecken, doch über seine Biologie und sein Verhalten ist nur wenig bekannt. Der Weißhai ist eine robust gebaute, torpedoförmige Art mit konischer Schnauze und normaler Flossenverteilung. Im Gegensatz zu den meisten übrigen Haien sind der obere und der untere Lappen der Schwanzflosse fast gleich groß; darin ähnelt er den Makohaien. Dies deutet jedenfalls darauf hin, daß er dauernd umherschwimmt und gelegentlich hohe Geschwindigkeiten erreicht. Um genügend Sauerstoff zu bekommen, muß er tatsächlich immer in Bewegung sein.

Der Weißhai unterscheidet sich von seinen Verwandten durch praktisch symmetrische dreieckige Zähne mit eingekerbtem Rand. Er zieht flache, kühle Küstengewässer vor, kommt gelegentlich aber auch in Äquatornähe bei Hawaii vor. Tagsüber machen die erwachsenen Tier Jagd auf Robben und Seelöwen, von denen sie sich zu einem großen Teil ernähren.

Weißhaie sind für die meisten, nicht provozierten Angriffe auf Menschen in gemäßigten Gewässern verantwortlich. Dabei werden auch Menschen getötet. Die Zahl der Angriffe liegt in der Regel jedoch unter 10 pro Jahr. Beim Tauchen in einem Haikäfig kann man diese Tiere in relativer Sicherheit betrachten. Solche Tauchgänge werden vor Baja California, Mexiko, in Südaustralien (siehe Seite 264 - 275) und in Südafrika organisiert.

Das Weibchen bringt sieben bis neun lebende Junge auf die Welt und pflanzt sich im Leben angeblich insgesamt nur vier- bis sechsmal fort. Die jungen Weißhaie werden erst im Alter von 10 bis 12 Jahren geschlechtsreif. Deswegen reagiert die Art sehr verletzlich auf Überfischung.

FELDNOTIZEN

- *Weltweit, am Rand der Kontinentalschelfe aller gemäßigten Meere bis in die Tropen*
- *Größtes Tier angeblich 6,6 m lang und 3285 kg schwer*
- *Gefährlich*
- *Afrika: Dez. – Feb.; Australien: Jan. – Mai; Mexiko: Aug. – Sept.*
- *Nirgendwo häufig, heute geschützt in Südafrika, Australien, Malediven und Kalifornien, USA*

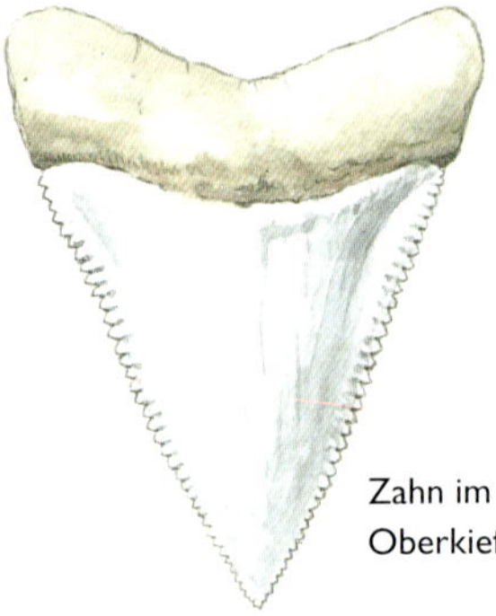

Zahn im Oberkiefer

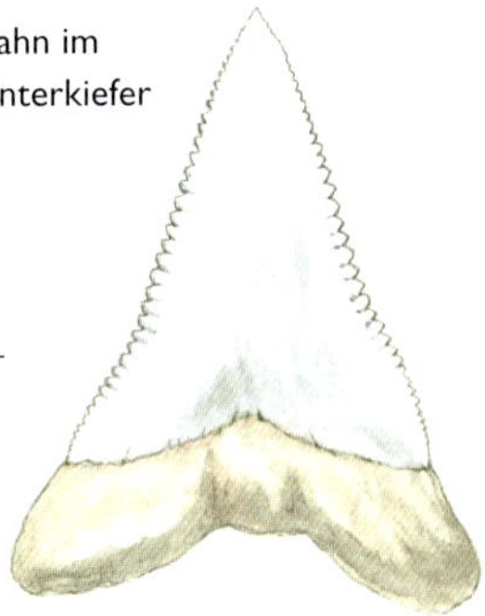

Zahn im Unterkiefer

Isurus oxyrinchus

Kurzflossiger Makohai, Shortfin Mako Shark

Der Kurzflossige Makohai hat in der Familie der Makrelenhaie den am stärksten spindelförmigen Körper. Schnauze lang, konisch, Brustflossen kurz, Schwanzflosse halbmondförmig, Rücken indigoblau, Bauch weiß. Zähne selbst bei geschlossenem Mund sichtbar: lang, schlank, dolchförmig mit glattem Rand. Der weniger häufige Langflossige Makohai (*Isurus paucus*) hat längere Brustflossen und eine stumpfe Schnauze.

Der Kurzflossige Makohai spielt eine literarische Rolle in Ernest Hemingways Novelle „Der alte Mann und das Meer". Er wird als Sportfisch geschätzt, weil er bis 6 m hoch aus dem Wasser springen kann und am Haken bis 35 km/h schnell wird. Mit dieser Geschwindigkeit fängt er auch Fische und Tintenfische. Große Exemplare machen sogar auf Fächerfische und Wale Jagd. Von einem Individuum weiß man, daß es in 37 Tagen 2128 km zurückgelegt hat - im Mittel 48 km pro Tag.

Kurzflossige Makohaie leben vor der Küste in tropischen und gemäßigten Gewässern und gehen bis in 150 m Tiefe. Man sieht sie selten; dieses Glück haben am ehesten Taucher im offenen Meer. Makohaie sind gefährlich und haben schon Menschen angegriffen. Am häufigsten sind jedoch Attacken auf Fischerboote, wenn nämlich ein gehaktes Tier ins Boot springt. Die Kurzflossigen Makohaie sind vivipar, doch fehlt eine Plazenta. Die Weibchen bringen 4 bis 16 Jungtiere auf die Welt. Ältere Embryonen fressen im Uterus einige Eier und kleinere Embryonen.

FELDNOTIZEN

- Weltweit
- Bis 3,95 m
- Potentiell gefährlich
- Tagsüber, während des ganzen Jahres
- Nicht selten, oft jedoch von der Fischerei reduziert

Die Zähne des Kurzflossigen Makohais werden hier sehr deutlich.

Lamna ditropis

Pazifischer Heringshai, Salmon Shark

Die Heringshaie (siehe auch die atlantische Art auf Seite 161) gehören zur Gattung *Lamna*. Die alten Griechen bezeichneten damit ein schreckliches menschenfressendes Monster, und die Erwachsenen drohten damit ungehorsamen Kindern. Der Pazifische und der Atlantische Heringshai sehen einander so ähnlich, daß man sie erst 1947 als getrennte Arten erkannte. Wenn man den Fundort weiß, ist die Unterscheidung leicht.

Der Pazifische Heringshai hat mit allen Makrelenhaien das schreckenerregende Aussehen gemeinsam. Vom Weißhai (siehe Seite 158) unterscheidet er sich jedoch durch glatte und nicht eingekerbte Zahnränder, von den Makohaien (siehe Seite 159) durch einen blaugrauen und nicht einen indigoblauen Rücken. Ein gemeinsames Merkmal aller Heringshaie ist der zweite Kiel an der Schwanzbasis.

Der Pazifische Heringshai ist ein mächtiger, torpedoförmiger Räuber. Er hat breite, scharfe, zugespitzte Zähne und ist an die Jagd auf schnelle Meeresfische angepaßt, etwa Lachse und Makrelen. Im Gegensatz zu anderen Arten seiner Familie bildet der Pazifische Heringshai auf der Jagd Schulen von 20 bis 30 Individuen. Für den Menschen stellen sie keine Gefahr dar, weil es praktisch kein Zusammentreffen gibt.

FELDNOTIZEN

- *Subarktische Gewässer des Nordpazifiks, von Alaska bis Kalifornien und von der Beringsee bis nach Japan*
- *Bis 3 m*
- *Potentiell gefährlich*
- *Nicht von Tauchern beobachtet*
- *Im Zentrum des Verbreitungsgebietes häufig*

Der Pazifische Heringshai bewohnt die kälteren Gewässer des Nordpazifiks von der Oberfläche bis in Tiefen von 155 m und kommt selten an die Küste. Er frißt auch Fische, die sich bereits in Netzen verfangen haben, und bleibt dabei gelegentlich selbst hängen.

Der Pazifische Heringshai ist vivipar, doch fehlt eine Plazenta. Wie bei den verwandten Arten fressen die Embryonen im Uterus Eier und kleinere Embryonen. Das Weibchen bringt zwei bis vier Junge auf die Welt. Bei der Geburt haben sie eine Länge von 65 - 70 cm.

Zähne des Ober- und Unterkiefers

Lamna nasus

Atlantischer Heringshai, Porbeagle

Der Atlantische Heringshai und sein Verwandter im Nordpazifik (siehe gegenüberliegende Seite) sind die kleinsten der fünf Makrelenhaie. Allerdings erreicht er immer noch ein Gewicht von 158 - 225 kg. Der gedrungene Körper ist oben dunkel graublau bis braun und unten weiß. An der Hinterkante der ersten Rückenflosse befindet sich ein weißer Fleck. Der Pazifische und der Atlantische Heringshai sind die einzigen Haie mit einem zweiten Kiel an der Basis der halbmondförmigen Schwanzflosse. Sie erfüllt hydrodynamische Aufgaben.

Dieser schnelle Schwimmer bewohnt die Kontinentalschelfe in kalten Gewässern bis in Tiefen von 370 m. Mit seinen scharfen, schlanken Zähnen frißt er Makrelen und Tintenfische, an der Oberfläche und weiter in der Tiefe Dorsch, Schellfisch und auch Flundern sowie andere bodenbewohnende Fische. Wie alle Makrelenhaie, doch im Gegensatz zu den meisten bodenbewohnenden Haien, muß der Atlantische Heringshai dauernd schwimmen, um genügend Sauerstoff zu bekommen.

Der Atlantische Heringshai pflanzt sich vivipar, aber ohne Plazenta fort. Die älteren Embryonen ernähren sich von den Eiern und kleineren Geschwistern im Uterus.

Makrelenhaie nehmen wegen ihres Wärmeaustauschsystems eine Sonderstellung unter den Haien ein. Sie erreichen damit eine gewisse Warmblütigkeit. Sie verteilen die Wärme, die von den Schwimmmuskeln erzeugt wird, mit Hilfe des Blutes auf den ganzen Körper. Dadurch liegt ihre Körpertemperatur höher als die des umgebenden Wassers. Dies wiederum erhöht die Muskelkraft der Heringshaie und die Reaktionsschnelligkeit des Nervensystems. Beim Atlantischen Heringshai kann der Körper um 11 °C wärmer sein als das Wasser.

FELDNOTIZEN

- *Kalte Gewässer des Nordatlantiks, des Südatlantiks und des Pazifiks*
- *Bis 3,7 m*
- *Potentiell gefährlich*
- *Von Tauchern nicht beobachtet*
- *Häufig*

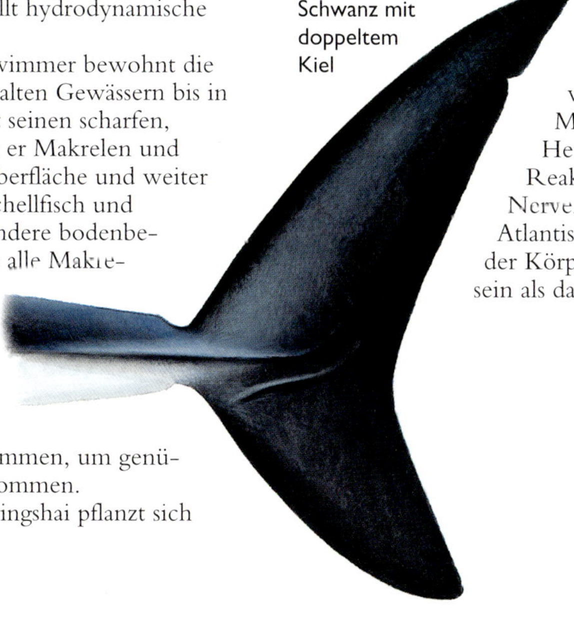

Schwanz mit doppeltem Kiel

Atelomycterus marmoratus

Korallen-Katzenhai, Coral Catshark

Der Korallen-Katzenhai ist eine ziemlich kleine Art mit auffälliger Musterung. Sie besteht aus weißen Flecken auf dunklem Hintergrund; der Bauch ist weiß. Auch die ungefähr gleich großen Rückenflossen haben weiße Flecken an den Spitzen. Schwanzflosse kurz.

Ein weiteres Merkmal dieser Art sind die langen Lippenfurchen an den Mundecken. Die Augen stehen vor den großen Spritzlöchern. Diese führen den Kiemen Wasser zu, wenn der Hai auf dem Boden ruht oder gerade frißt.

FELDNOTIZEN

- *Indischer Ozean, Westpazifik von Pakistan bis Papua Neuguinea*
- *60 cm*
- *Harmlos*
- *Meist nachts aktiv, fast das ganze Jahr über*
- *Häufig*

Eine verwandte Art mit dem Namen *Atelomycterus macleayi*, die in Nordaustralien vorkommt, sieht ähnlich aus, läßt sich aber anhand der grauen sattelartigen Markierungen auf dem Rücken und den kleinen schwarzen Flecken über dem größten Teil des Körpers unterscheiden. Mit über 100 Arten ist die Familie der Katzenhaie die größte. Der Name stammt wohl von den eleganten Bewegungen und von der Augenfarbe.

Erwachsene Korallen-Katzenhaie kommen häufig in flachen Riffen in tropischen Gewässern vor. Sie halten sich zwischen Korallenstöcken und in Höhlen und Spalten des Riffes auf. Mit ihrem schlanken, biegsamen Körper schwimmen sie auch in ausgeprägten Schlängelbewegungen über dem Boden. Sie sind nachts aktiver und ernähren sich von benthischen Wirbellosen und Kleinfischen.

Das Weibchen erreicht die Geschlechtsreife bei einer Länge von rund 50 cm. Es legt beutelähnliche Eikapseln, meist zwei auf einmal, mit Fortsätzen, die für eine Verankerung am Boden sorgen. Die Jungfische sind beim Schlüpfen rund 10 cm lang und selten zu sehen. Sie verbringen den größten Teil ihrer Zeit zurückgezogen im Riff.

 Ein Korallen-Katzenhai in einem Riff in den Philippinen.

Cephaloscyllium ventriosum

Ballonhai, Swellshark

Den Ballonhai kann man mit keiner anderen Haiart verwechseln. Er hat eine breit abgerundete Schnauze und kleine Rückenflossen auf der hinteren Körperhälfte. Die Haut ist mit großen dornigen Zähnchen besetzt. Die dunkelbraunen Flecken und die sattelartigen Muster auf dem Rücken sowie die regelmäßig verteilten schwarzen Punkte stellen für einen bodenbewohnenden Hai ein gutes Tarnkleid dar. Im Kiefer stehen kleine zugespitzte Zähne. Der Hai fängt damit Fische, die an ihm vorbeischwimmen, ohne ihn zu bemerken.

Auch die Taucher übersehen den Ballonhai wegen seiner guten Tarnung oft. Man begegnet ihm von 10 bis 60 m Tiefe, wenn man sorgfältig Ausschau hält in Höhlen, zwischen Felsblöcken und in Spalten in der Nähe von Kelpwäldern. Der Ballonhai wird nur gefährlich, wenn man ihn provoziert und in die Hand nimmt. Dabei bläst er sich wie ein Ballon auf, so daß er sich in Felsspalten fest verkeilt und sicher vor eventuellen Räubern ist.

Das Weibchen legt große, grünlich bernsteinfarbene Eier ab. Je nach Wassertemperatur schlüpfen die Jungen nach 7 bis 10 Monaten. Sie sind dabei ungefähr 15 cm lang. Die Jungtiere setzen beim Schlüpfen ihre vergrößerten Hautzähne ein, um ihre Eikapsel zu öffnen.

FELDNOTIZEN

- *Gemäßigter Ostpazifik, von Zentralkalifornien bis Südmexiko sowie Zentralchile*
- *Bis 1 m*
- *Harmlos, sofern nicht provoziert*
- *Nachtaktiv, tagsüber im verborgenen lebend*
- *Nicht selten*

Ein junger Ballonhai entschlüpft gerade dem Ei.

Poroderma africanum

Gestreifter Katzenhai, Striped Catshark

Der Gestreifte Katzenhai ist leicht an seinen deutlichen waagrechten Streifen zu erkennen. Wie die beiden anderen *Poroderma*-Arten hat er einen gedrungenen, deutlich verjüngten Körper und eine verhältnismäßig kurze Schwanzflosse. In Nasennähe stehen kurze Barteln. Bei der verwandten Art *Poroderma marleyi* sind sie jedoch verhältnismäßig lang, und der Körper ist von großen, schwarzen Flecken bedeckt. Der Leoparden-Katzenhai (*Poroderma pantherinum*), der ebenfalls relativ lange Barteln hat, zeigt als Muster zahlreiche durchbrochene Ringe und kleine dunkle Flecken.

Der Gestreifte Katzenhai bewohnt die Küstengewässer gemäßigter Meere und ist häufig an flachen Felsküsten und in tieferen Schichten bis 100 m. Er verbirgt sich tagsüber in Höhlen und Spalten, nachts schwimmt er den Boden entlang auf Nahrungssuche. Er frißt dabei kleine bodenbewohnende Krebse, Garnelen, Krabben, kleine Fische, Tintenfische und andere Weichtiere. Das Weibchen erreicht die Geschlechtsreife bei einer Körperlänge von 70 m. Während der Paarungszeit legt es alle paar Tage jeweils zwei Eikapseln mit langen Fortsätzen ab. Die Jungen schlüpfen nach fünf bis sechs Monaten und sind dabei rund 15 cm lang.

FELDNOTIZEN

- *Östlicher Teil des Südatlantiks, westlicher Indischer Ozean vor Südafrika, möglicherweise auch Madagaskar und Mauritius*
- *1 m*
- *Harmlos*
- *In der Regel nachts*
- *Häufig*

Die Fortsätze der Eikapsel ranken sich am Boden oder an Tangen fest.

Scyliorhinus canicula

Kleingefleckter Katzenhai, Smallspotted Catshark

Der Kleingefleckte Katzenhai hat einen langen, schlanken Körper und einen relativ kurzen Schwanz. Kopf leicht abgeflacht, Mundwinkel ohne Lippenfurche, keine Barteln bei den Nasenlöchern. Körper von kleinen, in der Regel dunklen Flecken bedeckt. Einige Individuen zeigen auf dem Rücken acht bis neun zusätzliche sattelförmige Zeichnungen mit unterschiedlicher Farbintensität und Stellung.

FELDNOTIZEN

- *Östlicher Nordatlantik*
- *60 – 100 cm, im Mittelmeer deutlich kleiner*
- *Harmlos*
- *Tag und Nacht, fast das ganze Jahr über*
- *Häufig*

Dieser bodenbewohnende Hai lebt in gemäßigten Gewässern. Tagsüber ruht er auf felsigem, schlammigen oder sandigem Boden und verbirgt sich darin teilweise. Am Kontinentalschelf geht er bis in 100 m Tiefe. Nachts ist dieser Katzenhai aktiv, und Taucher können beobachten, wie er sich von kleinen Fischen, Weichtieren und Krebstieren ernährt. Die Katzenhaie saugen mit einer schnellen Bewegung ihre Beute ein.

Im Winter sammeln sich die Weibchen in Küstennähe; die Männchen treffen im Frühjahr zu ihnen. Im Spätsommer wandern diese erwachsenen Tiere in tiefere Gewässer vor der Küste, um sich dort zu paaren. Das Männchen beißt das Weibchen dabei, windet sich um dessen Körper und überträgt den Samen. Die Weibchen legen ihre Eier in Eikapseln im flacheren Wasser an Felsküsten oder in Algenwiesen. Nach ungefähr neun Monaten schlüpfen die rund 9 cm langen Jungfische.

Der Katzenhai ist in Europa wegen seines Fleisches und Öles von kommerzieller Bedeutung.

Der leicht abgeflachte Kopf des bodenbewohnenden Kleingefleckten Katzenhaies.

Galeorhinus galeus

Hundshai, Soupfin Shark

Der Hundshai ist eine ziemlich schlanke Art, Oberseite bronzegrau, Unterseite hell. Schwanzflosse ziemlich eigentümlich gespalten, unterer Lappen ungewöhnlich groß. Zweite Rückenflosse ungefähr so groß wie Afterflosse.

Der Hundshai kommt in der Regel im Kontinentalschelf und im Kontinentalabhang gemäßigter Meere vor. Er ernährt sich hauptsächlich von Fischen, Kalmaren und Kraken in Bodennähe oder in der Wassersäule darüber. Oft bildet er Schulen und wird selbst über 50 Jahre alt.

Der Hundshai gilt als harmlos und sehr scheu, so daß kaum mit Begegnungen zu rechnen ist. Er flieht, lange bevor ein Taucher in dessen Nähe gelangt. Bisweilen fangen Angler an der Küste größere Mengen neugeborener Jungfische.

Der Hundshai legt größere Wanderungen zurück, und die Weibchen bringen ihre Jungen in kühlen Gewässern auf die Welt. Haie, die in England und Irland markiert wurden, zogen bis nach Island (2460 km) und zu den Kanarischen Inseln (2525 km). Haie aus Kalifornien fing man vor British Columbia (1610 km) wieder.

Der Hundshai ist ovovivipar, wobei die Zahl der Jungen pro Wurf stark schwankt; das Maximum war bisher 52 Jungfische. Nach einer Trächtigkeit von 12 Monaten kommen die 30 - 35 cm langen Jungfische auf die Welt. Fortpflanzungsgebiete in Küstennähe hat man in Australien, Argentinien und Südafrika gefunden. Die Weibchen werden mit 8 bis 10 Jahren geschlechtsreif und pflanzen sich nur jedes zweite oder dritte Jahr fort. Diese niedrige Fortpflanzungsrate zusammen mit der hohen Lebenserwartung haben zur Folge, daß der Hundshai durch Überfischung stark gefährdet ist. Er ist wertvoll wegen seines Fleisches, des Lebertrans und der Flossen.

FELDNOTIZEN

- Weite Verbreitung: Westküste Nordamerikas, Ostküste Südamerikas, Nordostatlantik, Südafrika, Südaustralien, Neuseeland
- Regional unterschiedlich, bis 2 m
- Wird von Tauchern nicht beobachtet
- Häufig

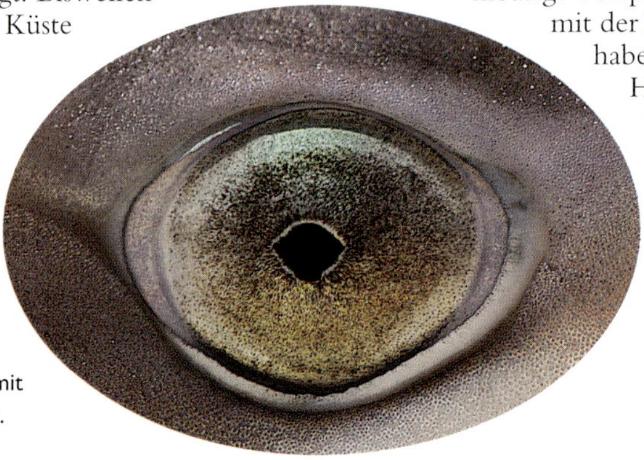

Nahaufnahme des Auges mit der beweglichen Nickhaut.

Mustelus antarcticus

Antarktischer Glatthai, Gummy Shark

Der Antarktische Glatthai hat seinen englischen Namen von der Form seiner Zähne. Sie sind flach und bilden eine Art Pflaster, mit dessen Hilfe der Fisch seine Beutetiere eher zertrümmert als zerschneidet. Dazu gehören alle möglichen Tintenfische, Krebstiere und Fische auf sandigem und felsigem Meeresboden.

FELDNOTIZEN

- Südaustralien
- Weibchen bis 1,77 m, Männchen bis 1,45 m
- Harmlos
- Tagsüber, während des ganzen Jahres
- Häufig

Der Antarktische Glatthai ist ein schlankes bronzegraues Tier mit zahlreichen weißen und bisweilen auch schwarzen Flecken auf dem Rücken und den Körperseiten. Auf dem Rücken verläuft ein dünner Kiel.

Der Europäische Glatthai (*Mustelus canis*) des Westatlantiks ist eine von ungefähr 20 weiteren Arten der Gattung *Mustelus*. Er ist einfarbig grau, schlank, seine Lebensweise ähnelt dem des Antarktischen Glatthaies.

Beide Arten kommen zur Hauptsache in gemäßigten Meeren auf dem Kontinentalschelf vor. Bisweilen findet man sie auch am Kontinentalabhang, den Antarktischen Glatthai bis in 350 m Tiefe, die europäische Form bis in 580 m. Beide Arten sind häufig, und Taucher begegnen ihnen oft am Meeresboden in seichten Küstengewässern. Sie sind harmlos, und man kann sich ihnen durchaus nähern.

Durch Markierungsversuche wissen wir, daß die Weibchen des Antarktischen Glatthaies lange Wanderungen quer über das Meer vor Südaustralien durchführen: Die längste betrug 1840 km. Die meisten Individuen legen aber nur kurze Strecken zurück.

Der Antarktische Glatthai ist ovovivipar. Nach einer Trächtigkeit von ungefähr 12 Monaten bringt er zwischen 1 und 38 Jungfische mit einer Länge von 30 - 36 cm in Küstennähe auf die Welt. Das Durchschnittsalter dieser Haiart liegt bei 16 Jahren. In der Vergangenheit kamen Befürchtungen über den Rückgang der Bestände auf, doch heute wird nachhaltig gefischt, vor allem wegen des Fleisches, das örtlich unter der Bezeichnung „Flake“ bekannt ist.

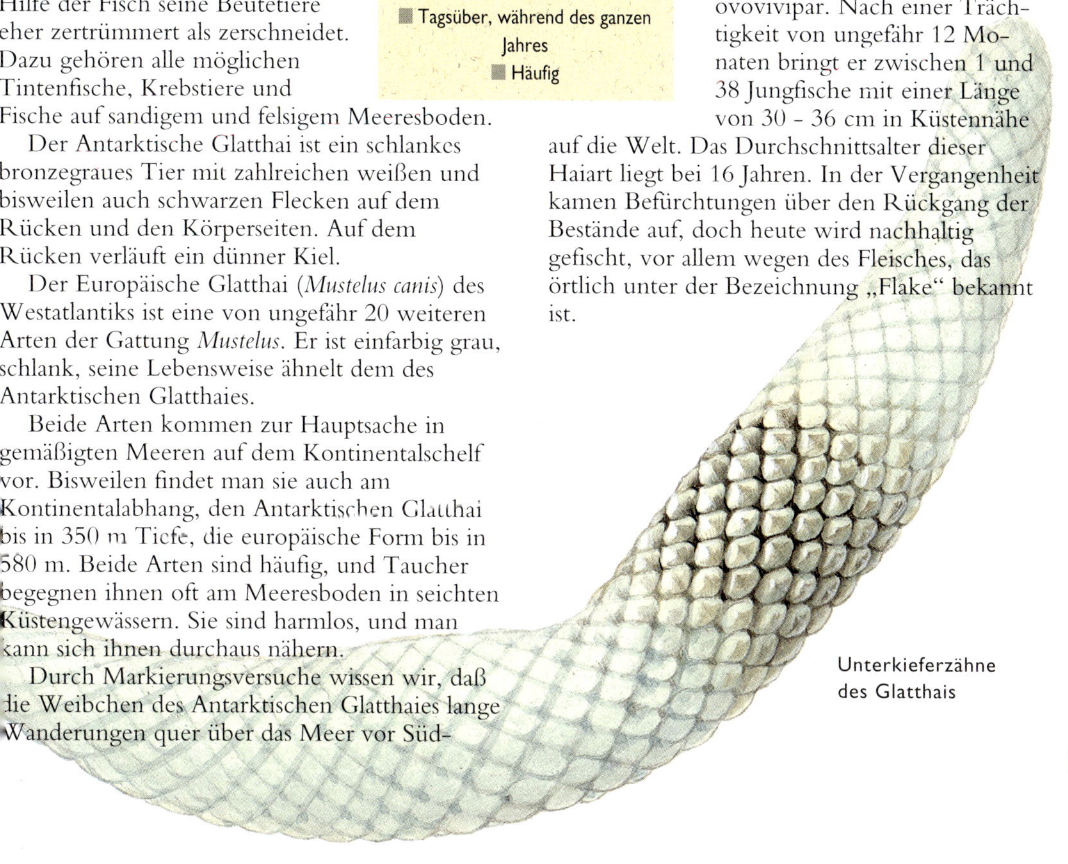

Unterkieferzähne des Glatthais

Triakis semifasciata

Leopardhai, Leopard Shark

Leopardhaie sind regelmäßige und auffällige Bewohner der meisten Buchten an der Küste Nordkaliforniens.

Die attraktiven, schlanken Fische zeigen eine Reihe schwarzer Flecken und sattelförmiger Zeichnungen auf einem allgemein grauen Hintergrund. Durch die auffällige Färbung sind sie beliebte Aquarienfische. Sie haben alle Flossen eines modernen Haies, müssen aber nicht dauernd in Bewegung sein, um atmen zu können. In Wirklichkeit sind sie sogar sehr träge. Zähne klein, zugespitzt. Der Leopardhai frißt Fische, Fischeier, Garnelen, Krabben und auch Muscheln.

FELDNOTIZEN

- Pazifikküste von Oregon bis nach Baja California
- Bis 1,8 m
- Harmlos
- In der Regel tagsüber, das ganze Jahr
- Einst extrem häufig, heute infolge des Angelsports und der kommerziellen Fischerei stellenweise selten geworden.

Jedes Jahr wandern Leopardhaie im gemäßigten Nordwestpazifik von den inneren zu den äußeren Küstenbereichen. Taucher und Kajakfahrer sehen sie oft auf Sand- oder Schlammböden. Sie sind trotz ihres Namens harmlos. Doch weil sie in Gruppen auftreten und wandern, werden sie oft in großer Zahl gefangen, so daß die Bestände zurückgehen.

Bei der Geschlechtsreife sind die Männchen kleiner als die Weibchen, werden aber später etwas größer. Die Weibchen bringen jedes Frühjahr bis 25 Junge auf die Welt.

Die auffallende Körperzeichnung (links) des Leopardhaies; eine beeindruckende Reihe kleiner zugespitzer Zähne.

Carcharhinus albimarginatus

Küsten-Weißspitzenhai, Silvertip Shark

FELDNOTIZEN

- Weit verbreitet in den Tropen außer im Atlantik
- 3 m
- Aggressiv, aber relativ risikolos
- Tagsüber ganzjährig
- Häufig

Küsten-Weißspitzenhaie sind ziemlich groß, schlank und dunkelgrau. Ihre deutsche Bezeichnung stammt von den weißen spitzen Rändern aller Flossen. Brustflossen schmal und zugespitzt, erste Rückenflosse an der Spitze abgerundet. Abgesehen von diesen Merkmalen sieht der Küsten-Weißspitzenhai wie andere graue Menschenhaie aus, die in warmen tropischen Gewässern am Rand von Riffen vorkommen.

Die Zähne des Küsten-Weißspitzenhaies sehen aus wie der anderen Arten der Gattung *Carcharhinus*. Sie sind im Unterkiefer spitz und stark gezähnelt, im Oberkiefer gezähnt und deutlich schräg stehend. Die Haie fangen damit Fische und zerschneiden sie: große Barsche im Riff, Thunfische und Fliegende Fische in der Hochsee.

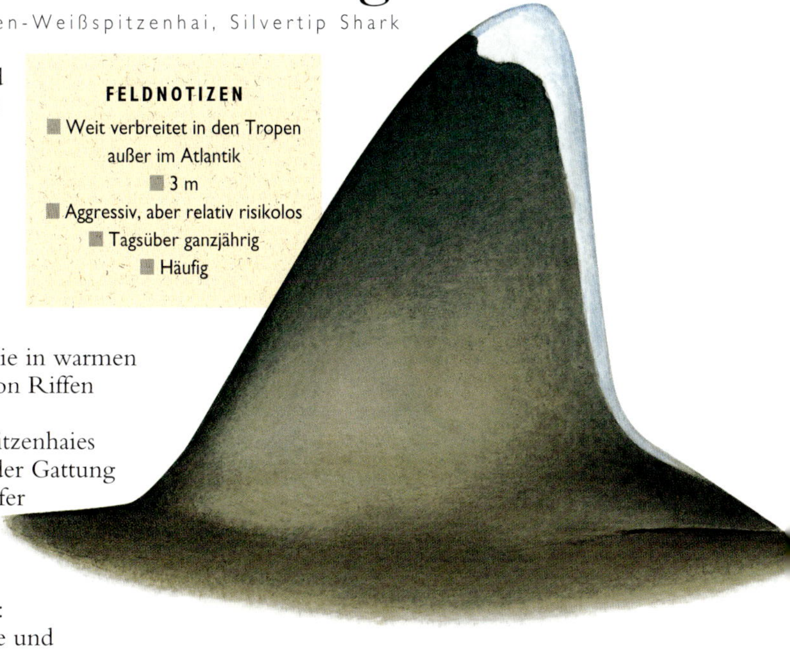

Rückenflosse

Der Küsten-Weißspitzenhai bevorzugt Inseln vor der Küste, Korallenriffe und flache Sandbänke. Er dringt auch in Lagunen ein, und hier begegnet man ihm am leichtesten. Angesichts seiner Größe und seines aggressiven Verhaltens sollte man ihm mit Vorsicht und Respekt begegnen. Man weiß von ihm, daß er gelegentlich Taucher bedrängt, doch Berichte über echte Angriffe gibt es nur wenige.

Der Küsten-Weißspitzenhai ist vivipar: Das Weibchen bringt in der Regel 5 oder 6 Jungfische auf die Welt. Die Trächtigkeit dauert 12 Monate.

Untersuchungen mit Unterwasserschall haben gezeigt, daß Küsten-Weißspitzenhaie von niedrigfrequenten Geräuschen angelockt werden, wie sie verletzte Fische erzeugen.

Carcharhinus amblyrhynchos

Grauer Riffhai, Gray Reef Shark

FELDNOTIZEN

- Zentralpazifik bis Madagaskar
- Bis 2,5 m, jedoch selten größer als 1,8 m
- Hat bei Bedrohung schon angegriffen
- Tagsüber, das ganze Jahr
- Häufig

Der Graue Riffhai sieht dem Küsten-Weißspitzenhai (siehe Seite 169) ähnlich, bleibt im allgemeinen aber kleiner. Der Hinterrand des Schwanzes ist schwarz gefärbt. Einige Individuen zeigen an der ersten Rückenflosse eine weiße Vorderkante; die deutlichen weißen Ränder der Schwanz- und der Brustflossen der Küsten-Weißspitzenhaie fehlen ihm jedoch.

Die Zähne des Grauen Riffhaies sind dreieckig mit feinen Sägezähnchen. Er ernährt sich von kleinen Fischen des Riffes und ist einer der häufigsten Haie in indopazifischen Korallenriffen. Man begegnet ihm vor allem in den Riffpassagen. Er wird von niederfrequenten Unterwassergeräuschen angezogen, wie sie gespeerte Fische erzeugen. Es gibt viele Geschichten über Graue Riffhaie, wie sie einen Fisch von der Spitze des Speeres eines nichtsahnenden Fischers wegnehmen. Wenn man einen Grauen Riffhai überrascht oder ihm zu nahe kommt, so zeigt er ein Drohverhalten. Er bewegt dabei seinen Kopf seitwärts, schlägt mit dem Schwanz, hält die Brustflossen gesenkt und krümmt seinen Rücken. Dies muß dem Taucher genügend Warnung sein, denn auf ein solches Verhalten folgt oft ein Angriff.

Der Graue Riffhai ist lebendgebärend, und das Weibchen bringt nach einer einjährigen Trächtigkeit bis sechs Jungfische auf die Welt. Sie messen bei der Geburt 50 - 60 cm und sind nach ungefähr sieben Jahren, mit einer Körperlänge von 1,3 m, geschlechtsreif.

Schwanz mit schwarzer Hinterkante

Die Narben dieses Weibchens stammen von Begegnungen mit Männchen bei der Paarung.

Carcharhinus brachyurus

Bronzehai, Bronze Whaler

Der Bronzehai hat seinen deutschen Namen von seiner bräunlichroten, bisweilen rötlichgrauen Färbung, die an der Unterseite in Weiß übergeht. Er zeigt ein hell pigmentiertes fast weißes Band, fast einen weißen Streifen, der sich von vorne bis fast zu den Bauchflossen erstreckt. Abgesehen von den dunklen Spitzen der Brustflossen bei einigen Individuen weist der Körper sonst keine Zeichnung auf. Schnauze schmal, an der Spitze gerundet. Oberer Lappen der Schwanzflosse breit, erste Rückenflosse groß, zweite viel kleiner.

FELDNOTIZEN

- *Südwest- und Ostatlantik, Ostpazifik, westlicher Indischer Ozean*
- *Bis 3 m*
- *Gilt als gefährlich*
- *Jahreszeitlich in höheren Breiten; tagsüber*
- *Sehr häufig*

Der Bronzehai kommt in den meisten warmgemäßigten und subtropischen Gewässern der Welt vor, mit Ausnahme der Ostküste Nordamerikas und des nördlichen Indischen Ozeans. Man beobachtet ihn in der Regel nahe dem Festland an Felsküsten und in flachen Buchten, aber auch in den tieferen Gewässern der Kontinentalschelfe. Der Bronzehai gilt als gefährlich, wenn er vom Duft frischer Nahrung erregt ist. Er hat schon Badende angegriffen, die ihn offensichtlich durch ihr Planschen angelockt haben.

Wie von vielen anderen Menschenhaien bekannt, unternehmen einige Populationen des Bronzehaies auch Frühjahrs- und Sommerwanderungen in höhere Breiten, wobei sie wahrscheinlich ihren Beutetieren folgen. Sie fressen die unterschiedlichsten Fische, etwa Anchovis, Sardinen, Barben, Schellfische, Stachelmakrelen, auch kleine Elasmobranchier, etwa Katzenhaie, Sägehaie, Stechrochen, Zitterrochen. Die Zähne sind zugespitzt mit vielen kleinen Sägezähnchen. Bei den Zähnen im Oberkiefer sind die Kanten gerade.

Über die Biologie des Bronzehaies wissen wir nur wenig. Die Weibchen werden mit einer Länge von 2,4 m geschlechtsreif. Sie bringen pro Wurf 13 bis 20 Jungfische auf die Welt.

Bei diesem männlichen Bronzehai sind die Begattungsorgane deutlich zu erkennen.

Carcharhinus falciformis

Seidenhai, Glatthai, Silky Shark

FELDNOTIZEN

- *Weltweit*
- *Über 3 m*
- *Potentiell gefährlich*
- *Das ganze Jahr über, in der Regel tags*
- *Häufig*

Dieser große schlanke Hai hat seinen Namen von der glatten, seidigen Beschaffenheit seiner Haut. Körper oben grau bis fast schwarz, ohne irgendwelche Markierungen. Auf der hinteren Körperhälfte ein schmaler Rückenkiel. Zweite Rückenflosse viel kleiner als die erste, Spitze leicht nach hinten verlängert. Brustflossen lang und schmal. Schnauze lang, gut gerundet, Zähne des Oberkiefers groß mit gezähnten Kanten, fast dreieckig, Zähne des Unterkiefers mit hoher schmaler Spitze, diese an den Kanten nur leicht gezähnt.

Der Seidenhai kommt in fast allen tropischen und warmgemäßigten Gewässern der Welt vor. Gelegentlich begegnet man ihm in Küstennähe, doch viel häufiger ist er in der Hochsee, besonders in der Nähe großer Landmassen. Als pelagische Art kommt er in Tiefen zwischen 18 und 500 m vor. Er bildet nach Geschlechtern getrennte Schulen: Gruppen von jugendlichen Fischen kommten relativ nah an der Küste vor, während sich die Erwachsenen weiter draußen im Meer sammeln. Taucher sehen den Seidenhai nicht oft. Er ist sicher nicht für viele Angriffe verantwortlich zu machen, sollte aber doch mit Respekt behandelt werden.

Der Seidenhai schwimmt schnell und führt rasche pfeilartige Richtungsänderungen durch. Er frißt viele kleine Fische, Makrelen, Thunfische, Meeräschen, auch Wirbellose wie pelagische Krabben und Kalmare.

Die Weibchen erreichen die Geschlechtsreife bei einer Länge von fast 2,3 m. Pro Wurf bringen sie 6 bis 14 Jungfische auf die Welt. Diese sind bei der Gebuert 75 - 80 cm lang. Der Seidenhai wird wegen seines Fleisches, seiner Flossen und seiner Leber gefischt.

Ein Seidenhai in tropischen atlantischen Gewässern.

Carcharhinus galapagensis

Galapagos-Hai, Galapagos Shark

Der Galapagos-Hai ist ein großer grauer Menschenhai ohne jede Zeichnung. Er sieht dem Grauen Riffhai (siehe Seite 170) und dem Küsten-Weißspitzenhai (siehe Seite 169) ähnlich; allerdings fehlt ihm die auffällige weiße oder schwarze Zeichnung der Flossen. Sein typischstes Merkmal ist ein Kiel zwischen den Rückenflossen, doch zeugt es von Vernunft, wenn man diesem Fisch nicht so nahe kommt, daß man dieses Merkmal erkennen kann.

FELDNOTIZEN

- *Weltweit in tropischen Meeren, in der Regel in der Nähe von Inseln*
- *Bis 3,6 m*
- *Potentiell gefährlich*
- *Tags, das ganze Jahr über*
- *Nicht selten bei Hawaii und vor den Galapagos-Inseln*

Der Galapagos-Hai stellt in der Regel keine Bedrohung für die Taucher dar und geht ihnen auch lieber aus dem Weg. Obwohl er noch nie einen Taucher angegriffen hat, kann er aggressiv sein, und man sollte sich stets vor ihm hüten. Er zeigt wie der Graue Riffhai ein Drohverhalten, bevor er einen potentiellen Konkurrenten oder Räuber angreift. Der Galapagos-Hai hat schon Badende angegriffen und gefressen.

Diese Haiart wurde erst 1905 nach Tieren benannt, die man in der Umgebung der Galapagos-Inseln gefangen hatte. Er kommt in der Umgebung der meisten tropischen Inseln vor, und zwar von Küstennähe bis weit in die Hochsee hinaus. Er zieht klare Gewässer vor und hält sich gern jenseits der Außengrenze der Riffe auf, entweder nahe der Oberfläche oder gruppenweise am Boden schwimmend. Der Galapagos-Hai ernährt sich vor allem von bodenbewohnenden Fischen und Tintenfischen.

Pro Wurf werden 6 bis 16 Jungfische geboren, die erst einmal in flacheren Gebieten bleiben, wo die erwachsenen Tiere dieser Art nicht anzutreffen sind. Dies ist eine nicht seltene Anpassung einer Reihe von Haiarten zur Vermeidung von Kannibalismus.

Die langen abgerundeten Schnauzen und stromlinienförmigen Körper zweier Galapagos-Haie.

Carcharhinus leucas

Gemeiner Grundhai, Bull Shark

FELDNOTIZEN

- *Alle tropischen und subtropischen Gewässer, auch im Landesinneren im Süßwasser*
- *Bis 3,5 m*
- *Gefährlich*
- *Wird von Tauchern nicht gesichtet*
- *Häufig*

Dieser große, gedrungene und eher träge Hai zeigt eine weite Verbreitung an den Küsten der Kontinente. Er dringt auch in Flüsse und Seen ein und ist deswegen auch unter den angelsächsischen Bezeichnungen Lake Nicaragua Shark oder Zambezi Shark bekannt. Lange Zeit dachte man auch, er sei mit dem seltenen Gangeshai identisch, doch heute weiß man, daß es sich um eine andere Art handelt.

Der Gemeine Grundhai kann Süßwasser und Wasser mit hohem Salzgehalt aushalten. Er wurde schon 2800 km flußaufwärts im Mississippi und 4000 km flußaufwärts im Amazonas nachgewiesen. Er hat damit reichlich Gelegenheit, Menschen zu begegnen, sie anzugreifen und aufzufressen. Weil man ihn öfter mit anderen ähnlichen Menschenhaien verwechselt, ist er möglicherweise für mehr Angriffe verantwortlich, als man ihm zur Zeit zuschreibt. Damit wäre er gefährlicher als der Weißhai oder der Tigerhai.

In Amerika kommt der Gemeine Grundhai nahe der Küste, in Flußmündungen und flachen Buchten von wenigen bis ungefähr 30 m Tiefe vor. Der berühmte Zwischenfall am Matawan Creek im Jahr 1916, als Haie innerhalb von 12 Tagen vier Menschen töteten und einen verletzten, geht wahrscheinlich auf das Konto des Gemeinen Grundhaies. Er frißt fast alles, was er fangen kann, darunter andere Haie, Rochen, Fische, Schildkröten, Vögel, Delphine, Weichtiere, Krebstiere sowie Lebewesen, die über Bord fallen, etwa Rinder, Hunde, Ratten und auch Menschen.

Der Gemeine Grundhai hat ein einzigartiges Aussehen: Schnauze sehr stumpf und abgerundet, Augen klein, erste Rückenflosse zugespitzt, dunkle Flossenspitzen. Die Art ist vivipar, und das Weibchen bringt 1 bis 13 Jungfische in Flußmündungen zur Welt. Die Geburt erfolgt nach einer einjährigen Trächtigkeit.

Weil sich der Gemeine Grundhai in Küstennähe aufhält, wird er oft gefischt.

Die gedrungene runde Schnauze des Gemeinen Grundhaies ist kürzer als das Maul breit ist.

Carcharhinus limbatus

Schwarzspitzenhai, Blacktip Shark

FELDNOTIZEN

- West- und Ostatlantik, Indischer Ozean, West-, Zentral- und Ostpazifik
- 2,8 m
- Harmlos, sofern nicht provoziert und nicht beim Fressen
- Tags oder nachts, in einigen Gebieten das ganze Jahr über, in anderen nur zu bestimmten Jahreszeiten
- Häufig

Zwei Schwarzspitzenhaie bei den Bahamas.

Der Schwarzspitzenhai hat seinen Namen von den schwarzen Zeichnungen an der Spitze der Rücken- und Brustflossen und des unteren Lappens der Schwanzflosse. Der Spinnerhai (*Carcharhinus brevipinna*) weist ähnliche Zeichnungen und ein ähnliches Verbreitungsgebiet auf, so daß eine Verwechslung der beiden Arten möglich ist. Der Schwarzspitzenhai ist deutlich gedrungener, und die hohe erste Rückenflosse beginnt ungefähr in der Mitte der Brustflosse. Die erste Rückenflosse des Spinnerhaies ist viel weiter zurückversetzt.

Der Schwarzspitzenhai ist ein großer grauer oder graubrauner Hai, Bauch und Afterflosse weiß. Ein zartes weißes Band verläuft in der Regel auf beiden Körperseiten. Schnauze lang und parabelförmig, Augen auf den Kopfseiten, nahe der Mundspalte.

Der Schwarzspitzenhai kommt in allen tropischen und gemäßigt warmen Gewässern der Erde vor. Er hält sich an der Oberfläche über dem Kontinentalschelf auf, besucht aber in wärmeren Monaten auch flache Stellen an sandigen und felsigen Küsten. Er wandert in großen Gruppen der Festlandsküste entlang, wahrscheinlich auf der Suche nach Beutetieren und nach Fortpflanzungsplätzen.

Taucher sehen in Küstennähe oft Schwarzspitzenhaie. So lange es nicht ums Fressen geht, stellen sie im allgemeinen keine Gefahr dar. Der Schwarzspitzenhai frißt kleine Schwarmfische wie Sardinen, Anchovis und Heringe. Am Boden nehmen sie auch benthische Fische, Krebstiere und Kalmare auf. Bei der Nahrungsaufnahme sieht man sie oft in Küstennähe aus dem Wasser springen.

Das Weibchen erreicht die Geschlechtsreife bei ungefähr 1,5 m Länge und bringt nach einer Trächtigkeit von 10 bis 11 Monaten 4 bis 8 Jungtiere (25 cm) auf die Welt. Bei den südafrikanischen Populationen bilden sich offensichtlich Gruppen aus erwachsenen Männchen und nicht trächtigen Weibchen.

Carcharhinus longimanus

Weißspitzen-Hochseehai, Oceanic Whitetip Shark

Der Weißspitzen-Hochseehai sollte nicht mit dem trägeren, schlankeren und kürzerflossigen Weißspitzen-Riffhai (siehe Seite 186) verwechselt werden. Die stark vergrößerte erste Rückenflosse und die lange paddelartige Brustflosse des Weißspitzen-Hochseehaies sind unverkennbar. Sie sind an den Spitzen deutlich weiß gefleckt; die Flossen junger Fische zeigen auch schwarze Markierungen.

Der Weißspitzen-Hochseehai ist eine große graue Art, die man im allgemeinen in weiter Entfernung von Küste bis in eine Tiefe von 150 m antrifft. Sie zieht die Hochsee vor und kann gelegentlich vom Boot aus oder von Hochseetauchern beobachtet werden. Obwohl sie sich im allgemeinen langsam bewegt, ist sie gefährlich, weil sie sich sofort Schwimmern und kleinen Booten nähert. Diese Art ist wahrscheinlich für viele Angriffe auf Menschen in der Hochsee nach einem Schiffbruch oder einer Notlandung verantwortlich. Der Weißspitzen-Hochseehai ist am häufigsten in den Tropen, folgt aber warmen Wassermassen und gelangt damit zum Beispiel auch nach Kalifornien und Südaustralien.

FELDNOTIZEN

- *Alle tropischen und subtropischen Gewässer*
- *Bis 4 m*
- *Potentiell gefährlich*
- *Tags oder nachts*
- *Einst häufig, heute durch Überfischung am Zurückgehen*

Der Weißspitzen-Hochseehai frißt alles, was ihm im offenen Meer begegnet, darunter zahlreiche Fische, Walkadaver, Meeresschildkröten, Seevögel und auch über Bord geworfenen Müll. Die Art verhält sich aggressiv und dominiert über andere Haiarten bei der Konkurrenz um Nahrung. Die Zahl der Nachkommen steigt mit der Größe der Mutter: Sie bringt nach einer rund einjährigen Trächtigkeit bis 15 Jungfische auf die Welt.

Gefleckte Flossenspitzen

Carcharhinus melanopterus

Schwarzspitzen-Riffhai, Blacktip Reef Shark

Schwarzspitzen-Riffhaie sind neben den Weißspitzen-Riffhaien (siehe Seite 186) und den Grauen Riffhaien (siehe Seite 170) die häufigsten Haie in den flachen Lagunen und Korallenriffen des tropischen Pazifiks und des Indischen Ozeans. Sie unterscheiden sich von den Schwarzspitzenhaien (siehe Seite 175), die deutlich größer werden, feine schwarze Spitzen an den meisten Flossen tragen und hauptsächlich in der Hochsee leben. Die Schwarzspitzen-Riffhaie erkennt man leicht an der sehr deutlichen schwarzen Zeichnung ihrer Flossen, besonders der ersten Rückenflosse und der Schwanzflosse. Sie weisen auch einen deutlichen weißen Streifen an den Körperseiten auf. Tiere klein bis mittelgroß, Schnauze kurz, abgestumpft. Zähne schmal, scharf, stark gezähnelt, an den Fang riffbewohnender Fische angepaßt.

FELDNOTIZEN

- *Indisch-australischer Pazifik bis Zentralpazifik*
- *Bis 1,8 m*
- *Potentiell gefährlich für Watende, sonst nicht aggressiv*
- *Tagsüber, das ganze Jahr*
- *Häufig*

Taucher und Schnorchler sehen diese Haie häufig, weil sie in flachen Gebieten von 1 m Wassertiefe an patrouillieren. Die Taucher begegnen ihnen auch in Durchgängen zu den Riffen. Schnorchler und Badende sehen sie in Lagunen, wobei die Rücken- und die Schwanzflosse über die Wasseroberfläche hinausragt. In seltenen Fällen wurden schon Badende in die Beine gebissen. Der Schwarzspitzen-Riffhai greift gespeerte Fische an und verhält sich Tauchern gegenüber neugierig, wenn nicht aggressiv.

Der Schwarzspitzen-Riffhai ist vivipar, wobei der Dottersack mit einer Placenta verbunden ist. Die Anzahl der geborenen Jungfische schwankt von zwei bis vier. Sie kommen nach einer Trächtigkeit von ungefähr 16 Monaten auf die Welt und sind 33 - 50 cm lang.

Vor nicht allzu langer Zeit sind Schwarzspitzen-Riffhaie über den Suezkanal ins Ostmittelmeer vorgedrungen. Da sie sehr widerstandsfähig sind, fängt man sie gerne im Zentralpazifik und verschickt sie weltweit an öffentliche Aquarien.

An den schwarzen Spitzen der ersten Rückenflosse und der Schwanzflosse kann man diese Art sofort erkennen.

Carcharhinus obscurus

Düsterer Hai, Dusky Shark

Der lange stromlinienförmige Körper des Düsteren Haies ist oben braungrau bis grau und unten weiß. Ein schwacher heller Streifen erstreckt sich an den Körperseiten bis zu den Bauchflossen. Bei Jungtieren ist die Spitze des unteren Lappens der Schwanzflosse und die Unterseite der Brustflossen deutlich dunkler gefärbt; bei Erwachsenen verwischt dieses Merkmal. Schnauze verhältnismäßig kurz und breit. Oberer Lappen der Schwanzflosse gut entwickelt, auf einen kräftigen Schwimmer hindeutend. Brustflossen lang, Hinterrand gekrümmt. Zweite Rückenflosse viel kleiner als die erste, dazwischen ein Rückenkiel.

FELDNOTIZEN

- Westlicher und östlicher Nordatlantik, westlicher Indischer Ozean, West- und Ostpazifik
- Bis 4 m, in der Regel um 3 m
- Als gefährlich angesehen
- Tags oder nachts, in manchen Gebieten nur jahreszeitlich auftretend
- Individuenzahl in vielen Gebieten zurückgehend

Obwohl Taucher gelegentlich Düstere Haie in Küstennähe sehen, kommt diese Art doch vor allem weiter draußen an der Grenze zwischen Kontinentalschelf und Hochsee vor. Sie ist in warmgemäßigten und tropischen Gewässern weit verbreitet. Obwohl ihr nur wenige Angriffe auf Menschen zugeschrieben werden, sollte man auf der Hut sein. Wie viele andere große Menschenhaie zieht es sie während der warmen Monate in höhere Breiten und kehrt im Winter wieder zurück. Das Wanderverhalten in Südafrika scheint ziemlich komplex zu sein und steht mindestens teilweise im Zusammenhang mit der Fortpflanzung.

Der Düstere Hai ist nicht wählerisch und frißt kleine Schwarmfische wie Sardinen und Anchovis, größere, schnellere Thunfische und Makrelen sowie bodenbewohnende Plattfische und Aale. Er tritt auch als Räuber von Katzen- und Dornhaien und verschiedenen Rochen in Erscheinung.

Das Weibchen erreicht die Geschlechtsreife bei ungefähr 2,8 m Länge. Die Paarung erfolgt im Frühjahr, die Geburt nach einer ungefähr sechzehnmonatigen Trächtigkeit, wobei rund 10 bis 95 cm lange Jungfische auf die Welt kommen. Die Art ist im Westatlantik wegen Überfischung am Zurückgehen.

Düstere Haie beim Patrouillieren vor der australischen Küste.

Carcharhinus perezi

Karibischer Riffhai, Caribbean Reef Shark

Der Karibische Riffhai hat einen verhältnismäßig gedrungenen Körper, ist oben grau oder graubraun und auf der Unterseite weiß. Erste Rückenflosse mit einer leicht nach hinten ausgezogenen Spitze. Brustflossen verhältnismäßig lang und schmal. Kiel vorhanden, Schnauze stumpf, abgerundet. Zähne des Oberkiefers mit breiter Basis und schmalen Spitzen, Kanten deutlich gezähnelt. Zähne des Unterkiefers ähnlich, doch schmaler und gerade. Die Zahnform deutet auf eine Ernährung mit Fischen, kleinen Haien, Rochen und Tintenfischen hin.

FELDNOTIZEN

- *Westatlantik und Karibik von Florida und Bermuda bis nach Südbrasilien, darunter in Teilen des Golfes von Mexiko*
- *Bis 3 m*
- *Potentiell gefährlich*
- *Tags und nachts, das ganze Jahr*
- *Häufig*

An Inselriffen in der Karibik ist diese Haiart häufig anzutreffen. Sie schwimmt schnell, ruht aber tagsüber in Höhlen und unter Überhängen.

Taucher begegnen dem Karibischen Riffhai in oberflächennahen Schichten nahe der Küste. Er kreuzt dort über Korallenriffen und an Riffabstürzen und geht bis in Tiefen von 30 m. In den Bahamas kann man mit diesen Haien tauchen, nachdem sie zu Fütterungsstellen angelockt wurden (siehe Seite 240 - 241). Der Karibische Riffhai ist nicht besonders aggressiv, hat aber schon Taucher angegriffen, besonders beim Anfüttern und beim Speerfischen.

Über die Biologie dieser Art ist nur wenig bekannt. Die Weibchen bringen vier bis sechs Jungfische mit einer Länge von 60 - 75 cm auf die Welt. Diese Haiart wird wegen ihres Fleisches, ihrer Haut und ihres Lebertranes gejagt.

Zwei Karibische Riffhaie

Carcharhinus plumbeus

Atlantischer Grauhai, Sandbar Shark

Das auffälligste Merkmal dieser Art ist die große erste Rückenflosse. Sie kann bis ein Zehntel so lang wie der gesamte Hai werden, der in der Regel 2 m erreicht und 45 kg schwer wird. Einige Individuen werden sogar 2,4 m lang und wiegen das Doppelte.

Kopf breit, abgeflacht. Körper stromlinienförmig, oben grau oder braun, Bauch weiß, Rücken- und Schwanzflosse am oberen Ende dunkler. Oberer Lappen der Schwanzflosse kräftig entwickelt. Rückenkiel zwischen der ersten und der viel kleineren zweiten Rückenflosse.

FELDNOTIZEN

- *West- und Ostatlantik, westlicher Indischer Ozean, West-, Ost- und Zentralpazifik*
- *2 – 2,4 m*
- *Ungefährlich*
- *Tags und nachts, in manchen Küstengebieten jahreszeitlich häufig*
- *Häufig, in einigen Gebieten durch Überfischung zurückgehend*

Mit seinen breiten, eingekerbten Zähnen macht der Atlantische Grauhai Jagd auf Fische, darunter Heringe, Aale, Plattfische, andere Haie, Rochen, Tintenfische, Kalmare und Krebstiere.

Der Atlantische Grauhai lebt in tropischen und gemäßigten Gewässern der gesamten Erde. Oft nach Geschlechtern getrennte Schulen schwimmen im Gebiet des Kontinentalschelfs. Man begegnet ihnen an Sandstränden hinter der Brandungszone. Die Art geht bis in 400 m Tiefe. Bisweilen sehen Taucher diese Tiere in der Nähe von Sand- oder Felsstränden, doch verhalten sie sich dabei nicht besonders aggressiv. Sie schwimmen nahe am Boden, oft auch in großen Buchten und Flußmündungen, begeben sich aber nicht ins Süßwasser.

Vor der Atlantikküste Nordamerikas erreichen die Weibchen die Geschlechtsreife mit 16 Jahren. Die Paarung findet im Frühjahr und Frühsommer statt, und die Weibchen tragen die Jungen 9 bis 12 Monate lang. Für die Geburt ihrer 8 bis 12 Jungen begeben sie sich in flache Gewässer. Die jungen Haie sind bei der Geburt 22 cm lang.

Stark bejagt wegen seines Fleisches und seiner Flossen.

Galeocerdo cuvieri

Tigerhai, Tiger Shark

Diese große gefährliche Haiart nimmt in tropischen Gewässern die Stellung ein, die der Weißhai (siehe Seite 158) in gemäßigten Meeren inne hat. Seinen Namen hat er von den dunklen Streifen auf dem grauen Rücken, die bei Jungtieren (siehe oben) ausgeprägt sind, bei großen erwachsenen Tieren aber verblassen und verschwinden. Typische Merkmale sind das breite Maul, die breite Nase, der tonnenförmige Vorderkörper und der schmale Schwanzstiel. Zähne hahnenkammartig. Mit diesen Waffen kann der Tigerhai große Meeresschildkröten, Robben, Seelöwen und Wale überwältigen. Er zeigt auch eine Vorliebe für giftige Quallen, Stechrochen und Seeschlangen. Unter den Haien ist er einer der wenigen echten Aasfresser, denn er nimmt auch Rinder, Schweine, Esel, Schafe und Menschen, die über Bord gefallen sind.

Die Erwachsenen verbringen ihre Zeit am Rand von Riffen bis in Tiefen von rund 150 m. Zu gewissen Zeiten des Jahres kommen sie allerdings auch tagsüber in Küstennähe. Die Art ist nachtaktiv und dringt nach der Dämmerung in flache Riffe und Lagunen zur Nahrungssuche ein. In gewissen Gebieten wandern die Tigerhaie zwischen Inselgruppen hin und her und fressen gerade flügge Jungvögel, die ins Wasser fallen.

FELDNOTIZEN

- *Weltweit in tropischen Gewässern*
- *Bis 5,6 m, möglicherweise sogar bis 7,4 m*
- *Gefährlich*
- *Sehr selten zu sehen*
- *Nicht häufig*

Bei einer der seltenen Begegnungen mit den eher trägen Tigerhaien ist Vorsicht angebracht. Wenn man einen Tigerhai beim Tauchen sieht, verläßt man ruhig das Wasser und verliert ihn nicht aus dem Auge.

Der Tigerhai ist der einzige ovovivipare Menschenhai. Nach einer einjährigen Trächtigkeit gebärt das Weibchen 10 bis 82 Jungfische, die dabei 50 - 75 cm lang sind. Die Geschlechtsreife tritt im vierten bis sechsten Lebensjahr ein, und die gesamte Lebensdauer liegt bei ungefähr 12 Jahren.

Zähne des Ober- und Unterkiefers

Mit seinem kräftigen Körper kann der Tigerhai schnell beschleunigen.

Negaprion brevirostris

Zitronenhai, Lemon Shark

Dieser große gedrungene Riffhai hat einen hellgelbbraunen Körper ohne besondere Zeichnung und einen breiten, abgeflachten Kopf. Man erkennt ihn leicht an den Rückenflossen, die ungefähr gleich groß sind. Afterflosse unmittelbar unter der zweiten Rückenflosse liegend, ebenfalls groß. Brustflossen lang, Hinterrand gekrümmt. Kein seitlicher Schwanzkiel und im Gegensatz zu vielen Menschenhaien auch kein Rückenkiel.

Im Indopazifik lebt eine verwandte Art, *Negaprion acutidens*. Bei ihr ist der Hinterrand der Brustflossen noch stärker gekrümmt.

Der Zitronenhai tritt häufig in tropischen Riffen auf, besonders, wenn sie mit Seegraswiesen und Mangroven assoziiert sind. Er kann gut in solchen flachen Gewässern mit niedrigem Sauerstoffgehalt leben. Dort wird er auch am häufigsten gesichtet. Der Zitronenhai hat schon Menschen angegriffen, gilt im allgemeinen aber nicht als aggressiv, sofern man ihn nicht provoziert. Der Zitronenhai ist tagsüber und nachts aktiv. In der Population der Bimini Islands auf den Bahamas nimmt die Aktivität in der Dämmerung zu, weil die Tiere dann wahrscheinlich auf Jagd gehen. Die Beute besteht aus Fischen, Rochen, Krebstieren, Geigenrochen und Weichtieren. Einige Populationen unternehmen auf Nahrungssuche offensichtlich längere Wanderungen: Im Sommer sind sie in höheren Breiten anzutreffen.

Die Weibchen werden mit einer Länge von rund 2,4 m geschlechtsreif und paaren sich im Frühjahr und Sommer. Ungefähr ein Jahr danach werden 4 bis 17 Junge (rund 60 cm) geboren.

FELDNOTIZEN

- *Westatlantik, von New Jersey bis Südbrasilien, Karibik, vielleicht auch an der Westküste Afrikas, Ostpazifik vom südlichen Baja California bis nach Ecuador*
- *3,4 m*
- *Harmlos, sofern nicht provoziert*
- *Tags und nachts, das ganze Jahr über in tropischen Gebieten*
- *Häufig*

Das Auge (oben) des Zitronenhaies.

Prionace glauca

Blauhai, Blue Shark

Der Blauhai ist einer der attraktivsten Haie, ein großes und sehr schlankes Tier. Oberkörper indigoblau, Flanken hellblau, Bauch deutlich weiß. Mit seinen langen, schmalen und zugespitzten Brustflossen, der verlängerten Schnauze und den großen Augen ist er unverwechselbar.

FELDNOTIZEN

- *Weltweit im offenen Meer*
- *3,8 m*
- *Potentiell gefährlich*
- *Tagsüber, das ganze Jahr*
- *Früher sehr häufig, heute durch Überfischung am Zurückgehen*

Der Blauhai lebt in der tropischen Hochsee und geht auch in kühlere Gebiete. In den Tropen geht er oft in tiefere, kältere Gewässer, während er an gemäßigten Küsten Kelpwälder aufsucht, wo ihn die Taucher auch sehen. Der Blauhai wandert regelmäßig im Atlantik, folgt dem Golfstrom bis nach Europa, schwimmt südwärts längs der afrikanischen Küste und kehrt schließlich in die Karibik zurück.

Hochseetaucher begegnen diesem Hai nur, wenn sie ihn besonders anlocken. Tauchbasen bieten Touren vor Südkalifornien (siehe Seite 230 - 231) und anderswo an und setzen dabei Haikäfige ein. Obwohl Angriffe unwahrscheinlich sind, haben aufgeregte Haie gelegentlich schon auf einem unvorsichtigen Taucher herumgekaut.

Blauhaie fressen gierig von großen Kalmarschulen, doch verhalten sie sich auch opportunistisch und gehen an treibende Walkadaver. Die Fischer betrachten sie als Feinde, weil sie im Netz gefangene Fische fressen. Der Blauhai war einst die häufigste Haiart, doch heute ist er durch Überfischung bedroht.

Die Paarung des Blauhaies konnte bisher noch nicht beobachtet werden, doch scheint es dabei sehr lebhaft zuzugehen. Die Männchen beißen die Weibchen in den Vorderkörper, doch glücklicherweise ist deren Haut dreimal so dick wie die der Männchen. Die Weibchen werden im Alter von rund 5 Jahren geschlechtsreif. Nach der Paarung bewahren sie die Samenflüssigkeit fast ein Jahr lang im Körper auf. Erst dann geschieht die Befruchtung. Je nach Größe der Mutter kommen im darauffolgenden Jahr 4 bis 135 Junge auf die Welt.

Ein Blauhai (links) ernährt sich von einem Anchovisschwarm.

Rhizoprionodon acutus

Milchhai, Milk Shark

FELDNOTIZEN

- *Ostatlantik, Indischer Ozean, Westpazifik*
- *Bis 1,8 m, kleinere Tiere um 1 m*
- *Harmlos*
- *Tags und nachts, das ganze Jahr*
- *Häufig*

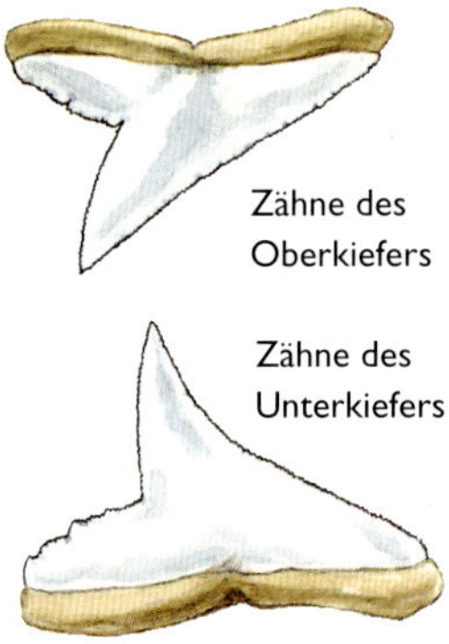

Zähne des Oberkiefers

Zähne des Unterkiefers

Der Milchhai ist einer der häufigsten kleinen Menschenhaie im Westpazifik und im Indischen Ozean. Körper oben braunrot bis grau, Bauch weiß. Körper wie bei den übrigen Arten dieser Gattung lang und schlank, Schnauze von oben gesehen parabelförmig, Augen groß, nahe beim Mund. Erste Rückenflosse viel größer als die zweite. Brustflossen kurz und gedrungen, Bauchflossen klein.

Die langen Labialfurchen an den Mundwinkeln unterscheiden den Milchhai von jeder anderen Menschenhaiart in dem betreffenden Verbreitungsgebiet. Die verwandte Art *Rhizoprionodon oligolinx* bewohnt Küstengebiete von der Westküste Afrikas ostwärts bis nach Neuguinea und nordwärts bis nach Japan. Die Art *Rhizoprionodon taylori* ist über die Nordhälfte Australiens verbreitet. Diese beiden Arten haben sehr kurze Lippenfurchen am Mundwinkel.

Milchhaie kommen in großer Zahl in Küstengebieten und auf Kontinentalschelfen in Tiefen bis 200 m vor. Sie verbringen die meiste Zeit in kleinen Gruppen bis großen Schulen und suchen am Boden nach Nahrung. Dort werden sie von Tauchern beobachtet. Auf dem Menüplan stehen kleine Fische wie Heringe, Sardinen oder Plattfische und wirbellose Tiere wie Kalmare, Kraken, Schnecken, Garnelen und Krabben. Der Milchhai selbst stellt eine wichtige Nahrungsquelle für größere Haie dar. Durch die Netzbarrieren, die große räuberische Haie von südafrikanischen Stränden fernhalten, sehen die Schwimmer und Taucher dort regelmäßig Milchhaie. Die Fische bilden keine Gefahr für den Menschen und sind harmlos.

Die Weibchen erreichen die Geschlechtsreife im Alter von zwei Jahren und bei einer Länge von 75 cm. Sie bringen nach einer einjährigen Trächtigkeit ein bis acht Jungtiere (25 cm) auf die Welt. Der Milchhai ist von kommerzieller Bedeutung, da er in vielen Gebieten dem Menschen als Nahrungsquelle dient.

Rhizoprionodon porosus

Karibischer Milchhai, Caribbean Sharpnose Shark

Der Karibische Milchhai hat einen grauen Körper, der sich am Bauch weiß verfärbt. Wie die übrigen *Rhizoprionodon*-Arten ist dieser kleine Hai schlank mit langer, parabelförmiger Schnauze und verhältnismäßig großen Augen nahe der Schnauzenspitze. Körper bisweilen mit weißen Flecken, Flossen mit weißen Kanten. Erste Rückenflosse viel größer als die zweite, Brust- und vor allem Bauchflossen kurz.

FELDNOTIZEN

- *Westatlantik, Inseln der Karibik, von Bahamas bis nach Uruguay*
- *1 m*
- *Harmlos*
- *Tags oder nachts, in einigen Gebieten jahreszeitliches Auftreten*
- *In der Regel häufig*

Die Gattung *Rhizoprionodon* umfaßt heute sechs oder sieben Arten, deren gegenseitige Verwandtschaft allerdings noch nicht geklärt ist. Die meisten Arten kommen in tropischen und subtropischen Breiten vor und haben sich nicht überlappende Areale. Der Karibische Milchhai ist dem Atlantischen Milchhai (*Rhizoprionodon terraenovae*) ähnlich, der im Golf von Mexiko und längs der Atlantikküste Nordamerikas vorkommt. Eine Unterscheidung ist durch die Zahl der Wirbel möglich.

Der Karibische Milchhai ist ein häufiger Bewohner flacher Küstengewässer längs dem Kontinentalschelf. Er besucht Unterwasserwiesen, Korallenriffe und auch Flußmündungen, so ihm der reduzierte Salzgehalt des Wassers nichts auszumachen scheint. Man hat ihn schon in Tiefen von über 500 m gefangen. Die Art ist häufig, gleichzeitig scheu und vermeidet den Kontakt mit Tauchern.

Der Karibische Milchhai frißt zahlreiche kleine Fische und Wirbellose wie Schnecken und Garnelen. Er selbst fällt oft größeren Haien zum Opfer. Die Trächtigkeit dauert 10 bis 11 Monate und am Ende kommen 2 bis 6 Jungfische (30 cm) im Frühling oder Frühsommer auf die Welt. Der Karibische Milchhai wird wegen seines Fleisches gejagt.

Ein Karibischer Milchhai in tropischen Gewässern der Bahamas.

Triaenodon obesus

Weißspitzen-Riffhai, Whitetip Reef Shark

FELDNOTIZEN

- *Rotes Meer, Indischer Ozean, Zentralpazifik, tropischer Ostpazifik*
- *Soll bis 2,2 m groß werden, selten über 1,6 m*
- *Potentiell gefährlich*
- *Das ganze Jahr über*
- *Häufig*

Den Weißspitzen-Riffhai sollte man nicht mit dem größeren und eleganteren Weißspitzen-Hochseehai (siehe Seite 176) verwechseln. Die vorliegende Art ist eher träge, ziemlich schlank, grau gefärbt mit deutlichen weißen Spitzen auf der Rücken- und Schwanzflosse. Zähne mittelgroß, zugespitzt, Kanten glatt, mit kleinen seitlichen Spitzen. Im Gegensatz zu den meisten Menschenhaien ist der Weißspitzen-Riffhai kein erfolgreicher Fischräuber im freien Wasser. Er sucht seine Nahrung vielmehr am Boden und folgt mit seiner kurzen breiten Schnauze den Beutetieren bis in die Spalten hinein, aus denen sie nicht mehr entkommen können. Wie die meisten Riffhaie fällt er selbst anderen größeren Haien und Wrackbarschen zum Opfer.

Weißspitzen-Riffhaie leben nahe an der Küste in Tiefen von 8 - 40 m. Tagsüber können ihn Taucher und Schnorchler in Höhlen oder unter Überhängen aus Felsen und Korallen sehen, besonders um Hawaii und in den Galapagos-Inseln. Die Tiere sind nachts und während des Gezeitenwechsels aktiv. Sie gewöhnen sich an Bootsgeräusche und an Speerfischer. Tauchern nähern sie sich gerne aus Neugierde. Obwohl die Art nicht aggressiv ist, haben tollkühne Taucher schon eine Hand verloren, als sie diese Haie mit Tintenfischen und Fischen fütterten.

Der Weißspitzen-Riffhai ist vivipar und bringt ein bis fünf Junge auf die Welt. Die Trächtigkeit dauert mindestens fünf Monate. Die Jungfische sind bei der Geburt 50 - 60 cm lang.

Fleisch und Leber sind sehr gesucht. Als einziger Hai kann diese Art Ciguatera hervorrufen, eine tropische Fischvergiftung mit schweren Folgen für die Verdauungsorgane und das Nervensystem.

Der Weißspitzen-Riffhai packt mit seinen spitzen Zähnen Fische und zieht sie aus den Riffspalten, in denen sie sich versteckt haben.

Eusphyra blochii

Flügelkopf-Hammerhai, Winghead Shark

Der Flügelkopf-Hammerhai ist einer der kleineren Hammerhaie. Erste Rückenflosse groß, zweite hinter der Afterflosse stehend. Körper oben grau bis braun, Unterseite weiß, ohne auffällige Zeichnungen, gedrungen. Den Flügelkopf-Hammerhai erkennt man leicht an der Form seines Kopfes, der ungefähr halb so breit wird, wie der Körper lang ist. Die Augen stehen weit auseinander, was das räumliche Sehen stark verbessert. Die Nasenlöcher befinden sich in der Kopfmitte, doch die entsprechenden Furchen erstrecken sich fast über die gesamte Breite des Kopfes. Damit können die Tiere einen weiten Wasserbereich abdecken, was möglicherweise die Chance erhöht, ein Beutetier an seinem Geruch aufzuspüren. Auch die Lorenzinischen Ampullen und die Seitenlinie erstrecken sich über die Kopfflügel. Vielleicht nehmen die Haie damit im Sediment verborgene Beutetiere wahr, etwa Krabben, Garnelen, Tintenfische und kleine Fische.

FELDNOTIZEN

- *Indischer Ozean, Westpazifik*
- *Bis 1,5 m, in der Regel nur 1 m*
- *Harmlos*
- *Tags oder nachts, in der Regel das ganze Jahr*
- *Häufig*

Der Flügelkopf-Hammerhai ist längs der Küste Südasiens, im Indischen Ozean und in der Umgebung von Inseln im Westpazifik weitverbreitet. Er tritt in flachen tropischen Gewässern auf dem Kontinentalschelf auf. In Südostasien wird er kommerziell genutzt, doch weil die Art von Natur aus viel Quecksilber enthält, wird sie anderswo kaum verkauft.

Die Weibchen erreichen die Geschlechtsreife bei einer Länge von rund 1 m. Die Paarung findet im Frühjahr statt. Nach einjähriger Trächtigkeit bringen die Weibchen 6 bis 20 Jungfische (32 - 45 cm) auf die Welt.

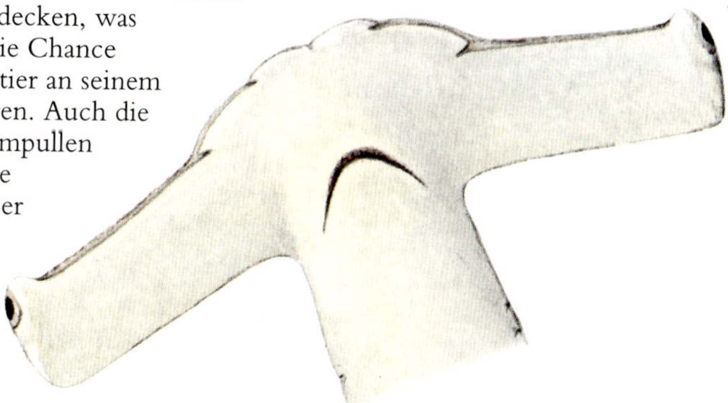

Kopfform von unten

Sphyrna lewini

Bogenschnäuziger Hammerhai, Scalloped Hammerhead

Der Bogenschnäuzige Hammerhai stellt eine der acht Arten in der hochspezialisierten Familie der Hammerhaie dar. Die Kopfseiten sind bei diesen Tieren seitlich erweitert, so daß sich die Form eines Hammers ergibt, die mehrere biologische Funktionen erfüllt. Zunächst erhöht sie den Auftrieb und verbessert die Stromlinienform. Durch die Oberflächenvergrößerung steht auch den Sinnesorganen mehr Platz zur Verfügung, die mit der Nahrungssuche in Zusammenhang stehen. Augen und Nasenlöcher stehen vorne am Kopf. Die Elektrorezeptoren und die Seitenlinie sind über ein weites Gebiet verteilt. Damit können diese schnellen, aktiven Haie große, flüchtige Beutetiere fangen.

FELDNOTIZEN

- *West- und Ostatlantik, Indischer Ozean, West-, Zentral- und Ostpazifik*
- *3 – 4 m*
- *Nicht aggressiv, aber potentiell gefährlich*
- *Tags oder Nachts, je nach Gebiet das ganze Jahr oder nur zu bestimmten Jahreszeiten*
- *Der häufigste und am weitesten verbreitete Große Hammerhai*

Diesen Hai erkennt man an der breiten, bogenförmig nach hinten geschwungenen Vorderkante des Kopfes. Die Kopfmitte ist eingebuchtet, und an beiden Kopfseiten sind zwei Lappen ausgebildet. Diese Art kommt in den meisten warmgemäßigen und tropischen Gewässern vor. Sie lebt in Küstengebieten über dem Kontinentalschelf oder in Inselnähe und geht in den benachbarten Gebieten der Hochsee bis fast 300 m Tiefe. Der Bogenschnäuzige Hammerhai dringt auch in flachere Buchten und Flußmündungen vor. Von Tauchern beobachtetes hintereinander Herjagen, sich stoßen, Köpfe schütteln und sich gegenseitig beißen steht wahrscheinlich mit der Fortpflanzung im Zusammenhang, muß aber noch weiter untersucht werden. Der Bogenschnäuzige Hammerhai reagiert oft indifferent gegenüber Tauchern, schwimmt aber auch nahe an ihnen vorbei.

Die Weibchen bringen 15 bis 30 Jungfische auf die Welt, die bei der Geburt 43 - 55 cm lang sind.

Unverkennbare Kopfform, die an eine Muschel erinnert.

Sphyrna mokarran

Großer Hammerhai, Great Hammerhead

Den Großen Hammerhai kann man leicht an seinem breiten Kopf erkennen. Die Vorderkante ist mit Ausnahme einer Einkerbung in der Mitte praktisch glatt. Der Hai ist groß und kräftig gebaut, oben graubraun, unten heller. Erste Rückenflosse extrem hoch und zugespitzt, Hinterrand gekrümmt. Die Basis der Afterflosse viel länger als die der zweiten Rückenflosse.

FELDNOTIZEN

- Westlicher und östlicher Nordatlantik, Indischer Ozean, West- und Ostpazifik
- Bis 3,5 m; es wurde über Individuen bis 6 m berichtet
- Wenige verbürgte Angriffe, gilt jedoch als gefährlich
- Tags und nachts, das ganze Jahr
- Häufig

Die vorliegende Art kommt in fast allen warmgemäßigten und tropischen Gewässern vor und lebt in Küstengebieten im Kontinentalschelf und in Inselnähe. In der benachbarten Hochsee geht sie in Tiefen bis 80 m. Taucher begegnen ihr in flachen küstennahen Gewässern, besonders in der Nähe der Abstürze von Korallenriffen und in benachbarten sandigen Lebensräumen. Der Große Hammerhai unternimmt während der Sommermonate lange Wanderungen in kühlere Gewässer.

Die vorliegende Art verfügt über einen sehr scharfen Geruchssinn und ist ein beeindruckender Räuber. Auf dem Speisezettel stehen viele sehr bewegliche Fische, darunter Sardinen, Heringe, Tarpune und Stachelmakrelen. Er jagt auch eher benthische Arten wie Wrackbarsche, Plattfische und Meerbrassen. Am besten ist er jedoch für seine Vorliebe für andere Elasmobranchier bekannt, etwa Stechrochen, Echte Rochen und andere Haie. Besonders Stechrochen gegenüber zeigt er sich besonders gefräßig. Mit einer Kopfseite hält er die Tiere auf dem Meeresboden fest. Dann dreht er seinen Kopf zur Seite und beißt ein großes Stück Rochenflügel ab. Dann dreht er sich weiterund frißt von seiner bewegungsunfähigen Beute Stück für Stück.

Die Weibchen erreichen die Geschlechtsreife bei einer Länge von rund 3 m. Sie bringen in der Regel 20 bis 40 Jungfische auf die Welt, die bei der Geburt 70 cm lang sind.

Der breite Kopf ermöglicht ein ganz besonderes Nahrungsverhalten.

Sphyrna tiburo

Mützenköpfiger Hammerhai, Bonnethead Shark

Der Mützenköpfige Hammerhai ist eine kleine Art, und man erkennt ihn an seinem glatten, runden, schaufelförmigen Kopf. Körper oben einfach graubraun, auf der Unterseite fast weiß. Brustflossen kurz, Hinterrand gerade. Afterflosse leicht konkav, ohne Kerbe.

FELDNOTIZEN

- *Westatlantik, Ostpazifik*
- *Ungefähr 1 m; es sind auch Individuen bis 1,5 m bekannt*
- *Harmlos*
- *Tags oder nachts, in vielen Gebieten das ganze Jahr über*
- *Häufig*

Dieser Hammerhai kommt in allen gemäßigten und tropischen Gewässern in den Brandungszonen, in Buchten und Flußmündungen an Korallenriffen und Felsküsten, auch über sandigem und schlickigem Boden sowie in Gewässern des Kontinentalschelfs bis in eine Tiefe von 80 m vor. Er ist harmlos, scheu und geht dem Menschen aus dem Wege. Große Schulen wandern im Winter in wärmere Breiten und im Sommer in kühlere Gewässer.

Die Mützenköpfigen Hammerhaie haben vorne an den Kiefern kleine scharfe Zähne, um weichhäutige Beutetiere oder den Geschlechtspartner zu packen, und breite Kauflächen hinten im Kiefer, um hartschalige Wirbellose zu zertrümmern. Der Hai ernährt sich in der Hauptsache von Wirbellosen, Krabben, Garnelen, Heuschreckenkrebsen, Muscheln, Schnecken und Tintenfischen, ferner auch von kleinen Knochenfischen.

Das Verhalten dieser Art ist verhältnismäßig gut untersucht. Man kennt einige Verhaltensweisen, die in sozialem Kontext eingesetzt werden, etwa Patrouillieren, Schütteln des Kopfes, Schnappen mit den Kiefern, Schlagen und Bilden eines Buckels. Bei diesen Verhaltensweisen geht es darum, die Dominanzhierarchie in der Gruppe auszuhandeln.

Diese Art bildet bisweilen nach Geschlechtern getrennte Gruppen. Die Weibchen erreichen die Geschlechtsreife bei einer Länge von ungefähr 50 cm. Zur Geburt ziehen sie sich in flache Buchten und Flußmündungen zurück und bringen 8 bis 16 Jungfische (35 cm) auf die Welt.

Der Kopf des Mützenköpfigen Hammerhaies sieht wie eine Schaufel aus.

Sphyrna zygaena

Glatter Hammerhai, Smooth Hammerhead

Der Glatte Hammerhai hat einen stark verbreiteten Kopf mit glatter Vorderkante ohne Einkerbung in der Mitte. Körper oben oliv- bis graubraun, auf dem Bauch weiß. Spitzen der Brustflossen unten dunkel. Erste Rückenflosse hoch, mit leicht gekrümmtem Hinterrand. Brustflossen am Hinterrand kurz und gerade, Afterflosse mit einer auffälligen Einkerbung.

FELDNOTIZEN

- Westlicher und östlicher Nordatlantik, westlicher Indischer Ozean, West-, Zentral- und Ostpazifik
- 2,5 – 4 m
- Möglicherweise gefährlich
- Tags oder nachts, in vielen Gebieten das ganze Jahr über
- Häufig

Der Glatte Hammerhai kommt in fast allen warmgemäßigten und tropischen Gewässern vor. Seine Verbreitung überlappt sich zwar mit der des Bogenschnäuzigen Hammerhaies (siehe Seite 188) und des Großen Hammerhaies (siehe Seite 189), doch das Zentrum des Areals der vorliegenden Art liegt in den gemäßigten Gewässern. Er zieht flache Küstengewässer mit einer Tiefe von weniger als 20 m vor, und Taucher begegnen ihm vor allem in der Nähe von Felsen. Vorsicht ist jedoch angesagt, besonders bei denjenigen, die mit der Harpune fischen. Der Glatte Hammerhai kommt auch an der Oberfläche der Hochsee vor und bildet dort enorme Schulen, die im Sommer lange Wanderungen in kühlere Gewässer durchführen. In den Wintermonaten kehren sie wieder zurück. Der Glatte Hammerhai ernährt sich von kleinen Schwarmfischen wie Heringen, aber auch von Meerbrassen aus dem Riff, von Stechrochen, anderen Rochen und kleinen Haien. Große Krebstiere und Tintenfische runden die Diät ab.

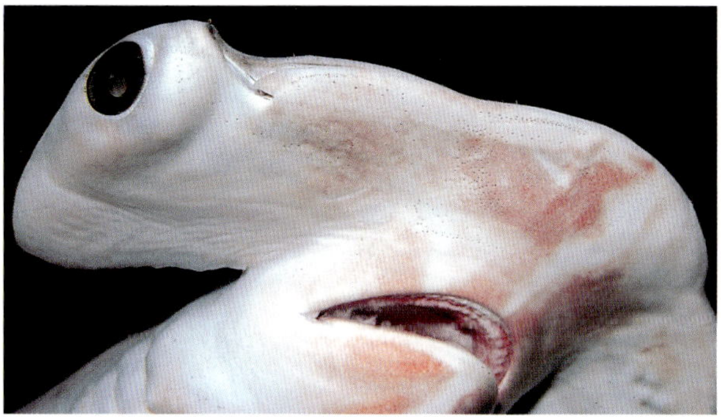

Die glatte Vorderkante des verbreiterten Kopfes bei einem Jungfisch.

Die Weibchen erreichen die Geschlechtsreife mit ungefähr 2,3 m Länge. Sie bringen 29 bis 37 Jungfische auf die Welt, die bei der Geburt 55 cm messen.

Gewöhnlicher Dornhai

Pelagische Haie tieferer Gewässer

Unterhalb der euphotischen Zone, in Tiefen von etwa 200 m, ist wegen des mangelnden Lichts keine Photosynthese der Pflanzen mehr möglich. Die Tiere hängen hier von toten Lebewesen ab, die von der Oberfläche langsam absinken, oder sie müssen zur Nahrungssuche zur Oberfläche aufsteigen. Viele kleine Arten der Dorn- oder Stachelhaie (Familie Squalidae) steigen bei der Abenddämmerung auf und kehren in der Morgendämmerung in die sicheren tieferen Gewässerschichten zurück. Bei dem schwachen Nachtlicht sind sie auf ihre großen Augen angewiesen. Mit ihren Leuchtorganen am Bauch täuschen sie gleichermaßen Räuber und Beutetiere.

ETMOPTERUS LUCIFER

Laternenhai, Blackbelly Lasternshark

Diese kleine gedrungende Art hat vor jeder Rückenflosse einen Dorn. Rücken- und Körperseiten bräunlich, Bauch schwarz, keine Afterflosse. Zähne schneidenartig, ernährt sich von Tintenfischen, Fischen und Krebstieren. Anhand der Anordnung und Zahl der Hautzähnchen, der Flossengröße und der Färbung lassen sich mehrere Arten der Gattung *Etmopterus* unterscheiden. Eine nahe Verwandtschaft besteht zu *Etmopterus perryi*, dem Zwergdornhai, der nur 20 cm lang wird und wahrscheinlich die kleinste Haiart darstellt.

Der Laternenhai ist auf dem Kontinentalschelf und -abhang weit verbreitet und lebt auf oder in der Nähe des Bodens in Tiefen von 180 - 835 m. Wahrscheinlich ist er wie die meisten Haie ovovivipar.

Die 17 oder mehr Etmopterus-Arten weisen zahlreiche winzige Leuchtorgane an der Unterseite des Körpers auf. Dieses Licht wird als Tarnung

FELDNOTIZEN

- *Südliche Ozeane, auch das Chinesische Meer und vor den Philippinen*
- *Männchen bis 40 cm, Weibchen bis 33 cm*
- *Harmlos*
- *Von Tauchern nicht beobachtet*
- *Nicht selten*

interpretiert, weil es zu einer Gegenschattierung des Haies führt. Dieser produziert gerade so viel Licht, wie von oben nach unten scheint. Dadurch ist der Hai selbst nicht mehr als dunkle Silhouette wahrzunehmen und kann somit weder von Räubern noch von möglichen Beutetieren gesehen werden.

Die Laternenhaie produzieren ihr eigenes Licht, in dem ein Luciferase-ähnliches Enzym auf ein Luciferin-ähnliches Substrat einwirkt. Dadurch unterscheidet sich der Laternenhai von vielen anderen Fischen, die in ihren Leuchtorganen symbiontische Bakterien haben.

EUPROTOMICRUS BISPINATUS

Zwerghai, Pygmy Shark

Obwohl diese Art zu den Dornhaien zählt, fehlen ihr die Dornen oder Stacheln vor den

Rückenflossen. Rückenflossen ziemlich klein, auf der hinteren Körperhälfte gelegen. Kopf wuchtig, und weit nach hinten zurückgesetzt. Körper im allgemeinen schwarz, mit kontrastierenden hellen Flossen.

Zwerghaie leben im offenen Meer, im allgemeinen in gemäßigten und tropischen Gewässern. Wahrscheinlich verbringen sie den Tag in tieferen Schichten und wandern nach Sonnenuntergang zur Oberfläche, wobei sie bis 1500 m aufsteigen. Bei diesen vertikalen Wanderungen folgen sie ihren Beutetieren, nämlich Krebstieren, Tintenfischen und Knochenfischen, die dieselbe Strecke zurücklegen, um sich nachts von oberflächennahem Plankton zu ernähren. Dann ist das Risiko, gesehen zu werden, am geringsten. Zwerghaie haben Leuchtorgane (Photophoren) auf der Unterseite. Sie dienen wahrscheinlich der Tarnung und dem Auffinden eines Geschlechtspartners.

Zwerghaie sind ovovivipar. Das Weibchen bringt ungefähr 8 Jungtiere auf die Welt, die bei der Geburt 6 - 10 cm messen.

FELDNOTIZEN

- *Hochsee nördlich und südlich des Äquators*
- *Weibchen bis 27 cm, Männchen bis 22 cm*
- *Harmlos*
- *Von Tauchern nicht beobachtet*
- *Nicht selten*

SQUALUS ACANTHIAS

Gewöhnlicher Dornhai, Spiny Dogfish

Der Gewöhnliche Dornhai ist an einem großen Spritzloch hinter dem großen Auge, an den Dornen bei den Rückenflossen und am Fehlen

der Afterflosse erkennbar. Farbe Grau bis Braun mit kleinen weißen Flecken an den Körperseiten, Bauch hell.

Der Gewöhnliche Dornhai ist ein Kaltwasserfisch, der Temperaturen von 7 bis 15 °C vorzieht. Man fängt ihn bis in 800 m Tiefe, doch lebt er nicht ausschließlich in diesen Schichten. Der Dornhai bildet sehr große Schwärme, die im Frühjahr und Herbst die flachen Küstengewässer in höheren Breiten aufsuchen und sich während der kühleren Wintermonate in tiefere Schichten zurückziehen.

Der Speiseplan umfaßt kleine Fische, wie Heringe und Schellfische, auch Wirbellose wie Garnelen, Tintenfische, Muscheln und Krebstiere. Der Dornhai wächst extrem langsam und wird bis zu 70 Jahre alt. Die Weibchen erreichen die Geschlechtsreife im Alter von 21 bis 25 Jahren. Sie bringen bei einer Trächtigkeit von 18 bis 24 Monaten - der längsten unter allen Elasmobranchiern - 20 Jungtiere mit einer Länge von 20 - 30 cm auf die Welt. Der Dornhai ist in vielen Gebieten von höchstem kommerziellem Wert. Angesichts seines langsamen Wachstums und der geringen Fortpflanzungsrate reagiert er jedoch sehr stark auf Überfischung. In vielen Gebieten ist er deswegen selten geworden.

FELDNOTIZEN

- *Gemäßigte und kalte Gewässer des Pazifiks und des Atlantiks, des Mittelmeers und des Schwarzen Meeres*
- *Bis 1,5 m*
- *Harmlos*
- *Im Frühjahr und Herbst in gemäßigten Breiten*
- *Häufig, in vielen Gebieten jedoch katastrophal überfischt*

Bartwürmer und Muscheln an einem Black Smoker in 2200 m Tiefe.

Bodenbewohnende Haie großer Tiefen

Einige Haiarten leben in der Tiefsee, also jenem Teil des Meeres, der jenseits des Kontinentalabhangs liegt und eine durchschnittliche Tiefe von 4 km aufweist. Die Tiefsee in diesem Sinne bedeckt den größten Teil unseres Planeten. Die Tiefsee ist ein kalter Lebensraum mit Temperaturen von -0,6 bis +4 °C. Hier herrscht absolute Dunkelheit, mit Ausnahme des Lichts, das die Tiere selbst erzeugen. Der Druck kann das Tausendfache wie an der Oberfläche betragen. Die Tiefseebewohner müssen bei absoluter Dunkelheit Beutetiere fangen, Räuber vermeiden und selbst einen Geschlechtspartner finden.

Somniosus microcephalus

Grönlandhai, Greenland Shark, Sleeper Shark

Dieser riesengroße Dornhai ist die einzige polare Art im Atlantik. Er lebt in tiefen Schichten bis 550 m bei Temperaturen von 2 bis 7 °C. Nur während der kalten Monate steigt er in flachere Gewässer auf. Bei solchen Temperaturen wird er kaum von Tauchern beobachtet, doch Fischer fangen ihn gelegentlich. Der Grönlandhai verhält sich beim Fang völlig passiv. Trotzdem sollte man mit ihm sehr vorsichtig umgehen.

Die Zoologen unterscheiden vier oder fünf Arten der Gattung *Somniosus*. Alle haben eine kurze, gerundete Schnauze, eine Schwanzflosse mit gut entwickeltem unterem Lappen und zwei kleine Rückenflossen ohne Dornen. Eine Afterflosse fehlt. Die Färbung variiert stark und umfaßt teilweise auch eine weiße Sprenkelung. Der Grönlandhai ist rosa, purpurgrau, braun oder schwarz.

Die Zähne des Oberkiefers sind lang und spitz und unterscheiden sich dadurch von den Zähnen des Unterkiefers, die

FELDNOTIZEN

- *Nordatlantik*
- *6,5 m*
- *Von Tauchern nicht beobachtet*
- *Potentiell gefährlich*
- *Nicht selten*

deutlich schräg gestellt sind und eng nebeneinander stehen. Mit diesen Zähnen reißt der Grönlandhai große Fleischbrocken aus toten Walen und entfernt wahrscheinlich auch die Köpfe von Robben und Seelöwen, bevor er sich von den Kadavern ernährt. Der Grönlandhai frißt auch Fische wie Lachse oder bodenbewohnende Arten.

Daß dieser träge Hai solche schnellen Beutetiere fangen kann, verdankt er vielleicht kleinen Ruderfüßern, die auf der Hornhaut der Augen festgeheftet leben. Sie leuchten stark und ziehen damit vielleicht hungrige Beutetiere an, die schließlich im Riesenmaul des Haies verschwinden.

Über das Fortpflanzungsverhalten des Grönlandhaies wissen wir nur wenig. Vor kurzem fand man heraus, daß er sich ovovivipar vermehrt. Das Weibchen bringt ungefähr 10 Jungfische auf die Welt, die 38 cm lang sind.

Squaliolus laticaudus

Zwergdornhai, Spined Pygmy Shark

Mit einer Länge von 20 cm wetteifert dieser Dornhai der Tiefsee mit dem Zwerghai (*Etmopterus perryi*) um den Titel der kleinsten Haiart. Weil man erst wenige Exemplare gefangen hat, läßt sich diese Frage nicht endgültig entscheiden. Die vorliegende Art und eine verwandte australische Art (*Squaliolus aliae*) sind dadurch einzigartig, daß sie vor der ersten, aber nicht vor der zweiten Rückenflosse einen Dorn tragen. Sie sind zigarrenförmig mit gedrungener Schnauze und einem großen Spritzloch hinter dem Auge. Zähne des Oberkiefers klein und schmal, die des Unterkiefers breiter, schneidenähnlich. Am Bauch befinden sich zahlreiche Leuchtorgane, die der Tarnung gegenüber Räubern dienen.

Der Zwergdornhai lebt in gemäßigten und tropischen Gewässern in der Nähe von Kontinental und Inselschelfen. Wie andere Haie der Tiefsee führt auch er jeden Tag vertikale Wanderungen zur Nahrungssuche durch. In der Abenddämmerung steigt er auf und frißt Garnelen, Tintenfische und vor allem Laternenfische. In der Morgendämmerung steigt er wieder ab. Dabei legt er einen Halt in 200 m Tiefe ein, bevor er endgültig in der Tiefsee (bis 2000 m) verschwindet. Über die Fortpflanzungsbiologie ist wenig bekannt, doch ist die Art wahrscheinlich ovovivipar.

FELDNOTIZEN
- Alle Meere
- Weibchen bis 25 cm, Männchen bis 23 cm
- Von Tauchern nicht beobachtet
- Harmlos
- Selten

Oxynotus bruniensis

Meersau, Prickly Dogfish

Die Meersauhaie (Oxynotidae) gehören zu den ungewöhnlichsten Haien tieferer Schichten. Sie haben einen gedrungenen, seitlich komprimierten Körper und zeigen am Bauch einen deutlichen Kiel. Bemerkenswert die hohen mit Dornen versehenen Rückenflossen, die in ihrer Form an Segel erinnern. Afterflosse fehlend. Kopf leicht abgeflacht, Augen groß, Spritzlöcher deutlich, Kiemenspalten klein. Die Nasenlöcher liegen relativ nah beieinander. Maul fleischig, klein, an beiden Winkeln mit Lippenfurchen.

FELDNOTIZEN
- Vor Südaustralien und Neuseeland
- Bis 72 cm
- Harmlos
- Selten beobachtet
- Häufig

Die Gattung *Oxynotus* umfaßt vier Arten. Die vorliegende Art ist an dem nach vorne gerichteten Dorn der ersten Rückenflosse und den rauhen Hautzähnchen kenntlich. Körper grau oder braun, Spitzen der Rückenflossen und Hinterränder der Brust- und Bauchflossen weißlich.

Die Meersau lebt in gemäßigten Gewässern in Tiefen von 50 - 500 m. Über die Biologie ist nur wenig bekannt. Der Fisch frißt benthische Wirbellose, vor allem Ringelwürmer. Die Mutter behält die Eier in ihrem Körper zurück. Daraus schlüpfen ungefähr sieben Junge mit einer Körperlänge von 10 cm.

Zigarrenhai

Jäger in mittleren Tiefen

In tieferen Schichten der Hochsee halten sich mehrere kleinere räuberische Haiarten auf. Sie haben spezielle Merkmale und Verhaltensweisen entwickelt, um an Beutetiere heranzukommen. Auf diese Weise überleben sie in den lichtarmen Schichten der Meere.

ISISTIUS BRASILIENSIS

Zigarrenhai, Cookiecutter

Ein kleiner brauner Hai mit kurzer Schnauze und zigarrenförmigem Leib, daher auch die gelegentliche deutsche Bezeichnung Zigarrenhai. Dieses Aussehen wird von den zwei kleinen, nach hinten versetzen Rückenflossen und durch das Fehlen der Afterflosse verstärkt. Die Art zeigt ein schwarzes Halsband hinter dem Kopf.

Der Cookiecutter und ein naher Verwandter mit der Bezeichnung *Isistius plutodus* haben spezialisierte Saugkiefer und Sauglippen und rasiermesserscharfe Zähne im Unterkiefer. Der Hai saugt sich an der Haut seines Opfers fest, beißt dann zu, dreht sich und schneidet ein ovales Stück Gewebe heraus. Dieses Verhalten hat ihm den volkstümlichen englischen Namen eingetragen, der -wörtlich übersetzt - „Plätzchenschneider" bedeutet. Zu den Opfern des Cookiecutters gehören große Fächerfische, Thunfische, Robben, Wale und Delphine. Einmal hat er sogar die mit Gummi überzogene Haut eines Unterseebootes angebissen. Die Zoologen glauben, daß er mit seinen Leuchtorganen seine Beutetiere anlockt.

Der Cookiecutter ist ein tropischer Fisch, der nachts auch an der Oberfläche gefangen werden kann. Normalerweise lebt er jedoch in Tiefen bis 3570 m. Er ist ovovi-

Saugmund und Zähne

FELDNOTIZEN

- *In allen tropischen Meeren der Welt*
- *Bis 50 cm*
- *Harmlos*
- *Nicht von Tauchern beobachtet*
- *In tiefen Schichten wahrscheinlich nicht selten*

vipar. Doch über die Zahl seiner Jungen ist nichts bekannt.

Pseudocarcharias kamoharai

Krokodilhai, Crocodile Shark

gelegentlich auch in Küstengewässern. Wahrscheinlich jagt er kleine Beutetiere, entweder nachts nahe der Oberfläche oder tagsüber in der mesopelagischen Zone bis in 300 m Tiefe. Der Hai hat kräftige Kiefer und lange, dünne, nadelähnliche Zähne, die ähnlich

geformt sind wie bei den größeren Makohaien (siehe Seite 159).

FELDNOTIZEN

- *Tropische Meere der ganzen Welt*
- *Ungefähr 1 m*
- *Harmlos*
- *Nachts nahe der Oberfläche, wahrscheinlich das ganze Jahr über*
- *Häufig*

Der Krokodilhai ist der einzige Vertreter der Familie Pseudocarchariidae und mit dem Sandtiger (siehe Seite 152) verwandt. Mit seinem muskulösen und stark stromlinienförmigen Körper sieht er wie ein kleiner Torpedo aus. Erste Rückenflosse ungefähr in der Mitte zwischen den kleinen Brustflossen und den Bauchflossen gelegen. Zweite Rückenflosse viel kleiner.

Körper oben dunkelbraun, Unterseite heller, mit dunklen Flecken an den Flanken und der Bauchgegend. Kopf lang, Schnauze konisch, Augen groß. Die Leber dieser Art enthält Squalen, ein feines, leichtes Öl, das dem Tier Auftrieb verleiht.

Der Krokodilhai kommt als pelagisches Tier in allen Meeren der Erde vor und lebt von der Oberfläche bis in 600 m Tiefe. Man sieht ihn

Über die Fortpflanzungsbiologie dieser Art ist nur wenig bekannt. Das Weibchen bringt bei der Geburt wahrscheinlich vier Jungtiere auf die Welt, zwei aus jedem Uterus. Wahrscheinlich fressen die heranwachsenden Jungfische im Mutterleib ihre Geschwister auf, wenn ihr Dottersack aufgezehrt ist.

Wahrscheinlich ernähren sie sich zusätzlich von Eiern, die die Mutter produziert. Man weiß aber nicht, wie die beiden Embryonen zusammen im Uterus koexistieren.

Dieser Pazifische Delphin zeigt nahe der Rückenflosse die charakteristische Wunde, wie sie ein Cookiecutter zufügt.

Steuerschwanz-Katzenhai

Einige ungewöhnliche Haie

Haie gehören zu den Lebensgemeinschaften des Meeresbodens, angefangen von sonnenbeschienenen Gezeitentümpeln bis zu den dunklen Tiefsee-Ebenen in über 1000 m Tiefe. Unter diesen bodenbewohnenden Haien gibt es auch Vertreter einiger kleinerer Familien, über die wir bisher nur wenig wissen. Als Beispiele behandeln wir hier die Steuerschwanz-Katzenhaie, die Marderhaie der Familie Pseudotriakidae,die Hundshaie (Familie Leptochariidae) sowie die Wieselhaie.

PROSCYLLIUM HABERERI

Steuerschwanz-Katzenhai, Graceful Catshark

Die Steuerschwanz-Katzenhaie (Familie Proscylliidae) sind mit den eigentlichen Katzenhaien nah verwandt. Erste Rückenflosse oberhalb oder vor den Bauchflossen gelegen, bei den eigentlichen Katzenhaien dahinter. Körper sehr schlank, lang. Augen groß, katzenähnlich, mit oft verkleinerter Nickhaut, Spritzloch hinter dem Auge deutlich. Lippenfurchen an den Mundwinkeln klein oder fehlend, Zähne im Mundinneren kammähnlich. Keine Barteln an der Nase.

FELDNOTIZEN

- *Westatlantik, Indischer Ozean, Westpazifik*
- *Um 65 cm*
- *Harmlos*
- *Nicht oft von Tauchern beobachtet*
- *Selten*

Die vorliegende Art lebt in warmgemäßigten und tropischen Gewässern in Kontinental- und Inselschelfen in Tiefen zwischen 50 und 100 m. Sie unterscheidet sich durch die dunklen Flecken, die die Flossen und den Körper bedecken. Die beiden dornlosen Rückenflossen sind ungefähr gleich groß, die zweite über der Afterflosse gelegen.

Der Steuerschwanz-Katzenhai frißt kleine Fische, Krabben und Tintenfische. Über die Biologie ist wenig bekannt. Das Weibchen legt wahrscheinlich Eier.

PSEUDOTRIAKIS MICRODON

Marderhai, False Catshark

Die vorliegende Art gilt als die einzige der Familie Pseudotriakidae, die mit den eigentlichen Katzenhaien nah verwandt ist. Körper lang und schlank. Das wichtigste Unterscheidungsmerkmal ist die lange Basis und die geringe Höhe der kielähnlichen ersten Rückenflosse. Auge oval und katzenähnlich, mit reduzierter Nickhaut. Spritzloch groß. Kiefer groß, Zähne in den rückwärtigen Reihen kammähnlich.

Es handelt sich hier um eine Tiefseeform, die am Kontinentalabhang von 200 bis 1500 m Tiefe lebt. Körper wässrig und weich, was wahrscheinlich zum Auftrieb beiträgt. Die Art hält sich praktisch dauernd auf dem Boden auf. Der Marderhai lebt von Fischen und Wirbellosen. Die Weibchen erreichen die Geschlechtsreife mit einer Länge von rund 2,2 m und bringen zwei bis vier Junge auf die Welt.

FELDNOTIZEN

- *Nordatlantik, westlicher Indischer Ozean, Zentral- und Westpazifik*
- *Bis 2,9 m*
- *Harmlos*
- *Nicht von Tauchern beobachtet*
- *In einigen Gebieten häufig*

Marderhai

Hundshai

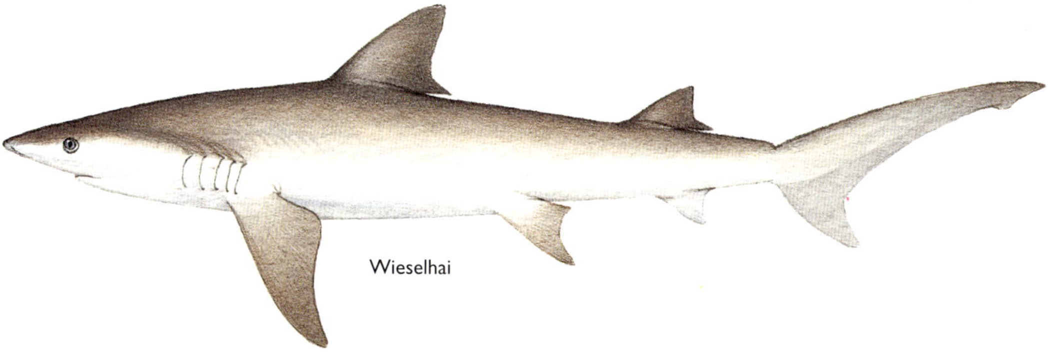

Wieselhai

Leptocharias smithii

Hundshai, Barbeled Houndshark

Die vorliegende Art ist die einzige in der Familie Leptochariidae. Es besteht eine enge Verwandtschaft zu den Menschenhaien und den Echten Hundshaien, doch zeigt Leptocharias einige einzigartige Merkmale. Körper länglich, grau oder bräunlich. Die erste der beiden dornlosen Rückenflossen zwischen den Bauch- und Brustflossen gelegen, zweite Rückenflosse oberhalb der Afterflosse. Kopf klein, Augen groß, katzenähnlich. An der Nase stehen zwei kurze schlanke Barteln. Mundwinkel mit langen Furchen, Zähne beider Kiefer klein mit einer größeren und zwei kleineren Spitzen.

Dieser Hundshai lebt in der Regel in Küstengebieten in Tiefen von 10 bis 75 m. Er zieht schlammigen Boden vor, besonders in der Nähe von Flußmündungen, wo er sich von Krebstieren, kleinen Fischen und Tintenfischen ernährt. Taucher können sich ihm nähern.

Die Weibchen treten bei einer Körperlänge von 50 cm in die Geschlechtsreife ein. Die Trächtigkeit dauert mindestens vier Monate, und wahrscheinlich im Oktober kommen ungefähr sieben Jungfische auf die Welt.

Die Art wird wegen ihres Fleisches und ihrer Haut kommerziell befischt.

FELDNOTIZEN

- *Ostafrikanische Küste*
- *Bis 84 cm*
- *Harmlos*
- *Tags oder nachts, fast das ganze Jahr*
- *Häufig*

Hemipristis elongatus

Wieselhai, Snaggletooth Shark

Diese Art hat ihren Namen von der langen, ziemlich großen, gezackten Zähnen des Unterkiefers. Sie stellt die größte Form innerhalb der Familie der Wieselhaie (Hemigaleidae) dar, die ihren Namen angeblich von der Form ihrer Augen hat. Die vorliegende Art ist in der Regel grau oder braun, Hinterrand der dornlosen Rückenflosse geschwungen. Erste Rückenflosse ungefähr oberhalb des Hinterrandes der Brustflosse ansetzend, zweite Rückenflosse ungefähr zwei Drittel so hoch.

Zu den Beutetieren zählen Schwarmfische wie Anchovis, Makrelen oder Hundsfische, aber auch andere Elasmobranchier, vor allem Schmetterlingsrochen und kleine Menschenhaie.

Der Wieselhai ist in einigen tropischen Küstengebieten sehr häufig. Er dringt bis in 1 m tiefe Gewässer vor und geht an Kontinental- und Inselschelfen bis in 30 m Tiefe. Natürlich wird er von Tauchern öfter gesehen.

Die Weibchen erreichen die Geschlechtsreife bei einer Länge von 1,7 m. Bis acht Embryonen wachsen im mütterlichen Leib heran und werden von einer Dottersackplazenta mit Nährstoffen versorgt. In vielen Gebieten der Erde wird die Art wegen ihrer Flossen, ihres Fleisches und ihrer Leber gefischt.

FELDNOTIZEN

- *Ostatlantik, westlicher Indischer Ozean, Westpazifik*
- *Bis 2,4 m*
- *Harmlos*
- *Tags oder nachts, das ganze Jahr*
- *Häufig*

Mein ganzes Leben lang freuten mich neue Einsichten in die Natur wie ein Kind.

Marie Curie (1867–1934), in Polen geborene Physikerin

KAPITEL 7

Feldführer der Rochen

Zum Gebrauch dieses Führers

Hier lernt der Leser die Rochen in all ihren Formen, Größen und Zeichnungen sowie ihre Verhaltensweisen kennen.

Dieser Feldführer beschreibt und illustriert die Hauptarten der fast 500 Rochenarten, die in den Meeren, Ästuarien und Flüssen unserer Welt leben. Pro Familie wurde mindestens eine Art vorgestellt. Einige Rochen kommen fast überall in tropischen Riffen, an Abhängen und sandigen Ebenen vor und verhalten sich recht neugierig gegenüber Schnorchlern und Tauchern. Viele Arten verlassen jedoch nie die kalten, dunklen Tiefen des Meeresbodens. Noch mehr Arten verbringen den Tag bis zu den Augen und zu den Spritzlöchern eingegraben in Schlamm oder Sand. Bei solchen Lebensweisen kann es nicht verwundern, daß wir über die Biologie und das Verhalten der meisten Rochen noch praktisch nichts wissen.

Die **GROSSE FOTOGRAFIE**, immer eine original Unterwasseraufnahme, zeigt möglichst viele Merkmale der Art.

WISSENSCHAFTLICHER, DEUTSCHER und **ENGLISCHER NAME** der Art, nach taxonomischen Regeln aufgelistet.

Der **TEXT** enthält Informationen über das Auftreten des Rochens, über zusätzliche Namen, seine Lebensräume. Er sagt, wie und wo man Rochen sehen kann. Es werden auch verwandte Arten behandelt. Der Leser findet Angaben über das Wanderverhalten und die Fortpflanzung, soweit darüber etwas bekannt geworden ist.

FARBGRAFIKEN geben zusätzliche Informationen oder illustrieren besondere Merkmale der behandelten Arten.

Die **GRAFIKLEISTE** oben an der Seite kennzeichnet den Bestimmungsteil der Rochen.

Die **KOPFLEISTE** nennt die Familie der abgebildeten Art.

INFORMATIONEN AUF EINEN BLICK

- Verbreitung
- Größe
- Mögliche Risiken bei einer Begegnung
- Beste Tages- und Jahreszeit zur Beobachtung
- Informationen über Populationsgröße

ZUSÄTZLICHE FOTOGRAFIEN stellen besondere Merkmale der Art dar oder illustrieren deren Verhalten. Manchmal sind auch verwandte Arten abgebildet.

Pristis microdon

Sägerochen, Freshwater Sawfish

FELDNOTIZEN

- *Tropischer Indopazifik, Afrika und Amerika*
- *Bis 6,6 m*
- *Bisweilen in Gefangenschaft aggressiv*
- *Selten zu beobachten*
- *Gefährdet*

Die Sägerochen haben ihren Namen von ihrer langen schneidenartigen Schnauze, an der verknöcherte Zähne befestigt sind. Dieses Rostrum ähnelt tatsächlich einer Säge. Die Sägerochen kann man leicht mit den Sägefischen (siehe Seite 104) verwechseln, weil ihre Schnauze ganz ähnlich ausgebildet ist. Bei den Sägerochen befinden sich die Kiemenspalten jedoch unter dem Kopf und nicht an dessen Seiten. Überdies werden Sägerochen viel größer.

Im Gegensatz zu den meisten übrigen Rochen haben die Sägerochen nur eine kleine Körperscheibe und einen haiähnlichen Schwanz. Die meisten Arten leben in tropischen Meeren in Küstennähe. Die hier behandelte Art kommt in Flußmündungen, Flüssen und Seen vor. Sie ist gelb bis grau gefärbt.

Die Art ist heute selten, so daß Taucher ihr kaum mehr begegnen. Überdies handelt es sich um ein sehr scheues Tier, das sofort flieht. Fischer fangen gelegentlich einen Sägerochen mit der Angel oder mit Netzen. Gefangene Tiere schlagen wild um sich, und die Zähne des Rostrums können schwere Verwundungen zufügen. Man nimmt an, daß die Art von ihrer Schnauze offensiv Gebrauch macht. Der Sägerochen bewegt sein Schwert seitwärts und betäubt damit die Fische, von denen er sich ernährt. Die Männchen setzen ihr Rostrum auch bei Kämpfen während der Fortpflanzungszeit ein.

Die Biologie dieser süß- oder brackwasserbewohnenden Art ist kaum bekannt. Asiatische und australische Populationen leben fast ausschließlich im Süßwasser, doch in Afrika und Amerika halten sich die Tiere auch im Meer auf. Sie sind ovovivipar. In Mittelamerika findet die Paarung zur Sommerzeit in kühlem Wasser statt. Die trächtigen Weibchen bleiben dort, bis sie fünf Monate später ihre bis zu 13 Jungen gebären. Diese sind bei der Geburt 75 cm lang.

Die Sägerochenpopulationen wurden in unserem Jahrhundert durch Überfischung und Zerstörung der Lebensräume schwer dezimiert. Viele Arten treten nur noch selten auf, und ihr Überleben stellt eines der Hauptprobleme des Naturschutzes dar.

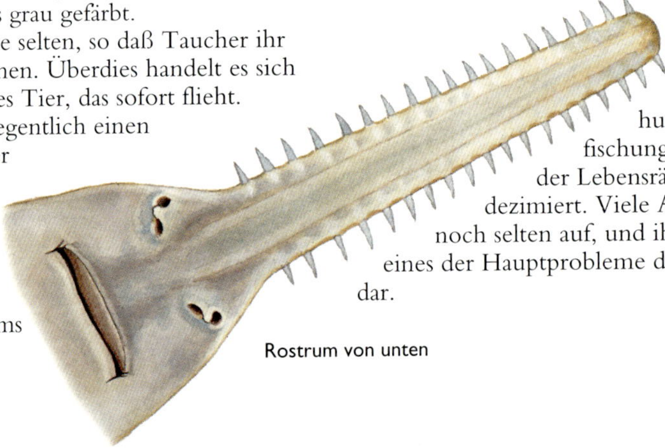

Rostrum von unten

Rhina ancylostoma

Geigenrochen, Bowmouth Guitarfish

FELDNOTIZEN

- *Tropischer Indopazifik, von Ostafrika bis nach Australien und Japan*
- *Bis 2,9 m*
- *Nicht aggressiv*
- *Ganzjährig*
- *Nicht häufig*

Diese unverwechselbare Kreatur ähnelt einem Wesen aus der Urzeit. Es hat oberhalb und hinter den Augen hervortretende Kiele mit großen Dornen, einen breiten, abgeflachten Kopf, Kiemen auf der Unterseite der kleinen Körperscheibe. Das ist das typische Merkmal der Rochen. Doch der mächtige Körper mit den großen spitzen Flossen sieht eher haiähnlich aus. Färbung bläulichgrau bis braun, mit großen weißen Flecken. Mund bogenförmig, sehr typisch.

Der Geigenrochen lebt nahe der Küste und an Küstenriffen in tropischen Gewässern bis in eine Tiefe von rund 90 m. Die Zoologen glaubten früher, er verbringe den größten Teil des Tages auf dem Meeresboden ruhend. Sein Verhalten in Aquarien zeigt jedoch, daß er tags wie nachts fast dauernd aktiv schwimmt. Schwanz kräftig und an das dauernde Schwimmen angepaßt. Die Art ernährt sich hauptsächlich von Krabben und großen Muscheln. Sie fängt ihre Beutetiere mit dem breiten Kopf und den Brustflossen und dirigiert sie dann zum Mund hin.

Taucher sehen Geigenrochen bisweilen ruhend in der Nähe von Wracks oder Korallenstöcken. Sie greifen den Menschen nicht an. Das Weibchen bringt pro Wurf sieben bis neun Junge zur Welt.

Trawler erbeuten Geigenrochen gelegentlich als Beifang. Zusammen mit der verwandten Art *Rhynchobatus djiddensis* ist dieser Geigenrochen die am meisten gesuchte Elasmobranchierart für die Haifischflossensuppe. Deswegen muß man sich Sorgen wegen der Überfischung machen.

Der Geigenrochen meidet die Menschen und greift sie sicher nicht an.

Rhinobatos lentiginosus

Atlantischer Geigenrochen, Atlantic Guitarfish

FELDNOTIZEN

- Nortwestatlantik, von North Carolina bis Südmexiko
- Erreicht 75 cm
- Harmlos
- Das ganze Jahr, am häufigsten vor Florida
- Ziemlich häufig

Viele der rund 40 Geigenrochenarten haben einen schaufelähnlichen Kopf und einen abgeflachten, nach hinten verjüngten Schwanz. Mit etwas Phantasie erinnert ihre Körperform an eine Geige oder eine Gitarre, daher der die volkstümlichen Namen im Deutschen und Englischen. Im Vergleich zur Art, die auf der vorigen Seite behandelt wurde, stehen die Rückenflossen näher an der Schwanzspitze (hinter den Bauchflossenspitzen), und der untere Lappen der Schwanzflosse ist viel kleiner als der obere. Oberfläche grau oder braun mit Hunderten kleiner weißer Flecken. Der erwachsene Atlantische Geigenrochen unterscheidet sich vom verwandten Südlichen Geigenrochen (*Rhinobatos percellens*), der von der Karibik bis nach Argentinien vorkommt, durch größere Höcker auf der Schnauzenspitze.

Die vorliegende Art gehört zu den kleineren Geigenrochen. Sie lebt in warmgemäßigten und tropischen Gewässern, hauptsächlich in flachen Bereichen von der Gezeitenzone bis in ungefähr 20 m Tiefe. Als Lebensräume zieht sie weiche Sand- oder Schlammböden oder Seegraswiesen vor. Sie frißt kleine bodenbewohnende Weichtiere und Krebse. Einige Geigenrochen sind bei der Ernährung sehr heikel und nehmen nur die nahrhaften Teile ihrer Beutetiere auf. Sie zermalmen zum Beispiel Muscheln in ihrem Mund und speien die Schalenreste aus.

Der Atlantische Geigenrochen kommt vor Florida am häufigsten vor. Schwimmer und Badende sehen ihn bei Ebbe an den Stränden. Er schwimmt dabei nahe der Wasseroberfläche, so daß die Rücken- und die Schwanzflosse aus dem Wasser ragen, während er gleichzeitig mit der Schnauze im Sand stochert. Im Indopazifik kommt die große Art *Rhinobatos typus* ebenfalls in Küstennähe vor. Sie sucht dort auf Sandflächen, in Mangrovesümpfen und Ästuarien nach Nahrung.

Große Geigenrochen bringen bis 29 Jungtiere auf die Welt. Die atlantische Art bringt es nur auf 6 Jungtiere mit je 20 cm Länge. Die Männchen sind mit 48 cm Körperlänge geschlechtsreif.

Die schaufelför Schnauze und c verjüngte Schw eines Atlantisc Geigenrochens.

Platyrhinoidis triseriata

Dornenrücken, Thornback

FELDNOTIZEN

- *Ostpazifik von Kalifornien bis Mexiko*
- *Fast 90 cm*
- *Harmlos, Vorsicht vor den Dornen*
- *Das ganze Jahr über*
- *Vor Südkalifornien einst häufig*

Die Dornenrücken haben ihren Namen von den Reihen fester Dornen auf dem Rücken und bisweilen auch auf dem Schwanz. Sie ähneln einigen rundschnäuzigen Geigenrochen, die in anderen Teilen der Welt leben. Diese entfernt verwandten Gruppen entwickelten wahrscheinlich ähnliche Körperformen als Anpassung an eine analoge Lebensweise. Körperscheibe der Dornenrücken kurz und breit, Schnauze regelmäßig gerundet, nicht dreieckig. Die fein segmentierten Knorpelstäbe, die das Skelett der äußeren Körperscheibe bilden, reichen fast bis zur Schnauzenspitze. Zwei schmale Knorpelstäbe verbinden die Schnauzenspitze mit dem Schädel.

Der bräunliche Dornenrücken hat drei Reihen heller Dornen. Rückenflossen nahe der Schwanzspitze stehend, ungefähr gleich groß, Schwanz viel länger als die Scheibe. Beim Japanischen Dornenrücken (*Plathyrhina sinensis*) bleiben die Hautdornen auf den zentralen Teil der Scheibe und die Augengegend beschränkt.

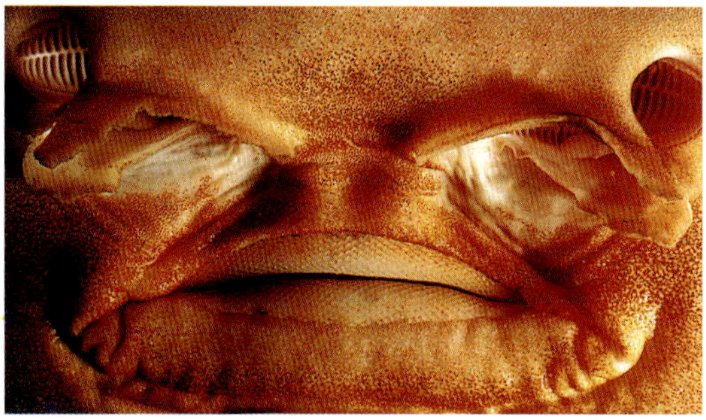

Nahaufnahme des Mundes und der Nasenlöcher auf der Unterseite eines Thornbacks.

Der Dornenrücken lebt in gemäßigten und subtropischen Gewässern, hauptsächlich in der Küstennähe auf Sand- und Schlammböden. Taucher sehen die Art gelegentlich in der Nähe von Kelpwäldern, wo die bräunliche Oberseite im dunklen Substrat gut getarnt ist. Die Art verbringt den größten Teil des Tages gruppenweise ruhend und gräbt sich dabei teilweise ein, so daß nur die Hautdornen herausschauen. Diese sind sehr scharf und werden wahrscheinlich als Verteidigungswaffen gegen kleine Haie eingesetzt. Obwohl Dornenrücken harmlos sind, sollte man ihnen doch mit Vorsicht begegnen.

Über die allgemeine Biologie ist wenig bekannt. Dornenrücken schwimmen nicht sehr gut, so daß es unwahrscheinlich erscheint, daß sie größere Wanderungen durchführen. Offensichtlich sind sie nachts aktiver und ernähren sich von Würmern, Muscheln, Garnelen und Krabben. Die Paarung findet Ende des Sommers statt.

Narcine brasiliensis

Kleiner Zitterrochen, Lesser Electric Ray

Die Art *Narcine brasiliensis* ist wohl die bestbekannte in der Familie Narcinidae, von der wir leider noch nicht viel wissen. Körperscheibe abgeflacht, oval, bräunlich mit dunkleren Flecken, Brustflossen groß. Rücken- und Schwanzflossen unverhältnismäßig groß, Schwanz verjüngt. Die Art frißt hauptsächlich Sandwürmer, kleine Fische und Krebstiere.

Das nierenförmige elektrische Organ liegt in der Mitte der Brustflossen. Die beiden Organe machen ungefähr ein Sechstel des Körpergewichts aus. Sie setzen sich aus 280 bis 430 Säulen mit mehreren hundert elektrischen Platten zusammen. Der elektrische Schlag hat eine Spannung von weniger als 37 Volt. Damit ist er zu schwach, um sich damit zu verteidigen oder ein Beutetier zu betäuben. Einige Fischer behaupten allerdings, sie hätten einen Schlag verspürt, als sie unvermutet auf einen solchen Rochen traten - wahrscheinlich eher die Auswirkung der Überraschung als der eigentliche elektrische Schlag.

Im Winter wandert *Narcine brasiliensis* in warmgemäßigten und tropischen Gewässern weiter von der Küste weg. Im Sommer bewohnt die Art sehr seichte küstennahe Bereiche, wo sie sich oft in Strand- und Schleppnetzen verfängt. Taucher sehen sie oft an Sandstränden, wenn sie genau hinschauen. Oft sind nur die Augen und Teile des Kopfes zu sehen, weil sich die Art im Sand verbirgt. Angler und Badende treten gelegentlich auf einen vergrabenen Rochen. Er ist allerdings harmlos, und man muß ihn erheblich ärgern, bevor er einen elektrischen Schlag abgibt.

Die Weibchen begeben sich im Sommer in die Brandungszone und gebären dort 2 bis 17 Jungfische. Wie bei vielen Haien und Rochen ist die Färbung der Jungfische intensiver als bei den Erwachsenen. Bei der Geburt sind die Jungen rund 11 cm lang.

FELDNOTIZEN

- *Zentraler und westlicher Atlantik, von North Carolina bis Nordargentinien, auch im Golf von Mexiko*
- *Bis 45 cm*
- *Erzeugt einen leichten elektrischen Schlag, sonst harmlos*
- *Sommer*
- *Ziemlich häufig*

Der kleinere Zitterrochen (unten) mit verschwommenen Flecken auf dem Rücken.

Narke japonica

Gefleckter Zitterrochen, Spottet Electric Ray, Japanese Numbfish

FELDNOTIZEN

- Nordwestpazifik, von Japan bis ins Südchinesische Meer
- Bis rund 40 cm
- Teilt leichte Elektroschläge aus, sonst harmlos
- Das ganze Jahr über, schwer zu entdecken
- Nicht selten

Der Gefleckte Zitterrochen gehört zur Familie der Kurzschnauzen-Zitterrochen (Narkidae). Sie umfaßt mindestens 12 kleine Rochenarten im gemäßigten und tropischen Indopazifik. Sie leben hauptsächlich im äußeren Kontinentalschelf und in den oberen Bereichen des Abhangs. Der Gefleckte Zitterrochen allerdings kommt auch in Küstennähe vor. Wie bei allen Kurzschnauzen-Zitterrochen ist die Scheibe praktisch oval, der Schwanz kurz und dick. Die allgemeine Körperform ist ähnlich wie bei der Familie Narcinidae. Es ist nur eine Rückenflosse vorhanden.

Die vorliegende Art ist rötlichbraun mit schwarzen oder weißen Flecken auf der Oberseite. Schnauze kurz, Augen wie bei allen verwandten Arten klein. *Narke japonica* lebt auf Sandböden, oft in der Nähe von felsigen Bereichen, und verbirgt sich dort für lange Zeit. Aus diesem Grund sehen die Taucher die Art kaum, obwohl sie verhältnismäßig häufig auftritt. Bei einer Störung reagieren sie aggressiv und können leichte elektrische Schläge von bis zu 80 Volt austeilen. Sie tun dies wahrscheinlich zur Verteidigung und zum Schutz ihres Territoriums. Der Gefleckte Zitterrochen ernährt sich von kleinen Fischen und Krebstieren, die im Sediment leben. Der Mund ist von einer flachen Grube umgeben, die es möglich macht, den Mund nach vorn zu strecken und die Beute einzusaugen.

Das Weibchen bringt im Frühsommer bis zu fünf Jungtiere auf die Welt.

Ein ungewöhnlicher Verwandter aus Neuseeland, der Blinde Zitterrochen *Typhlonarke aysoni*, lebt am Kontinentalabhang in Tiefen von 200 - 900 m. Die wenig bekannte Art hat winzige Augen, die unter einer Hautschicht liegen; zur Wahrnehmung von Beutetieren taugen sie nichts mehr. An deren Stelle setzt die Art ihren elektrischen Sinn ein. Am vorderen Lappen der Bauchflosse stützt sie sich wahrscheinlich beim Beutefang auf.

Blinder Zitterrochen

Hypnos monopterygium

Kurzschwanz-Zitterrochen, Shorttailed Electric Ray

Diese Rochenart ist einzigartig unter den Zitterrochen, weil bei ihr eine sehr große ovale Brustscheibe mit einer kleineren Scheibe aus den Bauchflossen verbunden ist. Wenn der Rochen tot an den Strand geschwemmt wird, bläht er sich unter der heißen Sonne auf und sieht dann wie ein flacher Holzsarg aus - daher auch der angelsächsische Name „Coffin Ray“. Schwanz sehr kurz, mit zwei winzigen Rückenflossen nahe der ebenso kleinen Schwanzflosse. Haut weich, ohne Dornen und Hautzähnchen, schokoladebraun bis rosa oder grau gefärbt.

FELDNOTIZEN

- *Nur um Australien*
- *Etwa 40 cm bis 60 cm*
- *Nicht aggressiv, teilt aber bei Berührung einen starken elektrischen Schlag aus*
- *Das ganze Jahr über, meistens nachts*
- *Ziemlich häufig*

Der Kurzschwanz-Zitterrochen lebt Nahe der Küste in warmgemäßigten und subtropischen Gewässern. Er zieht geschützte Lebensräume vor, etwa schlammige Buchten und Flußmündungen und geht auf dem Kontinentalschelf bis auf 220 m Tiefe. Die Art ist selten zu beobachten,weil sie sich sehr gut verbirgt. Tagsüber vergräbt sie sich tief im Boden. Auch der Farbwechsel trägt zur Tarnung bei.

Die Art hat gut entwickelte elektrische Organe, die zentral auf beiden Brustflossen liegen. Sie kann starke Schläge austeilen, größere Beutetiere betäuben und sich damit verteidigen. Taucher, die zufälligerweise diesen Rochen berühren, werden sich an den Schlag ein ganzes Leben lang erinnern. Die Erwachsenen fressen nachts und nehmen Fische, Würmer und Krabben auf. Mit seinem Maul kann der Rochen überraschend große Beutetiere aufnehmen, darunter Plattfische, die halb so groß sind wie er selbst.

Über die Biologie dieses viviparen Rochens ist wenig bekannt. Die Weibchen werden größer als die Männchen und bringen 8 - 11 cm lange Jungtiere auf die Welt.

Unterseite eines männlichen Kurzschwanz-Zitterrochens (oben). Nur die Augen und die Spritzlöcher (links) sind über dem Sand zu sehen.

Torpedo nobiliana

Atlantischer Zitterrochen, Atlantic Torpedo

Der Atlantische Zitterrochen wird wie sein nächster Verwandter, der Marmor-Zitterrochen (*Torpedo marmorata*), bis 90 kg schwer. Er hat in der Brustscheibe mächtige elektrische Organe, die bis 220 Volt abgeben können. Die Oberseite der Scheibe ist positiv, die Unterseite negativ geladen. Bei der Entladung bildet das Meerwasser oder ein nichtsahnendes Tier die Verbindung zwischen den beiden Polen der „Batterie".

Der Atlantische Zitterrochen verwendet seine elektrischen Organe für die Verteidigung und den Beutefang. Wahrscheinlich setzt er sie auch ein, um Beutetiere aufzuspüren oder mit Artgenossen in Verbindung zu treten. Rücken dunkelblau bis braun oder schwarz, gelegentlich mit kleinen weißen Punkten und größeren schwarzen Flecken.

Körperscheibe bei allen Angehörigen der Familie Torpedinidae breiter als lang, mit glatter Haut bedeckt. Schwanz kurz, zwei Rückenflossen, die erste in der Regel viel größer als die zweite. Schwanzflosse mit großem oberen und unteren Lappen.

Der Atlantische Zitterrochen kommt in gemäßigten und tropischen Gewässern nahe der Küste vor und geht bis in Tiefen von 450 m. Er verbringt einen großen Teil der Zeit auf dem Boden, wandert aber auch in der Hochsee. Taucher begegnen ihm nur selten.

Erwachsene Tiere machen Jagd auf Bodenfische wie kleine Haie, Aale, Plattfische; die jungen Zitterrochen ernähren sich von Krebstieren. Die Art lauert eingegraben im Sand ihren Beutetieren auf und frißt sie lebend, was eine Haltung im Aquarium erschwert. Der Atlantische Zitterrochen ist verhältnismäßig fruchtbar. Die viviparen Weibchen bringen nach einer fast einjährigen Trächtigkeit bis zu 60 Junge auf die Welt.

FELDNOTIZEN

- *Ostatlantik, von Großbritannien bis Südafrika, auch Mittelmeer; Nordwestatlantik, von Nova Scotia in Kanada bis nach Florida*
- *Bis 1,82 m*
- *Teilt bei Bedrohung einen kräftigen elektrischen Schlag aus, der einen Taucher betäuben kann*
- *Das ganze Jahr über, selten zu beobachten*
- *Nicht selten, häufiger in gemäßigten Gebieten*

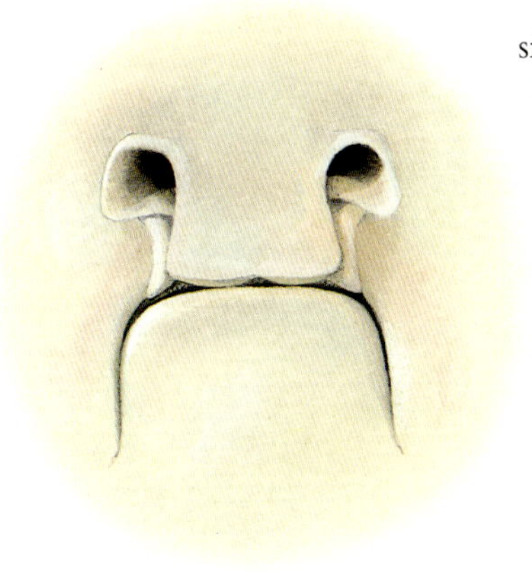

Mund und Nasenlöcher

Raja nasuta

Pazifischer Spitzrochen, Rough Skate

Der Pazifische Spitzrochen gehört zu einer Gruppe, deren gemeinsamer Vorfahr vor über 80 Millionen Jahren an den Küsten Gondwanalands lebte. Dies zeigt die Verbreitung der heutigen Art dieser Gruppe. Sie kommen auf den Kontinentalschelfen von Neuseeland, Australien und Südamerika vor. Der Pazifische Spitzrochen hat eine rautenförmige Körperscheibe mit einer sehr langen, zugespitzten Schnauze. Schwanz schlank, mit drei Dornreihen, Oberseite der Scheibe mit winzigen Hautzähnchen besetzt. Farbe in der Regel grau oder braun mit weißen Punkten und dunkleren Marmorierungen. Die Art kommt auf weichen Böden bis in eine Tiefe von 150 m vor. Taucher begegnen gelegentlich dem Pazifischen Spitzrochen.

Über die Biologie dieser Art ist wenig bekannt. Das Weibchen legt hornige, rechteckige Eikapseln, die mit rankenartigen Fortsätzen am Boden verankert sind. Die Entwicklung erfolgt langsam, und die Jungtiere schlüpfen erst nach einigen Monaten. Frisch geschlüpfte Junge erkennt man an einer Narbe am Bauch, an der der Dottersack befestigt war. Nach Stürmen findet man die leeren Eikapseln an den Stränden.

FELDNOTIZEN

- *Südostpazifik vor Neuseeland*
- *Fast 1 m*
- *Harmlos*
- *Das ganze Jahr, selten von Tauchern beobachtet*
- *Häufig*

Port-Davey-Rochen

Ein naher Verwandter dieser Art ist der erst kürzlich entdeckte Port-Davey-Rochen (*Raja* n. sp.). Von den über 280 Echten Rochen (Familie Rajidae) ist er der einzige, der in Brackwasser lebt. Man findet ihn in zwei Flußmündungen im fernen Südwesttasmanien vor Südaustralien. Schnauze lang und steif, wie sie eher Formen der Tiefsee aufweisen. Er gräbt damit wahrscheinlich im feinen Sediment, auf dem er lebt, Beutetiere aus. Angesichts ihrer eingeschränkten Verbreitung stellt die Art wahrscheinlich spezielle Ansprüche an ihren Lebensraum. Die Population ist sehr klein und umfaßt wahrscheinlich nicht mehr als ein paar Tausend Individuen. Sie reagiert wohl sehr empfindlich auf Überfischung und Veränderungen der Umwelt.

Urobatis halleri

Runder Stechrochen, Round Stingray

Der Runde Stechrochen gehört zur Familie Urolophidae. Körper einfarbig braun mit gelblichen Flecken und netzartiger Zeichnung. Körperscheibe kreisrund, Oberfläche glatt, ohne Höcker. Die verwandte Art *Urobatis maculatus* von Baja California und der Cortez-See vor Mexiko sieht ähnlich aus, hat auf der Scheibe aber große schwarze Flecken. Die Familien Urolophidae und Dasyatidae, die wir beide auf deutsch als Stechrochen bezeichnen, kann man leicht miteinander verwechseln. Die Urolophiden haben jedoch einen kürzeren Schwanz, der in einer langen, blattförmigen Schwanzflosse endigt.

Der Runde Stechrochen lebt zur Hauptsache auf schlammigen und sandigen Böden in Küstennähe bis in eine Tiefe von 90 m. Im Sommer sonnt er sich in warmen flachen Buchten, während er im Winter der Küste eher fern bleibt und nur bei der Jagd ins Flachwasser gelangt. Er verhält sich ziemlich ortstreu und beansprucht ein Revier von rund 4 km². Die Art scheint auf Kälte empfindlich zu reagieren und lebt in Wasser, das wärmer ist als 10 °C.

FELDNOTIZEN

- *Ostpazifik, von Nordkalifornien bis Panama*
- *Bis 56 cm*
- *Nicht aggressiv, der Stachel fügt kleinere Verwundungen zu*
- *Das ganze Jahr über*
- *Sehr häufig*

Der Runde Stechrochen ernährt sich tagsüber von kleinen bodenbewohnenden Krebstieren, Muscheln und Sandwürmern, die er aus dem Substrat gräbt oder von Seegräsern abnimmt. Taucher begegnen dieser Art in geschützten Buchten meist im Sediment vergraben.

Runde Stechrochen werden früh geschlechtsreif. Die Geschlechter trennen sich vor der Fortpflanzungszeit. Die erwachsenen Weibchen halten sich bis Juni vor der Küste auf und begeben sich dann zur Paarung in Küstennähe. Sexuell aggressive Männchen patrouillieren über den sandigen Streifen zwischen den Seegraswiesen und dem Ufer auf der Suche nach einem geeigneten Weibchen. Das Männchen knabbert an der Körperscheibe des Weibchens, rollt sich dann unter dessen Körper und führt sein Begattungsorgan ein. Im September kommen ein bis sechs Jungrochen auf die Welt. Sie bleiben bis zur Geschlechtsreife in Küstennähe.

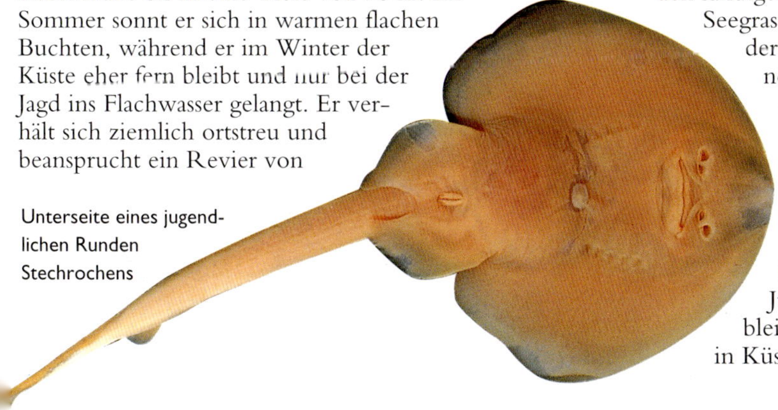

Unterseite eines jugendlichen Runden Stechrochens

Urolophus cruciatus

Gebänderter Stechrochen, Banded Stingaree

Der Gebänderte Stechrochen ist eine leicht zu bestimmende Art. Oberseite glatt, grau bis gelbbraun mit dunkel gebändertem Muster, das entfernt an ein Kruzifix erinnert. Schwanz sehr kurz, fleischig, stark beweglich, in der Regel mit einem einzigen großen Stachel in der vorderen Hälfte. Bei Berührung oder Bedrohung wirft der Rochen seinen Schwanz nach vorne und treibt den Giftstachel in das Opfer. Die Schmerzen können leicht bis qualvoll sein, je nach der abgegebenen Giftmenge und der Lage der Wunde.

FELDNOTIZEN

- *Südwestpazifik vor Südaustralien*
- *Bis 50 cm*
- *Nicht aggressiv; der Stachel kann jedoch erhebliche Verletzungen zufügen*
- *Das ganze Jahr über*
- *Sehr häufig*

Die erwachsenen Tiere leben in Gruppen in geschützten schlammigen Buchten und Flußmündungen; sie kommen aber auch häufig auf sandigen Bereichen in der Nähe von Riffen und Höhlen vor. Schnorchler und Taucher begegnen dieser Art häufig - oft in Gesellschaft mit der weiter verbreiteten Art *Urolophus paucimaculatus*, einem einfarbig grauen Stechrochen mit einigen wenigen weißen Flecken auf der Oberseite. Der Gebänderte Stechrochen verhält sich ziemlich inaktiv und liegt oft im Substrat verborgen.

Diese Verhaltensweise kann Tauchern und Badenden große Probleme machen, da man sich leicht mit der Hand oder dem Knie auf dem Rücken eines Rochens aufstützt und dann gestochen wird. Auch Netzfischer werden gestochen, wenn sie solche Tiere aus den Maschen befreien. Beim Umgang mit dieser Art sind Handschuhe angebracht.

Die Urolophiden sind vivipar: Nach ungefähr drei Monaten bringt das Weibchen zwei bis vier Jungtiere auf die Welt. Die Männchen werden mit einer Länge von rund 25 cm geschlechtsreif. Im Frühjahr begegnet man kleinen Gruppen von Weibchen, die auf dem Boden ruhen und gleichzeitig ihre Schwänze wie Skorpione nach oben strecken. Dieses Verhalten steht mit der Paarung im Zusammenhang, obwohl darüber noch wenig bekannt ist.

Der Giftstachel (rechts) des Gebänderten Stechrochens. Unterseite der Art *Urolophus paucimaculatus* (rechts außen).

Potamotrygon motoro

Flußrochen, Ocellate River Ray

Die Flußrochen bilden eine kleine Familie, die in großen Seen und Flußsystemen des tropischen Südamerikas leben. Sie kommen nur im Süßwasser vor und werden noch in über 1600 km Entfernung vom Meer angetroffen. Die Arten sehen sich teilweise sehr ähnlich, bewohnen aber unterschiedliche Gewässer. In der Körperform ähneln die Flußrochen den Urolophiden und den Dasyatiden. Scheibe oval oder kreisrund, Haut glatt, ohne große Dornen. Schwanz schlank, ohne Rückenflosse, in der Mitte jedoch in der Regel mit Dornen, mit wohlentwickeltem Stachel.

FELDNOTIZEN

- *Flüsse Paraguays*
- *Bis 30 cm breit*
- *Nicht aggressiv, doch kann der Stachel tödliche Wunden schlagen*
- *Das ganze Jahr über*
- *Wahrscheinlich häufig*

Die vorliegende Art zeigt eine deutliche Augenzeichnung mit schwarzen Ringen. Der größte davon liegt auf dem Rücken. Am Rand der Scheibe befinden sich kompakte Reihen aus kleineren Flecken. Diese Art bewohnt die Flußsysteme Paraguays und lebt teilweise eingegraben in schlammigen und sandigen Böden von Altwässern. Einmal eingegraben, ist der Rochen nur sehr schwer zu sehen, so daß man leicht auf ihn tritt.

Der Stachel befindet sich nahe am Schwanzende und wird bei der Verteidigung nach vorne geschlagen. Trotz seiner geringen Größe schlägt er eine tiefe Wunde und verursacht entsetzliche Schmerzen. Die örtlichen Fischer fürchten diesen Rochen sehr. Stiche in den Unterleib führten schon zu Todesfällen. Auch sind Menschen an Sekundärinfektionen gestorben.

Die vorliegende Flußrochenart pflanzt sich zwischen September und Oktober fort, die Jungtiere kommen ungefähr fünf Monate später auf die Welt. Im Innern des mütterlichen Körpers ernähren sich die Embryonen vom Dottersack und von Flüssigkeiten, die der Uterus abgibt.

Meeresbewohnende Rochen müssen in ihrem Körper größere Mengen von Harnsäure speichern, um mit dem hohen Salzgehalt des Wassers zurechtzukommen. Bei den Süßwasserrochen entfällt diese Notwendigkeit.

Potamotrygon reticulata mit netzförmiger Zeichnung (oben), eine weitere südamerikanische Art in ihrem natürlichen Lebensraum.

Dasyatis americana

Amerikanischer Stechrochen, Southern Stingray

Der Amerikanische Stechrochen hat eine breite, flache, etwas winkelig wirkende Körperscheibe; eine Reihe kleiner Hautzähnchen verläuft auf der grauen bis braunen Oberseite. Schwanz mit langer Hautfalte an der Unterseite und einem niedrigen Kiel auf der Oberseite.

Diese Rochenart lebt zur Hauptsache auf Sandböden vor Stränden, in Lagunen und in der Umgebung von Seegraswiesen. Er frißt große Wirbellose wie Krabben, Garnelen und Würmer sowie kleine bodenbewohnende Fische. Die Nahrungsaufnahme erfolgt zur Hauptsache nachts. Tagsüber liegt der Amerikanische Stechrochen im Sand verborgen. In den Sand gräbt er sich mit wellenförmigen Bewegungen der Brustflosse ein.

Taucher sehen als erstes oft ein Paar Löcher auf dem Sandboden - die Spritzlöcher, die man leicht mit den Augen verwechseln kann. Wenn man sich dem Tier vorsichtig nähert, bleibt es in der Regel unbewegt. Der Amerikanische Stechrochen ist für sein soziales Verhalten gegenüber dem Menschen bekannt. In den Cayman-Inseln (siehe Seite 238 - 239) können Taucher wilde Rochen von Hand füttern.

Alle Stechrochen (Familie Dasyatidae) tragen dolchförmige Stacheln auf dem Schwanz, die sie unberechtigterweise in Verruf gebracht haben. Es trifft zu, daß durch Stiche schon einige Menschen gestorben sind, doch in fast allen Fällen erfolgte ein Angriff, weil die Opfer unüberlegt und einfach dumm handelten. Die großen Stacheln der größten Arten geben nicht nur ein Gift ab, sondern sind auch scharf wie ein Fleischermesser. Schnitte, die durch mehrere Schwanzschläge entstanden sind, können mehr Schaden anrichten, als das Gift, besonders wenn ein lebenswichtiges Organ getroffen wird. Zu einem solchen Verhalten greift der Stechrochen aber nur, wenn er geärgert oder bedroht wird.

FELDNOTIZEN

- *Zentraler Teil des Westatlantiks, von New Jersey bis nach Brasilien*
- *Mindestens 1,5 m*
- *In der Regel nicht aggressiv; der Stachel kann jedoch schwere Verwundungen zufügen*
- *Das ganze Jahr über*
- *In einigen Gebieten häufig*

Das Spritzloch und das Auge, dessen Pupille durch einen Hautlappen vor dem Tageslicht geschützt wird (oben) sowie der Giftstachel (links).

Himantura granulata

Mangroven-Stechrochen, Mangrove Whipray

Diese Rochenart gehört zu einer Gruppe, die man an ihren sehr langen, dünnen und biegsamen Schwänzen erkennt. Die Angelsachsen nennen sie „Peitschenschwänze". Die meisten Arten, darunter der attraktiv gemusterte Leoparden-Rochen (*Himantura undulata*) und die netzartig gezeichnete Art *Himantura uarnak*, leben an tropischen Küsten im ganzen Indopazifik. Einige Arten wie der große und heute sehr seltene Süßwasser-Stechrochen (*Himantura chaophraya*) haben sich an das Leben in Flüssen und deren Mündungen angepaßt. Man kann sie in mehreren hundert Kilometern Abstand vom Meer auf schlammigen Flußböden beobachten.

Der Mangroven-Stechrochen ist oval geformt, Scheibe dick, ungefähr so breit wie lang. Oberseite rauh, braun bis graubraun in der Mitte der Scheibe, an den Seiten braun bis schiefergrau. Auf der Oberseite liegen weiße feine Flecken verstreut. Unterseite weiß, an den Rändern mit dunklen Flecken. Schwanz weiß, peitschenförmig, ohne Hautfalten und mit einem oder mehr Stacheln. Wenn ein Rochen eine dieser Stacheln verloren hat, erkennt man das in der Regel an einer Narbe.

FELDNOTIZEN

- *Indischer Ozean, Westpazifik von Mikronesien, Neuguinea zur Javasee und nach Nordaustralien*
- *Mindestens 90 cm breit, möglicherweise viel größer*
- *Nicht aggressiv; die Stacheln können jedoch Verletzungen zufügen*
- *Gelegentlich von Tauchern beobachtet*
- *Häufig*

Der Mangroven-Stechrochen kommt nicht nur auf sandigen Flächen und zwischen Korallen, sondern, wie der Name sagt, auch in Mangroven vor. Taucher sehen solche Tiere gelegentlich in flachen Gewässern. Über das Verhalten und die Biologie dieser Art ist jedoch nur wenig bekannt. Sie frißt kleine Fische und Krebstiere, etwa Krabben und Garnelen. Die Weibchen bringen ungefähr 28 cm breite und insgesamt 78 cm lange Jungtiere auf die Welt.

Der Leoparden-Stechrochen fällt durch seine schöne Körperzeichnung auf.

Taeniura lymma

Blauflecken-Stechrochen, Bluespotted Ribbontail Ray

Diese Art erkennt man sofort an ihrer auffälligen Zeichnung. Auf der flachen, ovalen Scheibe stehen hellblaue Flecken, und an jeder Schwanzseite befindet sich ein entsprechender Streifen. Ein breiter, sehr heller oder bläulicher Hautlappen erstreckt sich an der Unterseite des Schwanzes bis zur Spitze.

Der Blauflecken-Stechrochen lebt allein oder in kleinen Gruppen in flachen Gewässern nahe bei Korallenriffen. Man hat ihn auch schon in Tiefen bis zu 20 m in Gebieten mit abgestorbenen Korallen und an Schiffswracks beobachtet. Bei Flut ernährt er sich an seichten Stellen von Würmern, Garnelen, Einsiedlerkrebsen und kleinen Fischen. Bei Ebbe zieht er sich in den Schutz von Spalten im Korallenriff zurück. Die Art gräbt sich selten ganz in den Boden ein, und Taucher und Schnorchler entdecken den Rochen oft am längsgestreiften Schwanz, der aus einer Höhlung im Korallenriff herausschaut.

FELDNOTIZEN

- *Tropischer Indopazifik, von Südafrika über das Rote Meer bis zu den Salomonen*
- *Wird 70 cm lang*
- *Scheu; die Stacheln fügen jedoch kleinere Wunden zu*
- *Das ganze Jahr über*
- *Sehr häufig*

Die vorliegende Art ist die häufigste aller Innenriffbewohner im Indopazifik. Am häufigsten begegnet man ihr an flachen Stellen aus Sand oder Korallentrümmern im Riff.

Als scheues Tier schwimmt der Blauflecken-Stechrochen im allgemeinen in aller Eile weg, wenn sich ihm ein Taucher nähert. Mit seinen großen Augen, die an kurzen Stielen über dem Kopf stehen, hat er praktisch eine Rundumsicht.

Im Gegensatz zu den meisten übrigen Stechrochen befinden sich die oft zwei Stacheln näher der Schwanzspitze als an dessen Basis. Damit können die Haie mögliche Feinde auch weit vor dem Kopf treffen.

Das Weibchen bringt pro Wurf ungefähr sieben Junge zur Welt. Sie kommen bereits mit dem typischen Fleckenkleid des erwachsenen Tieres auf die Welt.

Der Blauflecken-Stechrochen trägt meistens zwei Stacheln nahe an der Schwanzspitze.

Gymnura australis

Australischer Schmetterlingsrochen, Australian Butterfly Ray

Die vorliegende Art zeigt eine sehr breite, flache, rautenförmige Scheibe mit „Flügeln", die an einen Schmetterling erinnern. Oberseite mit einer zarten grüngrauen mosaikartigen Zeichnung und darüber verstreut mit kleinen schwarzen Flecken. Schwanz dünn, stummelförmig, abwechselnd mit schwarzen und weißen Ringen; kleine Rückenflosse vorhanden, Schwanzflosse fehlend. Es fehlt auch der Stachel, obwohl verwandte Arten einen kurzen Stachel nahe der Schwanzbasis aufweisen können.

FELDNOTIZEN

- *Oft vor Nordaustralien und Neuguinea*
- *Bis 73 cm breit*
- *Harmlos, ohne Giftstachel*
- *Selten von Tauchern beobachtet*
- *In einigen Gebieten ziemlich häufig*

Über die Familie der Schmetterlingsrochen weiß man nur wenig, doch ähneln sie wahrscheinlich in ihrer Lebensweise den Stechrochen. Sie leben bis in Tiefen von 50 m auf dem Boden tropischer Gewässer. Dabei graben sie sich selbst in das Sediment ein und brauchen für ihre waffeldünnen Körper nur eine feine Sandschicht, um vollständig darunter verborgen zu sein. So überrascht es nicht, daß Taucher diese Tiere fast nie sehen. Die wichtigsten Beutetiere sind kleine Krebse und Fische, etwa Schleimfische und Petermännchenverwandte.

Die Männchen werden mit ungefähr 35 - 40 cm geschlechtsreif und sind viel kleiner als die größten Weibchen. Diese bringen lebende Jungfische auf die Welt. Die Ernährung im Uterus erfolgt teilweise über den Dottersack, teils über eine Nährflüssigkeit, die von den Uteruswänden abgegeben wird. Die Embryonen liegen im Uterus mit eingezogener Schnauze und mit um den Bauch gerollten Flügeln. Dabei „umarmen" sich die Jungen paarweise. Sie werden auch in dieser Stellung geboren und trennen sich erst im Wasser voneinander.

Der Australische Schmetterlingsrochen wird von Garnelenfischern regelmäßig als Beifang erbeutet. Obwohl die Art harmlos ist, schlägt sie auf dem Deck kräftig mit den Flügeln um sich. Eine afrikanische Art soll laut grunzen, wenn man sie an Deck bringt, indem sie Luft aus dem Mund ausstoßen.

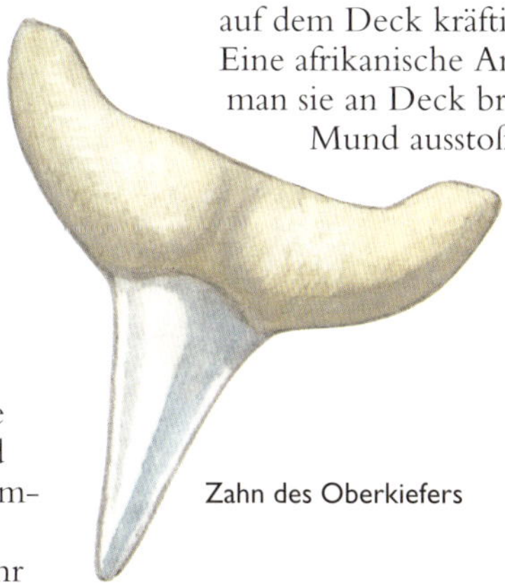

Zahn des Oberkiefers

Aetobatus narinari

Gefleckter Adlerrochen, Spotted Eagle Ray

Der Gefleckte Adlerrochen ist die häufigste und am weitesten verbreitete Art dieser Familie. An den weißen Punkten oder Ringen auf der grünlichen bis rosafarbenen Oberseite ist er leicht zu erkennen. Schnauze abgeflacht, entenähnlich, nahe der Schwanzbasis ein kleiner Stachel.

FELDNOTIZEN

- *Weltweit verbreitet in tropischen und warmgemäßigten Meeren*
- *In der Regel 1,8 m breit, soll bis 3,5 m groß werden*
- *Scheu, Stachel kann Verletzungen verursachen*
- *Das ganze Jahr über*
- *Häufig*

Der Gefleckte Adlerrochen kommt in der Nähe von Kontinenten, Inseln und Atollen in tropischen Gewässern in weniger als 60 m Tiefe vor. Er ist extrem aktiv und schwimmt lange Zeit auf dem Boden und in der Wassersäule darüber. Dabei scheint er zu fliegen und zu gleiten und bewegt die Brustflossen wie ein Vogel seine Flügel. Der Gefleckte Adlerrochen ist kräftig gebaut und kann rasch beschleunigen und seine Richtung ändern, um hungrigen Hammer- oder Tigerhaien zu entgehen. Dazu begibt er sich in flache Gewässer, wo ihm die Räuber nicht mehr folgen können. Die Erwachsenen spielen gerne nahe der Oberfläche und vollführen dabei auch spektakuläre Sprünge. Wenn man seine Brustflossen sieht, wird man an einen Drescherhai erinnert - was zu einer schnellen Leerung der Strände führt. Für den Taucher ist ein Anblick von hundert oder mehr Adlerrochen absolut unvergeßlich. Wenn man sich ihnen nähert, werden sie vorsichtig.

Die Zähne bestehen aus flachen Kauplatten, mit denen hartschalige Wirbellose wie Austern, andere Muscheln und Schnecken einfach zertrümmert werden. Der Gefleckte Adlerrochen frißt aber auch Kraken, Garnelen und Fische. Mit seiner flachen Schnauze und mit den Brustflossen gräbt er die Nahrung aus dem Boden. Das Weibchen bringt nach einer zwölfmonatigen Trächtigkeit ein bis vier Junge auf die Welt. Die Paarung dauert nur kurze Zeit und erfolgt Bauch an Bauch. Die Weibchen paaren sich eine Stunde lang mit bis zu vier Männchen. Haie folgen oft den Weibchen und fressen die Neugeborenen auf.

Ein Gefleckter Adlerrochen in vollem „Flug“.

Myliobatis californicus

Fledermausrochen, Bat Ray

Der Fledermausrochen hat eine breite eckige Körperscheibe, aus der der Kopf als runde lappenartige Schnauze hervortritt. Schwanz lang, peitschenförmig, bisweilen von Räubern verstümmelt, ohne Schwanzflosse und mit bis zu fünf Stacheln direkt hinter der Basis. Mit diesen Stacheln, vor denen kleine Rückenflossen liegen, schreckt der Rochen mögliche Räuber ab. Körperoberseite entweder glatt oder mit kleinen Hautzähnchen in der Mitte und an den Augen.

FELDNOTIZEN

- *Ostpazifik, von der Cortez-See bis nach Oregon*
- *Bis 1,8 m*
- *Harmlos für Taucher; die Stacheln können allerdings schwere Wunden zufügen*
- *Das ganze Jahr über*
- *Häufig*

Der Fledermausrochen kommt allein oder in Gruppen hauptsächlich in gemäßigten Gewässern in Küstennähe in Tiefen von weniger als 50 m vor. Er verbringt die meiste Zeit auf dem Boden und ruht auf Kelpwäldern oder auf sandigen und schlammigen Abschnitten in großen Höhle. Bei einer Störung verläßt er diesen Unterschlupf und stützt sich selbst in einer „Startposition" auf die Spitzen der Brustflossen ab, wobei er seinen Rücken durchbiegt. Wenn ihm Taucher zu nahe kommen, schwimmt er mit explosiver Beschleunigung weg.

Der Fledermausrochen ernährt sich von vielen Kleintieren, darunter Muscheln, Krebsen und Knochenfischen, die er alle vom Boden aufnimmt. Der Speisezettel ändert sich mit dem Alter. Herzmuscheln sind die Lieblingsnahrung der Jungtiere, während die Erwachsenen eher Würmer fressen. Die Zähne sind miteinander zu Platten verwachsen. Gepanzerte Beutetiere werden zertrümmert und die Hartteile ausgespuckt.

Das Paarungsverhalten des Fledermausrochens ist ziemlich gut bekannt. Das Männchen schwimmt synchron unter dem Bauch eines paarungswilligen Weibchens. Hautzähnchen in der Augengegend helfen mit, das Männchen an der Bauchseite des Weibchens festzuhalten. In dieser Stellung dreht das Männchen ein Begattungsorgan nach oben und führt es in die Kloake des Weibchens ein. Ein Jahr darauf kommen bis zu 10 Jungfische auf die Welt, die bis zu 30 cm breit sind.

Eine Schule dahingleitender Fledermausrochen ist ein bemerkenswerter Anblick.

Rhinoptera javanica

Javanischer Kuhnasenrochen, Javanese Cownose Ray

Die vorliegende Art ist auf der Oberseite dunkel graubraun gefärbt. Kopf aus der breiten, rautenförmigen Körperscheibe hervortretend, mit charakteristischer boxernasenförmigen Schnauze. Diese ist vorne konkav und liegt über dem Lappen des Rostrums, das so deutlich eingekerbt ist, das es eigentlich wie zwei getrennte Lappen aussieht.

FELDNOTIZEN

- *Indopazifik, von Südafrika bis Ostindonesien, möglicherweise aus Nordaustralien*
- *Mindestens 1,5 m breit*
- *Einer oder mehrere kleine Stacheln auf dem Schwanz können kleinere Wunden zufügen*
- *Das ganze Jahr über*
- *Nicht selten*

Der Javanische Kuhnasenrochen bewegt nahezu ununterbrochen seine mächtigen Brustflossen. Nur selten ruht er sich auf dem Boden aus. Er schwimmt meist in Gruppen; eine verwandte Art, der Pazifische Kuhnasenrochen (*Rhinoptera steindachneri*) bildet dabei Schulen von über tausend Tieren. Die javanische Art ist an tropischen Küsten und in flachen, schlammigen Buchten am häufigsten. Wahrscheinlich unternimmt die Art tägliche Wanderungen in Küstennähe, wo sie sich fast ausschließlich von bodenbewohnenden Krebsen und Muscheln ernährt. Die Muscheln werden durch „Flügelschlagen" nahe dem Boden freigelegt und dann mit den Lappen des Rostrums gepackt.

Taucher begegnen bisweilen tagsüber großen Schulen über seichten sandigen Flächen. Die Scheu dieser Art macht nahe Begegnungen jedoch fast unmöglich.

Die Weibchen paaren sich Bauch an Bauch mit mehreren Männchen. Die Mutter nährt die eins bis sechs Jungtiere in ihrem Körper durch uterine Sekrete.

Eine Schule Pazifischer Kuhnasenrochen in der Nähe der Galapagos-Inseln.

Manta birostris

Manta (Teufelsrochen), Manta Ray

Mantas oder Teufelsrochen sind die größten Rochen und zählen zu den majestätischsten Fischen. Übertreibende Berichte sprechen von einer Körperbreite von über 9 m. Die Wirklichkeit ist aber immer noch sehr beeindruckend. Ein 5 m breiter Manta, der in den Bahamas gefunden wurde, wog über 1360 kg.

FELDNOTIZEN

- Weltweit in allen tropischen Meeren
- Angeblich bis 9 m breit, wahrscheinlich höchstens 6,7 m
- Harmlos, sofern nicht provoziert
- Das ganze Jahr über; Individuenzahlen nach Jahreszeit und Ort schwankend
- Häufig

Der Manta ist mit dem Adler- und Kuhnasenrochen verwandt und hat eine ähnliche rautenförmige Scheibe. Schwanz jedoch kurz und ohne Stachel, Mund von zwei langen lappenartigen Verlängerungen der Brustflossen. Die Mantas unterscheiden sich von kleineren Teufelsrochen durch den verhältnismäßig großen Mund, der an der Schnauzenspitze und nicht unter dem Kopf liegt. Färbung uneinheitlich, in der Regel oben schwärzlich, unten hell mit hellen und dunklen Flecken.

Mantas kommen in allen tropischen Meeren der Welt vor, und die Populationen der einzelnen Ozeane gehören vielleicht unterschiedlichen Arten an. Die Mantas leben in Küstennähe ebenso wie in der Hochsee. Sie leben einzeln oder in kleinen Gruppen. Sie schwimmen mit eleganten, kraftvollen Bewegungen und ruhen sich wohl kaum jemals aus. Dadurch sind sie hervorragend an das Leben in der Hochsee angepaßt. Man begegnet ihnen in der Nähe von Riffen und kann sie auch von Booten aus beobachten, wie sie an der Wasseroberfläche fressen oder sich sonnen. Mantas sind harmlos, sofern man sie nicht provoziert. Sie lenken mit ihren Kopflappen, die in der Ruhe spiralig eingerollt werden, einen Planktonstrom zum Mund. Mit ihrem Filtersystem holen sie die planktischen Lebewesen aus dem Atemwasser heraus. Große Rochen fressen auch pelagische Krebstiere und kleine Fische. Man hat sie auch schon in der Gesellschaft großer Räuber beobachtet, etwa von Haien. Die Weibchen bringen ein oder zwei Jungtiere auf die Welt, nicht selten bei Luftsprüngen.

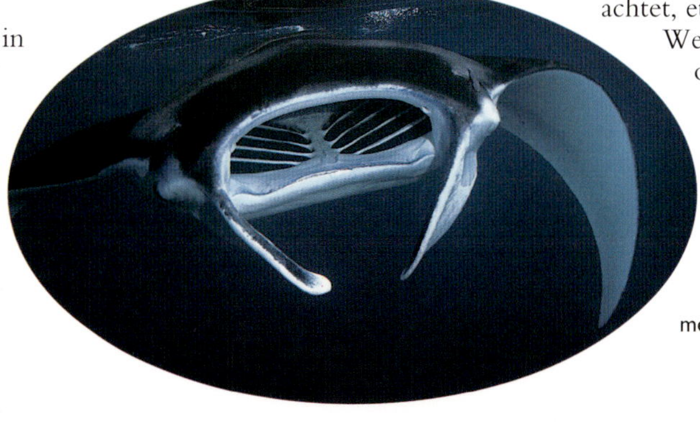

Der Manta zeigt beim Filtern seine großen Kiemenbögen.

Tiefseefauna im Marianengraben, Westpazifik

Rochen der Tiefsee

Fast die Hälfte aller Rochenarten der Erde leben in kalten tiefen Gewässern des äußeren Kontinentalschelfes und des Kontinentalabhanges. Sie werden oft nur zufällig beim Tiefseefischen erbeutet. Das sind dann die einzigen Male, bei denen man diesen Rochen begegnet. Viele dieser Arten sind heute noch neu für die Wissenschaft oder nur von wenigen Individuen bekannt. Deswegen weiß man nur sehr wenig über Lebensweise und Biologie dieser Tiere.

RAJIDAE

Echte Rochen, Skates

Die Echten Rochen bilden die Hauptgruppe der Tiefseebewohner. Nur einige Arten der Unterfamilie Rajinae, die man auch als Hartschnauzenrochen bezeichnet, leben in seichten Gewässern nahe der Küste (siehe Seite 212). Die meisten der rund 280 Echten Rochen halten sich auf weichen Böden in größeren Tiefen bis 3000 m oder mehr auf. Sie kommen auf der ganzen Welt auf dem Kontinentalschelf vor und fehlen nur bei den Koralleninseln des Pazifiks. Die meisten Arten haben beschränkte Verbreitungsgebiete, so daß sich die Rochenfaunen benachbarter Regionen oft deutlich voneinander unterscheiden.

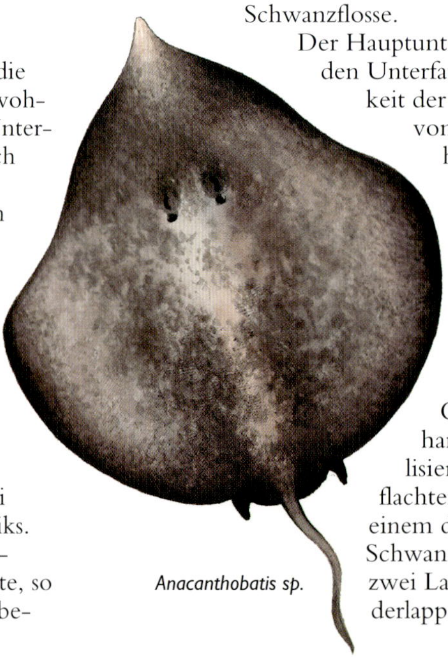

Anacanthobatis sp.

Die Familie der Echten Rochen wird in zwei Unterfamilien geteilt, die Weichschnauzenrochen (Arhynchobatinae) und die Echten Rochen im engeren Sinne oder Hartschnauzenrochen (Rajinae). Die Tiere sehen im wesentlichen gleich aus. Die Körperscheibe ist stark abgeflacht und schwankt von rund bis fast rautenförmig, wobei es auch Unterschiede zwischen den Geschlechtern gibt. Schwanz ziemlich kurz, schlank, in der Regel zwei Rückenflossen und eine niedrige Schwanzflosse.

Der Hauptunterschied zwischen den beiden Unterfamilien liegt in der Biegsamkeit der Schnauze, die wiederum von der Form und Beschaffenheit der Stützknorpel abhängt. Bei den Hartschnauzenrochen wird die Schnauze von zahlreichen Knorpelstäben gestützt.

Eine der ungewöhnlichsten Gruppen der Echten Rochen ist die Gattung Anacanthobatis. Es handelt sich um kleine, spezialisierte Arten mit stark abgeflachter, blattförmiger Scheibe und einem dünnen flossenlosen Schwanz. Jede Brustflosse ist in zwei Lappen unterteilt. Der Vorderlappen ähnelt einem dünnen

Notoraja sp.

Bein und wird wahrscheinlich zum „Gehen" auf dem Meeresboden verwendet. Die geschlechtsreifen Männchen einiger Arten haben rüsselähnliche Schnauzen, mit denen sie im Sediment nach Nahrung suchen. Die meisten der rund 18 Arten leben am Kontinentalabhang. Sie werden nur selten gefangen.

Bei den Echten Rochen gibt es erhebliche Größenunterschiede. Die Arten der Gattung *Pavoraja* messen weniger als 40 cm, wobei die Männchen schon bei 27 cm geschlechtsreif werden. Die Arten von *Dipturus* hingegen erreichen eine Länge von 2 m und ein Gewicht von über 90 kg.

Die Haut der Rochen ist glatt oder mit winzigen Zähnchen bedeckt. Einige Zähnchen können sich zu größeren Dornen auswachsen und stehen um die Augen, auf dem Rücken und der Oberfläche des Schwanzes. Geschlechtsreife Männchen haben zusätzliche Dornen neben den Augen und mitten auf jeder Brustflosse. Damit halten sie die Weibchen bei der Paarung fest. Viele Arten können die Dornen auf den Brustflossen in die Scheibe zurückziehen, so daß man sie nicht bemerkt. Unvorsichtige Angler holen sich beim Fang solcher Rochen oft blutige Hände.

Die Echten Rochen ernähren sich von bodenbewohnenden Tieren, etwa weichschaligen Mollusken, Sandwürmern, Krebsen und kleinen Fischen. Einige Arten verfügen über rudimentäre elektrische Organe, die sie wahrscheinlich beim Aufspüren der Beutetiere einsetzen.

Die Männchen besamen die Weibchen mit Hilfe ihrer wohlentwickelten Begattungsorgane, die eine Reihe von Dornen und Haken aufweisen. Daraufhin legen die Weibchen Eikapseln, die sich mit klebrigen Fäden am Meeresboden verankern. Die Embryonen schlüpfen nach mehreren Monaten bis eineinhalb Jahren. Die jungen Rochen sehen ähnlich aus wie die Mutter, obwohl ihre Hautzähnchen und Dornen sich nach dem Schlüpfen noch erhärten müssen.

Die Echten Rochen werden wegen ihres Fleisches gefangen. Die Flügel erzielen hohe Preise und gelten vielerorts als Delikatesse. Angesichts der beschränkten Verbreitung einiger Rochen droht in gewissen Gebieten die Gefahr der Überfischung.

HEXATRYGONIDAE

Sechskiemer-Stechrochen

Die bekannteste Art dieser Familie trägt den wissenschaftlichen Namen *Hexatrygon*

bickelli. Sie lebt an den Kontinentalabhängen in Indopazifik und ist mit den Stechrochen näher verwandt als mit den Echten Rochen.

In der Form des Hinterkörpers und des Schwanzes mit seinen ein bis zwei Stacheln erinnern diese Tiere eher an einen Stechrochen. Der Körper ist aber schlabbrig, und der Kopf zeigt einzigartige Merkmale.

Diese Rochenfamilie ist vor allem durch die Zahl der Kiemenspalten ausgezeichnet. Augen klein, Schnauze lang, abgeflacht, dreieckig und mit Flüssigkeit gefüllt. Mit Sinnesporen entdeckt, hochflexibel. Das Tier setzt seine Schnauze bei der Nahrungssuche ein. Bei einem gefangenen Sechskiemer-Stechrochen konnte man beobachten, daß er seine Schnauze wie einen Finger bewegte.

Wahrscheinlich bringt die Art lebende Junge auf die Welt. Doch sonst ist über die Biologie nahezu nichts bekannt.

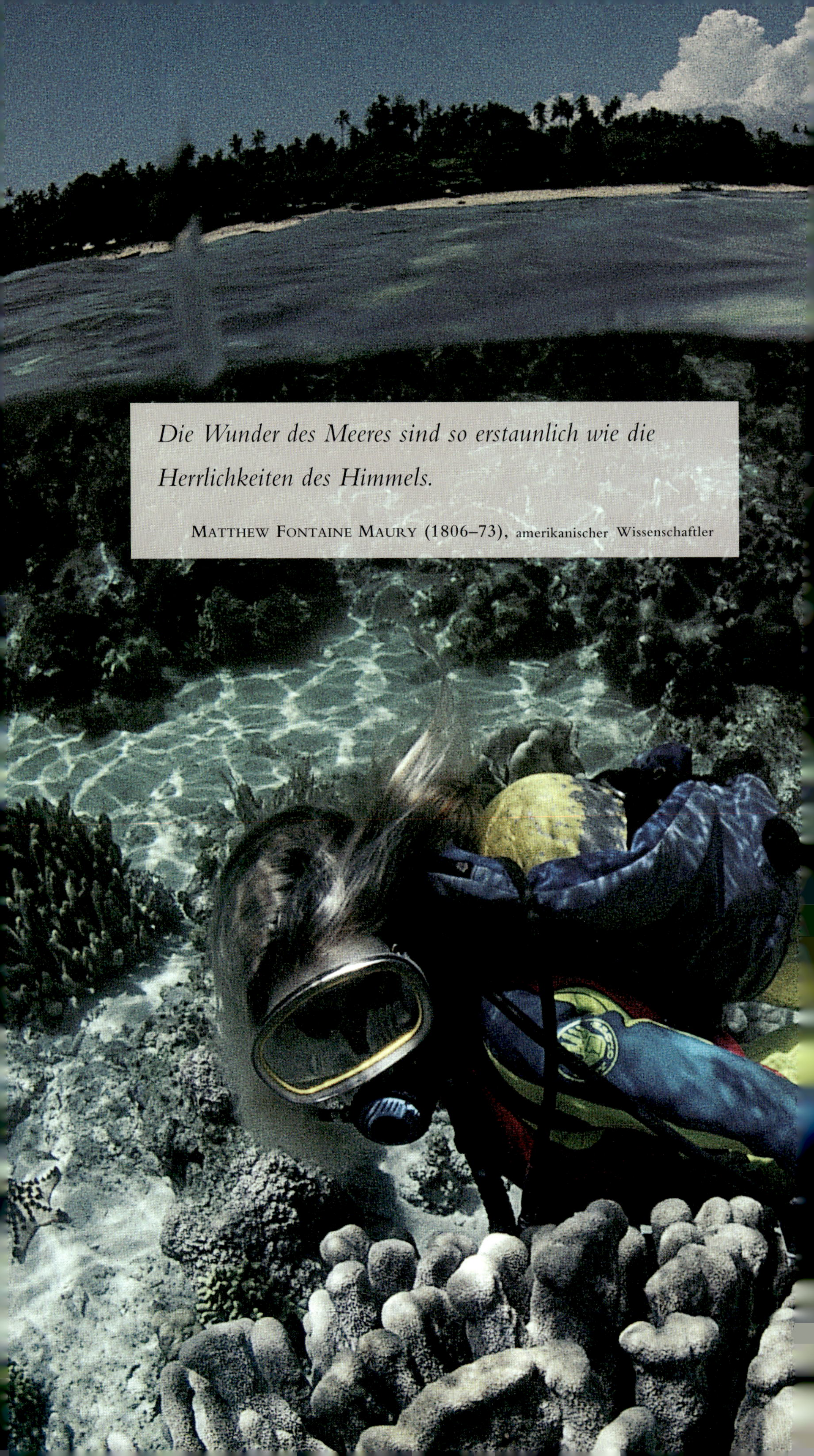

Die Wunder des Meeres sind so erstaunlich wie die Herrlichkeiten des Himmels.

MATTHEW FONTAINE MAURY (1806–73), amerikanischer Wissenschaftler

KAPITEL 8

Begegnungen mit Haien und Rochen

Zum Gebrauch der Ortsbeschreibungen

Wer Haie und Rochen beobachten will, kann die ganze Welt kennenlernen - vom Roten Meer über das Große Barriereriff in Australien bis zu den Galapagos-Inseln.

Auf den folgenden Seiten werden 21 Tauchreviere vorgestellt, in denen man die Gelegenheit hat, Haien oder Rochen direkt zu begegnen. Einige Enthusiasten bevorzugen bestimmte Arten der Begegnung, andere sind von besonderen Aspekten des Verhaltens fasziniert. Was Sie auch interessieren mag, eine sorgfältige Planung ist wesentlich, um die Chancen einer Begegnung zu erhöhen. Dieser Tauchführer hilft ihnen, den richtigen Ort auszuwählen.

Die **GRAPHISCHE KOPFLEISTE** verrät, daß in diesem Kapitel von Tauchrevieren die Rede ist.

Begegnungen mit Haien und Rochen

Ras Muhammad

Ägypten

Die kahle Landschaft mit den zerklüfteten Bergen der Sinai-Halbinsel in Ägypten erscheint wie ausgestorben. Doch im saphirfarbenen Wasser des Roten Meeres herrscht buntes, kaleidoskopartiges Leben. An der Südspitze der Halbinsel liegt Ras Muhammad mit erstaunlich flachen Korallenriffen und Korallenwänden, die plötzlich in die Tiefe stürzen. Wolken von Fahnenbarschen schimmern zwischen den Weichkorallen, die sich langsam hin und her bewegen. Die Strahlen des Sonnenlichtes dringen tief ins blaue Wasser ein und lassen den Beobachter patrouillierende Graue Riffhaie (s. S. 170) erkennen.

Shark Observatory ist einer der besten Abschnitte des Korallenriffes von Ras Muhammad zur Beobachtung von Haien. Die Taucher begegnen hier Stachelmakrelen, Thunfischen, Barrakudas und anderen pelagischen Lebewesen. Man kann sich nur anhand der Korallenwand orientieren, die ins scheinbar Bodenlose abstürzt. Es kommt recht häufig vor, daß man um eine Ecke schwimmt und mehreren Grauen Riffhaien gegenübersteht, die Nahrung suchen oder ihr Territorium gegenüber Konkurrenten verteidigen. Graue Riffhaie sind neugierig und

Fahnenbarsche mit ihren bunten Farben schießen zwischen den Korallen des Riffes umher (ganz oben); Rotes Meer und Wüste Sinai (oben).

territorial. Sie beobachten Taucher genau, kreisen dauernd um sie, kommen und gehen und werden auch leicht aggressiv. Im September und Januar hat man vielleicht das seltene Glück, Gruppen von fünf oder zehn Grauen Riffhaien zu begegnen, die einen völlig ignorieren, wenn sie mit der Fortpflanzung beschäftigt sind. Die Weibchen kreisen in den Gewässern vor dem Riff und kommen bis 10 m nahe an den Taucher heran. Ein Männchen schießt dann in die Gruppe, wählt ein Weibchen, verfolgt es und beißt es wiederholt in die Körperseiten. Dadurch soll die Ovulation ausgelöst werden. Das Weibchen ist mit seiner dicken Haut daran angepaßt. Es ist unwahrscheinlich, daß Sie als Taucher eine Paarung beobachten können. Doch schon dieses einleitende Paarungsverhalten gibt genügend Gelegenheiten, um einzigartige Fotos oder Filmsequenzen zu schießen.

Shark Reef und Jolanda Reef sind zwei kleine untergetauchte Riffe direkt unter der Wasseroberfläche, eine kurze Schwimmstrecke von der Spitze der Halbinsel entfernt. An ihrer Außenseite stürzen diese Riffe in einer Wand in die Tiefe. Hier ist ein weiterer Lieblingsplatz für große Graue Riffhaie und andere große

248

FASZINIERENDE FOTOGRAFIEN zeigen, welche Hai- oder Rochenarten in dem betreffenden Tauchrevier zu erwarten sind, oder geben eine Vorstellung von den entsprechenden Lebensräumen mit ihrer Pflanzen- und Tierwelt.

Der **TEXT** beschreibt den Lebensraum, die dort anzutreffenden Arten sowie die Verhaltensweisen, die man beobachten kann. Er macht auf mögliche Gefahren aufmerksam und gibt Ratschläge über die Ausrüstung, die man an Ort und Stelle braucht. Es ist auch von anderen Besonderheiten des Gebietes die Rede.

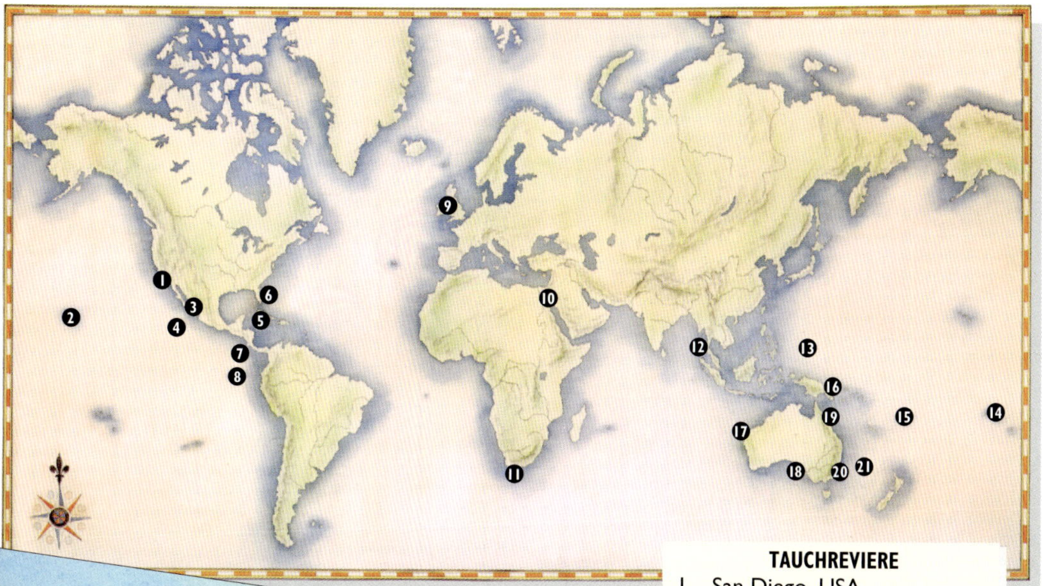

TAUCHREVIERE

1. San Diego, USA
2. Kona Coast, USA
3. Cortez-See, Mexiko
4. Revillagigedo-Inseln, Mexiko
5. Grand Cayman, Cayman-Inseln
6. Bahamas
7. Cocos-Insel, Costa Rica
8. Galapagos-Inseln, Ecuador
9. Insel Man, Großbritannien
10. Ras Muhammad, Ägpten
11. Kapstadt, Südafrika
12. Inseln Similan und Surin, Thailand
13. Yap und Palau, Mikronesien
14. Rangiroa-Atoll, Französisch Polynesien
15. Mamanuca-Inseln, Fidschi
16. Valerie's Reef, Papua Neuguinea
17. Ningaloo Reef, Australien
18. Neptune-Inseln, Australien
19. Großes Barriere Riff, Australien
20. New South Wales, Australien
21. Lord-Howe-Insel, Australien

Ras Muhammad

Ein Riffhai in seinem Territorium (links). Arabischer Kaiserfisch (unten).

Ausrüstung

Die benötigte Ausrüstung zum Tauchen oder Schnorcheln kann man mieten oder kaufen, doch die Auswahl ist begrenzt und teuer. Wenn möglich, bringt man seine eigene Ausrüstung mit. Das Rote Meer kann relativ kühl sein, so daß ein Naßtauchanzug mit 5 mm Dicke für den Winter und 3 mm für den Sommer zu empfehlen ist.

Besonderheiten

Taucher und Schnorchler begegnen einer spektakulären Vielfalt von Fischen bei Ras Muhammad. Zwei Arten sind eine besondere Erwähnung wert. Der große Napoleonfisch, der zu den Lippfischen zählt, begleitet gern den Taucher in der Hoffnung, einen Happen zu bekommen. Doch davon wird heute abgeraten. Die Fische schauen einen mit großen Augen an und bewegen sie wie Kugeln, wenn sie nach großzügigeren Tauchern Ausschau halten. Der Arabische Kaiserfisch kommt nur an den Küsten der Arabischen Halbinsel vor und hat auf den Körperseiten einen gelben Fleck, der in der Form an Afrika erinnert. KD

REISENOTIZEN

Infrastruktur Tagesausflüge, Leben auf Booten, Tauchen vom Ufer aus, wobei Jeeps den Transport übernehmen; Buchungen empfehlenswert

Unterkunft Alle Kategorien

Bemerkungen Eine kosmopolitische Tauchergemeinschaft mit ganz unterschiedlichen Tauchtechniken und Anschauungen.

249

REISENOTIZEN: Informationen über die ideale Reisezeit, das zu erwartende Wetter, die Wassertemperatur und auch mögliche Risiken. Im Abschnitt „Infrastruktur" findet man genau auf den Taucher zugeschnittene Informationen, zum Beispiel über den Zugang zum Tauchrevier.

San Diego

Vereinigte Staaten von Amerika

Die California Bight liegt zwischen der südkalifornischen Küste und den Channel Islands, die mitten in den Gewässern des Pazifiks liegen. Die warmgemäßigten Lebensräume in dieser Region gehören zu den artenreichsten der ganzen Welt. In Küstennähe dominieren Kelpwälder. Weiter draußen herrschen die großen Tiefen des blauen Kanals. Hier kann man mit Blauhaien (siehe Seite 183) tauchen.

Ein Blauhai mustert den Taucher im Kettenhemd-Schutzanzug (oben). Wälder aus riesigem Kelp wuchern zur Oberfläche (links).

Taucherboote transportieren Besuchergruppen 19 bis 24 km weit vor die Küste von San Diego. Im Süden sind die Spitzen der Coronados Islands zu erkennen, und im Westen unterbricht der lange runde Gebirgsrücken der San Clemente Island den Horizont. Sonst befindet man sich mitten im Pazifik, der bisweilen grün, bisweilen blau, an einigen Tagen glasklar und sonnendurchflutet, an anderen bewegt und neblig aussieht. April bis September ist die beste Zeit zum Tauchen. Man umgeht dann die heftigen Winde und Wellen der Wintersaison.

Das Taucherboot setzt einen Treibanker und läßt dann einen geräumigen Haikäfig mit einer Tür an der Rückseite ins Wasser. Er befindet sich in 3 bis 4,5 m Tiefe. Ein Tauchlehrer in einem Schutzanzug aus Stahlmaschen (siehe Seite 76) begleitet drei Taucher in den Käfig. Es ist ein merkwürdiges Gefühl, in einem vergitterten Käfig zu stehen, der mitten im Ozean hängt, unter sich die blauen Tiefen - der Meeresboden liegt über eine Meile entfernt. Die Taucher warten nervös und durchmustern den dimensionslosen Raum nach irgend einem Anzeichen von Blauhaien.

Sobald der Tauchlehrer, der sich außerhalb des Käfigs aufhält, Köder verteilt, kommen sie an, schnelle, elegante Blauhaie, erst einer, dann sechs, dann bald bis 20. Die Haie schnappen nach Ködern, stoßen an den Käfig, weil sie dessen Geschmack und Beschaffenheit überprüfen wollen. Der erfahrene Tauchlehrer erlaubt es einem kleinen Blauhai, ihn in den Arm zu beißen, der von einem Maschenanzug geschützt wird. Die Fotografen, sicher in ihrem Haikäfig, konsumieren die Filme schneller als die Haie ihre Köderfische. Man gewöhnt sich bald

an die Aufregung. Elegante, nur 60 cm lange Jungtiere schießen zwischen den erwachsenen Fischen umher, die bis 2,1 m lang sind, und alle fressen gierig. Ein Makohai schwimmt vielleicht in einiger Entfernung vorbei, während merkwürdige, scheinbare schwanzlose Mondfische ganz ruhig vorbeiziehen.

Köder und Chum sind bald aufgebraucht, und kaum hat die Meeresströmung die restlichen Futterreste weggetragen, verabschieden sich die Blauhaie und verschwinden im Ozean. Die Taucher können nun ins Boot zurückkehren und tun dies auch vorsichtig.

Ausrüstung

Im Haikäfig kann man nur tauchen. Ein 5 mm-Naßtauchanzug ist zu empfehlen. Einige Taucher ziehen sogar einen Trockentauchanzug vor, weil es beim Warten ganz schön kalt werden kann. Der Tauchlehrer hilft ihnen beim Ausbalancieren des richtigen Gewichtes für den Tauchkäfig.

Besonderheiten

Kalifornische Gray-Zweizahnwale wandern im Winter auf ihrem Weg zu den Fortpflanzungsgebieten in Mexiko durch diesen Kanal. Auch Blauwale besuchen die California Bight, und das zweite bekannte Exemplar des Riesenmaulhaies (s. S. 154) wurde in der

Auf den Channel Islands leben Seehunde (rechts). Der Aeolidier im Bild unten gehört zu den Meeresschnecken.

Umgebung gefangen.

Auf jeden Fall sollte man die Kelpwälder nahe der Küste besuchen. Zwischen den Pflanzen begegnet man bunten Fischen, Hummern, Aalen, Ballonhaien (s. S. 163), Leopardhaien (s. S. 168), Kalifornischen Stierkopfhaien (s. S. 152) und sogar gelegentlich Stechrochen. Besonders farbenprächtig ist das Wahrzeichen der kalifornischen Gewässer, der Garibaldifisch.

Die Channel Islands, die man mit dem Schiff besuchen kann, sind die Heimat vieler Robben, Seelöwen, Wale und Meeresvögel. Auf dem Festland bietet das Sea World in San Diego eine der besten Gelegenheiten, lebenden Haien nahe zu kommen. Sehenswert sind auch das Steven Birch Aquarium und das berühmte Scripps Institution of Oceanography. LT

REISENOTIZEN

Reisezeit *Beste Tauchbedingungen von April - Sept.*
Wetter *Das ganze Jahr über gemäßigt; Sommermorgen oft neblig, mittags aufklarend; von Dez. - Feb. oft regnerisch, stürmische See*
Wassertemperatur *15 - 21 °C*
Infrastruktur *Tauchen in einem Haikäfig im Rahmen ein- oder mehrtägiger Exkursionen; Buchung unumgänglich; Tauchen und Schnorcheln in Kelpwäldern und an der Felsküste*
Unterkunft *In San Diego in allen Kategorien reichlich vorhanden.*

Küste von Kona Hawaii

Vereinigte Staaten von Amerika

Die größte und vielfältigste der Inseln im Hawaii-Archipel ist Hawaii selbst, auch Big Island genannt. Die westliche Küste heißt auch Kona Coast und erstreckt sich über eine Länge von über 135 km. Sie ist ein Mekka für Taucher mit ruhigem klarem Wasser, massiven Korallenbänken und vielen Meereslebewesen. Zu den vielen Highlights zählen die nächtlichen „Rush hours" mit Mantas.

Nachts beleuchten Luxushotels an der Küste in den Bezirken Kona und Kohala das Meer von felsigen Vorsprüngen aus mit Flutlicht. Das Licht zieht Schwärme von Plankton an, von dem sich die riesigen filtrierenden Mantas (siehe Seite 223) ernähren. Mit dem Licht und dem Plankton kommen also auch die Mantas. Ohne Zweifel gab es sie hier schon früher, doch die „Mantamanie", ein zwangloses Festival mit Lichtern, Menschen und Rochen, ist ein junges Phänomen.

Die Mantas kommen vor allem in ruhigen, mondlosen Nächten. Wer im Trockenen bleiben will, beobachtet die Tiere von einem Hotelbalkon aus oder fährt mit einem der Glasbodenboote mit, die vom Hafen von Kailua-Kona auslaufen. Als Alternative kann man mit diesen riesigen und doch eleganten Lebewesen des Meeres schnorcheln und tauchen. Einige gehen dabei von Taucherbooten aus ins Wasser, während andere von der Küste hinausschwimmen. Solche nächtlichen Schwimmausflüge gibt es an vielen Stellen längs der Küste. Wer dies in einem etwas privateren Rahmen erfahren will, erkundigt sich bei einem örtlichen Tauchveranstalter.

Ein beliebter Platz ist das Gebiet vor dem Kona Surf Hotel bei Keauhou Bay, ungefähr 9,5 km südlich der Stadt Kailua-Kona. Hier ist das Wasser 4,5 bis 6 m tief und in der Regel sehr ruhig. Unter den Flutlichtern glüht das Wasser hellgrün auf. Ein Taucher auf dem Meeresboden sieht das Licht immer wieder blinken. Dabei schwimmt ein Manta

Das offene Maul eines filtrierenden Mantas (links); die Ostküste am Hawaii Volcanoes National Park (unten).

Mehrere Graue Riffhaie (oben); ein Taucher mit einem Gefleckten Kofferfisch (links)

mit einer Spannweite von 3,6 m über seinem Kopf vorbei.

Das Wasser ist oft so klar, daß man sogar die Myriaden winziger Planktonlebewesen nahe der Oberfläche erkennen kann. Auch ein Blick in das weit geöffnete Maul eines Mantas ist möglich. Und man erkennt auch leicht die grauen und schwarzen Flecken auf der reinweißen Bauchseite des Mantas, wenn er langsam wie ein Ballettänzer vorbeischwebt. Die Versuchung ist groß, einen solchen Manta anzufassen, doch davon kann nur abgeraten werden.

Ausrüstung

Beim Schnorcheln sieht man die Mantas am besten. Ein Lycra-Anzug oder ein Naßtauchanzug mit 3 mm Dicke reicht als Schutz vor der Kühle aus. Im Bezirk Kona und in der Stadt Kailua-Kona gibt es viele Tauchveranstalter. Bei den meisten kann man Ausrüstungsgegenstände mieten oder kaufen.

Besonderheiten

Hawaii ist eines der bestversorgten und sichersten Tauchreviere der Welt. Überall an der Westküste bieten Taucherboote ihre Dienste an, und es gibt auch sehr viele vorzügliche Schnorchelgebiete. In den Buchten und Lagunen, über Lavaströmen und unterirdischen Lavahöhlen kann der geschickte Taucher fast 600 Fischarten begegnen, von denen 176 nur auf Hawaii vorkommen.

Es sind auch viele Begegnungen mit Haien und Rochen möglich. An besonderen Stellen an der Westküste beobachtet man regelmäßig Weißspitzen- und Schwarzspitzen-Riffhaie, Bogenschnäuzige Hammerhaie und Adlerrochen. Gelegentlich sieht man auch Walhaie, Tigerhaie, Galapagoshaie, Graue Riffhaie, sogar Weißspitzen-Hochseehaie.

Im Winter und im zeitigen Frühjahr erfüllen große Buckelwale die Gewässer mit ihren Gesängen. Bei Hawaii und der benachbarten Insel Maui kann man oft beobachten, wie sie in die Luft springen. Auf dem Festland ist der Hawaii Volcanoes National Park einen Besuch wert. LT

REISENOTIZEN

Reisezeit *Ganzjährig; die besten Monate für Mantas von Mai - Nov.; Buckelwalsaison von Dez. - Mai*
Wetter *Warme Tage und kühle Nächte; 21 - 19 °C; sanfte bis heftige Nordost-Passatwinde; regnerisch von Dez. - Feb.*
Wassertemperatur *23 - 28 °C*
Gefahren *Nesselnde Quallen, besonders die Portugiesische Galeere*
Infrastruktur *Schnorcheln von der Küste aus; Tagestrips und Live-aboards für einwöchige Exkursionen (Buchung unumgänglich).*
Unterkunft *In allen Kategorien.*
Bemerkungen *Das Bernice P. Bishop Museum, das Archiv der hawaiianischen Kultur in Honolulu zeigt viele Artefakte in Zusammenhang mit den Haien.*

Cortez-See

Mexiko

Die Cortez-See wird von der langgezogenen Halbinsel Baja California im Westen und vom mexikanischen Festland im Osten gebildet. Wer hier lebt oder dieses Gebiet besucht, merkt sofort, daß es mit diesem Golf etwas Besonderes auf sich hat. Felsige Steinwüsten treffen auf die kristallklaren Gewässer des Meeres.

Elephant Rock (oben) vor der Isla Santa Catalina und Bogenschnäuzige Hammerhaie (links).

Ein komplexes System von Strömungen teilt die Cortez-See in eine kühlere Nordhälfte und eine wärmere Südhälfte. Man kann überall gut tauchen, doch wer sich für Haie und Rochen begeistert, zieht die wärmeren Gewässer um die größere Hafenstadt La Paz und die benachbarten Inseln vor. Sie fliegen meistens nach La Paz und schiffen sich dann auf einem Live-aboard ein.

Ganz oben auf der Wunschliste steht ein Berg, El Bajo, der östlich der Isla Espiritu Santo steht. Bei dieser Gruppe von Kliffs, die 18 m unter dem Meeresspiegel liegen, scheinen in jeder Spalte Muränen zu wohnen. Überall schwimmen Fischschwärme und Mantas (s. S.223), ferner Fächerfische, gelegentlich Buckelwale und Walhaie (s. S. 151). Die Hauptattraktion bilden jedoch Hunderte von Bogenschnäuzigen Hammerhaien (s. S. 188), deren Erwachsene bis 3,6 m lang werden. Das Taucherboot macht mit Sonar die Unterwasserkliffs aus, und die Taucher springen ins Wasser, um die große Schulen der Haie zu sehen, die alle in derselben Richtung um diese Kliffs schwimmen. Trotz vieler Untersuchungen und auch gewagter Deutungsversuche wissen die Zoologen immer noch nicht, warum die Hammerhaie dies tun.

Die Isla Las Animas im Norden ist eines der aufregendsten Tauchreviere in der Cortez-See. An Felswänden stehen Fächerkorallen und Gorgonien, und zwischen und auf ihnen sind viele wirbellose Tiere zu beobachten. Die Schulen der Stachelmakrelen zählen Hunderte von Individuen, und für den Abenteuerlustigen gibt es Unterwasserhöhlen - sowie natürlich weitere Gelegenheiten, Hammerhaie und andere pelagische Arten zu beobachten.

Die Isla Los Islotes direkt nördlich von der Isla Espiritu Santo beherbergt eine Seelöwenkolonie. Das östliche Ende dieser Ende fällt in große Wassertiefen ab. Hier kann man gut große Fische beobachten.

Unterwasserjagd, Überfischung und der sorglose Umgang mit der Natur haben die Cortez-See stark beeinträchtigt. Doch leider gehen die Zahlen der großen Wrackbarsche und der Muscheln immer noch zurück.

Ausrüstung

Die Tauchershops in La Paz sind gut ausgerüstet. Taucherboote stellen Bleigewichte und Druckflaschen zur Verfügung. Nachttauchen ist beliebt. Gute Tauchlampen mit Batterien und Kaltlichtlampen sind Pflicht. Ein 5-mm-Naßtauchanzug ist für das Wasser empfehlenswert.

Besonderheiten

In der gesamten südlichen Cortez-See kommen isolierte Korallenköpfe vor, doch das Cabo Pulma südlich von La Paz hat das einzige lebende Korallenriff an der Pazifikküste Nordamerikas. Viele Fische in diesem Riff sind Verwandte zentral- und südpazifischer Arten. Weiter draußen wiegen sich ganze Felder von Röhrenaalen in der Strömung. Die untere Hälfte ihrer Körper ist im Sand vergraben, während sie mit ihren großen Augen Ausschau halten nach Plankton, nach dem sie mit ihrem trinkhalmgroßen Maul schnappen. Erst 1972 wurde bei Cabo Pulmo und bei La Paz der Mexikanische Stierkopfhai entdeckt.

Im Frühjahr ist die Cortez-See ein guter Ort zur Beobachtung von Walen, vor allem von Gray-Zweizahnwalen, Finnwalen und gelegentlich auch Blauwalen. LT

Ein bunter Papageienfisch (oben links), eine Kolonie Kalifornischer Seelöwen (oben) beim Sonnenbaden.

REISENOTIZEN

Reisezeit *Ganzjährig, beste Tauchsaison jedoch von Juni - Dez.*
Wetter *Im allgemeinen gemäßigt warm bis heiß; 38 °C oder mehr von Juni - Sept.; heftige Winde und tropische Stürme z. T. von Mai - Okt.*
Wassertemperatur *21 - 27 °C von Juni - Nov.; 16 - 21 °C vom Dez. - Mai*
Risiken *Wechselhaftes Wetter, z. T. starke Gezeitenströmungen*
Infrastruktur *Taucherboote operieren von La Paz und Caba San Lucas aus; Live-aboards mit 3- bis 10tägigen Exkursionen zu den Inseln der Cortez-See, Reservierung anzuraten*
Unterkunft *La Paz bietet alle Kategorien*

Revillagigedo-Inseln

Mexiko

Wenn Sie ein Freund zum Tauchen bei „Revillagigedo" einlädt, so könnte es auch zu den kalten Gewässern vor der Revillagigedo Island in Alaska gehen. Unsere Empfehlung führt jedoch zu warmen mexikanischen Gewässern weit im Süden der Spitze von Baja California.

Der mexikanische Archipel von Revillagigedo liegt 480 km süd-südwestlich von der Spitze von Baja California und 590 km west-südwestlich vom Kap Corrientes auf dem mexikanischen Festland. Die Inseln sind mit Ausnahme eines mexikanischen Navy-Stützpunktes auf Socorro Island unbewohnt und bestehen aus zahlreichen Kliffs und Felsen. Die größeren Inseln, die weit auseinanderliegen, umfassen San Benedicto, Roca Partida, Clarion sowie die größte, Socorro, die sich bei einer Oberfläche von immerhin 285 Quadratkilometern 1130 m über den Meeresspiegel erhebt. Wie die meisten Pazifik-Inseln sind auch die Revillagigedos vulkanischen Ursprungs. Die letzte Eruption von San Benedicto fand in den fünfziger Jahren statt.

Die Attraktion für die Taucher stellen die großen Hochseehaie und die Thunfischschwärme dar, die in diesen abgelegenen Gewässern zusammen mit Mantas (siehe Seite 223) vorkommen. Der Taucher beobachtet hier Bogenschnäuzige Hammerhaie (siehe Seite 188), Galapagoshaie (siehe Seite 173), Tigerhaie (siehe Seite 181) sowie große Schwärme von Stachelmakrelen, Thunfischen und Wahoos.

Komfortable Taucherboote stechen von Cabo San Lucas an der Spitze von Baja California in See und besuchen in sieben bis zehn Tagen in der Regel Socorro und San Benedicto. Der Boiler Rock, ein Kliff bei San Benedicto, beherbergt die „freundlichsten Mantas der Welt", wie der bekannte Unterwasserfotograf und Biologe Norbert Wu sagt. Gruppen von fünf oder sechs Mantas sind häufig und verhalten sich keinesfalls scheu. Ein Grund für ihre Zutraulichkeit mag darin liegen, daß es in diesem Gebiet Putzerstationen gibt. Junge Wrackbarsche, Demoisellen und andere Putzerfische entfernen

Eine Schule Bogenschnäuziger Hammerhaie (oben). Ein Manta (links) mit Schiffshaltern und dem endemischen Kaiserfisch der Insel Clarion.

Roca Monument (links), Insel Clarion; Buckelwale (unten) sieht man nicht selten im Frühling.

totes Gewebe und Parasiten von den Kiemen, den Mundhöhlen und der Körperoberfläche dieser Rochen.

Wenn ein bis 4,5 m breiter Manta nahe vorbeischwimmt, könnte man als Taucher versucht sein, sich festzuhalten und mittragen zu lassen. Doch die Tauchlehrer raten dringend davon ab, und dasselbe Verbot spricht auch die Besuchserlaubnis der mexikanischen Regierung aus.

Ausrüstung

Eine solche Exkursion ist nur für erfahrene Taucher. Ein Naßtauchanzug von 5 mm ist zu empfehlen. Taucherboote stellen Bleigewichte und Druckflaschen sowie allen Komfort zur Verfügung. Der Taucher muß eine gute Ausrüstung und Kondition mitbringen. Das Tauchen in diesen ozeanischen Gewässern mit den starken Strömungen ist nicht einfach.

Besonderheiten

Man braucht lange bis zu den Revillagigedo-Inseln, doch lohnt sich die Reise, und es kommt das Gefühl eines Seeabenteuers auf. Beobachten Sie Meeresvögel, Delphine und Wale: Besucher im Mai sehen gelegentlich Buckelwale.

Achten Sie auf Schulen von Gelbflossen-Thunfischen und auf einzelgängerische Wahoos, die 1,8 m lang werden können und wie eine Kreuzung zwischen einem Thunfisch und einem Barrakuda aussehen. Bei der Insel Clarion lebt eine prächtige endemische Kaiserfischart, die nur in diesen mexikanischen Gewässern vorkommt. LT

REISENOTIZEN

Reisezeit *Nur von Nov. - Mai, weil danach das Wetter und das Meer sehr unruhig sein können*
Wetter *Tropisch warm, aber oft windig*
Wassertemperatur *21 - 27 °C*
Gefahren *Starke Strömungen, hohe Wellen, ferne Lage der Inseln*
Infrastruktur *Nur große, bequeme Taucherboote; weit im voraus buchen; die Boote fahren von San Diego, USA, oder von Cabo San Lucas ab.*
Unterkunft *Cabo San Lucas bietet alle Kategorien.*
Bemerkungen *Eine besondere Exkursion, die sich wegen der zahlreichen, zutraulichen Mantas lohnt.*

Grand Cayman

Cayman-Inseln

Drei Inseln gehören zur Cayman-Gruppe. Sie liegen in der aquamarinfarbenen Karibik und haben dichte Mangrovenbestände, Lagunen und feine Sandstrände. Die steilen Wände der Küstenriffe bieten gute Gelegenheiten zum Tauchen. Die wichtigste Attraktion befindet sich jedoch innerhalb des Saumriffes von Grand Cayman. Hier kann man Amerikanische Stechrochen (s. S. 216) noch ganz beobachten.

Es ist eine ganz besondere Erfahrung, mit diesen großen Rochen zu waten, zu schwimmen, zu schnorcheln oder zu tauchen. Sie werden bis 1,5 m breit und haben lange peitschenförmige Schwänze mit dolchartigen Stacheln. Sie verbringen den Tag in der Regel eingegraben im Sand, doch die Stechrochen der Cayman-Inseln haben ihre charakteristische Scheu überwunden.

Ursprünglich wurden die Stechrochen mit Fischabfällen angelockt, weil Fischer und Touristen ihre Fänge hier zu säubern pflegten. Man begann damit, die Rochen regelmäßig zu füttern. Heute sind sie zahm und harmlos und suchen den Kontakt mit uns Menschen. Atmen Sie tief ein, legen Sie sich auf den Sandboden und beobachten Sie, wie die Rochen über Ihnen elegant dahin gleiten. Dabei bewegen sie ihre Flügel und Kiemenschlitze langsam und man kann ihren außergewöhnlichen Mund und die

Amerikanische Stechrochen (oben) in den Cayman-Inseln mit ihren langen peitschenartigen Schwänzen. Lebhaft orange gefärbte Korallenpolypen (links).

Nasenlöcher genau sehen. Hübsch ist auch anzusehen, wie Kinder kichernd mit Rochen spielen, die so breit sind, wie sie selbst hoch.

Die Stechrochen auf Cayman haben es gern, wenn man sie füttert und entwickeln die Manieren eines ausgehungerten Gastes. Wer keinen Kalmar oder sonst etwas bei sich hat, erhält einfach einen festen Rippenstoß, bevor der Rochen weiterschwimmt.

Es gibt zwei beliebte Stellen für den Tanz mit den Rochen. Am berühmtesten ist die ursprüngliche Stingray City auf der Westseite des Main Channel in der Nähe von Barker's Cay. Es handelt sich um einen breiten, flachen, sandigen

Kanal, der mit Korallenköpfen übersät ist. Die Sichtverhältnisse sind in der Regel exzellent. Gezeitenströmungen können das Wasser trüben. Die Rochen kommen so nahe, daß man sie nicht verpassen kann. Die Wassertiefe schwankt von 1,8 bis 2,4 m. Man nimmt ein Boot nach Stingray City, geht dann ins Wasser und geht mit Turnschuhen umher, wobei man Maske und Schnorchel bei sich hat.

Eine weitere gute Stelle mit der Bezeichnung Sandbar liegt am Eingang des Rum Point Channel. Das Wasser ist hier flacher und reicht nicht über die Brusthöhe hinaus. Die Bedingungen sind in der Regel ideal.

Die größte Herausforderung für die Fotografen ist die Beliebtheit dieser beiden Stellen. Man kämpft mit vielen anderen um die beste Position. Die besten Fotos macht man am Rand der Menschenmenge. Wenn Sie den Rochen aber nichts zu fressen geben, ziehen sie schnell ab.

Eine karibische Collage (oben) mit Fischen, Schwämmen und Fächerkorallen. Der Tanz mit den Rochen (links) ist eine einzigartige Erfahrung in den Cayman-Inseln.

Ausrüstung

Man braucht nur ein Paar Turnschuhe und eine Maske, um die Amerikanischen Stechrochen zu beobachten. Man kann auch mit ihnen schnorcheln oder tauchen, und Tauchershops vermieten die gesamte dazu passende Ausrüstung.

Besonderheiten

Keinesfalls sollte man auf das Tauchen in den Cayman Walls verzichten, einem System von Kliffs, Abstürzen, Canyons und Tälern um die Inseln herum. Auf ihnen wachsen massive Hirschhornkorallen, buschige Schwarze Korallen, Riesenschwämme und delikate Weichkorallen. Zahlreiche Fischarten finden hier Unterschlupf. Man halte auch Ausschau nach farbenprächtigen bunten Schnecken, die sich von Wirbellosen ernähren. An der Außenseite des Riffs patrouillieren in diesem geschützten Unterwasserpark Adlerrochen und Mantas. LT

REISENOTIZEN

Reisezeit *Ganzjährig, die besten Bedingungen von Mai - Okt.*
Wetter *Beeinflußt von den Passatwinden; von Nov. - April kühler, von Juni - Aug. am wärmsten; von Juli - Sept. tropische Stürme*
Wassertemperatur *Sommer 21 - 27 °C, im Winter etwas kühler*
Gefahren *Steile Abstürze verleiten zum Tieftauchen. Druckkammer im George Town Hospital auf der Insel Grand Cayman.*
Infrastruktur *Tagesausflüge nach Stingray City und den übrigen Tauchstellen, natürlich auch Live-aboards, Reservierung unerläßlich*
Unterkunft *Alle Kategorien, Buchung unerläßlich*
Bemerkungen *Zu Ferienzeiten ist hier viel los.*

Bahamas

The Bahamas

Die Bahamas bestehen aus ungefähr 700 Kalkinseln, von denen nur 20 bewohnt werden. Die größten heißen Grand Bahama, Bimini, Little Abaco, Abaco, Andros, New Providence (Nassau), Eleuthera, Exumas, Long Island und Great Inagua. Der Archipel erstreckt sich über 1000 km in südöstlicher Richtung von Grand Bahama, das weniger als 100 km von der Küste Floridas entfernt liegt, bis nach Great Inagua, rund 80 km vor Kuba. Mit dieser geografischen Ausdehung bieten die Bahamas dem Taucher eine große Vielfalt. Es gibt Tauchplätze für Anfänger wie für Spezialisten, und die Sichtverhältnisse sind im allgemeinen ausgezeichnet.

Ein einsamer Seestern im kristallklaren Wasser der Bahamas (ganz oben). Taucher mit Karibischen Riffhaien während der Fütterung (oben).

Die Stellen, die für den Haispezialisten von Interesse sind, erkennt man an ihren Namen: Shark Alley, Shark Arena, Shark Junction, Shark Rodeo. Es handelt sich um offene Gebiete, in denen man freischwimmende Haie beobachten kann. Käfige werden nicht eingesetzt. Die Taucher steigen 12 bis 15 m zu einem Riffgebiet ab. Ein Tauchlehrer schließt sich der Gruppe an und signalisiert dem Boot, es solle einen Behälter aus Plastik oder Metall voller Köder ins Wasser lassen. Die auftauenden Köderstücke locken schnell Haie an. Die meisten Tauchlehrer versprechen 60 bis 100 Haie.

Die zuverlässigsten Gäste sind die eleganten, aber gedrungenen Karibischen Riffhaie (s. S. 179). Sie treffen im Dutzend ein, schwimmen um den Tauchlehrer und stoßen einander in der Hitze des Gefechtes weg. Bisweilen treffen auch die massigeren kleinen Grundhaie (s. S. 174) ein. Die erste Rückenflosse ist bei ihnen viel größer und liegt weiter vorne als bei den Karibischen Riffhaien. Sehr selten lassen sich Tigerhaie (s. S. 181) blicken.

Die Tauchlehrer sind gut trainiert und gehen sorgfältig vor. Trotzdem befindet man sich im Freien zusammen mit Haien, die gerade fressen. Man befolgt die Anordnungen des Tauchlehrers, die er vor dem Tauchgang gegeben hat, hält diskreten Abstand und bleibt ruhig. Versetzen Sie sich bewußt in die Rolle des Beobachters. Zählen Sie die Haie. Können Sie die Arten

unterscheiden? Sind alle Karibische Riffhaie, oder sind auch einige Grundhaie darunter? Wie reagieren die kleineren Individuen auf die großen? Wie unterscheiden sich die Geschlechter? Betrachten Sie dazu die Bauchflossen. Erwachsene Männchen haben lange paarige Begattungsorgane, die über die Bauchflossen hinausreichen. Bei noch unreifen Männchen sind die Begattungsorgane noch nicht so lang wie die Bauchflossen selbst. Schauen Sie genau auf die Kiemenschlitze. Erkennen Sie parasitische Copepoden? Ein derart diszipliniertes Beobachten stellt eine große Bereicherung dar, besonders in den Bahamas, wo Dutzende von Haien ein solches Spektakel verursachen.

Taucher begegnen mit Garantie großen Stechrochen (oben) und Karibischen Riffhaien (links).

Ausrüstung

Nur mit einem Tauchgerät kann man hier Haie beobachten. Man kauft oder mietet die Ausrüstung in größeren Zentren, wie New Providence. Selbst auf einigen weiter entfernten Inseln und auf Live-aboards kann man die benötigte Ausrüstung bekommen, doch empfiehlt es sich, das eigene erprobte Material mitzubringen. Bleigewichte sind stets vorhanden. Im Winter nimmt man mindestens einen 3 mm dicken Anzug, da das Wasser stark abkühlt.

Besonderheiten

Das Tauchen auf den Bahamas ist einzigartig schön mit steilen Abstürzen, blauen Höhlen und großen Haien. Nehmen Sie sich aber auch Zeit, die kleinen Dinge zu beobachten. Im Inneren von Schwämmen lauern zarte goldfarbene Schleimfische. In Seegraswiesen lauern delikate, langgezogene Seenadeln. Fächerkorallen müssen es hinnehmen, daß Schnecken ihre Polypen abweiden. Kalmare starren Sie an, senden ein neonfarbenes Signal aus und schießen dann pfeilschnell davon. Übersehen Sie diese kleinen Wunder nicht. LT

REISENOTIZEN

Reisezeit *Ganzjährig; der Sommer ist sehr heiß, doch das Meer kühlt ab*
Wetter *Beeinflußt von den Passatwinden; von Nov. - April kühler, am wärmsten von Juni - Sept.; man beachte die Sturmprognosen*
Wassertemperatur *21 - 24 °C im Feb., 28 - 31 °C im Sept.*
Infrastruktur *Tagesausflüge von Grand Bahamas und New Providence aus; auch Live-aboards, Reservierung unerläßlich*
Unterkunft *Alle Kategorien. In Walker Cay auf der Insel Abaco gibt es Strandhotels in der Nähe des Shark Rodeo*

Cocos-Insel

Costa Rica

Tauchen bei der Isla del Coco, wie diese Insel offiziell heißt, ist ein Hochseeabenteuer. Ein typischer Trip beginnt mit einem Flug nach San José in Costa Rica. Man übernachtet in der Hauptstadt und fährt dann mit dem Bus zur Küste, wo die Taucherschiffe liegen. Für die 420 km von Puntarenas bis zur Cocos-Insel braucht man 32 bis 36 Stunden. Die üppig grüne Insel, einst ein beliebtes Piratennest, hat 7620 mm Niederschläge pro Jahr und ist somit voller Flüsse und Wasserfälle.

Die Cocos-Insel ist berühmt für das, was die Enthusiasten „LLPs" nennen. Das steht für „Large Legendary Pelagics", für große legendäre pelagische Tiere. Zu ihnen zählen die Seidenhaie (s. S. 172), die Bogenschnäuzigen Hammerhaie (s. S. 188), die Galapagos-Haie (s. S. 173), die Mantas (s. S. 223), die gelegentlichen Walhaie (s. S. 151) sowie Schwärme von Thunfischen und Stachelmakrelen.

An Ort und Stelle wird das Taucherboot zu einer Art Mutterschiff für Gruppen von Tauchern, die mit Ruderbooten zu ihren Tauchplätzen gelangen. Damit sich die lange Reise nach der Cocos-Insel lohnt, bleiben die meisten Taucherboote sieben Tage, wobei dreimal am Tag getaucht wird. Das Schiff selbst liegt verankert, und die Taucher, die in der starken Strömung an die Oberfläche kommen, werden von den Ruderbooten aufgenommen. Tiefe Tauchgänge, schnelle Strömungen und zahlreiche Haie, diese Abenteuer erwarten den Taucher bei der Cocos-Insel.

Ein beliebtes Tauchrevier ist eine kleine Felsnadel an der Nordseite der Insel mit der Bezeichnung Manuelita. In der Regel begeben sich die Taucher auf den Meeresboden in 45 m Tiefe. Beim Blick nach oben sehen sie dann Schulen Bogenschnäuziger Hammerhaie. Die Meeresströmung kann unvorhersehbar sein, und sie kommen je nach Tiefe von unterschiedlichen Richtungen. Während des Abstieges in die tieferen Gewässer zeigen vielleicht bis 4,5 m große Mantas in der Nähe akrobatische Schwimmkunststücke. Bei Punta Ulloa sind ungefähr 100 Weißspitzen-Riffhaie häufig anzutreffen. Sie teilen dieses Gebiet mit Dutzenden großer marmorierter Stechrochen mit einer Breite bis 1,8 m. Weißspitzen-Riffhaie gibt es in allen Größen, einzeln, in Paaren oder Gruppen.

Fächerfische gehören zu den großen Hochseetieren, die man hier beobachten kann.

Ein prächtiger Manta (oben) mit zwei Schiffshaltern; zahlreiche Soldatenfische (links) in einem Riff vor der Cocos-Insel.

Die meisten Taucher zählen nicht mehr weiter, wenn sie bei 50 angelangt sind. Beim Dirty Rock und Viking Rock sieht man in der Regel viele Weißspitzen-Riffhaie (s. S. 186) und Bogenschnäuzige Hammerhaie; sie sammeln sich in einer Tiefe von ungefähr 35 m. Oft kommen einige große Galapagos-Haie dazu.

Bogenschnäuzige Hammerhaie kommen an tiefen Riffen und an untermeerischen Kliffs vor der Cocos-Insel häufig vor. Im allgemeinen sind sie scheu und zurückhaltend; man kann sich ihnen kaum nähern. Um gute Nahaufnahmen schießen zu können, verwenden die Taucher sogenannte Rebreather, die weniger Luftblasen und weniger Geräusche erzeugen als Preßlufttauchgeräte. Die Hammerhaie halten sich lieber in tieferen, kälteren und dunkleren Gewässern auf. Man begegnet ihnen zuverlässig unter 35 m, obwohl Einzeltiere gelegentlich auch in flacheren Gebieten anzutreffen sind. Die meisten LLP sieht man beim Tauchen bis in 30 m Tiefe.

Ausrüstung

Es handelt sich hier um einen aktiven Tauchertrip für erfahrene Taucher, die mit starken Meeresströmungen und großen Tiefen zurechtkommen. Man braucht einen Naßtauchanzug von mindestens 5 mm, eine zuverlässige Ausrüstung, einen guten Tauchcomputer und eine gute Kondition. Nitrox und Rebreather sind neben Bleigewichten und Flaschen auf einigen Taucherbooten vorhanden.

Besonderheiten

Ein aufmerksamer Beobachter sieht alle möglichen Fische und Wirbellosen, doch die Großfische sind die Hauptattraktion. LT

REISENOTIZEN

Reisezeit *März - Sept.*
Wetter *Die Cocos-Insel kann sehr feucht sein; vor der Küste oft windig, See rauh; ankern im Lee.*
Wassertemperatur *Unterschiedlich je nach Strömung, 27 - 28 °C, aber auch auf 18 - 21 °C absinkend*
Gefahren *Starke Strömungen und Tieftauchen in abgelegenen Gebieten*
Infrastruktur *Elftägige Trips, sieben Tage für das Tauchen reserviert; Reservierung unumgänglich*
Unterkunft *Große komfortable Schiffe sind notwendig wegen der langen Überfahrt zur Cocos-Insel; sie haben Platz für 12 bis 22 Taucher*
Bemerkungen *Der Trip ist nur für unternehmungslustige und erfahrene Taucher*

Galapagos-Inseln

Ecuador

Politisch gesehen gehören die Galapagos-Inseln zu Ecuador. Sie sind sozusagen ein Experimentierfeld der Evolution. Der Archipel vulkanischer Inseln ist nur fünf Millionen Jahre alt und liegt beim Äquator. Drei größere Meeresströmungen umspülen ihn. Viele Haie, Rochen und Riffbewohner, denen man auf Hawaii begegnet, kommen auch hier vor. Ausschließlich auf den Galapagos-Inseln gibt es jedoch Meerechsen und Pinguine, die sich an der schwarzen Lavaküste sonnen.

Die meisten Besucher fliegen zunächst einmal zur ecuadorianischen Hauptstadt Quito und dann 1000 km westwärts zur kleinen Galapagos-Insel Baltra. Live-aboard-Boote nehmen die Besucher auf und unter der Leitung eines Biologen der Regierung kann das Abenteuer beginnen.

Haie und Rochen sieht man fast überall zwischen den vielen Inseln. Die beliebtesten Stellen für das Tauchen mit Haien sind jedoch zwei ferne Felseneilande, Isla Darwin und Isla Wolf, 160 km nördlich der Hauptgruppe. Hier ist das Wasser in der Regel warm und klar, die Unterwasserfauna sehr artenreich. Hunderte Bogenschnäuzige Hammerhaie (s. S. 188); viele Suppenschildkröten und Adlerrochen gleiten über den Meeresboden. Mantas (s. S. 223) kommen bis zur Oberfläche. Weißspitzen-Riffhaie (s. S. 186) liegen unter überhängenden Riffpartien. Große Walhaie (s. S. 151) können vorbeiziehen.

Große Schulen von Kuhnasenrochen (oben) versammeln sich in geschützten Buchten; die Meerechse (unten) kommt nur auf den Galapagos-Inseln vor.

Die Artenliste umfaßt auch Seelöwen, Barrakudas, Robben und Falsche Killerwale. Pazifische Kuhnasenrochen, die in offenem Wasser selten vorkommen, sammeln sich zu Hunderten in umschlossenen Mangrovenbuchten. Am bekanntesten dafür sind Tortuga Negra auf der Insel Santa Cruz und Elizabeth Bay auf der Insel Isabella. Die Einheimischen nennen die Tiere wegen ihrer Färbung Raya Dorada, „Goldener Rochen".

Der erste Galapagos-Hai (s. S. 173), der hier 1904 gefangen wurde, wurde nach den Inseln benannt. Heute weiß man, daß die Art in allen tropischen Gewässern der Erde vorkommt. Die eleganten,

Pinnacle Rock (oben) auf der Insel Bartolomé; eine Suppenschildkröte (rechts).

kräftigen Tiere schwimmen entweder einzeln oder in kleinen Gruppen und sollten mit Respekt behandelt werden. Der Galapagos-Stierkopfhai, der nur hier und an der benachbarten südamerikanischen Küste vorkommt, lebt auf dem Boden und in Felsspalten. Seine großen schwarzen Flecken bilden einen scharfen Kontrast zum cremefarbenen Körper.

Taucher müssen auf Meeresströmungen und aufsteigende Schwells achten, die große Blöcke auf dem Meeresboden bewegen können. Ein Taucher beschrieb die Schwells so, daß man sich darin „wie Guppys in einer Waschmaschine" fühlt.

Ausrüstung

Bringen Sie die eigene Taucherausrüstung mit. Buchen Sie nur bei einem Tauchreisespezialisten, damit Sie sicher sein können, daß ihr Boot auch für das Gerätetauchen ausgerüstet ist. Durch die zahlreichen Meeresströmungen kann die Wassertemperatur stark schwanken, und es treten ausgeprägte Sprungschichten auf. Das ganze Jahr über empfiehlt sich ein 5-mm-Naßtauchanzug mit Kopfhaube. Galapagos ist wegen seiner Abgeschiedenheit und der Meeresströmungen nichts für unerfahrene Taucher.

Besonderheiten

Die Galapagos-Inseln zu besuchen und nur nach Haien zu sehen, hieße das Reiseziel nicht zu erfassen. Es gibt Tausende von Gründen, um hierher zu kommen. Die meisten haben mit Pflanzen und Tieren zu tun, mit dem Leben im Wasser und auf dem Land. Nirgendwo sonst kann man Korallenriffe, Pinguine, Seelöwen, Meerechsen und flugunfähige Kormorane am selben Tag sehen. In der Charles Darwin Research Station auf der Insel Santa Cruz, versucht man die gefährdeten Riesenschildkröten zu retten.

Lesen Sie vor Ihrem Besuch einige gute Bücher über die Naturgeschichte der Galapagos-Inseln, darunter auch den Bericht des jungen Charles Darwin. LT

REISENOTIZEN

Reisezeit *Ganzjährig, am besten jedoch Ende Feb. - Mai*
Wetter *Äquatorial; warm bis heiß; kühlere Jahreszeit von Mai - Dez., am wärmsten von Jan. - Mai*
Wassertemperatur *Je nach Ort und Tiefe schwankend, von 18 - 27 °C*
Risiken *Starke Meeresströmungen*
Infrastruktur *Nur mit Schiffen, auf denen man sich mehrere Tage aufhält; Buchung über Spezialagenturen*
Unterkunft *Nur auf Schiffen, Buchung unerläßlich*
Bemerkungen *Man folge den Empfehlungen des Auswärtigen Amtes*

Isle of Man

Großbritannien

Die abweisenden Wände von Peel Castle (oben) direkt am Strand. Die Besucher erhalten auf dieser Insel einen Einblick in die keltische Geschichte.

Bei der Isle of Man bietet sich die zuverlässige Gelegenheit, Riesenhaie (s. S. 157) zu beobachten. Man liegt im Herzen der Irischen See, hat saubere Strände, eine leicht hügelige Landschaft und wird von freundlichen Menschen bewohnt. In den achtziger Jahren begannen Haibiologen mit einem Forschungsprojekt und organisierten ein Beobachtungsprogramm für Riesenhaie.

Dieses System erstreckt sich nun über ganz Großbritannien, und zu den Mitarbeitern zählen Kapitäne von Schiffsfähren, Fischer, Taucher, Bootsvermieter, Leuchthauswärter, Lebensretter, Angehörige der Küstenwache und Menschen, die regelmäßig am Strand wandern. Mit den Informationen, die man in den vergangenen 10 Jahren sammelte, erhält man ein Bild von der Population und vom Wandermuster dieser Haie. Sie besuchen von Juni bis Anfang September die britischen Küstengewässer. Wohin sie im Winter weiterziehen, weiß man immer noch nicht. Der Riesenhai ist eine von drei planktonfressenden Arten. Von den beiden anderen wird der Walhai (s. S. 151) regelmäßig von Tauchern beobachtet, während der Riesenmaulhai (s. S. 154) kaum je gesichtet wurde. Der Riesenhai zieht die kälteren, planktonreichen Gewässer gemäßigter Gebiete vor. Taucher begegnen ihm in der Monterey Bay an der kalifornischen Küste, vor der Westküste Schottlands und in der Irischen See. Bei der Isle of Man tun sie sich zu größeren Gruppen zusammen.

Man kann mit örtlichen Tauchveranstaltern Trips unternehmen, doch am besten nimmt man Verbindung zur Forschungsgruppe auf. Die Biologen freuen sich über freiwillige Mitarbeiter und organisieren mit Reiseveranstaltern der Insel naturkundliche Ausflüge. Die Besucher und freiwilligen Mitarbeiter halten sich in der Regel in Familienhotels im pittoresken Dorf Peel auf. Nehmen Sie als Freiwilliger an einem Bootstrip der Wissenschaftler teil und lauschen Sie auf das

Ein kleiner Ort an der Küste der Insel Man (oben). Der Riesenhai ernährt sich in den trüben Gewässern der Irischen See von Plankton (rechts).

knackende Funkgerät, das von den neuesten Haibeobachtungen erzählt. Steigen Sie in einen warmen Trockenanzug, wenn der Motor abgestellt ist und springen Sie ins kühle blaugrüne Wasser, entweder mit Maske und Schnorchel oder mit Atemgerät, und nähern Sie sich langsam einem dieser riesigen Planktonfresser.

Vielleicht wird man Sie bitten, beim Vermessen eines Haies zu helfen oder nach typischen Markierungen oder Narben Ausschau zu halten. Schauen Sie in das weit offene Maul des Haies; das Tageslicht scheint zwischen seinen Kiemenspalten hindurch. Die Sichtweite geht bis 6 m, und man hat gute Gelegenheiten zu fotografieren. Riesenhaie werden heute noch gejagt, und die Forscher schätzen, daß jedes Jahr ungefähr 5000 Tiere wegen ihrer Flossen getötet werden. In der Folge verschwindet die Art langsam aus Gebieten, in denen sie früher häufig war. Die britischen Biologen haben gezeigt, daß ungefähr 95 Prozent der Haie an der Wasseroberfläche (die auch den Fischern zum Opfer fallen), Weibchen sind. Natürlich hat die selektive Eliminierung dieser Gruppe schwere Konsequenzen für die Art, deren Gesamtindividuenzahl immer noch unbekannt ist.

Ausrüstung

Das Wasser ist hier kühl und bisweilen trüb. Am besten fühlt man sich in einem Trockentauchanzug. Die Tauchgänge finden von nicht verankerten Booten aus statt, nachdem Haie gesichtet wurden.

Besonderheiten

Ein örtlicher Tauchveranstalter bietet auch Exkursionen zur reichen benthischen wirbellosen Fauna an der Felsküste vor der Insel. Machen Sie sich auch mit der Geschichte der Insel und ihren Bewohnern vertraut - nur wenige Tauchreviere bieten die urige Wärme eines örtlichen Pubs. Die Robben, Wale und Fische dieser Gewässer stehen im Zentrum vieler Geschichten, die sie von ihren Begleitern an einem Tag in der Irischen See hören werden. LT

REISENOTIZEN

Reisezeit *Juni - Anfang Sept.*
Wetter *Kühles maritimes Klima, das vom warmen Golfstrom beeinflußt wird; Sommer kühl, 16 - 17 °C*
Wassertemperatur *16 °C*
Gefahren *Achtung vor Unterkühlung*
Infrastruktur *Tagesausflüge mit Taucherbooten und als freiwilliger Mitarbeiter des Isle of Man Basking Shark Project, Internetadresse http://www.isle-of-man.com/interests/shark/index.htm.*
Unterkunft *Hotels und Gästehäuser; besondere Pauschalarrangements kann man über Reiseagenturen für Taucher buchen.*

Ras Muhammad

Ägypten

Fahnenbarsche mit ihren bunten Farben schießen zwischen den Korallen des Riffes umher (ganz oben); Rotes Meer und Wüste Sinai (oben).

Die kahle Landschaft mit den zerklüfteten Bergen der Sinai-Halbinsel in Ägypten erscheint wie ausgestorben. Doch im saphirfarbenen Wasser des Roten Meeres herrscht buntes, kaleidoskopartiges Leben. An der Südspitze der Halbinsel liegt Ras Muhammad mit erstaunlich flachen Korallenriffen und Korallenwänden, die plötzlich in die Tiefe stürzen. Wolken von Fahnenbarschen schimmern zwischen den Weichkorallen, die sich langsam hin und her bewegen. Die Strahlen des Sonnenlichtes dringen tief ins blaue Wasser ein und lassen den Beobachter patrouillierende Graue Riffhaie (s. S. 170) erkennen.

Shark Observatory ist einer der besten Abschnitte des Korallenriffes von Ras Muhammad zur Beobachtung von Haien. Die Taucher begegnen hier Stachelmakrelen, Thunfischen, Barrakudas und anderen pelagischen Lebewesen. Man kann sich nur anhand der Korallenwand orientieren, die ins scheinbar Bodenlose abstürzt. Es kommt recht häufig vor, daß man um eine Ecke schwimmt und mehreren Grauen Riffhaien gegenübersteht, die Nahrung suchen oder ihr Territorium gegenüber Konkurrenten verteidigen. Graue Riffhaie sind neugierig und territorial. Sie beobachten Taucher genau, kreisen dauernd um sie, kommen und gehen und werden auch leicht aggressiv. Im September und Januar hat man vielleicht das seltene Glück, Gruppen von fünf oder zehn Grauen Riffhaien zu begegnen, die einen völlig ignorieren, wenn sie mit der Fortpflanzung beschäftigt sind. Die Weibchen kreisen in den Gewässern vor dem Riff und kommen bis 10 m nahe an den Taucher heran. Ein Männchen schießt dann in die Gruppe, wählt ein Weibchen, verfolgt es und beißt es wiederholt in die Körperseiten. Dadurch soll die Ovulation ausgelöst werden. Das Weibchen ist mit seiner dicken Haut daran angepaßt. Es ist unwahrscheinlich, daß Sie als Taucher eine Paarung beobachten können. Doch schon dieses einleitende Paarungsverhalten gibt genügend Gelegenheiten, um einzigartige Fotos oder Filmsequenzen zu schießen.

Shark Reef und Jolanda Reef sind zwei kleine untergetauchte Riffe direkt unter der Wasseroberfläche, eine kurze Schwimmstrecke von der Spitze der Halbinsel entfernt. An ihrer Außenseite stürzen diese Riffe in einer Wand in die Tiefe. Hier ist ein weiterer Lieblingsplatz für große Graue Riffhaie und andere große

pelagische Fische. Taucher und Schnorchler sollten auch nach Weißspitzen-Hochseehaien (s. S. 176), nach Bogenschnäuzigen und Großen Hammerhaien (s. S. 188-189) und nach Mantas (s. S. 223) Ausschau halten. An den seichten Stellen des Jolanda Reef, neben dem Wrack der MV *Jolanda*, die 1981 sank, sind prächtige Blauflecken-Stechrochen (s. S. 218) zwischen den Korallen zu beobachten.

Der Ras Muhammad Marine Park gilt als eines der besten Tauchreviere der Welt. Mit seinen kristallklaren Gewässern, den flachen Riffen, den Korallenwänden und der artreichen Tier- und Pflanzenwelt ist er für Taucher wie für Schnorchler gleichermaßen geeignet. Man gelangt leicht zum Riff. Den Transport von der benachbarten Ferienstadt Sharm El Sheikh übernehmen Jeeps, Tagesboote und Liveaboards.

Ein Riffhai in seinem Territorium (links). Arabischer Kaiserfisch (unten).

Ausrüstung

Die benötigte Ausrüstung zum Tauchen oder Schnorcheln kann man mieten oder kaufen, doch die Auswahl ist begrenzt und teuer. Wenn möglich, bringt man seine eigene Ausrüstung mit. Das Rote Meer kann relativ kühl sein, so daß ein Naßtauchanzug mit 5 mm Dicke für den Winter und 3 mm für den Sommer zu empfehlen ist.

Besonderheiten

Taucher und Schnorchler begegnen einer spektakulären Vielfalt von Fischen bei Ras Muhammad. Zwei Arten sind eine besondere Erwähnung wert. Der große Napoleonfisch, der zu den Lippfischen zählt, begleitet gern den Taucher in der Hoffnung, einen Happen zu bekommen. Doch davon wird heute abgeraten. Die Fische schauen einen mit großen Augen an und bewegen sie wie Kugeln, wenn sie nach großzügigeren Tauchern Ausschau halten. Der Arabische Kaiserfisch kommt nur an den Küsten der Arabischen Halbinsel vor und hat auf den Körperseiten einen gelben Fleck, der in der Form an Afrika erinnert. KD

REISENOTIZEN

Reisezeit *Beste Tauchbedingungen herrschen von Juni - Okt., von Nov - Feb., können die Sichtverhältnisse schlechter sein, Meer oft rauh; Haie und Mantas sind während ihrer Fortpflanzungszeit von Dez. - Feb. besser zu beobachten*
Wetter *Trockenes Wüstenklima, Tage heiß, Nächte kühler; sehr wenig Regen; von Nov. - Feb. kühle Winde, Nächte ziemlich kalt.*
Wassertemperatur *21 - 28 °C*

Infrastruktur *Tagesausflüge, Leben auf Booten, Tauchen vom Ufer aus, wobei Jeeps den Transport übernehmen; Buchungen empfehlenswert*
Unterkunft *Alle Kategorien*
Bemerkungen *Eine kosmopolitische Tauchergemeinschaft mit ganz unterschiedlichen Tauchtechniken und Anschauungen.*

Kapstadt

Südafrika

Mit Weißhaien zu tauchen, ist wohl das Höchste für einen Haibeobachter. Dyer Island, zwei Stunden östlich von Kapstadt in Südafrika, bietet die Gelegenheit, Weißhaie zu beobachten und mit ihnen in einem Haikäfig zu tauchen. Dieses sehr spezielle Gebiet besteht in Wirklichkeit aus zwei Inseln. Die Hauptinsel Dyer beherbergt eine große Meeresvogelpopulation; auf der zweiten Insel, Geyser Island, leben ungefähr 13 000 Südafrikanische Seebären. Zwischen den beiden Inseln liegt ein seichter Kanal, der ungefähr 150 m breit und 600 m lang ist, der Shark Alley. Hier patrouillieren Weißhaie auf der Jagd nach den Seebären. Dieses Gebiet ist eines der besten zur Beobachtung von Weißhaien.

Die Taucher werden vom 8 km entfernten Gansbaai mit einem Kabinenkreuzer hierher transportiert oder kommen in Schnellbooten vom Hafen Kleinbaii her. Im Kanal entfalten die Tauchlehrer einen besonders konstruierten Haikäfig, der drei Personen faßt und an der Oberfläche treibt. Obwohl die Taucher keine Flossen brauchen und nicht tiefer als 2 m gehen, müssen sie über eine wenn auch minimale Taucherausbildung verfügen. Die Taucher können zwei- bis viermal pro Tag ins Wasser gehen und wechseln sich dabei im Haikäfig ab. Nichttaucher beobachten die Aktivitäten vom Deck oder von einer Laufbrücke aus, denn die Haie kommen auf der Suche nach Ködern oft an die Oberfläche. Ein Veranstalter verwendet eine Art Kapsel, die zum Boot gehört und die durch dickes Sicherheitsglas hindurch einen 180-Grad-Blick auf die Haie gewährt.

Brillenpinguine (oben) auf Dyer Island. Südafrikanische Seebären (links) auf Geyser Island.

Die Haie sind hier häufig - Forscher markierten in sieben Stunden acht Weißhaie. Bisweilen springen die Haie aus dem Wasser, doch im typischen Fall nähern sie sich unauffällig. Zunächst erkennt man auf der gläsernen Wasseroberfläche die Bugwellen des Haies. Dann bilden sich zwei Wirbel, wenn die Rückenflosse die Oberfläche durchbricht. Schließlich erkennt man den 4,5 m langen Hai, der direkt auf den Köder zustrebt. Die Beobachter an Deck sind vom Anblick erst wie hypnotisiert und dann so aufgeregt, daß sie am liebsten in den Haikäfig

The Twelve Apostels (oben), Kapstadt. Man beachte die stark zugespitzte Schnauze des Weißhaies (links), Umgebung der Dyer Island.

springen würden, um das Tier von Angesicht zu Angesicht zu sehen. Im trüben Wasser steigt die Spannung noch, weil die großen Fische plötzlich auftauchen. Bei guten Sichtverhältnissen kann man einen großen Hai auch schon von einiger Entfernung aus erkennen.

Die hohe Wahrscheinlichkeit, daß man Weißhaie sieht, soll bei mindestens 80 % liegen, damit ist Dyer Island und Umgebung ein sehr interessantes Gebiet für Haibeobachter. Forscher studieren hier die Biologie und das Verhalten der Fische. Ihr Tauchveranstalter sollte mit den Forschern und Naturschützern zusammenarbeiten.

Ausrüstung

Einige Veranstalter sorgen für die gesamte Tauchausrüstung, doch ist es immer am besten, wenn man seine persönliche Ausrüstung dabei hat. Flossen braucht man wie gesagt im Käfig nicht. Ein Trockenanzug ist in diesen Gewässern am besten, doch reicht ein Naßanzug von 7 mm Dicke.

Besonderheiten

Die felsige Dyer Island und die benachbarten Inseln beherbergen Tausende von Südafrikanischen Seebären, Blaufußtölpeln, Brillenpinguinen, Walen und Delphinen. Besondere organisierte Tauchgänge in die entzückende Unterwasserballettwelt der Südafrikanischen Seebären werden auf Seal Island angeboten, ungefähr 30 km von Kapstadt auf der Atlantikseite des Kaps der Guten Hoffnung. Wale beobachtet man bei De Kelders in der Nähe von Gansbaai, wo Südliche Glattwale bis auf 30 m an die Felsen herankommen. Diese riesigen Säuger besuchen diesen Küstenabschnitt von Mitte Juni bis Ende Dezember, um sich hier zu paaren und um Junge zu gebären. Man kann bis 30 Individuen beobachten.

Am Kap der Guten Hoffnung liegen auch über 50 markierte Wracks, die der Taucher selbst erforschen kann. LT

REISENOTIZEN

Reisezeit *Beste Zeit von Feb. - Sept.*
Wetter *In der Regel angenehm, gemäßigt; bisweilen stürmisch und windig oder auch ruhig und neblig*
Wassertemperatur *14 - 18 °C*
Infrastruktur *Tagesausflüge von Kapstadt aus; zwei oder zehntägige Exkursionen von Gansbaai aus; im voraus buchen*
Unterkunft *Jeder Art in Kapstadt; Gästehäuser in Gansbaai*
Bemerkungen *Im Winter (Juni - Aug.) sind die Haie sehr aktiv, doch das Wetter erlaubt nur ein- oder zweimal pro Woche einen Ausflug zur Insel.*

Inseln Similan und Surin

Thailand

Die Inseln Similan und Surin liegen in den tropischen Gewässern der Andamanensee ungefähr 110 km nordwestlich von Phuket, Thailand. Mächtige Granitblöcke erheben sich hier aus dem aquamarinblauen Wasser. An Land gibt es ruhige palmenbestandene Buchten mit feinem Sand. Unter Wasser reichen die Granitbrocken bis in 35 m Tiefe. Jedes dieser Granitgebirge ist von spektakulären Weichkorallen, Gorgonien und Schwämmen bedeckt. In diesen Meeresgärten lebt der Zebrahai (s. S. 150), eine der schönsten Haiarten überhaupt.

Die Taucher steigen in das warme, ruhige Wasser der Andamanensee, in dem eine Sichtweite von 20 bis 30 m herrscht. Die leichten Meeresströmungen führen nährstoffreiches Wasser heran, das die spektakuläre Vielfalt der Tier- und Pflanzenwelt erst ermöglicht.

Früher oder später begegnet man einen Zebrahai, der ruhig auf dem Sandboden zwischen den Granitgebirgen ruht. Er ist freundlich und harmlos und läßt Sie ziemlich nahe herankommen, gelegentlich bis fast auf 1 m. Taucher haben eine höhere Wahrscheinlichkeit, einem Zebrahai zu begegnen, als Schnorchler. Es ist ein sehr hübsches Gefühl, auf dem Sand neben einem gleich großen Hai zu liegen und sich vollkommen sicher zu fühlen. Das wundervolle Tier verhält sich in der Regel ziemlich ruhig, und man kann Schiffshalter beobachten, die auf der Haut umherwandern. Schließlich schwimmt der Hai mit einer eleganten Bewegung weg, wobei er seinen langen Schwanz wellenförmig, ja geradezu sinnlich und hypnotisch bewegt.

Die Inseln werden von Live-aboard-Booten besucht, die von Phuket aus operieren. Von dieser Stadt aus kann man auch Tagesexkursio-

Der Taucher kommt einem Zebrahai (rechts) sehr nahe. Im Bild weiter oben ein Leoparden-Drückerfisch.

Eine Unterwasserlandschaft mit Weichkorallen und Rotfeuerfischen (oben). Unten eine Bucht in den Similan-Inseln.

nen zu Riffen in nächster Nähe unternehmen, bei denen man ebenfalls Zebrahaie zu Gesicht bekommt. Heute sind die neun Inseln der Similan-Gruppe im wesentlichen unbewohnt und sollen zum Similan Islands National Park werden.

Ausrüstung

Atemgerät und Schnorchelausrüstung kann man bei örtlichen Tauchzentren und Hotels in Phuket mieten. Ein Lycra-Anzug reicht aus, doch die Taucher verwenden oft einen 2 - 3 mm dicken Naßtauchanzug, da das Wasser in einiger Tiefe oft eine ausgeprägte Sprungschicht zeigt und kühl wird.

Besonderheiten

Die Similan-Inseln weisen unterschiedliche marine Lebensräume auf. Auf der Westseite bedecken Weichkorallen und Fächerkorallen mit ihren leuchtenden Farben und ungewohnten Formen die Granitgebirge unter Wasser. Auf der Ostseite der Inseln hingegen überwiegen Hartkorallen mit ihren Pastelltönen.

Abgesehen von den tropischen Fischen, die man wie überall erwarten kann, etwa Falterfische, Kaiserfische und Fahnenbarsche, sollte man sein Augenmerk auch auf andere Tiere richten. Hier lebt zum Beispiel die Dornenkrone, ein äußerst variabler Seestern, der die weichen Teile von Korallen frißt und andernorts schon sehr schädlich geworden ist. Auch dem ungewöhnlichsten aller Drückerfische begegnet man hier, dem Leoparden-Drückerfisch. Zwischen Februar und Mai kann man mit etwas Glück auch Walhaie in der Nähe des Richelieu Rock bei den Surin-Inseln vorbeischwimmen sehen. KD

REISENOTIZEN

Reisezeit *Am besten während der sonnigen Trockenzeit, von Nov. - April; das Meer ist dann ruhig*
Wetter *Tropisches Klima, 25 - 31 °C*
Wassertemperatur *26 - 28 °C*
Gefahren *Sehr feucht während der Monsunzeit im September*
Infrastruktur *2- - 12tägige Exkursionen mit Booten, Schnorcheln oder Gerätetauchen; Reservierung empfehlenswert*
Unterkunft *In Phuket zahlreiche Hotels, Pensionen und Gästehäuser*

Yap und Palau

Mikronesien

Die Inselgruppen von Yap und Palau im westlichen Zentralpazifik und die 1600 km weiter östlich gelegene Truk-Gruppe bieten dem Taucher zahlreiche Möglichkeiten. Haie und Rochen und eine artenreiche Tier- und Pflanzenwelt, außergewöhnliche Landschaften, reiche lokale Kulturen und die schönsten Wracks der Welt machen Mikronesien zu einem bevorzugten Ziel der Taucher.

Haie patrouillieren an den prächtigen Riffen vorbei (oben). Der Seventy Islands National Park (links), Palau.

Yap

Noch vor zehn Jahre wußte kaum jemand etwas von Yap. Heute sind die Inseln dafür berühmt, daß man sich Mantas (siehe Seite 223) nähern kann. Eine Kombination von günstiger Geographie mit Kanälen in den Saumriffen und guten Wetterbedingungen macht es das ganze Jahr über möglich, mit Mantas zu tauchen. Diese Tiere sind regelmäßig in zwei Kanälen anzutreffen, wo sie ihre Nahrung suchen und sich putzen lassen. Von Juni bis Ende Oktober empfehlen die Einheimischen den Gooffnuw Channel an der Ostseite, wo es fünf Manta-Stellen gibt. Im Milli Channel auf der Westseite gibt es einen Manta Ridge, wo die Sichtweite bis über 30 m betragen kann. Die Taucher halten sich dabei an den Felsen eines ungefähr 10 m tiefen Gesimses fest, während die Mantas über ihren Köpfen durch den Kanal schwimmen.

An beiden Stellen sammeln sich die Mantas bei beginnender Ebbe, weil dann Plankton aus der Lagune und den Mangrovegebieten nach draußen transportiert wird. Während des Schwimmens filtern die Rochen die Nährstoffe aus dem Wasser. Einige schwimmen direkt über ihren Köpfen, so nah, daß man sie berühren könnte, doch ist dies natürlich nicht angebracht und auch verboten.

Palau

Für viele Taucher ist Palau der schönste Fleck auf der Erde, und auch die Biologen loben die Vielfalt der Meereslebewesen. In der großen Korallenlagune und auf den benachbarten Inseln gibt es über 100 verschiedene Stellen, an denen es sich zu tauchen lohnt. Hier kommen Tausende meeresbewohnender Arten vor, darunter Mantas, Barrakudas, große und kleine Haie, und die beeindruckende Wirbellosenfauna reicht von Riesenmuscheln bis zum Nautilus.

Palau ist insofern ungewöhnlich, als es hier

Ein Langschnauzen-Büschelfisch auf einer Fächerkoralle (links). In fünf Seen auf Palau lebt die Qualle *Mastigias papua* (unten).

hohe vulkanische Inseln, Atolle und Kalkinseln gibt, die im Lauf der Erdgeschichte nach oben gewandert sind. Bei den abstürzenden Wänden der Saumriffe kann man wundervoll tauchen. Und an legendären Stellen wie Blue Corner sieht man immer wieder Haie. Die Taucher schwimmen hier zusammen mit Grauen Riffhaien (siehe Seite 170), Blauen Marlins, mit Mantas, Thun- und Napoleonfischen in den schnellen Gezeitenströmungen. Big Dropoff und New Dropoff sind weitere Stellen, von denen aus man sich in ungefähr 10 m Tiefe von der Strömung treiben lassen kann. Dabei zieht der Meeresboden mit den Korallen unter dem Taucher vorbei, und Graue Riffhaie schwimmen auf der Suche nach etwas Eßbarem umher.

Ausrüstung

Die wichtigsten Zentren auf allen Inselgruppen haben Tauchershops, doch am besten bringt man seine eigene Ausrüstung mit. Man taucht hier in warmem Wasser, doch ein Lycra-Anzug oder ein Naßtauchanzug mit 3 mm Dicke schützt den Taucher vor Verletzungen und nesselnden Tieren. Die Tiere in den Gezeitenkanälen kann nur der Gerätetaucher sehen. Sonst kann man in den klaren Gewässern und in den Riffen auch wunderschön schnorcheln.

Besonderheiten

Keinesfalls darf man sich auf Mikronesien das Wracktauchen bei Truk entgehen lassen. Die 12 winzigen Inseln bei Truk beherbergen einen Wrack-Friedhof von über 100 Flugzeugen und Schiffen aus dem 2. Weltkrieg.

Fünf Salzwasserseen im Inneren von Palau beherbergen die nichtnesselnde Qualle *Mastigias papua*. An den Außenriffen begegnet man riesigen Fächerkorallen, Schwarzen Korallen, Schwämmen, Steinkorallen, eventuell einem lebenden Nautilus. LT

REISENOTIZEN

Reisezeit *Ganzjährig; Paarungszeit der Mantas auf Yap Nov. - März*
Wetter *Das ganze Jahr über gut, Passatwinde von Mai - Nov.*
Wassertemperatur *28 - 30 °C*
Gefahren *Vorsicht beim Wracktauchen; giftige dornige Bäume auf Palau*
Infrastruktur *Tagesausflüge und mehrtägige Exkursionen von allen Inseln aus; Reservierungen unerläßlich*
Unterkunft *Auf Palau Luxushotels; Yap und Truk mit komfortablen Hotels und Pensionen*
Bemerkungen *Yap bietet die beste Kombination zwischen einheimischer Kultur und Taucherlebnis. Nitrox und Rebreather sowie Schulungen auf Yap und Truk.*

Rangiroa-Atoll

Französisch-Polynesien

Im Nordosten und Osten von Tahiti liegt eine Gruppe niedriger Atolle und Inseln, die früher unter der Bezeichnung Tuamotu-Archipel bekannt waren. Die größte der 80 Inseln ist Rangiroa, ungefähr 65 km lang und 32 km breit. Tatsächlich ist Rangiroa das zweitgrößte Atoll im Pazifik, und in seiner Lagune fände die gesamte Insel Tahiti leicht Platz.

Die Lagune des Rangiroa-Atolles (oben) erstreckt sich über endlose Weiten. Rote Soldatenfische halten sich in einem Durchgang auf (links).

Wegen seiner Größe bietet Rangiroa weit mehr als die anderen - stets aufregenden - Korallenatolle. Steile Außenseiten des Riffes fallen bis in eine Tiefe von fast 1600 m, und heftige Gezeitenströmungen fließen durch die schmalen Öffnungen im Riff und führen zu einem Wasseraustausch zwischen dem offenen Meer und der Lagune. Eine solche Strömung erreicht eine Geschwindigkeit von 5 Knoten, so daß man nicht mehr dagegen anschwimmen kann. Der Tidenhub ist mit 60 cm zwar gering, doch durch das Volumen der Lagune und die engen Zu- und Abflüsse kommen diese hohen Strömungsgeschwindigkeiten zustande. Die aufregendsten Tauchgänge finden in diesen Kanälen statt, und dabei kann auch Haie beobachten.

Der Tagesbefehl lautet hier „Treiben mit der Strömung". Die Boote entlassen die Taucher im Innern der Lagune. Diese tauchen 6 bis 9 m tief und lassen sich dann mit der Strömung treiben. Später werden sie im offenen Meer wieder ins Boot genommen. Man treibt von der Lagune ins offene Meer und teilt sich dabei den Raum mit Haien, Mantas (s. S. 223) und Napoleonfischen. Man segelt über reich bewachsenen Riffen und beobachtet dabei, wie zarte Fische im Lee der Korallenköpfe gegen die Strömung ankämpfen. Man treibt an einer Höhlung mit mindestens 20 Ammenhaien (s. S. 149) vorbei.

Außerhalb des Riffs, wo das nährstoffreiche und von der Sonne angewärmte Lagunenwasser auf das Wasser der Hochsee trifft, konzentrieren sich ganze Nahrungsketten. Eier, Larven und Jungtiere, die in den Riffen der Lagunen geschlüpft sind, treffen auf Räuber, nämlich Haie, Barrakudas, Stachelmakrelen, Thunfische und Goldmakrelen.

Zu den besten Tauchrevieren auf Rangiroa gehört der Avatoru Pass, einer von zwei Durch-

gängen mit einer Breite von 50 m. Er ist berühmt für seine Napoleonfische, Mantas, Grauen Riffhaie (s. S. 170), Leopardenrochen, für Schnapper, Stachelmakrelen und für viele weitere Fischarten.

Der Tiputa Pass ist kürzer und nicht so tief wie Avatoru, endet aber in einem steilen Absturz. Oft sieht man Delphine, gelegentlich Fächerfische und Marlins. Das Drifttauchen ist hier besonders beeindruckend. Fotografen ist zu empfehlen, sich am Ende der Gruppe aufzuhalten, um ihre Kameraden auch aufs Bild zu bekommen. Graue Riffhaie, Weißspitzen-Riffhaie (s. S. 186) und Hammerhaie garantieren viel Spannung.

Eine zweistündige Bootsfahrt quer durch die Lagune führt zu Les Failles. Dieses spektakuläre Tauchrevier auf der Außenseite des Atolles bietet reiches Korallenwachstum und interessante Canyons und Höhlen. Man verbirgt sich in einem Canyon und sieht, wie Graue Riffhaie und vielleicht auch Weißspitzen-Riffhaie vorbeiziehen.

Ausrüstung

Tauchausrüstungen kann man mieten, doch besser ist mitbringen. Lycra-Anzüge oder Naßtauchanzüge mit einer Dicke von 3 mm.

Graue Riffhaie (links) warten außerhalb des Riffes auf ein Beutetier, das von der Tide herangetragen wird. Im Bild unten ein Riesendrückerfisch.

Besonderheiten

Vor langer Zeit war Rangiroa eine hohe schwarze Vulkaninsel, wie dies Hawaii und die Galapagos-Inseln noch heute sind. Langsam versank aber das Lavagebirge im Meer, während das Riff immer weiter nach oben wuchs. Heute sitzt das flache Atoll auf einer Plattform aus Basalt auf. LT

REISENOTIZEN

Reisezeit *Ganzjährig, am besten von Nov. - April*
Wetter *Ausgezeichnet, obwohl heftige Passatwinde wehen können; Sonnenschutz immer notwendig*
Wassertemperatur *bis 27 °C*
Infrastruktur *Tauchen in den Kanälen nur mit Booten möglich, Buchung durch polynesische Tauchershops*
Unterkunft *Pauschalarrangements von Tahiti aus mit Flug, Schiffsaufenthalt und/oder Unterkunft in Strandlodges; Reservierung notwendig*
Bemerkungen *Drifttauchen ist eine Herausforderung für Anfänger, die örtlichen Tauchlehrer setzen eine gewisse Erfahrung voraus.*

Mamanuca-Inseln

Fidschi

Fidschi besteht aus über 300 Inseln, die in einem Gebiet von 108 800 km² verstreut liegen. Am besten bucht man einen 7- oder 14tägigen Tauchertrip auf einem Schiff.

Dem Ankunftsflughafen Nadi International Airport am nächsten liegt die Mamanuca-Gruppe (Aussprache Mamanutha). Innerhalb dieser Gruppe ist die Insel Mana am beliebtesten. Die ruhigen klaren Gewässer werden von einem Saumriff beschützt - ein idealer Ort, um das Tauchen zu erlernen oder um seine Fähigkeiten zu verbessern.

Eines der besten Reviere für die Beobachtung von Haien und Rochen auf den Mamanuca-Inseln ist der Supermarket. In der Umgebung der bis 30 m hohen Korallenwände sieht man Graue Riffhaie (s. S. 170) sowie ihre ruhigeren Verwandten, die Ammenhaie (s. S. 149) und Weißspitzen-Riffhaie (s. S. 186). Die Taucher lassen sich auf dem Sandboden nahe der Riffwand nieder und schauen zu, wie die fidschianischen Tauchlehrer mit den Haien umgehen. Die Haie spielen in der fidschianischen Kultur eine wichtige Rolle, und einige Tauchlehrer gehören zu einem Haiclan. Ihre Aufgabe ist es z. B., Haie davor zu schützen, daß sie sich in Netzen verfangen.

Graue Riffhaie (oben) treten an gewissen Stellen in den Fidschi-Inseln in Gruppen auf. Ein Männchen der Muräne Rhinomuraena amboinensis (rechts außen).

Das benachbarte Tauchrevier Gotham City ist für seine Fledermausfische bekannt. In diesem reichen Riff leben auch viele Drückerfische, Barrakudas, Doktorfische und alle möglichen Arten von Barschen und Demoisellen.

Die ganze Region Fidschi ist voller Haie, und damit ist nicht nur der allgegenwärtige Weißspitzen-Riffhaie gemeint. Bei mehrtägigen Exkursionen besucht man geheime Flecken, wo man mit Sicherheit Haien begegnet, zum Beispiel großen Gruppen von Grauen Riffhaien, Hammerhaien und in der Nähe der Abstürze Küsten-Weißspitzenhaien (s. S. 169).

Ausrüstung

In allen Ferienorten kann man Bleigewichte und Druckflaschen bekommen. Leichte Naßtauchanzüge (3-5 mm) oder Lycra-Anzüge sind sehr zu empfehlen. Die Haie sieht man nur während

Ganz Fidschi ist ein einziges Tauchparadies. Eine der zahlreichen Inseln des Archipels (links).

des Tauchens, doch die Riffe kann man auch nur schnorchelnd erkunden.

Besonderheiten

Weil die fidschianischen Riffe weitab von größeren Zentren liegen, wurden sie nicht überfischt oder sonstwie beschädigt. Ein traditionell geprägtes Ackerbausystem schützt das Land und die Süßwasserressourcen. Dieses System bedeutet, daß Taucher und Tauchlehrer eine Erlaubnis vom Landbesitzer einholen müssen. Das gilt selbst für abgelegene und scheinbar ungenutzte Gebiete.

Die Riffe um Fidschi kann man nur glorios nennen. Man gleitet einer senkrecht abstürzenden Wand entlang, das blaue Wasser unter sich, und zieht an riesigen Schwarzen Korallen und Weichkorallen vorbei. Oder kehren Sie nachts an denselben Ort zurück, um Hunderte aufblinkender Lichter zu sehen, sozusagen die Kopflampen von Fischen, die sich tagsüber im Riff verbergen und nur nachts Plankton fressen. Flachriffe beherbergen Hunderte von Fischarten, darunter die ultramarinblaue schlanke Muräne *Rhinomuraena amboinensis*. Die Männchen haben röhrenförmig verlängerte Nasenlöcher, die ihnen ein bedrohliches Aussehen verleihen, obwohl es sich um ganz harmlose Fische handelt. LT

REISENOTIZEN

Reisezeit *Ganzjährig, am besten ist das Wetter während der Trockenzeit, von Mai - Okt.*
Wetter *Tagsüber 20 - 30 °C, mild und trocken von Mai - Okt., feuchter und wärmer von Nov. - April (Regenzeit); höchste Niederschläge und Feuchtigkeit von Jan. - Feb., Passatwinde*
Wassertemperatur *Von Nov. - April 27 - 28 °C, von Mai - Okt. 25 - 26 °C*
Gefahren *Steinfische und Korallen*
Infrastruktur *Schnorcheln und Tauchen vom Ufer aus, eintägige oder mehrtägige Exkursionen; Buchung notwendig*
Unterkunft *Große Vielfalt von einfachen Strandhütten über komfortable Lodges bis zu Luxusferienhotels; einige sind auf Taucher spezialisiert*
Bemerkungen *Fidschi ist ein gastfreundliches Land mit reicher Kultur.*

Valerie's Reef

Papua Neuguinea

Die tropischen Gewässer und der Inselbogen des Bismarck-Archipels liegt im Norden der spektakulären Gebirgsinsel Papua Neuguinea. Unter den Inseln der Neuhannover-Gruppe erheben sich Hunderte von Korallenriffen bis in eine Höhe von 10 m unter der Wasseroberfläche. Eines davon, Valerie's Reef, beherbergt eine große Population von Küsten-Weißspitzenhaien (s. S. 169).

Dieses Riff hatte bis zur Entdeckung dieser Haipopulation keinen Namen. Benannt wurde es zu Ehren von Valerie Taylor (s. S. 77), der berühmten Haiexpertin und Unterwasserfotografin. Die Küsten-Weißspitzenhaie sind die größten und beeindruckendsten der Riffhaie, und Valerie's Reef wurde zum berühmtesten Tauchrevier für garantierte Begegnungen mit diesen Fischen.

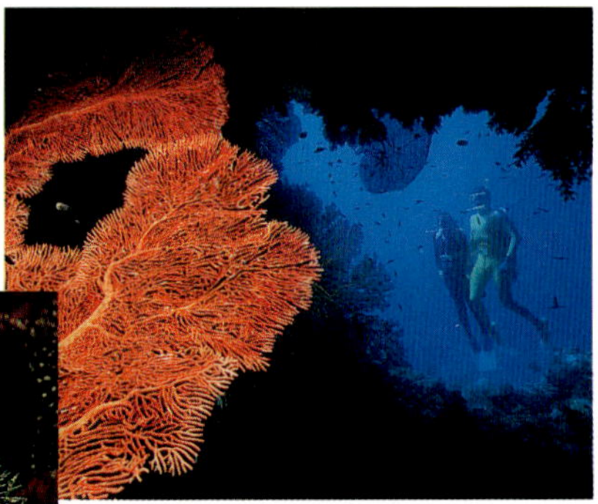

Taucher (oben) bewundern eine Gorgonie. Der Tentakel-Drachenkopf (*Rhinopias frondosa*) kann mit seinen Stacheln stark schmerzende Wunden zufügen.

Zwischen 9 und 12 große, weibliche Küsten-Weißspitzenhaie mit einer Länge von 2 - 3 m leben im Gebiet dieses Riffes. Sie versammeln sich, sobald ein Taucherboot erscheint. Früher wurden sie nämlich regelmäßig gefüttert und assoziieren das Motorgeräusch immer noch mit Nahrung. Es flößt zunächst etwas Angst ein, wenn man ins Wasser blickt und mehrere Haie sieht, die auf den Taucher warten. Doch diese großen, mächtigen Fische verhalten sich tadellos. Sie warten darauf, den Taucher bei einem atemberaubenden Besuch des Riffes zu begleiten. Dort angekommen, fühlt man sich weniger verwundbar und kann zusehen, wie die Haie in ihrem Lebensraum patrouillieren. Sie kreuzen langsam und elegant durch das klare, warme Wasser, ziehen ihre Kreise über wundervolle Korallengärten und nähern sich gelegentlich voller Neugierde. Die Küsten-Weißspitzenhaie, auf englisch Silvertips, kennen anscheinend eine soziale Ordnung, und die kleineren Individuen respektieren die größeren.

Die Haie verhalten sich ruhig und zutraulich und belästigen die Taucher nicht. Silvertips können allerdings gefährlich werden, wenn man sie zu sehr erregt oder provoziert. Schwimmen Sie unter der Oberfläche, um nicht zu planschen. Tragen Sie immer

Ein weiblicher Küsten-Weißspitzenhai (oben) patrouilliert im Riff; ein Fischerboot mit Ausleger (links).

dunkle Handschuhe und halten Sie die Hände nahe am Körper, um zu verhindern, daß der Fisch Sie mit einem Köder verwechselt. Man taucht in Gruppen und muß sich erst einmal an das Verhalten der Haie gewöhnen. Kehren Sie immer aus eigener Kraft zum Schiff zurück, anstatt zu signalisieren, das Boot solle Sie abholen. Es handelt sich dabei um Außenborder, und das Geräusch des startenden Motors erregt die Haie, die daraufhin auf das Gefährt zuschießen.

Am besten gelangt man zum Riff bei einer mehrtägigen Exkursion mit Schiffen, die von Kavieng auf Neuirland aus operieren. Auch Tagestrips sind möglich. Die Silvertips haben sich an die Taucher gewöhnt, und Fotografen haben die Möglichkeit zu Nahaufnahmen, zu Weitwinkelaufnahmen und sogar zu Bildern, auf denen mehrere Haie abgebildet sind.

Ausrüstung

Tauchen ist dem Schnorcheln vorzuziehen. Die Haie nehmen Taucher als eine andere Art von Räubern wahr. Doch bei so vielen Haien in dem Riff könnte ein Schnorchler an der Oberfläche die falsche Art von Aufmerksamkeit erregen. Man braucht eine normale Tauchausrüstung. Das Wasser ist sehr warm, so daß ein Naßtauchanzug mit 2 - 3 mm Dicke für alle Zwecke ausreicht.

Besonderheiten

Papua Neuguinea gilt als eine der zehn besten Taucherdestinationen der Welt. Die Artenvielfalt der Korallen und Fische und auch die zahlreichen Schiffs- und Flugzeugwracks aus dem Zweiten Weltkrieg sind erstaunlich. Die Region ist auch berühmt für einige sehr seltene und bizarre Arten. Zu ihnen gehört zum Beispiel der Tentakel-Drachenkopf und ein kleiner, wundervoller Tintenfisch, der seine Eier in versunkene Kokosnüsse legt. Die Krakenart *Octopus horridus* ist häufig in diesen Gewässern - doch bisher weiß niemand, ob er nun giftig ist oder nicht.

In Papua Neuguinea gibt es auch noch einzigartige, wenig vom Westen beeinflußte Kulturen. Die Menschen auf der Gazelle Peninsula in der Nähe von Kavieng sind berühmt für ihren Feuertanz; er lohnt einen Ausflug. KD

REISENOTIZEN

Reisezeit *Das ganze Jahr über*
Wetter *Sehr warm, tropisch, keine ausgeprägte Regenzeit*
Wassertemperatur *26 - 28 °C*
Gefahren *Malaria*
Infrastruktur *Tauchen vom Schiff aus; Schnorcheln ist hier exzellent, aber nur, wenn keine Haie da sind*
Unterkunft *Hotels in Kavieng; vorzügliche Schiffe; Reservierung unerläßlich*
Bemerkungen *Sicherheitsempfehlungen in der Port Moresby beachten.*

Ningaloo Reef

Australien

Weit im Norden Westaustraliens erstreckt sich ein 260 km langes Korallenriff an der Grenze zum Indischen Ozean. Das Riff steht unter der Bezeichnung Ningaloo Reef Marine Park unter gesetzlichem Schutz. Walhaie (s. S. 151), die friedlichen Riesen der Meere, versammeln sich hier jedes Jahr von Mitte März - Anfang Mai in großer Zahl.

Die höheren Temperaturen im Indischen Ozean während des Sommers und der Vollmond im März und April lösen eine Massenfortpflanzung der Korallen des Ningaloo Reef aus. In die gleiche Periode fällt die Fortpflanzung und Eiablage Millionen anderer Meereslebewesen. Dieses außergewöhnliche Phänomen führt dazu, daß große Nahrungsmengen zur Verfügung stehen, und dies lockt die Walhaie in großer Zahl zum Ningaloo Reef.

Die Möglichkeit, mit diesen mächtigen, langsamen Haien zu tauchen und zu schnorcheln, führt Tausende von Naturfreunden aus der ganzen Welt hierher. Man ist nicht vorbereitet auf die enorme Größe dieser Tiere, die plötzlich aus dem blauen Meer auftauchen und dem Taucher tiefe Ehrfurcht einflößen. Allein der Kopf füllt das ganze Gesichtsfeld, und mit seinem winzigen Auge schaut er den Taucher an. Taucher können

Der Walhai (oben) ist riesig im Vergleich zum Schnorchler. Ningaloo Reef Marine Park (links).

neben dem Hai schwimmen, während er sich majestätisch durch den Ozean bewegt und gelegentlich seinen riesigen Mund öffnet, um zu fressen. Stets ist er von jugendlichen Stachelmakrelen, Schiffshaltern und anderen Fischen umgeben. Vorsicht ist angebracht, denn mit einem Schwanzschlag könnte der Walhai einen Taucher betäuben oder schwer verletzen.

Von Exmouth an, dem Zugangsort zum Ningaloo Reef, werden zahlreiche Tauchtouren angeboten. Ein Flugzeug arbeitet mit den Tauchern zusammen und ortet die Haie. Die Tauchboote lassen vor den Haien die Taucher ins Wasser und holen sie dann wieder an Bord, wenn die Fische vorbeigeschwommen sind. Dann überholen sie den Hai und wiederholen das ganze. Walhaie schwimmen zwar langsam, doch mit ihnen Schritt zu halten, kostet viel Energie. Schnorcheln ist hier leichter als tauchen. Die Haie verbringen viel Zeit an der Wasseroberfläche, und ein Schnorchler kann schneller schwimmen und ist insgesamt auch beweglicher als ein Taucher.

Um die Walhaie während dieser Jahreszeit von Streß zu bewahren, wurden strenge Regeln

erlassen. Man darf sie keinesfalls berühren oder auf ihnen reiten. Auch die Zahl der Taucher, die gleichzeitig mit einem Hai im Wasser sein dürfen, sowie deren Aufenthaltsdauer ist begrenzt. Blitzlichter sind nicht erlaubt. Die Tauchveranstalter müssen eine Erlaubnis besitzen, und die Schiffe dürfen nicht näher als 30 m an die Haie heran.

Im Riff leben viele Falterfische (oben links). Korallen bei der jährlichen Eiablage (oben rechts).

Ausrüstung

Schnorcheln ist wie gesagt ideal für die Begegnung mit den Walhaien. Man braucht einen High-Tech-Schnorchel und Hochleistungsflossen; das Meer kann spiegelglatt daliegen oder bei aufkommendem Wind recht bewegt sein. Ein Lycra-Anzug ist eine gute Sache, denn er schützt vor Nesseltieren (keine tödlichen Arten) und vor Sonnenbrand.

Besonderheiten

Das Ningaloo Reef ist nicht Weltklasse, weist aber viele Meereslebewesen auf. Sehr schön ist ein Tauchgang bei der Navy Wharf in Exmouth: ein reiches künstliches Riff mit unglaublich vielen Fischarten, darunter auch Wobbegongs (s. S. 146).

Cape Range National Park

Der Ningaloo Reef Marine Park verläuft parallel zur zerklüfteten Landschaft des North-West Cape und des Cape Range National Park. Sie entstand vor 1,6 bis 5 Millionen Jahren, als alte Gesteinsschichten nach oben gedrückt wurden. In diesen Gesteinen sind Versteinerungen der mächtigen Zähne des prähistorischen Haies *Carcharodon megalodon* enthalten. Dieser Räuber soll Schätzungen zufolge über 12 m lang gewesen sein und gilt als ausgestorbener Verwandter des heutigen Weißhaies. Früher kam er in allen Ozeanen der Erde vor. Ranger und Ortskundige führen Touren zu diesen außergewöhnlichen Fossilfundstellen. KD

REISENOTIZEN

Reisezeit *Ende März - Anfang Mai*
Wetter *Warm, tropisch, sehr sonnig, nachmittags Meeresbrisen*
Wassertemperatur *23 - 26 °C*
Gefahren *Wirbelstürme*
Infrastruktur *Schnorcheln oder Tauchen von Booten aus*
Unterkunft *Hotels, Caravans und Zeltplätze in Exmouth*
Bemerkungen *Man vertraue sich nur Veranstaltern an, die mit einem Beobachtungsflugzeug zusammenarbeiten. Unterkunft und Tauchtouren vor der Abreise buchen. Minimum fünf Tage.*

Neptune-Inseln

Australien

Die Neptune-Inseln liegen in kalten, oft unwirklichen Gewässern der Great Australian Bight vor der Südküste Australiens. Diese abgelegenen Felseninseln sind nur mit dem Schiff von Port Lincoln, Südaustralien, aus zu erreichen und beherbergen Tausende Australischer Seelöwen sowie Neuseeländischer Seebären. Diese reiche Nahrungsquelle lockt Weißhaie (s. S. 158) an.

Diese Inseln gelten als die beste Stelle für Begegnungen mit diesem furchterregenden Räuber. Er ist das ganze Jahr über hier anzutreffen, doch die beste Reisezeit ist von Januar - Mai. In dieser Zeit pflanzen sich die Robben fort, und der Besucher meidet das stürmische Winterwetter.

Es erfordert erheblichen Aufwand, einen solchen Weißhaitrip zu organisieren. Man braucht ein großes Boot und muß mit einer Exkursionsdauer von ein bis zwei Wochen rechnen. Die Besatzung ist Tag und Nacht damit beschäftigt, Chum in einem Umkreis von vielen Meilen zu verteilen, in der Hoffnung, daß ein großer Weißhai angezogen wird.

Das erste Anzeichen ist ein dunkler Schatten im Wasser, wobei die Rückenflosse vielleicht kurze Zeit zu sehen ist. Dann läßt man große Haikäfige aus Aluminium ins Wasser. Die Taucher steigen über eine oben befindliche Klapptür ein. Der Sprung vom sicheren Tauchboot in den Haikäfig macht anfänglich Angst. Man hat das Gefühl, daß die Wände zu eng und die Fenster zu groß sind, und man starrt in die stahlblaue Leere, um den Hai zu sehen, bevor er sich heranschleichen kann. Langsam zeigt er sich, zielbewußt, und schwimmt direkt auf den Käfig zu. Er unterzieht die Stäbe des Käfigs, das Boot und alles übrige einem Geschmackstest, um herauszufinden, ob es eßbar ist. Dann verschwindet der Hai wieder in der Leere und taucht plötzlich von einer anderen, unerwarteten Richtung auf. Wiederum inspiziert er den Käfig und testet ihn erneut.

Schließlich gewöhnt man sich an die vorhersehbare Natur des Haies und merkt, daß er eigentlich nur auf Chum oder Thunfische aus ist. Gelegentlich verhält er sich sehr vorsichtig und wird dann plötzlich wieder kühn. Seine außergewöhnliche Jagdtechnik, seine stromlinienförmige Schönheit und seine Kraft flößen Respekt ein und wirken faszinierend. Man kann hervorragende Fotos und Videobilder schießen, unter Wasser wie auch darüber, weil er als einziger Hai den Kopf

Ein Neuseeländischer Seebär sonnt sich an der Felsküste einer der Neptune-Inseln.

Ein Weißhai (oben) nähert sich dem Haikäfig. Australische Seelöwen (links) beim Spielen.

auch aus dem Wasser streckt.

Bei sehr erfahrenen Tauchern wird der Käfig auch auf den Meeresboden abgesenkt, so daß man beobachten kann, wie sich die Weißhaie dem Boden entlang nähern und über den Köpfen der Taucher kreisen. Mit Hilfe des POD (s. S. 77) wurden auch schon Begegnungen mit dem Weißhai ohne Käfig möglich, was bis anhin als völlig unmöglich galt. Viele Exkursionen zu den Weißhaien werden aus wissenschaftlichen Gründen unternommen und um Dokumentarfilme zu drehen.

Gelegentlich können auch Privatleute daran teilnehmen, um die Kosten zu reduzieren

Der Weißhai ist verhältnismäßig selten, und die Individuenzahlen gehen wahrscheinlich zurück. Begegnungen können damit nicht garantiert werden. Doch eine Exkursion zu den zerklüfteten Neptune-Inseln ist eine seltene Gelegenheit, um eine abgelegene Wildnis kennenzulernen und mehr über diesen beeindruckenden Riesenfisch zu erfahren.

Ausrüstung

Im Haikäfig ist Tauchen wie Schnorcheln möglich. Einige Veranstalter verwenden lange Schläuche, die mit Druckluftflaschen an Bord verbunden sind. Auch extra schwere Bleigürtel werden zur Verfügung gestellt. Weil man im Käfig keine Flossen braucht, sind Stiefel sehr wichtig. Zu empfehlen sind vollständige Naßtauchanzüge mit einer Dicke von 5 mm. Vorzuziehen ist allerdings ein Trockentauchanzug, weil man vielleicht im kalten Wasser viele Stunden verbringen muß.

Besonderheiten

Tauchgänge mit Seelöwen und Seebären werden bei anderen Inseln oder jedenfalls in sicherer Entfernung von dem Gebiet organisiert, zu dem man die Haie mit Chum anlockt. Ein Vergnügen sind Exkursionen an der Küste zu den Robbenkolonien, wenn die Jungen da sind. Fasziniert schaut man den Seelöwen vor allem beim Spielen zu. Wer Glück hat, sieht auch einige Fischarten, die es nur hier in Südaustralien gibt.

KD

REISENOTIZEN

Reisezeit *Januar - Mai*
Wetter *Gemäßigt; sehr veränderlich*
Wassertemperatur *16 - 19 °C*
Gefahren *Die Robben auf dem Festland können aggressiv sein; man richte sich nach den Empfehlungen der Einheimischen*
Infrastruktur *Käfigtauchen mit Schnorchel oder Atemgerät vom Taucherboot aus; 3 - 16tägige Exkursionen; Buchung unumgänglich*
Bemerkungen *Keine Garantien, Erfolgsquote im Mittel 1 : 3*

Großes Barriereriff

Australien

Das Große Barriereriff vor der Nordostküste Australiens ist das einzige Bauwerk von Lebewesen, das aus dem Weltraum zu sehen ist. Ein großer Teil des 2300 km langen Riffs ist unter der Bezeichnung Great Barrier Reef Marine Park geschützt. Hier lebt eine außergewöhnliche Vielfalt an Korallen, Wirbellosen und Fischen, darunter auch Haie und Rochen.

Für denjenigen, der Haie und Rochen beobachten will, stellt sich zunächst das Problem der Wahl, denn es gibt hier sehr viele geeignete Stellen. Viele Tauchveranstalter besuchen auch die ozeanischen Riffe der Korallensee, 185 km vor der Küste. An einigen Stellen sind Begegnungen mit Haien praktisch garantiert.

Die Lady Elliot-Insel ist ein kleines Koralleneiland am südlichen Ende des Großen Barriereriffs. Dort befindet sich einer von insgesamt fünf Ferienorten auf dem Riff. Tauchen bei der Lady Elliot-Insel ist wundervoll einfach. Die Taucher und Schnorchler waten einfach ins Wasser und erforschen die Korallenriffe, die die Insel umgeben. Das Riff reicht hier bis in 20 m Tiefe, und man findet hier Zebrahaie (siehe Seite 150), die in der Regel auf Sandflächen nahe großen Korallenstöcken ruhen. Mantas (siehe Seite 223) können zu jedem Zeitpunkt wie riesige Raumschiffe vorbeigleiten. Der Taucher steht vor der schwierigen Entscheidung, ob er nach oben wegen der Mantas, nach unten wegen der Zebrahaie blicken soll oder sich von anderen Fischen, Schildkröten und Korallengärten ablenken lassen soll.

Die Riesenmuschel (links) braucht wegen der symbiontischen Algen in ihrem blaugrünen Mantel viel Sonnenlicht zum Wachsen. Weichkorallen (oben) bilden die Kulisse für den Taucher.

Ein weiteres außergewöhnliches Tauchrevier ist Scuba Zoo beim Flinders Reef in der Korallensee. In einer Tiefe von 20 m wurde hier ein riesiger Haikäfig permanent stationiert. Sobald ein Taucherboot anlegt, schwimmen bis 40 Riffhaie heran und kreuzen über dem steilen Abhang jenseits des Käfigs. Die Taucher fühlen sich sehr verwundbar, wenn sie durch offenes Wasser bis zum Käfig schwimmen. Doch die Haie bleiben auf Distanz und bewegen sich auf dem Boden wie graue Schatten. Es sind zur Hauptsache Graue Riffhaie (siehe Seite 170) mit einigen Weißspitzen-Riffhaien (siehe Seite 186) und Küsten-Weißspitzenhaien (siehe Seite 169).

Blick über die Lady Musgrove Island (oben) in der Bunker Group. Graue Riffhaie (links).

Wenn jeder im Käfig ist, wird ein Behälter mit Fischen herabgelassen. Kaum öffnet der Tauchlehrer die Kiste und gibt die Köder frei, so stürzen sich Dutzende von Haien darauf und zerreissen sie. Sie sind so nahe am Haikäfig, daß man hören kann, wie ihre Zähne die Gräten knacken. Innerhalb weniger Minuten ist alles vorbei. Die Haie schießen aufgeregt durch den Blutgeruch und den winzigen Fischstückchen in der Strömung weiterhin hin und her. Die Taucher bleiben deswegen im Käfig, bis die Strömung alle Fleischteilchen weg transportiert hat und die Haie ihr normales Verhalten wieder angenommen haben. Erst dann darf man den Käfig verlassen, sich unter die Haie mischen und Fotos unter weniger beengten Verhältnissen schießen. Wer wegen der ganzen Aufregung nicht mehr genügend Luft hat, begibt sich zurück zum Boot. Die Haie bleiben weiterhin im Gebiet und schwimmen nahe an den Tauchern vorbei, um sie zu inspizieren, bevor sie sich erneut in der blauen Leere des Ozeans verlieren.

Ausrüstung

In den wärmeren Gewässern von Nordqueensland reicht ein einteiliger Naßtauchanzug von 2 - 3 mm Dicke. In Südqueensland sind 5 mm erforderlich. Bringen Sie Ihre eigene Ausrüstung mit, wenn Sie eine mehrtägige Exkursion auf einem Boot planen, denn meistens kann man hier nichts mieten.

Besonderheiten

Besonderheiten des Großen Barriereriffes sind Seeschlangen, Steinfische, Riesenmuscheln und besondere Schnecken. Im Frühling legen Meeresschildkröten Eier am Strand, und nach dem Vollmond im Oktober und November pflanzen sich alle Korallen während einiger Nächte synchron fort. Beim Cod Hole vor Lizard Island interagieren bis zu 20 riesige Wrackbarsche regelmäßig mit Tauchern. KD

REISENOTIZEN

Reisezeit *Fast das ganze Jahr über gute Bedingungen; gelegentlich heftige Winde; Wirbelstürme von Ende Dez. - April*
Wetter *Warm bis sehr heiß, tropische Bedingungen, im wesentlichen trocken, mit Ausnahme der Regen- und Wirbelsturmzeit*
Wassertemperatur *22 °C in Südqueensland, bis 28 °C in Nordqueensland; von Juni - August kühler*
Gefahren *Giftige Tiere, darunter Skorpionfische, Steinfische, Seeschlangen, Seewespen, Kegelschnecken und Blaugeringelte Kraken.*
Infrastruktur *4 - 8-tägige Exkursion auf Taucherschiffen von Cairns und Townsville aus, Buchung zu empfehlen*
Unterkunft *Vom Campen bis zum Fünf-Sterne-Luxushotel auch auf einigen Inseln im Riff; Buchung zu empfehlen*
Bemerkungen *Haifüttern im Innern des Marine Park nicht gestattet.*

New South Wales

Australien

Die Küste von New South Wales im Süden Australiens ist von Städten, Sandsteinkliffs und Stränden der Tasmansee gesäumt. In der Unterwasserwelt halten sich Haie und Rochen auf.

Seal Rocks

Rund 300 km nördlich von Sidney ist der Ort Seal Rocks bekannt für seine große Population von Sandtigern (s. S. 152). Sie bilden Gruppen von 5 bis 20, gelegentlich sogar von 40 Individuen und halten sich in der Umgebung der spektakulären Unterwasserfelsen, der großen Canyons und Meereshöhlen auf.

Sandtiger sehen wegen ihrer langen und spitzen, dauernd nach vorne gerichteten Zähne angsteinflößend aus. Es handelt sich aber um freundliche, fischfressende Tiere, die nicht angreifen. Im allgemeinen haben sie keine Angst vor kleineren Tauchergruppen und lassen sie sehr nahe heran. Bisweilen nähern sie sich plötzlich, und der Taucher muß ihnen schnell aus dem Wege gehen. Es ist eine aufregende Erfahrung, auf dem Meeresboden zu liegen und zuzusehen, wie diese zähnestarrenden Mäuler knapp über einem hinwegschwimmen. Wer sorgfältig den Meeresboden absucht, stößt gelegentlich auf Zähne des Sandtigers, die bei der Jagd oder bei der Paarung verloren gingen.

Jervis Bay (oben) an der Ostküste Australiens. Ruhelose Sandtiger (links), die nur nachts auf Nahrungssuche gehen

Mehrere Tauchveranstalter bieten von Forster aus das ganze Jahr über Tagesexkursionen an. Zwischen November und Juli rotten sich die Haie zu größeren Gruppen zusammen, doch handelt es sich dabei stets nur um Sandtiger.

Jervis Bay

Jervis Bay, eine geschützte Bucht ungefähr 180 km südlich von Sidney, hat eine zerklüftete Sandsteinküste, reinweiße Strände und kleine geschützte Schlupfwinkel. In den Monaten August und September treffen sich hier jedes Jahr Port-Jackson-Haie (s. S. 143), um sich hier zu paaren und ihre bizarren, spiraligen Eikapseln abzulegen. Taucher, die die Bucht von Booten aus erforschen, begegnen dabei vielen erschöpften Weibchen, die in Abflußrinnen, Höhlen und Spalten des Riffes liegen. Einzelne Männchen schwimmen auf und ab, wahrscheinlich auf der Suche nach paarungsbereiten Weibchen.

Schwimmen inmitten paarungsbereiter Port-Jackson-Haie (oben); die außergewöhnliche spiralige Eikapsel (links) des Port-Jackson-Haies.

Im November und Dezember verschwinden die meisten erwachsenen Haie. Doch wenn man die Sandflächen der Bucht genau absucht, begegnet man frisch geschlüpften Port-Jackson-Haien. Sie sehen genauso aus wie ihre Eltern - mit Ausnahme der Flossen, die für ihren winzigen Körper zu groß erscheinen.

Diese Sandflächen sind von vielen Algen, Schwämmen, Wirbellosen und Seefedern bedeckt und bilden einen idealen Lebensraum zum Beispiel für Meerengel und Kurzschwanz-Zitterrochen (s. S. 210). Diese Zitterrochen können erhebliche elektrische Schläge austeilen, wenn sie ein unvorsichtiger Taucher berührt. In der Jervis Bay gibt es auch große Meereshöhlen und felsige Bereiche aus riesenhaften Blöcken, die lebhaft gefärbte Schwammgärten tragen. Prächtig gefärbte Wobbegongs (s. S. 147) liegen perfekt getarnt zwischen den Schwämmen und warten auf vorbeischwimmende Beute. Taucher wurden gelegentlich gebissen, einfach weil sie einen Wobbegong aufscheuchten, den sie selbst nicht bemerkt hatten.

Ausrüstung

Mit Schnorchelausrüstung kann man in den flachen Buchten der Jervis Bay Rochen beobachten und den Port-Jackson-Haien bei der Paarung zusehen. Vor alle übrigen Stellen ist Tauchausrüstung zu empfehlen. Im Sommer verwendet man einen einteiligen Naßtauchanzug mit 5 mm, im Winter einen zweiteiligen.

Besonderheiten

In der Umgebung der Jervis Bay lebt die größte Art der Sepien mit einer Länge von über 1 m. Sie ändert ihre Farbe je nach der inneren Stimmung. Das Tier droht jedem Eindringling, indem es seine breiten Tentakel hochhebt. So lange man aber nur beobachtet, bleibt es bei dieser spektakulären Gegenüberstellung. KD

REISENOTIZEN

Reisezeit *Das ganze Jahr über*
Wetter *Warm von Okt. - Mai, kühl von April - Sept., keine ausgeprägte Regenzeit; unvorhersehbar*
Wassertemperatur *14 - 21 °C*
Gefahren *Rauhe See bei gleichzeitig heftigen Winden*
Infrastruktur *Forster: Nur Tagesausflüge; Jervis Bay: ein- oder mehrtägige Trips*
Unterkunft *Gute Hotels, Gästehäuser, Camping, auch für Wohnmobile an der ganzen Küste*
Bemerkungen *Das Gebiet ist hervorragend geeignet, selbst mit einem Wohnmobil zahlreiche Tauchreviere zu erforschen und die überaus reiche Meeresfauna kennenzulernen.*

Lord-Howe-Insel

Australien

Die auffällige Spanische Tänzerin (links) gehört zu den Nacktkiemerschnecken. Blick auf die Lord-Howe-Insel (unten) vom Mount Eliza aus.

Die winzige Lord-Howe-Insel liegt einsam in der Tasmansee, ungefähr 1200 km nordöstlich von Sidney, Australien. Es handelt sich um einen erloschenen Vulkan, dessen Spitzen sich über die saphirblauen subtropischen Gewässer mit den Korallenriffen erheben. Diese Korallen bilden eine prächtige flache Lagune, in der große Stechrochen und Galapagoshaie (s. S. 173) neben vielen anderen Fischarten leben.

Bei Comet's Hole begegnet man Gruppen großer Schwarzer Stechrochen, die sich im Sand eingegraben haben. Mit müden Bewegungen erheben sie sich vom Meeresboden und hinterlassen eine Wolke aus jenem Sand, der sie bedeckte. Taucher und Schnorchler bewegen sich zwischen den ruhenden Rochen oder folgen den Tieren, die langsam wegschwimmen. Bisweilen sieht man, wie ein Rochen nahe dem Meeresboden innehält, durch Flügelschlagen den Sand aufwirbelt und ein Beutetier freilegt. Mit seinem breiten scheibenförmigen Körper verhindert der Rochen, daß die Beute entkommt.

Wenn man einem Rochen zu nahe kommt, hebt er seinen dicken Schwanz steil wie eine Lanze in die Höhe und vollführt aggressive zustoßende Bewegungen. Es besteht kein Zweifel, was geschehen wird, wenn sich der Taucher weiter nähert. Junge Galapagoshaie dringen bei Flut in die Lagune ein und verlassen sie noch vor Ebbe. Am besten beobachtet man sie bei Erscott's Hole. Da hier wundervolle Fische und Korallen zu beobachten sind, sind die Taucher meist mit etwas anderem befaßt, wenn die Haie eintreffen. Die schnellen lebhaften Tiere kreisen erst an der Grenze der Sichtweite um den Taucher und schießen dann plötzlich für einen näheren Augenschein heran. Das erzeugt zunächst einen gewaltigen Adrenalinstoß, aber der Hai ist einfach nur neugierig.

Gelegentlich verteilt der Tauchlehrer ein paar Köder im Wasser, damit die Haie näherkommen. In der Regel sind dann ungefähr zwölf

Ein Galapagoshai (oben) patrouilliert in der Lagune. Die seltene Waldralle (links); ein großer Schwarzer Stechrochen (links außen).

Tiere zu sehen. Sie nähern sich dann immer wieder, um die Taucher zu untersuchen - und wenn das mehrere Haie auf einmal tun, ist das sehr aufregend. Wenn ein Tier zu zudringlich wird, gibt man ihm einen leichten Schlag auf die Nase. Sofort schießt er weg und hinterläßt beim Taucher Respekt vor der Geschwindigkeit und der Stromlinienform.

Die Lagune ist ein hervorragender Ort für Schnorchler und Tauchanfänger. Selbst Nichttaucher können die unberührte Unterwasserwelt durch Glasbodenboote bei Tagesexkursionen bewundern. Geeignete Tauchplätze für Gerätetaucher befinden sich in der Lagune oder vor der Küste in den umgebenden Riffen.

Besonderheiten

Die Lord-Howe-Insel stellt ein Weltnaturerbe dar. Aufgrund ihrer isolierten Lage und der Stellung zwischen der Tasman- und der Korallensee entstanden hier viele einzigartige, endemische Tierarten. Hier befindet sich auch ein bedeutendes Vogelschutzreservat, sowohl für Meeresvögel wie auch für die Waldralle, eine der seltensten Vogelarten der Welt. Diese flugunfähige Ralle war beinahe ausgestorben. Doch im Rahmen eines Rettungsprogrammes gelang es, die Individuenzahlen wieder zu erhöhen.

Taucher und Schnorchler sollten auch ein Auge haben für die vielen Fischarten, die nur hier vorkommen, sowie auch für weniger auffällige wirbellose Tiere, etwa für die Spanische Tänzerin, eine Nacktkiemerschnecke, die an die Rüschen am Kleid einer Flamencotänzerin erinnert. KD

Ausrüstung

Eine Schnorchelausrüstung genügt und kann ebenso wie die Tauchausrüstung gemietet werden. Taucher brauchen einen Naßtauchanzug mit 3 oder 5 mm Dicke. Beim Nachttauchen braucht man eine kompakte wasserdichte Tauchlampe.

REISENOTIZEN

Reisezeit *Von Nov. - Mai*
Wetter *Kühler tropischer Sommer von Okt. - Mai; gelegentlich unvorhersehbare heftige Winde mit lang andauernden Regenfällen*
Wassertemperatur *20 - 24 °C*
Gefahren *Ein aggressiver kleiner Fisch „Banded Scalyfin" kann blutige Wunden beißen*
Infrastruktur *Glasbodenboote und Tagesexkursionen für Schnorchler und Taucher; von Dez. - Jan., vorher buchen*
Unterkunft *Kleine Hotels und Gästehäuser, Garni oder Vollpension; von Dez. - Jan. buchen*
Bemerkungen *Auf der Insel dürfen sich zur gleichen Zeit höchsten 400 Touristen aufhalten.*

Anhang

Das menschliche Leben ist begrenzt, doch das Wissen kennt keine Grenzen

Die Erhaltung des Lebens,
CHUANG-TZU (4 Jahrhundert v. CHR.), chinesischer Schriftsteller

Weitere Informationen

BÜCHER

Adventures in Scuba Diving: A Text for the Beginning Diver, National Association of Underwater Instructors (NAUI) Staff (Mosby-Year Book, 1994).

Aqua Expeditions: A Global Travel Guide for the Scuba Diver and Snorkeler, Wendy C. Church (Heathboat Publishing, 1994).

Cousteau's Great White Shark, Jean-Michel Cousteau and Mose Richards (Abradale Books, 1992)

FAO Species Catalogue. Sharks of the World: An Annotated and Illustrated Catalogue of Shark Species Known to Date, Fisheries Synopsis No. 125, Vol. 4, Pt 1 & 2, L. J.V. Compagno (Food & Agriculture Organization of the United Nations, 1984).

Fossil Sharks of the Chesapeake Bay Region, Bretton W. Kent (Egan Rees & Boyer, 1994).

Great White Shark, Richard Ellis and John McCosker (Harper Collins/Stanford University Press, 1991).

Great White Shark: The Biology of Carcharodon Carcharias, Peter Klimley and David G. Ainley, eds (Academic Press, 1996).

Guide to the Sharks and Rays of Southern Africa, L. J. V. Compagno, D. A. Ebert, and M. J. Smale (New Holland Publishers, London, 1989).

923 Meter unter dem Meeresspiegel, William Beebe (1934). Ein Bericht über Beebes erste Exkursionen in die Tiefsee.

Reef Sharks & Rays of the World: A Guide to their Identification, Behavior and Ecology, Scott W. Michael (Sea Challengers, Monterey, 1993). Beschreibungen und Fotografien von Haien und Rochen, die in den Riffen der Erde vorkommen.

Scuba Diving, Dennis K. Graver (Human Kinetics Books, 1993).

Scuba Diving Explained: Questions and Answers on Physiology and Medical Aspects of Scuba Diving, Lawrence Martin (Lakeside Press, 1995).

Sea Change: A Message of the Oceans, Sylvia A. Earle (G. P. Putman's Sons, New York, 1995).

Shadows in the Sea: The Sharks, Skates and Rays, Harold W. McCormick, Thomas Allen, and William E. Young (Lyons & Burford, 1996).

Haie, Jeremy Stafford-Deitsch (Tetra, Melle, 1994).

Shark Attack: How, Why, When and Where Sharks Attack

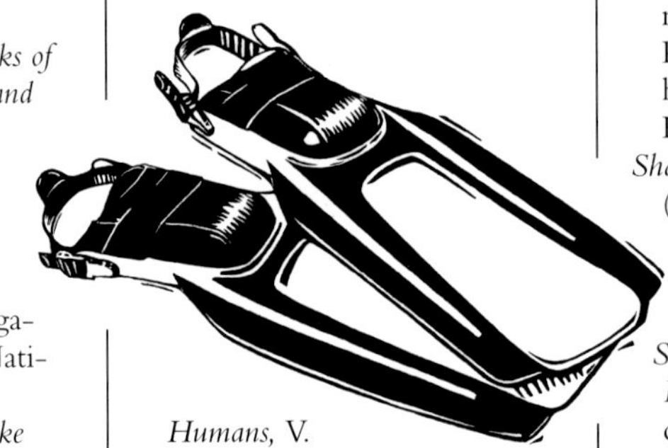

Humans, V. Coppleson and P. Goadby (Angus & Robertson, London, 1988). Behandelt die entsprechenden Gefahren und Angriffsmuster verschiedener Haiarten.

Shark: Endangered Predator of the Sea, Marty Snyderman (Key Porter Book, Toronto, 1995). Ein Buch über Haie und ihre Bedrohung mit Unterwasserfotografien von Marty Snyderman.

Shark! Nature's Masterpiece, R. D. Lawrence (Chapter's Publishing, 1994).

Sharks, John Stevens, ed. (Facts on File Publisher, New York, 1987). Eine Einführung über die Haie, ihre Biologie, ihre Ökologie und Taxonomie.

Sharks and Rays of Australia, P. R. Last and J. D. Stevens (CSIRO, Australia, 1994). Ein zusammenfassendes Werk mit Beschreibungen und Abbildungen aller Hai- und Rochenarten in australischen Gewässern.

Sharks and Rays of the Pacific Coast, Ava Ferguson and Gregor Caillet (Monterey Bay Aquarium, 1990).

Shark in Question - The Smithsonian Answer Book, V. Springer and J. P.Gold (Smithsonian Institution Press, 1989).

Sharks: Myth and Reality, Gaetano Cafiero und Maddalena Jahoda (Thomasson-Grant, 1994).

Sharks of Arabia, John E. Randall (Immel Publishing, 1990).

Sharks of Hawaii, their Biology and Cultural Significance, Leighton Taylor (University of Hawaii Press, 1993). Eine gut illustrierte zusammenfassende Behandlung der Haie hawaiianischer Gewässer sowie der Rolle dieser Tiere in der hawaiianischen Religion und Kulturgeschichte.

Sharks of the World, R. Steel (Blanchford, London, 1992).

Sharks of Tropical and Temperate Seas, R. H. Johnson (Guld Publishing Co., 1995).

Sharks: Silent Hunters of the Deep, Reader's Digest (Reader's Digest, Sydney, 1986). Ein kurzer Überblick über die Biologie und Ökologie der Haie.

Sharks! The Mysterious Killers, Discovery Editors (Crown Publishers/Random House, 1996).

The Book of Sharks, Richard Ellis (Grosset & Dunlap, New York, 1989).

The Encyclopedia of Recreational Diving, Alex Brylske, Karl Shreeves, and Harry Averill (PADI, USA, 1988). Eine 560 Seiten starke, illustrierte Enzyklopädie des Tauchens.

The Lady and the Sharks, Eugenie Clark (Harper & Row, New York, 1969). Ein Bericht über das Lebenswerk von Professor Eugenie Clark, einer Pionierin der Haiforschung.

The Natural History of Sharks, Thomas H. Lineaweaver III and Richard H. Backus (Schocken Books/Lyons & Burford, USA, 1986). Eine illustrierte Einführung.

The Scuba Diving Handbook: A Complete Guide to Salt and Fresh Water Diving, Paul McCallum (Betterway Books, USA, 1991).

Haie. Herrliche Räuber der See, Jacques-Yves Cousteau (deut-

scher Verlag?)
The Sharks of North American Waters, José I. Castro (Texas A. & M. University Press, College Station, 1983).
Geheimnisse des Meeres, Rachel Carson (1953). Ein Klassiker der populären Meeresforschung.
Das ist Tauchen, Alan Mountain (Delius Klasing Verlag, 1997)
Das große Buch der Delphine, Gérard Soury (Delius Klasing Verlag, 1997)

ZEITSCHRIFTEN

Asian Diver, Singapur
Divemaster, Deutschland
Duiken, Niederlande
Megadive, Österreich
Nereus, Schweiz
Ocean Realm, USA
Shark News: The Newsletter of the IUCN Shark Specialist Group, Großbritannien
Skindiving Magazine, USA,
Sporttaucher, Deutschland
Tauchen, Deutschland
Tauchernews, Deutschland
Tauchreviere, Schweiz
Unterwasser, Deutschland

WEBSITES

American Elasmobranch Society, http://www.elasmo.org Informationen und Berichte von Hai- und Rochenspezialisten.
International Shark Attack File, http://www.flmnh.ufl.edu/natsci/ichthyology/shark.htm Informationen über die Statistik von Haiangriffen, auch zusammenfassende Daten.
Isle of Man Basking Shark Project, http://www.isle-of-man.com/interests/shark/index.httm Einzelheiten über ein Riesenhai-Forschungsprojekt in der irischen See mit Gelegenheiten für freiwillige Mitarbeiter.
Natal Sharks Board, http://goofy.iafrica.com carch/ Information über die Absperrung der wichtigsten südafrikanischen Strände mit Hilfe von Netzen, Forschungsaktivitäten, öffentlich zugängliche Programme im Zusammenhang mit Haien.
Mote Marine Library, http://www.mote.org Informationen über das Forschungs- und Bildungsprogramm eines der großen Zentren für Haiforschung in Florida.
Project Aware (Aquantic World Awareness, Responsibility and Education), http://www/padi.com/ Informationen über Umwelt- und Erziehungsprogramme einer Organisation der PADI zum Schutz von Lebensräumen unter Wasser.
Shark Links Galore, http://www.oceanstar.com/shark/links.htm Eine zusammenfassende und oft modernisierte Liste zahlreicher Websites über Haie, darunter auch Forschung, Ausstellungen und Tauchtouren.
Sonny Gruber, http://www.wattcom.com/sharks/ Informationen aus dem Gebiet der Haiforschung.
Tricas Stingray Lab, http://www.fit.edu/ tricas/lab
Informationen über das Verhalten und die Neurobiologie von Stechrochen, Einzelheiten über Studienprogramme.
US State Department Travel Warnings and Consular Information Sheets, http://www.stolaf.edu/network/travel-advisories.html Informationen über medizinische Vorsorge und politische Sicherheit in verschiedenen Ländern.

VIDEOKASSETTEN UND CD-ROMS

Great White! Discovery Channel, 1992. Filmaufnahmen von Weißhaien in vier Ozeanen.
Great White Shark, BBC/National Geographic, 1995.
Jaws, the True Story, BBC/Nova, 1984.
Ocean Planet, CD-ROM, Discovery Channel, 1995. Die Ozeane der Erde, Lebewesen des Meeres, ökologisches Gleichgewicht.
Shark Attack Files, Discovery Channel, 1994. Meinungen von Forschern, Naturschützern und Haijägern über Angriffe dieser Fische.
The Ultimate Guide to Sharks, Discovery Channel, 1996. Behandelt die gefährlichsten Haiarten und deren Jagdverhalten.

AQUARIEN, MUSEEN UND UNIVERSITÄTEN

Die folgenden Institutionen beherbergen hervorragende Studiensammlungen und haben Ausstellungen über Haie und Rochen:
Africa Marine World USA, Vallejo, California, USA
Aquarium of the Americas, New Orleans, Louisiana, USA
Australian Museum, Sydney, Australia
Bernice P. Bishop Museum, Honolulu, Hawaii, USA
California Academy of Sciences, San Francisco, California, USA
Living Seas Exhibit, Disneyworld, Florida, USA
Monterey Bay Aquarium, California, USA
National Aquarium Baltimore, Maryland, USA
Okinawa Expo Aquarium, Okinawa, Japan
Osaka Aquarium Osaka, Japan
Pt Defiance Zoo and Aquarium, Tacoma, Washington, USA
Scripps Institution of Oceanography, University of California, San Diego, California, USA
Sea World, Florida, USA
Sea World, San Diego, California, USA
Smithsonian Museum of Natural History, Washington, DC, USA
South African Museum, Cape Town, South Africa
Waikiki Aquarium, Hawaii, USA

Organisationen

HAIFORSCHUNG UND UMWELTSCHUTZ

American Elasmobranch Society, Department of Biology, University of Massachusetts, Dartmouth, 285 Old Westport Rd, North Dartmouth, MA 02747-2300, USA

Audubon Ecology Camps and Workshops, National Audubon Society, 613 Riversville Rd, Greenwich, CT 06831, USA, tel. (203) 869 2017

Center for Marine Conservation, 1725 DeSales St NW, Suite 500, Washington, DC 20036, USA

Chondros, 1003 Hermitage Dr., Owensboro, KY 42301-6004, USA

European Elasmobranch Association, Contact: Paddy Walker, paddy@nioz.nl Sarah Fowler, SarahFowler@naturebureau.co.uk

Friends of the Earth, Global Building, Suite 300, 1025 Vermont Ave NW, Washington, DC 2005, USA, tel. (202) 783 7400

Greenpeace, 1436 U St NW, Washington, DC 20009, USA, tel. (202) 462 1177, fax (202) 462 4507, e-mail info@wdc.greenpeace.org

International Research Expeditions, 140 University Dr., Menlo Park, CA 94025, USA, tel. (415) 323 4288

Oceanic Society Expeditions, Fort Mason Center, Building E, Room 230, San Francisco, CA 94123-1394, USA, tel. (800) 326 7491, (415) 441 1106

Wilderness Society, 900 17th St NW, Washington, DC 20006, USA, tel. (202) 833 2300

World Wildlife Fund, 1250 24th St NW, Suite 500, Washington, DC 20037, USA, tel. (202) 293 4800

TAUCHORGANISATION

Barrakuda International Aquanautic-Club (BARRACUDA), Borbecker Str. 238, D-45355 Essen, tel. (02 01) 67 00 49, fax (02 01) 68 17 76

British Sub Aqua Association (BSAA), Northern House, 43–45 Pembroke Place, Liverpool, Merseyside, L3 5PH, England, tel. & fax (44 151) 707 0111, e-mail mailto:admin@saa.org.uk

British Sub Aqua Club (BSAC), Telford's Quay, Ellesmere Port, South Wirral, Cheshire, L65 4FY, UK, tel. (44 151) 357 1951, fax (44 151) 357 1250

Confédération Mondiale des Activités Subaquatiques (CMAS), 34 Rue de Colisée, 75008 Paris, France, or Viale Tiziano 74, 00196 Rome, Italy, tel. (39 6) 368 58480, fax (39 6) 368 58490, e-mail cmas@a.cmas.org

Deutsche Lebensrettungs-gesellschaft DLRG, Im Niedernfeld 2, D-31542 Bad Nenndorf, tel. (02 31) 14 30 31-32, fax (02 31) 14 30 33

Diving Instructor World Association Europa Office (DIWA), PO Box 390, CH-4012 Basel

Fachverband Europäischer Tauchlehrer (FST), Klaus Melcher, Karlsbader Str. 75, D-75196 Remchingen-Nöttingen

Fédération Française d'Etudes et de Sports sous Marins (FFESSM), 24 Quai de Rive-Neuve, 13007 Marseille, France, tel. (33 91) 33 99 31, fax (33 91) 58 77 43, e-mail rebufat@triade.ibp.fra

Fédération Luxembourgeoise des Activités et Sport Sub-Aquatiques (FLASSA), Boîte postale no 53, 2010 Luxemburg

FIT – C.E.D.I.P. Tauchsport-Organisation GbR (FIT), Schwelmer Str. 141, D-42389 Wuppertal, tel. (0 23 33) 7 40 75, fax (0 23 33) 7 40 38

Handicapped Scuba Association (HSA), 1104 El Prado, San Clemente, CA 92672-4637, USA, tel. & fax (714) 498 6128, e-mail 103424.3535@compuserve.com

International Association for Handicapped Divers (IAHD) Box 1076, S-269 21 Båstad, Sweden, tel. (46 0431) 69260, fax (46 0431) 69270, e-mail iahd@bastad.se

International Association of Nitrox and Technical Divers (IANTD), 9628 NE 2nd Ave, Suite D, Miami Shores, FL 33138, tel. (305) 751 4873, fax (305) 751 3958, e-mail iantdhq@ix.netcom.com

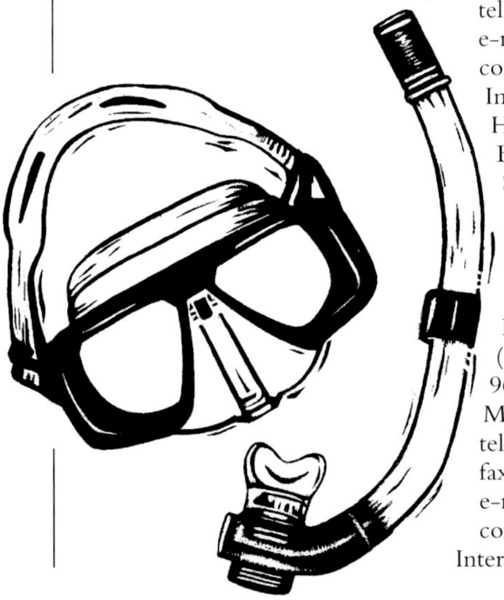

International Diving Association

(IDA),
Lützelhardstr. 1,
D-77960 Seelbach

International Diving Educators Association (IDEA),
PO Box 8427, Jacksonville,
FL 32239-8427, USA,
tel (904) 744 5554,
fax (904) 743 5425,
e-mail bstier@netrunner.net

International Scuba Educators Association,
PO Box 17388,
Clearwater, FL 34624, USA,
tel. (813) 539 6491
e-mail j.atsea@ix.netcom.com

Multinational Diving Educators Association (MDEA),
PO Box 3433,
Marathon Shores, FL 33052, USA,
tel. (305) 743 6188,
fax (305) 743 7499

National Academy of Scuba Educators (NASE)
1728 Kingsley Ave,
Orange Park, FL 32073, USA,
tel. (904) 264 4104,
fax (904) 269 2283

National Association of Underwater Instructors (NAUI),
Herrnrother Str. 39,
D-63303 Dreieich

National Association of Underwater Instructors (NAUI),
PO Box 14650,
Montclair, CA 91763-1150,
tel. (800) 553 6284,
(909) 621 5801,
fax (909) 621 6405, e-mail nauimikew@earthlink.net

NAUI Services (Northern Europe),
Ohlauer Strasse 5-11,
10999 Berlin, Germany,
tel. (49 30) 612 5392,
fax (49 30) 612 8005

Österreichischer Berufstauchlehrerverband (ÖBV),
Spöckweg 10,
D-76646 Bruchsal

Professional Association of Diving Instructors (PADI),
PO Box 45,
CH-8442 Hettlingen,
fax (00 41) 5 23 91 88

Professional Diving Instructors Corporation (PDIC),
PO Box 3633, Scranton,
PA 18505, USA,
tel. (800) 642 9434,
(717) 342 9434,
fax (717) 342 1276,
e-mail pdicmm@delphi.com

Schweizer Unterwasser-Sport-Verband (SUSV),
Pavillonweg 3,
CH-3012 Bern,
tel. (00 41) 6 17 01 84 63,
fax (00 41) 7 01 86 83

Scuba Schools International (SSI),
Von-Braun-Str. 30 a,
D-68775 Ketsch

Tauchsportverband Österreich (TSVÖ),
Erlachgasse 36-40,
A-1100 Wien

Technical Diving International (TDI), Deutschland

United Diving Instructors (UDI),
Gugelstr. 112,
D-90459 Nürnberg

Verband Deutscher Sporttaucher (VDST),
Tannenstraße 25,
D-64546 Mörfelden-Walldorf

Verband Deutscher Tauchlehrer e. V. (VDTL),
Moislinger Allee 8,
D-23558 Lübeck

Verband europäischer Sporttaucher (VEST),
Hörner Esch 68,
D-26215 Wiefelstede

Verband Europäischer Tauchlehrer (VETL),
Knut Rohrbach,
Möllendorffstr. 45,
D-10367 Berlin

Verband Internationaler Tauchschulen e. V. (VIT),
Schlierseestr. 5,
D-81541 München

Register und Fachbegriffe

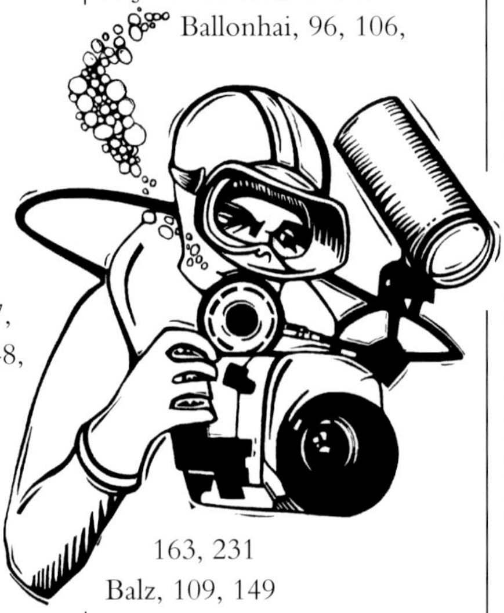

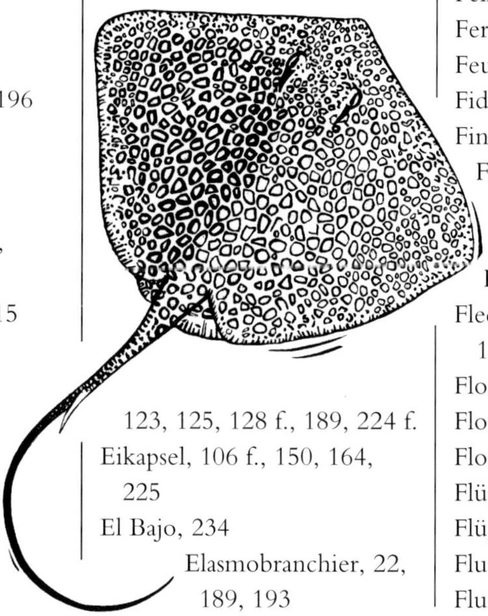

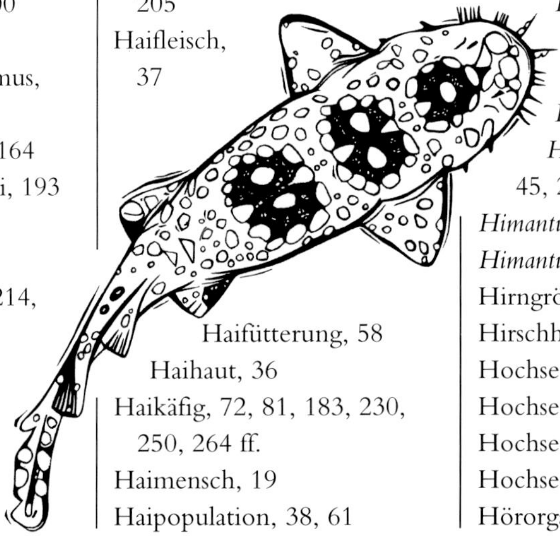

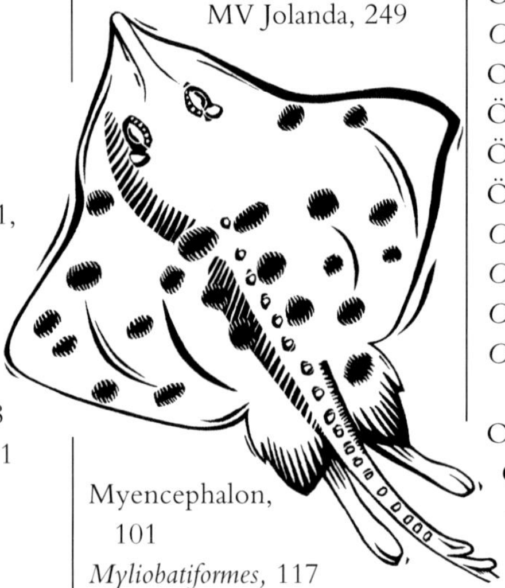

Q

R

S

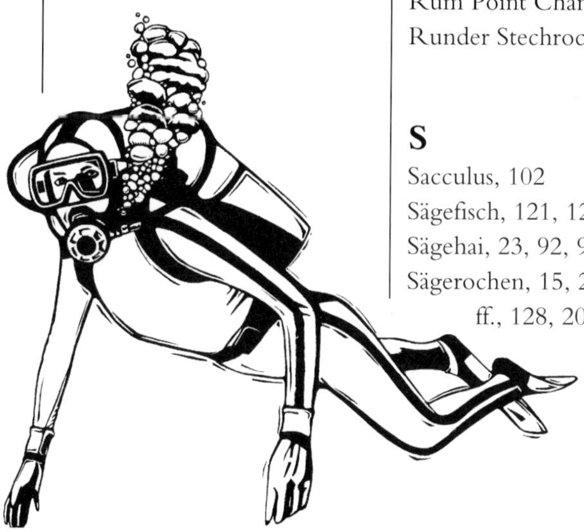

T

U

V

W

Y

Z

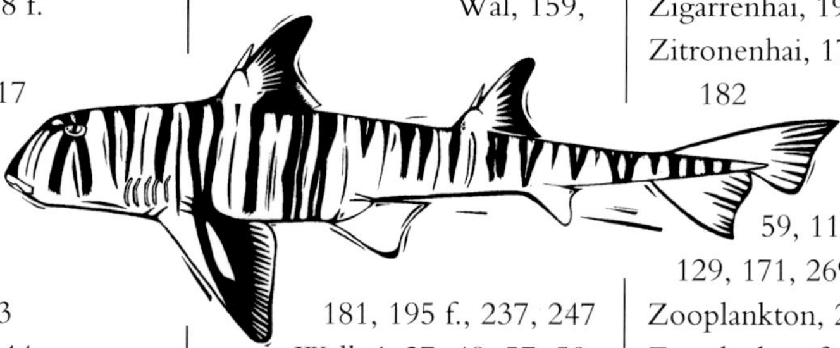

AUTOREN

Kevin Deacon ist ein bekannter Unterwasserfotograf, Meeresbiologe und PADI-Tauchlehrer. Er lebt in Australien und ist Geschäftsführer der Firma Dive 2000, die sich auf Tauchexpeditionen zu den faszinierendsten Unterwasserlebensräumen der Erde spezialisiert hat.

Peter Last, BCs (Hons),PhD, hat sich als Meeresbiologe auf die Taxonomie, Geographie und Ökologie indopazifischer Fische spezialisiert. Zusammen mit anderen Autoren hat er drei umfassende Bestimmungsführer für Fische verfaßt, darunter auch vor kurzem ein Werk über die artenreiche Hai- und Rochenfauna der australischen Gewässer.

John E. McCosker, PhD, lehrt an der California Academy of Sciences, San Francisco, Hydrobiologie. Als Evolutionsbiologe befaßt er sich vor allem mit der Evolution meeresbewohnender Fische und dem Verhalten der Seeschlangen und Haie.

Leighton Taylor, BA (Biologie), MS (Zoologie), PhD (Meeresbiologie), arbeitet an der California Academy of Sciences und im Rahmen des Bishop Museum am Waikiki Aquarium auf Hawaii. Zu den zahlreichen Leistungen seiner 30jährigen Forschungstätigkeit gehört die Entdeckung des Riesenmaulhaies.

Timothy C. Tricas, BS, MS (Biologie), und Phd (Zoologie), ist Professor für Biologie am Florida Institute of Technology, Melbourne, USA. In seinen Forschungsarbeiten beschäftigt er sich mit der Sinnesbiologie von Haien und Rochen. Er untersuchte auch über 25 Jahre lang das Nahrungs- und Paarungsverhalten dieser Tiere sowie riffbewohnender Fische.

Terence I. Walker, BSc, arbeitet zur Zeit an seiner Doktorarbeit. Er ist als Marinbiologie am Marine and Freshwater Resources Institute, Queenscliff, Australien, beschäftigt und hat eine über 25jährige Erfahrung auf dem Gebiet der Fischereiwissenschaften.

BILDLEGENDEN

Seite 1: Weißhai von unten, Australien.
Seite 2: Pazifischer Manta und Taucher vor der Westküste Mexikos.
Seite 3: Weißspitzen-Riffhaie auf dem Meeresboden ruhend, Cocos-Insel, Costa Rica.
Seite 4 - 5: Graue Riffhaie beim Bikini-Atoll.
Seite 6 - 7: Haisilhouette bei einem Höhleneingang, Maui, Hawaii.
Seite 8 - 9: Silhouette eines Mantas, Ningaloo Reef, Westaustralien.
Seite 10 - 11: Eine Schule von Kuhnasenrochen bei den Galapagos-Inseln.
Seite 12 - 13: Karibische Riffhaie über einem Riff in den Bahamas.
Seite 30 - 31: Manta mit Schiffshaltern, Begegnung mit einem Schnorchler am Großen Barriereriff.
Seite 64 - 65: Karibischer Riffhai und Taucher, New Providence (Nassau), Bahamas.
Seite 90 - 91: Schule von Hammerhaien bei der Cocos-Insel, Costa Rica.
Seite 114 - 115: Pazifischer Manta mit Schiffshaltern im Sonnenschein, Pazifik, Westküste von Mexiko.
Seite 132 - 133: Port-Jackson-Hai.
Seite 200 - 201: Blauflecken-Stechrochen.
Seite 226 - 227: Schnorchler über einem Riff in Indonesien.
Seite 272 - 273: Großaufnahme eines Auges und des Spritzloches eines Port-Jackson-Haies.

DANK

Der Verleger dankt den folgenden Personen für ihre Mithilfe bei der Produktion dieses Buches: Garry Cousins, Mark McGrouther (Australian Museum), Margaret McPhee, Craig Sowden, Rod Westblade und Gordon Yersley (CSIRO Australia).

BILDNACHWEIS, GRAFIKNACHWEIS

t = oben, b = unten, l = links, r = rechts, c = mitte, i = Einschlußbild
A = Auscape International; APL = Australian Picture Library; BCL = Bruce Coleman Limited; CSIRO = Commonwealth Scientific and Industrial Research Organisation (Fisheries), Australia; FLPA = Frank Lane Picture Agency; IV = Innerspace Visions; JR = Jeffrey L Rotman Photography; Minden = Minden Pictures; OEI = Ocean Earth Images; OSF = Oxford Scientific Films; PE = Planet Earth Pictures; TIB = The Image Bank; TPL = The Photo Library, Sydney; TS = Tom Stack and Associates; UGPA = Underwater Geographic Photo Agency

1 Marty Snyderman/PE **2** Mark Spencer **3** Al Grotell **4-5** James D Watt/PE **6-7** David B Fleetham/TS **8-9** Kelvin Aitken **10-11** David B Fleetham/OSF **12-13** Howard Hall/OSF **13**i Howard Hall/OSF **14-15**c Staatl. Museum für Naturkunde Stuttgart **14**b Ed Robinson/TS **15**t Ken Lucas/PE; b Mike Brock/EarthViews **16**t Bruce Rasner/JR; b David B Fleetham/Silvestris/FLPA **17**t Doug Perrine/PE; c Phillip Colla/IV **18**t Image Library, State Library of NSW; b The Granger Collection, New York **19**t Ben Cropp/A; b Paul Kay/OSF **20**t Mike Turner/TPL; b Mark Conlin/IV **21**t Ron and Valerie Taylor/IV; b Hulton-Deutsch/TPL **22**t Michael Rose/FLPA; b Georgette Douwma/PE **23**t Nigel Marsh/UGPA; c Rudie Kuiter **24** Neil McDaniel/A **25**t Rudie Kuiter; c Rudie Kuiter/IV; b Rudie Kuiter/IV **26-27**b Jeffrey L Rotman/BCL **26**c Tui De Roy/OSF **27**tl Randy Morse/TS; tr Kelvin Aitken/OEI **28**l Jeffrey L Rotman/JR; r Gary Bell/APL **29**t Kevin Deacon/OEI; b Jeffrey L Rotman/JR **30-31** Kevin Deacon/A **31**i Kevin Deacon/A **32**t Frans Lanting/Minden; b AKG Photo, London **33**t D.P. Wilson/FLPA; c Bishop Museum, The State Museum of

Natural and Cultural History **34**t Carl Bento/Australian Museum; br Le Monde à Vos Yeux/Gamma/Picture Media **35**tr Dr Samuel Gruber/IV; bl Ron and Valerie Taylor/Ardea London **36**t Fitzwilliam Museum, University of Cambridge/Bridgeman Art Library; c David B Fleetham/TS; b Toby Adamson/Environmental Images **37**t Stuart Bowey/Ad-Libitum; b P. Morris/Ardea London Ltd **38**t Image Library, State Library of NSW, b Mark Conlin/IV **39**t Doug Perrine/A; c Ron and Valerie Taylor/IV **40**t Brian Alner/PE; c Science Photo Library/TPL; b Randy Morse/TS **41**t Paul Thompson/TPL; b APL **42**t ZEFA/APL; b Dan Guravich/TPL **43**t Alan Levenson/TPL; b Greg Vaughn/TS **44**t Kelvin Aitken/OEI; b David B Fleetham/TS **45**t Jean-Paul Ferrero/A; b Doug Perrine/PE **46** Georgette Douwma/PE **47**t West Stock/APL; c Doug Perrine/IV; b The Kobal Collection **48**tr Topham Picture Library; c Ullstein Bilderdienst **49**t Marty Snyderman/PE; b Le Monde à Vos Yeux/Gamma/Picture Media **50**l Tammy Peluso/TS; r Rodney Fox/JR **51**t Doug Perrine/IV; b Vandystadt/APL **52** David B Fleetham/OSF **53**t Jeffrey L Rotman; b Ron and Valery Taylor/IV **54**t CS Johnson; b CS Johnson **55**t Rebecca Saunders; c Marty Snyderman/IV **56**t Attila A Bicskos; c Attila A Bicskos; b Attila A Bicskos **57** Richard Herrmann/OSF **58**c Kevin Deacon/OEI; b Kevin Deacon/OEI **59**t Kevin Deacon/OEI; b Kevin Deacon/OEI **60**t Doug Perrine/IV; b Giboux/Liaison/Picture Media **61**t Doug Perrine/IV; b Bruce Rasner/JR **62**t Kevin Deacon/OEI; b Paul Steel/Stock Photos P/L **63**t Jean-Paul Ferrero/A; b Joe Sohm/Stock Market Images/Stock Photos P/L **64-65** Mark Spencer/A **65**i Mark Spencer/A **66**t Carl Roessler/IV; b Mike Bacon/TS **67**t Randy Morse/TS; b Randy Morse/TS **68**t Kevin Deacon/OEI; c Kurt Amsler/Vandystadt/APL; b Kurt Amsler/Vandystadt/APL **69**t Kevin Deacon/A; c Jim Frazier **70**c Kevin Deacon/OEI; b Kevin Deacon/A **71**t Kevin Deacon/OEI; b Kevin Deacon/OEI **72** Tom Campbell/IV **73**t Kurt Amsler/Vandystaat/APL; c Kevin Deacon/OEI; b Doug Perrine/IV **74**c Kevin Deacon/OEI; b Kevin Deacon/OEI **75**t Avi Klapfer/IV; b Kevin Deacon/OEI **76**t Tom Campbell/IV; b Mark Conlin/IV **77**tl F Jack Jackson/PE; tr Kevin Deacon/OEI; b Rory McGuiness/Ron and Valerie Taylor **78**t Kevin Deacon/OEI; c David B Fleetham/TS; b Kevin Deacon/OEI **79**t Kevin Deacon/A; c Leo Collier/PE **80**t Kevin Deacon/OEI; b Ed Robinson/TS **81**t Kevin Deacon/OEI; c Kevin Deacon/OEI; b Mark Spencer/A **82**t Kevin Deacon/OEI; b Pacific Stock/APL **83**t Kevin Deacon/OEI; b Pacific Stock/APL **84**t Kevin Deacon/OEI; b Gary Bell/APL **85**t Kevin Deacon/OEI; b Becca Saunders/A **86**t Kevin Deacon/OEI; c Mike Langford/A; b Gary Bell/APL **87**t Mike Severns/TS; b Flip Schulke/PE **88**t David B Fleetham/TS; b Kevin Deacon/OEI **89**l Kevin Deacon/OEI; r Marty Snyderman/IV **90-91** Alex Kerstitch/PE **91**i Alex Kerstitch/PE **92** Norbert Wu **94**t Doug Perrine/PE; b Staatl. Museum für Naturkunde Stuttgart **96** Flip Nicklin/Minden **97** James D Watt/EarthViews **98** Kevin Deacon **101** Charles Glatzer/TIB **102** Ken Lucas/PE **103** Ko Fujiwara/TPL **104** TS **105**t Doug Perrine/PE; r Tui De Roy/OSF **106** Mark Conlin/IV **107**t Doug Perrine/PE; b D P Wilson/FLPA **108** Mark I Jones/A **109** Kevin Deacon/OEI **111** Frans Lanting/Minden **113**t Doug Perrine/IV; bl Doug Perrine/IV; br Doug Perrine/IV **114-115** Becca Saunders **115**i Becca Saunders **116** Becca Saunders/A **118**t John Cancalosi/A; b Kelvin Aitken **119**t George I Bernard/OSF; b Kelvin Aitken **120**t Thor Carter/CSIRO; cr Thor Carter/CSIRO; b Thor Carter/CSIRO **121**t Thor Carter/CSIRO; b Phillip Colla/IV **122**l George Bingham/BCL; r Max Gibbs/OSF **123**t David B Fleetham/TS; b Ocean Images Inc./TIB **124**t Kevin Deacon/OEI; b Kelvin Aitken **125**t Rudie Kuiter; c Thor Carter/CSIRO; b Kelvin Aitken **126**t Thor Carter/CSIRO; b Thor Carter/CSIRO **127**t Ron and Valerie Taylor; b Kathie Atkinson/A **128**t Nigel Marsh/UGPA; b Michael S Nolan/IV **129**t Kurt Amsler/PE; c Ed Robinson/EarthViews **130**t Ken Hoppen; b Marty Snyderman/PE **131**t Becca Saunders/A; b Doug Perrine/A **132-133** Kelvin Aitken/OEI **133**i Kelvin Aitken/OEI **136**t Rudie Kuiter/IV **137**t Kelvin Aitken/OEI; b David B Fleetham/OSF **138**t Saul Gonor/IV; b David B Fleetham/IV **139**t Monterey Bay Aquarium **141**t Daniel Gotshall/PE **142**t Mark Spencer /A; c Georgette Douwma/PE **143**t Fred Bavendam/OSF; b Kelvin Aitken/OEI **144**t Nigel Marsh/UGPA; b Kelvin Aitken/OEI **145**t Kelvin Aitken/OEI; c Neville Coleman/UGPA; b Neville Coleman/UGPA **146**t Fred Bavendam/OSF; b Cherie Vasas/Nature Travel and Marine Images/OEI **147**t Kelvin Aitken/OEI; b Fred Bavendam/OSF **148**t Kevin Deacon /OEI; b Ron and Valerie Taylor **149**t Doug Perrine/IV; b Doug Perrine/IV **150**t Nigel Marsh/UGPA; b Rod Salm/PE **151**t Kevin Deacon/A; b Kevin Deacon/OEI **152**t Becca Saunders/A; b Kelvin Aitken/OEI **154**t Bruce Rasner/JR; b Tom Haight/IV **155**t Ferrari/Watt/IV **156**t Bernie Tershy and Craig Strong/EarthViews **157**t Howard Hall/IV; b Tony Crabtree/OSF **158**t Kelvin Aitken/TPL **159**t David Hall/IV; b Darryl Torckler/TPL **162**t Rudie Kuiter/IV; b Scott Michael/IV **163**t Ken Lucas/PE; b Mark Conlin/PE **164**t Doug Perrine/IV; b Doug Perrine/IV **165**t Charles and Sandra Hood/BCL; b Charles and Sandra Hood/BCL **166**t Kelvin Aitken/OEI; b Kelvin Aitken/OEI **167**t David B Fleetham/OSF **168**t Mark Conlin/IV; bl Ken Lucas/PE; br Marty Snyderman/PE **169**t Ken Bondy/IV **170**t F. Jack Jackson/PE; b Kurt Amsler/IV **171**t David B Fleetham/OSF; b David B Fleetham/OSF **172**t Doug Perrine/IV; b Doug Perrine/IV **173**t David B Fleetham/OSF; b Kelvin Aitken/OEI **174**t Doug Perrine/A; b Flip Nicklin/Minden **175**t Doug Perrine/IV; b Gary J Adkison/IV **176** James D Watt/EarthViews **177**t Tom Campbell/IV; b Neville Coleman/UGPA **178**t Neville Coleman/UGPA; b Neville Coleman/UGPA **179**t Kelvin Aitken/OEI; b Doug Perrine/IV **180**t Brian Parker/TS; b David B Fleetham/TS **181**t Doug Perrine/A; b Doug Perrine/A **182**t Doug Perrine/IV; b Jeffrey L Rotman **183**t Richard Herrmann/OSF; b Richard Herrmann/IV **185**t Doug Perrine/IV; b Doug Perrine/IV **186**t Pete Atkinson/PE; b David B Fleetham/OSF **188**t Tui De Roy/A; b Jeffrey L Rotman **189**t Ron and Valerie Taylor; b Gary Adkison/IV **190**t Doug Perrine/IV; b Doug Perrine/IV **191**t Rudie Kuiter/IV; b Warren Williams/PE **192**t Chris Huss/IV **193**t David B Fleetham/OSF; b Gwen Lowe/IV **194**t Verena Tunnicliffe/PE **196**t Norbert Wu/IV **197**b David B Fleetham/IV **200-201** Kevin Deacon/OEI **201**i Kevin Deacon/OEI **204**t Rudie Kuiter/OSF **205**t Mark Strickland/IV; b Ron and Valerie Taylor **206**t Mike Bacon/IV; b Mike Bacon/IV **207**t Randy Morse/TS; b Phillip Colla/IV **208**t Robert Commer/EarthViews; b Ken Lucas/PE **209**t Rudie Kuiter/IV **210**t Kelvin Aitken; bl Neville Coleman/UGPA; br Nigel Marsh/UGPA **211**t Paul Kay/OSF **212**t Scott Michael/IV **213**t Randy Morse/TS; b Norbert Wu/IV **214**t Rudie Kuiter/OSF; bl Neville Coleman/UGPA; br Rudie Kuiter/OSF **215**t Max Gibbs/OSF; b Patrice Ceisel/TS **216**t Georgette Douwma/PE; c Doug Perrine/IV; cr Doug Perrine/A **217**t Ben Cropp/A; b Nigel Marsh/UGPA **218**t Jeffrey L Rotman; b Kevin Deacon/OEI **219**t Nigel Marsh/UGPA **220**t Georgette Douwma/PE; b Nigel Marsh/UGPA **221**t Randy Morse/TS; b Howard Hall/OSF **222**t Rudie Kuiter/IV; b Pacific Stock/APL **223**t Mark Conlin/IV; b Mike Turner/TPL **224**t Robert Hessler/PE **226-227** David B Fleetham/TS **227**i David B Fleetham/TS **230-231** Jeffrey L Rotman/BCL **230**b Richard Herrmann/OSF **231**cr Therisa Stack/BCL; b Randy Morse/BCL **232-233** Ed Robinson/TS **232**c James D Watt/IV; b Stan Osolinski/OSF **233**c Pacific Stock/APL **234-235** Jeff Foott/A **234**c Howard Hall/OSF **235**c Richard Ustinich/TIB; b Pieter Folkens/PE **236-237** Marty Snyderman/PE **236**b Mark Spencer/A **237**cl Richard Herrmann/OSF; cr Kelvin Aitken **238-239** Jeff Hunter/TIB **238**c Kurt Amsler/PE; b Jeff Hunter/TIB **239**b Gary Bell/APL **240-241** Walter Iooss Jr/TIB **240**b Jeffrey L Rotman **241**c Lane Photo/TIB; b Doug Perrine/IV **242-243** Flip Nicklin/Minden **242**b Flip Nicklin/Minden/APL **243**c Flip Nicklin/Minden/APL **244-245** Tui De Roy/A **244**c David B Fleetham/IV; b William S Paton/BCL **245**c Charles and Sandra Hood/BCL **246-247** Andy Williams/Robert Harding Picture Library **246**c Adina Tovy/Robert Harding Picture Library **247**cr Peter Rowlands/PE **248-249** Kevin Deacon/OEI **248**b Kevin Deacon/OEI **249**c Alex Double/PE; b Kevin Deacon/OEI **250-251** Graham Goldin/Stock Photos P/L **250**cr Ron and Valerie Taylor; c Georgette Douwma/PE **251**cl Ron and Valerie Taylor **252-253** Kevin Deacon/OEI **252**c Kevin Deacon/OEI; b Kevin Deacon/OEI **253**cl Max Gibbs/OSF **254-255** Jeff Hunter/TIB **254**c Kelvin Aitken **255**c Steve Rosenberg/Pacific Stock; b Kelvin Aitken **256-257** Lionel Isy-Schwart/TIB **256**b Michael Cufer **257**c Michael Cufer/OEI; b Michael Cufer **258-259** Kelvin Aitken **258**b Dr Heinz Gert de Couet/A **259**c Jean-Paul Ferrero/A; b Max Gibbs/OSF **260-261** Kevin Deacon/OEI **260**bl Kevin Deacon/OEI; br Kelvin Aitken/TPL **261**c Kevin Deacon/OEI **262-263** Kevin Deacon/OEI **262**b Cherie Vasas **263**cl Kevin Deacon/OEI; cr Kevin Deacon/OEI **264-265** Jeffrey L Rotman/BCL **264**b Kevin Deacon/OEI **265**c Kevin Deacon/OEI **266-267** Manfred Gottschalk/TS **266**c Kelvin Aitken; b Becca Sauders/A **267**c Doug Perrine/IV **268-269** Attila A Bicskos **268**b Kevin Deacon/OEI **269**cl Kevin Deacon/OEI; cr Kevin Deacon/A **270-271** Neville Coleman/PE **270**c Kevin Deacon/OEI; b Kevin Deacon/OEI **271**cl Kevin Deacon/OEI; cr Kevin Deacon/OEI **272-273** Kelvin Aitken/OEI **273**i Kelvin Aitken/OEI

Grafiken:
Martin Camm 92 – 93, 95, 96, 108 (Nicht aggressives Verhalten der Haie), 110 – 111, 116 – 117
Gino Hasler 97 – 102, 104, 106
Ngaire Sales Kopfleisten der Kapitel 6, 7 und 8
Roger Swainston Kapitel 6 und 7 (ref material 140, 155 Ken Graham, NSW Fisheries; 153 NSW Fisheries)
Steve Trevaskis 112
Genevieve Wallace Anhang
Rod Westblade 108 (Aggressives Verhalten der Haie)

SpongeBob SquarePants
© 2004 Viacom International Inc.
PEZ
www.pez.com